新文科背景下

财经类高校课程思政改革与

一流专业建设路径的探索研究

梁学平　姜达洋　编著

天津出版传媒集团

天津人民出版社

图书在版编目（ＣＩＰ）数据

新文科背景下财经类高校课程思政改革与一流专业建
设路径的探索研究 / 梁学平，姜达洋编著. -- 天津：
天津人民出版社，2023.1
ISBN 978-7-201-18920-8

Ⅰ.①新… Ⅱ.①梁… ②姜… Ⅲ.①高等学校—思
想政治教育—教学改革—天津—文集②高等学校—学科建
设—研究—天津—文集 Ⅳ.①G641-53②G642.3-53

中国版本图书馆 CIP 数据核字(2022)第 198576 号

新文科背景下财经类高校课程思政改革
与一流专业建设路径的探索研究
XIN WENKE BEIJING XIA CAIJING LEI GAOXIAO KECHENG SIZHENG
GAIGE YU YILIU ZHUANYE JIANSHE LUJING DE TANSUO YANJIU

出　　版	天津人民出版社
出 版 人	刘　庆
地　　址	天津市和平区西康路35号康岳大厦
邮政编码	300051
邮购电话	(022)23332469
电子信箱	reader@tjrmcbs.com
责任编辑	佐　拉
装帧设计	汤　磊
印　　刷	天津新华印务有限公司
经　　销	新华书店
开　　本	710毫米×1000毫米 1/16
印　　张	31.5
插　　页	2
字　　数	300千字
版次印次	2023年1月第1版　2023年1月第1次印刷
定　　价	99.00元

前　言

2018年6月在四川成都召开的新时代全国高等学校本科教育工作会议上，由150所高校联合发出的《一流本科教育宣言（成都宣言）》提出：建设面向未来、适应需求、引领发展、理念先进、保障有力的一流专业，推动课堂革命，深入推进"互联网＋高等教育"，全面提高人才培养能力。2018年9月发布的《教育部关于加快建设高水平本科教育 全面提高人才培养能力的意见》强调，加快形成高水平人才培养体系，实施一流专业建设"双万计划"，提高专业建设质量，强化课程思政和专业思政。2019年4月，印发的《教育部办公厅关于实施一流本科专业建设"双万计划"的通知》，提出2019—2021年建设1万个左右国家级和1万个左右省级一流本科专业点。我国正处于高等教育大国向高等教育强国迈进的关键时期，聚焦立德树人根本任务，加快建设一流本科、做强一流专业、培养一流人才是高等学校内涵式发展的必由之路。

2018年5月3日，习近平总书记在北京大学考察时指出，马克思主义是我们立党立国的根本指导思想，也是我国大学最鲜亮的底色。2018年9月10日，习近平总书记在全国教育大会上进一步指出，培养什么人，是教育的首要问题。培养德智体美全面发展的社会主义建设者和接班人是中国特色社会主义大学的历史使命，加强课程思政建设十分重要。2021年4月19日，习近平总书记在清华大学考察时指出，大学教师对学生承担着传授知识、培养能力、塑造正确人生观的职责。高等学校的专业课教师是大学生价值观的引领者,应主动深化"课程思政"教学改革,在专业知识体系教育全过程各环节中有机融入思想政治教育元素,实现思想政治教育与专业知识体系教育的有机统一。在知识传授的过程中,结合学科专业领域发展成就引导学生深刻理解中国共产党为什么"能"、马克思主义为什么"行"、中国特色社会主义为什么"好",在引导学生求知问学、增长见识和丰富知识学识的同时,积极培养爱国主义情怀,引导学生坚定理想信念和不断增强学生"四个自信"。

教育部高等教育司司长吴岩强调:"专业是人才培养的基本单元和基础平台,是建设一流本科、培养一流人才的'四梁八柱'。"专业建设是一个凝练人才培养特色、集聚人才培养优势的动态积累过程,对培养高质量的复合型应用型创新创业人才具有重要支撑作用。专业建设内容包括人才培养方案动态优化、课程体系内涵建设、理论教学创新、实践教学改革、课程思政改革等方面。在专业建设过程中,构建科学的专业课程体系,打造形式多样的"互联网 +"教学新形态,构建功能集约、运作高效的实验实践教学机制,有助于培养学生的创新精神、创新能力和实践能力。

课堂是教育教学的主阵地,课堂教学改革、课程体系建设是创新高等教育的重要突破口。高校教师应积极面对个性化学习需求、信息化技术变革、"以学生为中心"教学理念对传统教学方法的挑战,聚焦课堂教学质量,真正推进教学理念、教学方法、教学模式的变革。一方面,着力创新启发式讲授、互动式交流、探究式讨论的教学方式;另一方面,注重探索"互联网 +"条件下线上线下相结合的混合教学模式,促进课堂教学的网络化、数字化、智能化、个性化,使得学生的学习兴趣和自主学习能力得以提升。

在我国全面提高人才培养能力、建设高等教育强国的关键阶段,天津商业大学作为商科类高校,主动适应新技术、新产业、新业态、新模式对新时代人才培养的新要求,不断加强对经济学类专业学生知识传授、能力培养和价值引领之间关系的系统研究,以人才培养、教学改革、专业建设的核心内容建设为目标,将教学创新、课程教学改革与人才培养模式优化交叉融合,促进课程体系内涵建设、理论教学模式创新、实践教学改革、课程思政改革、教学方法持续性改革与人才培养质量提高之间的良性互动发展,不断强化专业特色和提升专业建设质量,培养符合中国特色社会主义发展需要的复合型应用型创新创业专门人才。

本书内容分为教学创新、教学改革、课程思政、人才培养、一流专业建设等部分,汇集了天津商业大学经济学院建设一流本科专业、加强课程思政改革、培养一流经济类专业人才等方面的主要教学研究成果。在教学创新部分,汇集了线上线下混合式教学、跨境电商虚拟仿真实验教学、结构化研讨教学、项目式教学、VR(虚拟现实)技术应用于深度学习的教学设计等方面的教学研究成果。在教学改革部分,汇集了基于信息感知度的专业课程建设创新、项目制驱动高校基层教学组织结构创新、新环境下教学内容和授课形式的创新等方面的教学研究成果。在课程思政部分,汇集了金融专业课程思政建设的难点与突破、财政学"课程思政"体系构建、财政学课程思政"3P教学模型"设计、微观经济学课程思政元素挖掘与融合、经济思想史课程思政建设、国际商务专业课程思政等方面的教学研究成果。在人才培养部分,汇集了新发展格局背景下创新人才培养、产教融合提升学生就业力人才培养模式、基于STEM(科学、技术、工程和数学教育)教学理念的应用型金融人才培养模式创新等方面的教学研究成果。在一流专业建设部分,汇集了一流专业建设视角下高校基层教学组织的困境与对策、"经数班人才培养模式"探索对经济学一流专业建设的启示、经济学一流专业建设背景下课程改革研究等方面的教学研究成果。

感谢天津商业大学教务处和天津人民出版社的支持,也感谢天津商业大学经济学院全体教师的积极参与。

梁学平

2021年6月30日

目　录

课程思政篇

一流专业建设篇

教学改革篇

教学创新篇

人才培养篇

课程思政篇

关于"财政学"课程思政改进的"3P教学模型"设计的思考

梁学平*

摘要：基于改进的"财政学"课程思政"3P教学模型"，实现课程思政育人目标、课程思政"教""学"活动和教学效果、学习成果评价反馈的"一致性建构"，将思政教育元素贯穿于财政学专业知识的连续交互式的"教""学"全过程，激发学生对正确价值观念的"主动探求"和"深入思考"，从而实现"知识传授→能力培养→价值引领"有机融合。

关键词：财政学；课程思政教育；3P教学模型；价值塑造

习近平总书记在 2016 年 12 月 7 日至 8 日召开的全国高校思想政治工作会议上指出，"要坚持把立德树人作为中心环节，把思想政治工作贯穿教育

———————
* 作者简介：

梁学平：天津商业大学经济学院院长，天津市高等学校教学名师，教授，中国人民大学经济学博士，天津市重点学科"应用经济学"学科带头人。

基金项目：

本文系教育部新文科改革研究与实践项目及天津市新文科改革研究与实践项目"新文科教师专业发展能力培养路线图的研究与实践""财政学"天津市应用型专业建设项目、"财政学"市级一流建设课程、2021 年天津商业大学课程思政示范课"财政学""财政学"金课建设项目、"财政学"校级混合课程、校级本科教改项目"'三位一体'的财政学一流课程教学体系的探索与实践研究"的阶段性成果。

教学全过程,实现全程育人、全方位育人,努力开创我国高等教育事业发展新局面","要用好课堂教学这个主渠道,思想政治理论课要坚持在改进中加强,提升思想政治教育亲和力和针对性,满足学生成长发展需求和期待,其他各门课都要守好一段渠、种好责任田,使各类课程与思想政治理论课同向同行,形成协同效应"。①

一、"财政学"课程思政的教学思维与教学形式

(一)"财政学"课程思政的教学思维

习近平总书记指出,"高校思想政治工作关系高校培养什么样的人、如何培养人以及为谁培养人这个根本问题","要教育引导学生正确认识世界和中国发展大势""正确认识中国特色和国际比较""正确认识时代责任和历史使命"和"正确认识远大抱负和脚踏实地"。

首先,要树立历史思维、辩证思维、系统思维、底线思维等科学的思维。运用辩证唯物主义和历史唯物主义的思维方式去分析不同时期的财政思想,从历史、辩证的角度正确理解不同时期财政的现象和本质、不同国家形态下税收的本质。在当前世界各国新一轮产业变革和技术创新竞争加剧、国际环境错综复杂的情况下,要坚持运用系统思维、底线思维的观点和方法分析新时期我国财政的发展趋势、面临的外部环境挑战和"十四五"时期财政改革的主要任务,为学生构筑牢固、正确的财政思想防线,抵制错误财政思想、错误财政言论对学生的危害,培养合格的财政人才和社会主义接班人。

其次,要树立创新的思维。要关注中国特色社会主义公共财政新理论、新知识和新研究方法的发展,熟悉财政、税收领域的国内外理论前沿和发展动

---

① 全国高校思想政治工作会议 12 月 7 日至 8 日在北京召开,http://www.gov.cn/xinwen/2016-12/08/content_5145253.htm#allContent。

态,及时更新教师的知识储备。要创新"财政学"课程思政教学方法,结合智慧教学平台创新课程思政的教学模式,提高课程思政的教学效果。

(二)"财政学"课程思政的教学形式

"财政学"课程思政的主要形式是从思政教育元素"教"到课程知识"学"的过程中去,实现"知识传授→能力培养→价值引领"有机融合和"显性教育+隐性教育"的有机结合,潜移默化影响学生的人生观、价值观、世界观。具体来讲,在传授学生关于公共财政基础理论和中国特色社会主义公共财政理论知识的同时,培养学生运用马克思主义的基本立场、观点和理论(特别是运用唯物辩证法的思维和马克思主义政治经济学理论)解读不同时期公共财政思想、分析不同国家形态下财政本质、中国特色社会主义公共财政运行规律和从宏观视野、全球视角研究财政治理问题的能力,积极引导学生树立正确的价值观、世界观、国家观、历史观、财政观、税收观,增强学生对中国特色社会主义公共财政体制、中国特色社会主义经济制度、中国特色社会主义制度的自信。

二、改进的"财政学"课程思政"3P 教学模型"

课程思政教育实质上是一种隐性的情感价值教育,通过教学环节各部分的互动反馈形成一个良好的"课程思政教学生态系统",目的就是向学生传输正确的人生观、价值观、世界观等。"财政学"课程思政的目标就是寓价值引领和价值塑造于财政学的专业知识讲授和专业技能培养之中,在引导学生树立正确人生观、价值观、世界观的同时,积极引导学生树立正确的国家观、历史观、财政观、税收观,培养具有高度社会责任感、深厚商学素养、创新精神、运用专业知识分析和解决财税问题能力的中国特色社会主义合格建设者和可靠接班人。

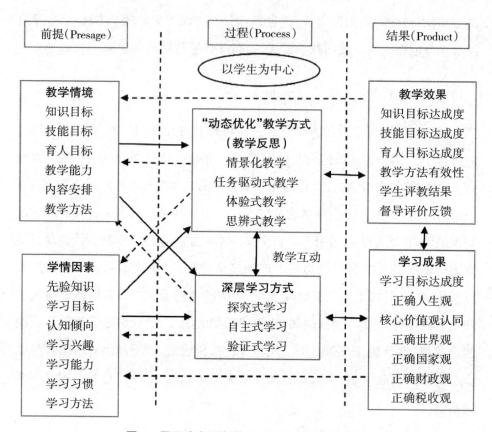

图1　用于确定预期学习成效的动词层级结构

资料来源：[澳]约翰·比格斯、[澳]凯瑟琳·唐：《卓越的大学教学：建构教与学的一致性》，王颖、丁妍、高洁译，复旦大学出版社，2015年，第63页。

（一）改进的财政学课程思政"3P教学模型"的设计理念

"3P教学模型"是包括前提（Presage）、过程（Process）和结果（Product）三个教学过程重要节点、基于建构主义观点的教学方式概念框架，由Dunkin和Biddle初步提出，由澳大利亚教育心理学家Biggs进行了深入研究和系统实践。[①]

借鉴约翰·比格斯的"3P教学模型"，进一步构建改进的"财政学"课程思

---

① Biggs, J., Tang, C., *Teaching for Quality Learning at University(3rd ed.)*, Open University Press, 2007.

政"3P教学模型",核心理念是"以学生为中心",前提、过程和结果三个环节关联互动,形成一个不断改进的螺旋式循环。教学前提包括学情因素和教学情境因素,会对以学生为中心的教师教学和学生学习的过程产生影响,这其中的教学方法和学习方法又将影响教学结果和学习结果,而教师教学和学生学习的结果还会向前提、过程反馈,促进教师教学和学生学习的方法不断改进,进而不断提升教与学的结果。在连续交互式的"教""学"过程里,基于"一致性建构"原则"3P教学模型"实现了教学过程与学习过程的交融反馈,教师与学生之间、学生与学生之间、学生与"教""学"环境的多维互动有利于实现"价值性和知识性相统一,寓价值观引导于知识传授之中"的"财政学"课程思政教学目标。

(二)改进的"财政学"课程思政"3P教学模型"的前提环节

前提处于改进的"财政学"课程思政教学模型的前端,包括教学情境与学情因素两个部分。教学情境与学情因素共同决定过程环节中教师教学过程的教学方式和学生学习过程中的学习方式,这两者的互动反馈又直接决定教学效果和学生的学习成果。在"财政学"课程思政教学设计时,应充分考虑"前提"所包含的教学情境与学情因素。

1.教学情境因素与"财政学"课程思政

教学情境包括知识目标、技能目标、育人目标、教学内容安排、教学方法目标等方面。正如《论语·述而》中孔子所说:"不愤不启,不悱不发,举一隅不以三隅反,则不复也。"一个好的"财政学"课程思政教学方案,应尽可能从教师"能教什么""想教什么"和"怎么教"等方面开展教学情境分析,"能教什么"即指教师通过专业课教学达到的知识目标、技能目标、育人目标(情感、态度、价值观目标等);"想教什么"即指教师的教学内容安排;"怎么教"即指教师的教学方法目标等。

在"财政学"课程思政的教学实践当中,教师要做好知识目标、技能目标、育人目标、教学内容安排、教学方法目标的设计者和课程思政教学环节情感价值学习的引导者,在科学合理设计知识目标、技能目标的基础上,要合理设计育人目标、教学方法目标和教学内容安排,激发学生主动探求价值目标的学习热情。教师应避免碎片化、流于机械的单向宣讲输出,通过适宜的教学情境设计实现春风化雨和潜移默化,使"学生富有主动学习的动机"并"参与恰当的学习任务或体验活动"[①],使学生拥有自我价值判断的空间,引导学生在自我反思修正的过程中自主完成价值观的再塑造。

2.学情因素与财政学课程思政

学情因素包括先验知识、学习目标、认知倾向、学习兴趣、学习需求、学习能力、学习习惯、学习方法等方面。一个好的"财政学"课程思政教学方案,还应尽可能从学生"已知什么""未知什么""能知什么""想知什么"和"怎么知"等方面开展学情分析。"已知什么"即指学生具备的先验知识(包括感性认识知识经验和理性认识知识经验),决定着对学生财政知识教学目标与思政育人目标的起点定位和可接受性;"未知什么"即指学生的学习目标;"能知什么"即指学生的认知倾向(包括动机、需求、情绪、性格、心理、思维等)和认知能力;"想知什么"即指学生的学习兴趣;"怎么知"即指学生的学习能力、学习习惯、学习方法等。

在"财政学"课程思政教学设计时,应建构在先验知识、学习目标、认知倾向、学习兴趣、学习能力、学习习惯、学习方法的基础上,针对每一节课的教学内容,深度挖掘财政学专业知识中蕴含的思政元素,使学生领会其中蕴含的优秀财政思想、社会责任等。

(三)改进的"财政学"课程思政"3P 教学模型"的过程环节

过程处于中间环节,是改进的"财政学"课程思政"3P 教学模型"的核心

---

① Barkley, E.F., Major, C.H., *Learning Assessment Techniques: A Handbook for College Faculty Jossey Bass*, 2016.

要素,既依托于前提环节的教学情境和学情因素,又反馈于结果(包括教学效果和学习效果)。这一环节中的主要因素是教师教学方式和学生学习方式的差异,特别是受学生学习方式的深刻影响。

1."动态优化"教学方式与"财政学"课程思政

教师在设计"财政学"课程思政教学设计时,要充分考虑"前提"所包含的学情因素和教学情境因素。

首先要明确财政学专业知识教学和课程思政教学的目标,基于课程内容结构对应课程思政内容进行"专业课教学全过程思政要素"的设计,将课程思政要素贯穿于专业课程教学全过程。

其次,要建构与教学环节适切、交互的课程思政教学设计方案,综合运用情景化教学、任务驱动式教学、体验式教学、思辨式教学等"动态优化"教学方式,在引导学生求知的同时,激发学生对思政要素的"主动探求"和"深入思考",体味中国特色社会主义公共财政思想的魅力。教师要根据教学效果和学生学习效果,加强对教学方式的反思和优化改进,提高"财政学"课程思政的教学效果。

2.深度学习方式与"财政学"课程思政教学设计

表层学习是一种浅表化的学习方式,关键特征是追求知识浅表化、被动机械学习、记忆代替理解、比较关注考试测试。这种学习方式与"以教师为中心"的教学模式契合,教师对人生观、价值观、世界观、国家观、历史观、财政观、税收观的宣讲仅仅是变成了学生脑海中记忆的概念或者口号,较难触动学生内心的情感乃至价值感,更难激起学生对错误价值观念的挑战和正确价值观念的主动探求。

深层学习是一种"内源性"的学习方式(章浏兵,2017),关键特征是注重学习的体验性、理解性、反思性,引导学生既要"知其然",又要"知其所以然",更要懂"应然之道"。教学的根本性变革在于以学生的学习为核心,是

"让学"。①

深层学习方式包括探究式学习、自主式学习、验证式学习等方式,比较符合以学生为中心的教学模式,不仅源于学生对知识主动求索的内在动机,也契合于价值获取、情感满足的学习获得感。在深层学习方式下,在知识传授中建构起学生对财政专业知识由"知识点→知识块→知识群"的动态认知结构,增强学生对财政学基本思想、财政运行规律、大国财政治理的深度感受、深度体验和深度理解,塑造学生对财政学的工具价值(如运用财政政策工具解决实际宏观经济问题)、社会道德价值的认同,引导学生树立正确的人生观、世界观、国家观、历史观、财政观、税收观。

(四)改进的"财政学"课程思政"3P 教学模型"的结果环节

结果环节包括教学效果和学习成果两个方面。教学效果包括知识目标达成度、技能目标达成度、育人目标达成度、教学方法有效性、学生评教结果和督导评价反馈。学习效果包括学习目标达成度、核心价值观认同和正确人生观、世界观、国家观、财政观、税收观的树立。教学效果和学习成果的评价和反馈,有助于动态优化过程环节中教师的教学方式和学生的学习方式,也有助于改进前提中的教学情境与学情因素。一方面,促进教师反思教学目标是否明确,教学内容安排是否合理,教学方法是否科学有效,进而调整授课内容和改进教学方法;另一方面,促进学生自主反思学习目标是否科学,认知倾向及学习习惯是否合理,学习方法是否有效。

三、结语

基于改进的"财政学"课程思政"3P 教学模型",在"财政学"课程思政教

---

① 成尚荣:《教学改革绝不能止于"有效教学"》,《人民教育》,2010 年第 23 期。

学的设计要重视前提、过程和结果三个环节关联互动、反馈改进的诸多因素，将思政育人元素贯穿于财"财政学"课程教学的全过程，在教学情境与学情因素分析的基础上，"一致性建构"课程思政育人目标、课程思政"教""学"活动和教学效果、学习成果的评价反馈，引导学生自主完成价值观的塑造。

一致性建构视野下的课程思政

——以"共享发展理念"融入"经济学"教学为例

成桂英　王继平 *

摘要:一致性建构教学设计理论将建构主义学习理论与课程设计理论的一致性原则相结合,强调教学活动中学生的中心作用,强调预期学习成效、教学活动和评价任务之间的一致性。本文以"共享发展理念"融入"经济学"课堂教学为主题,阐明一致性建构视野下的课程思政需要做到以下三点:一是课程预期学习成效要明确表述思政内容,做到价值引领;二是教学活动要体现和对应预期学习成效中的思政内容;三是评价任务要聚焦功能性知识,重视SOLO分类中的高阶结构层次。

关键词:课程思政;共享发展理念;一致性建构;SOLO分类

一、问题提出

课程思政有广义和狭义之分。狭义的课程思政是指高校在专门的思政课

---

*作者简介:

成桂英:天津商业大学教务处副研究员,研究方向为高等教育管理。

王继平:天津商业大学经济学院教授,研究方向为产业组织理论与反垄断经济学。

程之外的专业课教学中融入思想政治教育。①课程思政是对高校思想政治教育直接渠道"思政课程"的超越,有助于突破思政教育过于集中于思政课的瓶颈,缓解思政课成"孤岛化"的现实困境。②课程思政是创新高校思政体系、有效发挥专业课堂育人功能的必然选择。"新品格教育之父"、美国著名的道德发展心理学家和教育家托马斯·里克纳说得好,"学术课程在价值观培养方面的作用是一个沉睡中的巨人""如果我们不能把这种课程作为培养价值观和伦理意识的手段,我们就正在浪费一个大好的时机"。专业课程不仅需要"传授知识,培养能力",更需要"价值引领",因为它关系高校培养什么样的人、如何培养人以及为谁培养人这个根本问题。2017 年底,教育部党组印发的《高校思想政治工作质量提升工程实施纲要》(下文简称《纲要》),提出切实构建"十大"育人体系的第一条就是课程育人质量提升体系。《纲要》指出:"大力推动以'课程思政'为目标的课堂教学改革,优化课程设置,修订专业教材,完善教学设计,加强教学管理,梳理各门专业课程所蕴含的思想政治教育元素和所承载的思想政治教育功能,融入课堂教学各环节,实现思想政治教育与知识体系教育的有机统一。"

　　目标已经明确,现在摆在我们面前的问题是:如何才能更好地将学科资源、学术资源转化为育人资源,如何才能切实有效地实现"知识传授,能力培养"与"价值引领"的有机统一。本文基于一致性建构课程设计理论,以怎么将"共享发展理念"融入"经济学"课程教学为例尝试性地给出一个答案。

二、一致性建构"三部曲"

　　一致性建构是著名的学习理论和教学研究专家约翰·比格斯从历程档学

①　葛卫华:《厘定与贯连:论学科德育与课程思政的关系》,《中国高等教育》,2017 年第 8 期。

②　[澳]约翰·比格斯、[澳]凯瑟琳·唐:《卓越的大学教学:建构教与学的一致性》,王颖、丁妍、高洁译,复旦大学出版社,2015 年。

业测评教学实验泛化而来的一种教学设计理论,在澳大利亚、中国香港、爱尔兰、马来西亚等国家和地区得到广泛的推广和运用。①

"一致性建构"将建构主义学习理论与课程设计理论的一致性原则结合起来。在建构主义学习理论中,"建构"是指学习者在开展各种活动时,通过自己既有的"图式"解释外在环境,理解新概念和原理,从而建构自己的知识。与传统的教学观不同,建构主义认为,学生是教学的中心,就决定学生的学习成效而言,学生做什么要比教师做什么更重要;教学不再是传输知识,而是营造一个鼓励和促进学生参与的环境,帮助他们主动学习,让他们在既有理解的基础上发展新知识。"一致性"是课程设计和评价理论的一个重要原则,依据"课程理论"和"教育评价之父"拉尔夫·W.泰勒的观点,教学一致性是指教学目标、教学活动和教学评价之间的相互支撑关系,特别是学业评价要与所期待的学习成效保持一致。一致性原则的理论基础是教学系统论。教学系统论认为,课堂系统是复杂的、更大的学校教学系统的子系统,包括教师、学生、教学背景、学生学习活动和效果等组成部分。系统的各组成部分相互影响、相互作用,逐渐趋向稳定均衡。教学系统论告诉我们,提高教学质量需要处理和协调整个系统,而不是简单地增添"好的"部件。

尽管一致性建构理论可用于指导学校、专业和课程层面的教学改革,但本文只考虑课程层面的一致性建构问题。在课程层面,一致性建构关心的是,预期学习成效、教学活动和评价任务之间的一致性问题。

首先,一致性建构的关键是课程预期学习成效的表述。课程预期学习成效是对某门课程修完后学生应具备能力的表述,常用的术语是"课程目标"。但正如比格斯所指出的那样,术语"预期学习成效"比"目标"更好,因为前者更强调学生应该学什么而不是教师应该教什么。课程预期学习成效的设计和撰写是关键,因为它决定了教学活动和评价任务。在设计和撰写课程预期学

① [澳]约翰·比格斯、[澳]凯瑟琳·唐:《卓越的大学教学:建构教与学的一致性》,王颖、丁妍、高洁泽,复旦大学出版社,2015年。

习成效时,需要考虑知识类型(陈述性知识还是功能性知识)、课程内容的广度和深度(铭记理解的最大敌人是面面俱到)、预期达到的理解层次和理解类型(陈述型理解和表现型理解)。预期学习成效表述常见的错误是用"理解""领悟""明白"之类的动词,因为诸如此类的动词未能明确要求学生需达到的学业水准的层次。

研究表明,理解具有层级性。不同的研究区分理解层级的标准不同,称谓各异。比格斯和科利斯的 SOLO 分类最具影响力。[①]他们强调,结构复杂度是学习质量的一个主要指标,因此基于可观察的学习效果结构的质量,将理解水平分为如图 1 所示的五个层级。参照 SOLO 分类,在表述预期学习成效时,要为每个内容选择适当的理解层次动词,越重要的课程内容要求达到理解层次应该越高。预期学习成效表述中的动词(即成效动词)有两个功能:一是告诉学生应该围绕某个内容做什么,二是告诉他们应做到什么水准。例如,在预期学习成效表述"应用共享发展理念评价改革方案,作出政策选择"中,成效动词"应用"不仅告诉学生应该围绕"共享发展理念"评价改革和选择政策,而且也告诉他们理解层次需达到关联结构水平。图 1 列举了不同理解层次的部分成效动词,更多可选的成效动词可以参见比格斯和唐的著作。

其次,一致性建构要求教学活动要与预期学习成效相一致,强调教学活动中学生的中心作用。这就需要改变一直以来盛行的以教师为中心的教学活动,学生需要成为教学活动的"主角"。针对陈述性预期学习成效,需要采取各种策略(如概念图、有声思考法、同伴教学等)将高校当前的"大讲堂"变为"大学堂",让学生在主动参与教学活动的过程中建构自己的知识。针对功能性预期学习成效,为了培养"应用""创造""解决问题"的能力,相应的教学活动应该是基于案例的学习、团队活动、职场教学活动、发生性学习、问题导向式学习等。

---

① Biggs,J.B.,& Collis,K.F.,The Psyohological Structure of Creative Writing,*Australian Journal of Education*,1982,26(1).

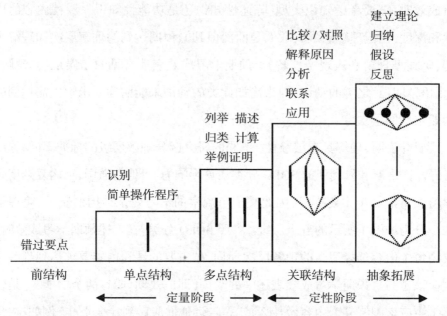

建立理论
比较 / 对照　　　归纳
解释原因　　　　假设
分析　　　　　　反思
联系
应用

列举　描述
归类　计算
举例证明

识别
简单操作程序

错过要点

| 前结构 | 单点结构 | 多点结构 | 关联结构 | 抽象拓展 |

←———　定量阶段　———→←———　定性阶段　———→

图 1　用于确定预期学习成效的动词层级结构

资料来源：[澳]约翰·比格斯、[澳]凯瑟琳·唐：《卓越的大学教学：建构教与学的一致性》，王颖、丁妍、高洁译，复旦大学出版社，2015 年，第 63 页。

　　最后，一致性建构还要求评价任务要与预期学习成效和教学活动相一致。在高校，教师和学生对评价任务持不同的视角，如图 2 所示，在教师看来，总结性评价是在一系列教学活动的结尾，但从学生的角度看，评价是教学活动的开端。实践反复证明，评价是指挥棒，是导航仪。学生学什么怎么学在很大程度上取决于他们对评价的看法。考什么决定学什么，怎么考决定怎么学。因此，评价向学生发出错误的信号，对教学有效性的危害是毁灭性的。不幸的是，高校对学生的评价经常向学生发出错误的信号。解决这个问题的必由之路是转变评价模式，从目前盛行的测量模式转变为标准模式。两种评价模式的区别可以从两方面把握：第一，参照点不同。测量评价模式关注学生之间的比较，参考点是他人，而标准评价模式的参考点是预期学习成效表述所确定的标准。第二，评价的对象不同。测量模式评价的是学生本身，而标准模式评价的是学生的学业。如图 2 中"预期学习成效"与"评价"之间的箭头所示，转变评价模式可以确保教师的教学活动和学生的学习活动指向同一个目标,从而实现评价任务与预期学习成效和教学活动的一致性建构。

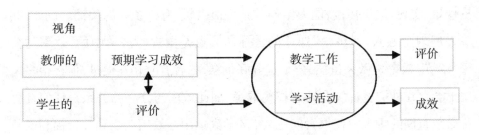

图 2　教师和学生看待评价的视角

资料来源:[澳]约翰·比格斯、[澳]凯瑟琳·唐:《卓越的大学教学:建构教与学的一致性》,王颖、丁妍、高洁译,复旦大学出版社,2015 年,第 140 页。

三、共享发展理念融入"经济学"课堂

理念是行动的先导。发展理念是否对头,从根本上决定着发展成效乃至成败。党的十八届五中全会坚持以人民为中心的发展思想,鲜明提出创新、协调、绿色、开放、共享的新发展理念。共享是新发展理念的重要组成部分,体现了中国特色社会主义的本质要求。共享理念内涵丰富,主要包括全民共享、全面共享、共建共享和渐进共享四个方面。其中全民共享是指人人享有发展成果、各得其所,不是少数人共享;全面共享是指共享国家经济、政治、文化、社会、生态文明各方面的建设成就。经济成就共享位列第一,是其他方面共享的基础。下面基于一致性建构教学设计理论的指引,以如何将"共享发展理念"融入"经济学"课堂教学为例,说明如何进行以"课程思政"为目标的教学改革,探索习近平新时代中国特色社会主义思想进课程、进课堂、进头脑的有效路径。

（一）课程预期学习成效要明确表述思政内容

如前文所述,一致性建构的核心是预期学习成效的恰当表述。为了明确

课程思政的预期成效,首先要深入挖掘专业课程中所蕴含的育人元素。其次是寻找课程思政的最佳切入点。切入点是避免专业内容与思政内容出现两张皮现象,实现"知识传授,能力培养"与"价值引领"有机统一的关键。例如,共享发展理念融入"经济学"课程的最佳切入点是微观经济学中的"效率与公平"章节。效率是做大蛋糕,公平是分好蛋糕,二者有时相互促进,但在很多情况下会存在冲突。冲突意味着权衡取舍,因此效率与公平的关系是任何社会都必须直面的重大权衡取舍问题。经济学家运用等效用曲线和社会福利函数进行选择。不同的社会福利函数隐含着不同的公平观,体现着不同的政治哲学。共享发展理念是以人民为中心的政治哲学思想的体现,对于效率与公平之间的权衡,具有深刻的理论意义和实践意义。共享理念意味着,中国未来的改革和政策选择将赋予公平更大的权重,"效率优先,兼顾公平"的分配原则需要调整。2018年初,习近平总书记在中央政治局就建设现代化经济体系进行第三次集体学习时强调,要建设体现效率、促进公平的收入分配体系,实现收入分配合理、社会公平正义、全体人民共同富裕,推进基本公共服务均等化,逐步缩小收入分配差距。最后,可以将"效率与公平"章节中思政内容的预期学习成效明确表述如下:

·解释共享发展理念的含义及提出的现实背景
·比较"体现效率、促进公平"的原则与"效率优先、兼顾公平"原则
·应用共享发展理念评价改革方案,作出政策选择

(二)教学活动要体现和匹配预期学习成效中的思政内容

上述预期学习成效既包括陈述性知识,也包括功能性知识。依据SOLO分类,要求学生达到关联结构以上的高阶理解层次。与此对应的教学活动是在教师指导下,需要学生深度参与知识建构:(1)为了解释共享发展理念提出的现实背景,要求学生上网(北师大中国收入分配研究院网站或北京大学中国社会科学调查中心网站)查找、描述近年来我国的收入和财富分配状况并

讨论原因;(2)要求学生上人民网习近平系列重要讲话数据库,查阅《习近平在省部级主要领导干部学习贯彻党的十八届五中全会精神专题研讨班上的讲话》中有关共享理念的内容,解释为什么"共享理念实质就是坚持以人民为中心的发展思想,体现的是逐步实现共同富裕的要求";(3)设想两种改革方案,要求学生评估两种方案对效率和公平的影响,在共享发展理念指引下,基于"体现效率、促进公平"的原则,评价方案并作出选择。

(三)评价任务要聚焦功能性知识,重视 SOLO 分类中的高阶结构层次

课程学业评价要与思政内容的预期学习成效和教学活动相一致,因此在评价任务表述中应出现成效动词。评价任务的设计不应该导致学生本末倒置,采取低层次的学习策略,如死记硬背一些概念和理论。课程思政的根本目的在于立德树人,在于提高学生在思想政治方面的认识水平并体现在采取正确的行动上。因此,在设计课程思政的评价任务时,在理解层次方面,要重视上文所述的 SOLO 分类中的高阶理解,即重视关联结构和抽象拓展;在内容方面,关注的不应是陈述性知识(即用来说明事物的知识,通过符号系统来表达),要聚焦于功能性知识,即根据对事物的理解,以行动和实践来体现的知识;在评价形式方面,要跳出传统的考试怪圈,采取灵活多样的开放评价形式。例如,可以运用学习历程档来评价关于"共享发展理念"的课程思政效果。历程档评价就是个人将他们最杰出的作品放在履历中供评审,该方法广泛运用于艺术界和求职过程。学习历程档评价是指学生向老师呈现和说明他们最好的"学习财富"。学生为自己的历程档选择内容时,要深思熟虑,要寻找最能匹配预期学习成效的内容,并解释选择的原因。

"财政学"课程思政建设的思考

许春淑　李　娜 *

摘要:高等学校的人才培养是育人和育才相统一的过程,财政作为国家治理的基础,必须加强财政学专业课程思政建设。将思政教育结合到专业教学中,对于建设高水平人才培养体系及建设中国特色社会主义高校具有重要作用。本文探讨了财政学专业融入课程思政的重要意义,分析了现阶段财政学专业课程教学中存在的问题,提出了"财政学"课程思政建设的具体措施。

关键词:财政学;思政建设;高等教育改革

2016 年在全国高校思想政治工作会议上,习近平总书记就强调要把思想政治工作贯穿于教育教学的全过程,高校思想政治教育关系着高校培养什么样的人、如何培养人以及为谁培养人这个根本性的问题。教育强则国家强,高等院校要培养全面发展的社会主义人才。这给我国高等教育事业的改革提出了新要求、指明了新方向。遵循党中央对课程思政建设的总体要求,为实现把课程思政建设真正融入各个专业,必须将学科建设与学生培养相结合,社

* 作者简介:

许春淑:天津商业大学经济学院教授,研究方向为社会保障、财政理论与政策。

李娜:天津商业大学经济学院硕士研究生,研究方向为财政理论与政策。

会实践和教师指导相结合,校内资源与校外资源相结合,全方位融入思想政治教育,实现高校教学改革中提出的人才培养新目标。财政学作为应用经济学,如何把思政元素贯穿到"财政学"课程建设,是需要我们深刻领会和把握的。

一、"财政学"课程思政建设的重要意义

(一)符合建设中国特色社会主义高校目标要求

"财政学"课程融入思政建设符合现阶段高校教育改革的总体目标。我国必须根据国情走自己的高等教育道路,建设中国特色社会主义高校,只有这样才能推动我国高等教育事业的发展。要实现"财政学"课程思政建设,就必须坚持正确的教育方针,以立德树人作为教育的出发点。整体来看,"财政学"课程思政建设就是要实现大学生价值观念与知识教学和学术能力的整体同步,将财政学专业教学与思政建设教育结合起来,形成优势互补。学会运用财政学基础理论知识回答社会问题的同时,充分发挥思政建设的重要作用,让学生们树立崇高的理想信念,运用专业技能回报社会,参与到社会主义建设中来。建设具有中国特色的社会主义高校,推动我国高等教育的发展,培养新时代人才,建设世界一流大学。

(二)财政学与思政的关系非常紧密

财政既是历史范畴,又是经济范畴。财政与国家之间休戚与共,财政是国家治理的基础和重要支柱,财政职能与其他政府职能相比具有自身突出优势。因此,进行"财政学"课程思政建设,可以结合"财政学"的课程内容,让学生探寻中国财政制度的发源和经济社会文化背景,从而深入理解财政与经济发展水平、财政与社会结构、财政与政治制度、财政与文化之间的关系,从中帮助学生掌握历史唯物主义的分析方法,客观地认识世界。财政学研究政府

部门的行为活动,考察政府行为活动的出发点和带来的影响结果,正好体现政府在社会中扮演的重要角色。思政教育则是提倡学生们关注社会公共事务,关注世界问题,做勇为社会主义建设建言献策的知识分子和实践者。因此,财政学与思政的关系非常紧密,厘清两者的关系,也就等于找到了两者融合的方法与措施。

(三)培养学生科学的思维方式,学会运用辩证的观点看待问题

科学辩证的思维方式是学生学习专业知识应该具备的技能,马克思主义科学为其他学科的建设奠定了思想理论基础。财政学专业的教学是以马列主义为思想指导在理论知识和实践中的运用,学会运用辩证的观点洞悉政府出台的一系列政策,进而深入了解和分析财政现象,并以客观科学的态度评价政策的优劣程度。学生们通过对财政理论知识的学习可以了解我国财政历史和现状,客观分析各种财政问题产生的原因,通过把所学理论和实践结合起来,提出可行性的建议,更深入理解财政在国家治理中的基础作用,激发学生发扬探究精神和批判性思维。既连接了理论和实践,又融入了思政建设教育,润物细无声。

(四)培养学生积极的世界观,树立学生的担当意识

思政建设是引导学生关注公共事务,心怀国家事务,为社会主义建设做出贡献。财政学是运用财政学的基础理论知识分析解决社会的现实问题,财政学专业的培养目标是培养具备专业知识体系,同时具备应用技能,能够在财政、税务等部门从事实际工作的人才,他们关乎着要把财政建设成为人民的财政,必须在财政工作中融入马克思主义中国化的最新成果,把握党和国家治理国家和治理社会的财政手段,充分理解党和国家的治国理念和财政思想,更应该具备长远眼光,全面客观认识国家现实,同时培养自己积极的世界观和全球观,提升自身道德修养和文化素质,做勇敢走在时代前列的奋进者。

二、现阶段"财政学"课程教学中存在的问题

(一)财政学历史国情教育不足

财政学的发展史也即国家的发展历史,由于财政史较为晦涩难懂,学生不感兴趣,许多高校将"财政学"作为选修课,未能引起足够的重视。不少高校的财政史教师短缺,有些高校甚至由其他专业教师讲授财政史,财政史成了明显的摆设,其中深层次的原因是功利化和表面化的教育导向。但财政史对学生认识财政发展史和历史国情有重要意义。如果不了解中外财政学的发展史,财政学学科的学习就缺乏系统性。财政学专业人才需要树立深厚的历史观,他们要关心社会公共问题,进而为公共问题的解决提出对策,对财政学专业学生的历史国情教育和爱国教育是财政学思政建设的最基本要求。

(二)财政学教学忽视实践环节,不能充分发挥出课程育人的功能

面对熟悉互联网的新时代的大学生,不同高校实习基地建设的数量差异较大,或流于形式,实践育人水平较低。学生不能熟练地把课堂中学到的财政理论知识运用到实践中,也就使学生对成为财税等部门的专业人才缺乏信心。高等教育需要培养复合型应用型人才,需要提高学生的自觉性和主动性,被动式接收知识容易使学生丧失思考能力。"财政学"课程思政建设通过融入德育,提高学生认知能力,提升学生实践能力,培养学生自己在实践中挖掘财政理论知识,找到解决现实问题的方法。高等教育的人才培养目标是复合型应用型人才,因此学生的自觉性和主动性和实践性不容忽视。但当前,高校教学中仍然存在不同程度忽视实践环节,未能真正发挥课程的实际作用。

（三）教材内容更新滞后，教学方式缺乏创新

高校一般规定使用国家级规划教材，但由于内容不能及时更新，不能匹配现代社会对学生知识体系的要求，社会发展日新月异，知识内容的更新和教学体系的变化也应该与时俱进，但当前高校的教材内容更新滞后，即使新事物新业态层出不穷，但鲜见出现在财政学教材内容中。尤其是缺乏适用于普通本科应用型高校的教材，仍有部分教材沿用国外学者的计量模型，普通应用型高校学生在欠缺相关计量知识的前提下，掌握财政学的内容比较吃力，对教师也是个很大的挑战。在高校提倡的传统教学模式下，教师的教学方式以及备课教材更新较慢，大部分是传统的"填鸭式"教学方式，缺乏创新的动力，很难吸引学生学习兴趣，难以让学生树立成为当代财政专业领域人才的远大抱负。

三、"财政学"课程思政建设的对策

（一）课程设置中增加案例教学，提升财政学实用性

复合型应用性人才培养是现阶段高等教育的培养目标。财政学专业学生大多在毕业后就职于财政税务等部门，熟练掌握财政理论知识及相关政策是硬性要求。随着现代社会的发展，教学改革任重而道远，由于社会人才需求的改变，应该有针对性地进行学科专业化改革。在课堂教学中要融进思政元素，如在讲授财政基础理论时，引导学生了解我国在疫情期间推出的企业减税降费、保民生等措施，和世界卫生组织合作显示出大国担当。讲授财政收支时，让学生了解"十四五"规划的有关财政方面的内容。同时通过案例教学增强财政学专业教学的实用性，案例教学不同于以往"填鸭式"教学模式，它是对真实发生事件的描述，如在讲授社会保障制度一章时，就养老保险、医疗保险等

熟知的内容,组织学生讨论,并写出课堂论文。让他们融入不同角色,激发学生主动思考。通过运用案例教学的方式,转变课堂教学方法,让学生通过参与案例讨论,巩固理论知识,增加对知识的理解能力,同时学会运用辩证的观点看待问题,把学生培养成社会急需的高端应用型人才。

(二)不断提升教师教学设计的能力,帮助学生提高思政的认知

在"财政学"课程教学中教师应该坚持以马克思主义为指导,加快构建中国特色社会主义学科体系目标,提高学生对自己所学专业领域理论知识、政策制度等的理解。提升教师教学设计能力,改变职称晋升的条件,让年轻教师将科研和教学并重,不断钻研科学的教学方式,激发学生们了解自己本专业及相关专业学科领域的前沿理论知识,了解自身所学专业的未来发展趋势和社会对专业人才的要求,进而更好地制定学习计划以适应社会需求。财政学专业与其他专业有密切联系,例如与管理学、社会学、法学等在研究对象上有高度的一致性。财政问题延伸到政治、经济社会、文化以及生态各个领域。因此,强调系统的思想,突破传统的从经济学角度论财政的局限性,尤其是教师可以将中国特色主义理论等课程思想内容融入"财政学"课程,为"财政学"课程中思政建设奠定坚实基础。

(三)与企业和政府部门开展密切合作,在实践中培养学生的思政认知

"财政学"课程的培养目标是应用复合型人才,要求学生不单单停留在书本知识,而是成为社会主义建设实践性人才。激发学生积极参加社会实践、关注社会问题的热情,培育学生懂得运用技能解决问题的专业知识素养。在知识更新速度不断加快的时代,需要不断学习新的知识,淘汰旧的知识。但如何巩固和发挥所学知识的作用,这就需要学生能够在实际生活中学会运用,提高自身动手实践能力。高校应该与不同企业或是政府财税部门开展合作,建

设学生实践基地,在实践操作中进一步培养学生财政思政认知。例如,可在学期末利用一个月的时间开展社会实践活动,如尝试帮助小企业、灵活就业者主体进行纳税申报,也可以跟随政府税务部门深入企业,检查企业纳税情况。这样的模拟操作过程既让学生清晰地认识到财政的重要作用,又能培养他们遵纪守法成为合格纳税人的思想。也可以聘请财政税务部门经验丰富的部门工作人员对教师和学生进行培训,建立长期联系,培养学生实践能力,增强职业道德和职业责任感,自觉践行行业职业规范。

"经济思想史"课程思政建设中政治经济学研究方法的体现

王　俊*

摘要: 本文从"经济思想史"课程在政治经济学课程体系中的地位与作用切入,讨论在"经济思想史"课程思政建设中可以体现的马克思主义政治经济学研究方法。通过在课程思政建设中无缝融入马克思主义政治经济学研究方法,可以起到提升"经济思想史"课程思政教学效果的目的,从而达到完善政治经济学课程思政教学体系的良好效果。

关键词: 经济思想史;课程思政;政治经济学;研究方法

---

* 作者简介:

王俊:天津商业大学经济学院副教授,政治经济学教研室主任,主要从事经济思想史、政治经济学、制度经济学等课程的教学工作。

基金项目:

本文系 2020 年天津商业大学"课程思政"改革课建设项目"'政治经济学'课程建设项目"阶段性成果。

一、"经济思想史"课程在政治经济学课程思政教学体系中的地位与作用

广义的"经济思想史"课程,其讲授范围应当包括人类社会不同于历史发展阶段中形成的所有经济学流派的经济思想的总和。广义的"经济思想史"课程包括前资本主义社会的经济思想史、资产阶级经济思想史和马克思主义政治经济学思想史三个部分组成。在现实教学过程中,囿于教学课时和教学分工的限制,多数高校经济学专业面向本科高年级和硕士研究生的"经济思想史"课程教学,主要的讲授范围和讲授对象是为自重商主义学派以来的资产阶级经济思想史,即狭义的"经济思想史"课程。在教学课时限制较少的一些高校,则多以专业选修课形式开设"马克思主义政治经济学发展史"。

根据 2018 版《普通高等学校本科专业类教学质量国家标准》中的《经济学类教学质量国家标准》,"经济思想史"课程属于专业必修课"4+4+X"模式中的指定专业必修课程。这就决定了"经济思想史"课程在经济学类专业教学质量控制体系中的重要地位和作用。事实上,不论是广义或狭义的"经济思想史"课程,不仅是经济学类专业教学质量控制体系中的重要组成部分,也在政治经济学课程体系中发挥着独特的作用。主要表现在以下两个方面:

一方面,"经济思想史"课程通过介绍自重商主义学派到李嘉图时期资产阶级经济学的发展,能够清晰有效地梳理劳动价值论的发展历史,能够加深学生对马克思主义政治经济学思想来源的认识。众所周知,马克思主义的三大重要思想来源分别是德国古典哲学、英国古典政治经济学和法国空想社会主义。其中,由威廉·配第创立、经亚当·斯密和大卫·李嘉图等经济学家发展完善的英国古典政治经济学, 则是马克思主义政治经济学的重要思想来源。马克思正是在英国古典政治经济学所创立的劳动价值论的基础之上,运用科学方法进行批判和扬弃,发现了剩余价值理论,进而创立了马克思主义政治

经济学。从"马克思主义政治经济学"课程的教学实践来看，本科低年级学生在学习完"马克思主义政治经济学"课程后对于剩余价值理论的发展史往往缺乏清晰的认识。通过"经济思想史"课程的教学，则有助于加深学生对劳动价值论和剩余价值理论发展史的认识。在批判性学习自重商主义学派到李嘉图时期的各个流派的经济思想，学生可以更好地理解马克思通过发现剩余价值理论，创立马克思主义政治经济学的历史必然性和理论必要性。

另一方面，"经济思想史"课程通过介绍边际革命以后近现代资产阶级经济学诸流派经济思想的发展，加深对现代资产阶级经济学的阶级局限性和历史局限性的认识，从而强化学生对马克思主义政治经济学的信仰。自19世纪70年代以来，欧美国家经济学界通过边际革命彻底抛弃了英国古典政治经济学所创立的劳动价值论，转而以边际效用价值论为基础，重构整个资产阶级经济学的理论体系。以新古典经济学和凯恩斯主义经济学为主流的当代西方资产阶级经济学，极力回避生产关系这一马克思主义政治经济学的研究对象，转而滥用越来越复杂的数学模型，将经济学的研究对象界定为研究人与物之间关系的所谓"纯经济学"。当代西方资产阶级经济学否认其经济思想的阶级性，试图通过强调其理论的"普世性"来为资本主义经济制度辩护，掩盖资本主义社会的基本矛盾，维护资产阶级的经济统治地位。"经济思想史"课程教学的重要任务，就是通过对近现代资产阶级经济学诸流派经济思想的批判性梳理，揭露当代西方资产阶级经济学极力掩饰的阶级性。

总的来看，"经济思想史"课程教学是"马克思主义政治经济学"课程教学的延续和补充，在政治经济学课程体系中发挥着不可或缺的作用，也是政治经济学课程体系加强全课程体系课程思政建设的关键环节。

二、"经济思想史"课程思政建设中需要体现的政治经济学的研究方法

"经济思想史"课程作为"马克思主义政治经济学"课程教学的延续,在其日常教学以及课程思政建设中都应当充分体现政治经济学的研究方法。具体来说,"经济思想史"课程思政建设中需要体现的政治经济学研究方法主要有以下三个方面:

一是应当体现唯物辩证法对"经济思想史"课程教学的哲学指导思想地位。唯物辩证法是马克思主义哲学的核心组成部分,也是马克思主义政治经济学研究的核心方法。在"经济思想史"课程的日常教学和课程思政建设中,应当始终突出唯物辩证法的哲学指导思想地位,从唯物辩证法的角度,以科学客观的方式看待和分析经济学各流派经济思想的演化和发展。特别是在资产阶级经济学各流派中,以唯心主义和形而上学为哲学基础的经济学思想占据主流。对于"经济思想史"课程的日常教学和课程思政建设来说,必须在有限的教学课时条件下将唯物辩证法融汇贯彻到课程知识点的教学过程中去,而不是简单地将唯物辩证法作为一个单独的知识点进行介绍。唯物辩证法融入"经济思想史"课程教学既是"经济思想史"课程思政建设的难点,也是"经济思想史"课程思政建设的重点。

应当体现科学抽象法对"经济思想史"课程教学的方法论指导地位。科学抽象法是马克思主义政治经济学的重要方法。马克思曾指出:"分析经济形式,既不能用显微镜,也不能用化学试剂。两者都必须用抽象力来代替。"在马克思主义政治经济学中,科学抽象法得到了生动的体现。作为"马克思主义政治经济学"教学的延续和拓展,"经济思想史"课程的日常教学和课程思政建设仍应当坚持运用科学抽象法。但与"马克思主义政治经济学"教学内容不同的是,"经济思想史"课程并不是体系化地介绍政治经济学的理论体系,而是

概括性地介绍人类经济思想和经济理论的发展历程,这就决定了在"经济思想史"课程中体现科学抽象法时,只能将科学抽象法作为"经济思想史"课程教学的方法论指导,而不能简单照搬"马克思主义政治经济学"课程中科学抽象法的讲授方式。更重要的是,需要在"经济思想史"课程教学中,努力运用科学抽象法,总结归纳人类经济思想和经济理论发展的客观规律。通过对人类经济思想和经济理论发展客观规律的讲授,在体现科学抽象法的方法论指导地位的同时,坚定历史唯物主义和辩证唯物主义的世界观。

应当体现历史与逻辑相统一的方法对"经济思想史"课程教学的认识论具有指导地位。历史与逻辑相统一的方法,是马克思主义政治经济学的另一重要方法,也是历史唯物主义在马克思主义政治经济学研究中的生动体现。在"经济思想史"课程的教学中,由于需要在较少的教学课时中将自15世纪以来的众多经济学家和经济学流派的主要经济思想连贯起来,如果教师不能在讲授过程中给学生一个完整的经济思想演进的逻辑脉络,那么学生将很难对人类经济思想和经济理论的发展历程有全面直观的认识。在"经济思想史"课程的教学中,建立人类经济思想和经济理论演进逻辑脉络的方式和路径有很多,但并不是所有的逻辑脉络都符合历史与逻辑相统一的方法要求。在引导学生以历史唯物主义和辩证唯物主义认识人类经济思想和经济理论演进历程的过程中,教师需要对讲授过程中所建立或采用的关于人类经济思想和经济理论演进的逻辑脉络进行甄别。必须以历史与逻辑相统一的原则指导"经济思想史"课程内容的讲授过程。这就要求教师不仅需要具备"经济思想史"课程的知识储备,还应当拥有较为广泛的经济史知识储备。

三、"经济思想史"课程思政建设中体现政治经济学研究方法的建设思路

在具体的教学实践中,笔者认为"经济思想史"课程思政建设中要更好地

体现马克思主义政治经济学研究方法,应当在以下三个方面有所作为:

一是重视在对不同资产阶级经济学流派经济学说的讲授过程中,突出"立场—观点—方法"解析法。"经济思想史"课程所讲授的各个资产阶级经济学流派的经济学说是在不同历史时期由资产阶级的不同阶层所提出的。这就决定了对于同一个经济现象,大资产阶级和中小资产阶级也存在立场的差异。因此在"经济思想史"课程教学中,可以将集中体现历史唯物主义的"立场—观点—方法"解析法引入。通过介绍不同资产阶级经济学流派所代表的不同阶级立场,使学生更好地理解不同资产阶级经济学流派观点的差异,进而使学生自然而然地理解不同资产阶级经济学流派在论述自己观点时所运用的研究方法的差异。通过引入"立场—观点—方法"解析法,使得学生可以结合各个资产阶级经济学流派所处的历史时期和所代表的利益群体,迅速定位各个资产阶级经济学流派的盛行时期,并通过联想的方式迅速系统性地调出关于各个资产阶级经济学流派的知识点记忆。"立场—观点—方法"解析法的运用也能使学生在接触新知识点之初就对资产阶级经济学流派经济学说的阶级性有清晰认识,这与"经济思想史"课程思政建设的目标相符,也为课程思政教学元素的更深层次融入教学创造条件。

二是重视从马克思主义基本原理出发对各个资产阶级经济学流派的经济学说展开学理性批判。"经济思想史"课程作为"马克思主义政治经济学"课程的延续,就不可能将教学的重点仅仅放在介绍各个资产阶级经济学流派经济学说上。在"经济思想史"课程思政建设中,还应当积极从马克思主义基本原理出发,综合运用马克思主义哲学和政治经济学的相关知识,对各个资产阶级经济学流派的经济学说展开学理性批判。比如,在讲授"边际革命和奥地利学派经济学说"时,对于奥地利学派提出的"边际效用决定商品价值"的观点,则可以结合马克思主义哲学中关于唯物主义和唯心主义区别的知识点,对奥地利学派的边际效用价值论展开学理性批判。通过将劳动价值论与边际效用价值论对比,引导学生认识到:奥地利学派将人对物的主观心理感受作为评判物品价值的标准,其哲学基础就是唯心主义。在讲授凯恩斯经济学说时,也可以用类似方法引导学生正确认识凯恩斯所提出的"三大心理定律"的唯心主义本质。通过结合马克思主义基本原理对资产阶级经济学流派经济学说的学理性批判,可以大大加强"经济思想史"课程思政的教学效果。

三是重视结合"经济史"课程教学,对不同资产阶级经济学流派经济学说的历史局限性做出客观评价。"经济思想史"课程教学与"经济史"课程教学存在密切相关的联系,尤其是不同资产阶级流派经济学说对所在历史时期资本主义国家的经济发展也起到了一定的反作用力。随着资产阶级统治地位的巩固和资本主义社会基本矛盾的发展,资产阶级经济学说就越来越表现出为资产阶级辩护的性质。在"经济思想史"课程思政建设中,需要在教学讲授过程中对不同资产阶级经济学流派经济学说的历史局限性做出客观评价。要完成这一工作,就必须涉及"经济史"课程的相关知识。比如在讲授新自由主义经济学的历史局限性时,就可以结合"经济史"课程知识,向学生们介绍20世纪80年代西方资本主义国家以新自由主义经济学为理论指导的经济改革所产生的各种负面影响。与"经济史"课程的结合,不仅可以提升"经济思想史"课程思政教学的效果,还能够反过来增强学生对"经济史"课程的兴趣,使学生认识到"经济史"课程学习的重要性和必要性,最终形成"经济史"与"经济思想史"两门课程日常教学和课程思政建设的良性互动和协同推进。

建设一流专业背景下课程思政的渗透与融合
——以国际商务专业为例

张 炜 陈 一*

摘要:为深入贯彻落实习近平总书记在全国高校思想政治工作会议上的重要讲话精神,推动各地各高校深入开展思政课教学质量的各项工作,打赢提高思政课质量和水平的攻坚战,已成为高校思想政治教育研究的热点。随着"一流专业"建设的提出,国际商务专业课程思政改革全面推进。本文以国际商务专业为例进行课程思政改革探索,深度挖掘思政元素,并通过打造沉浸式课堂,创建高校思政交流平台,建立动态评价考核体系的方式,将国际商务专业与课程思政有机融合,为一流专业建设提供借鉴。

关键词:课程思政;一流专业;国际商务;思政元素

一、引言

"课程思政"指以构建全员、全程、全课程育人格局的形式将各类课程与

---

*作者简介:

张炜:经济学院国际经济与贸易系副教授,从事国际贸易与经济转型研究。

陈一:经济学院国际商务硕士研究生。

思想政治理论课同向同行,形成协同效应,把"立德树人"作为教育根本任务的一种综合教育理念。它不是指增加几门思想政治教育的课程,而是将思想政治教育贯穿于课程体系的各个环节,激发不同课程中的思政元素,将知识传授与价值引领相结合,在润物细无声中立德树人。①"一流专业"建设是指以建设面向未来、适应需求、引领发展、理念先进、保障有力的一流专业为目标,建设 1 万个国家级一流专业点和 1 万个省级一流专业点,引领支撑高水平教育。国际商务学是一门研究为满足个人及组织需求而进行的跨国界交易的科学,由其衍生而来的国际商务专业是隶属于管理学与经济学范畴的综合性学科,国际商务专业以其整合性来解决国际上更复杂的贸易与服务问题。以此为背景,结合课程思政的时代性及常态化,本文着重探讨国际商务专业课程思政教学改革问题,以期为高校一流研究生教育,乃至"双一流"建设添砖加瓦。

二、国际商务专业课程思政教学改革的必要性

古人说:"敬教劝学,建国之大本;兴贤育才,为政之先务。"教育是民族振兴、社会进步的基石。②新时期中国特色社会主义的时代背景下,加快"思政课程"向"课程思政"的转变,建设世界一流的高校,培育"三全人才",打造专业思政"五位一体"的总布局,不仅符合我国教育改革的客观要求,而且顺应当今世界教育发展的时代潮流。

国际商务专业的课程思政教学改革,有利于弥补当前市场缺乏国际视野的高端管理人才缺口,有利于加速中国产品服务走向世界的进程。国际商务专业覆盖面广、批判性强、与实践紧密结合,商务学者们更是在充分吸取经济学与管理学优点的基础上,充分发挥其整合性,回答单一学科领域无法解释

---

① 高德毅、宗爱东:《从思政课程到课程思政:从战略高度构建高校思想政治教育课程体系》,《中国高等教育》,2017 年第 1 期。

② 习近平:《思政课是落实立德树人根本任务的关键课程》,求是网,2020 年 8 月 31 日。

的问题。通过课程思政教学改革,创新教学手段,巧妙地在专业课程融入传统思政元素,对学生进行价值观引领和思想教育。有助于推动新时代教育改革深入发展,将我国建设成为世界一流的教育大国。

三、"国际商务专业"课程思政元素挖掘

习近平总书记指出,高校"要坚持把立德树人作为中心环节,把思想政治工作贯穿教育教学全过程,实现全程育人、全方位育人,努力开创我国高等教育事业发展新局面"[①]。实践中,国际商务专业研究生多从事跨国公司、政府机构以及国际组织等工作,所面临的人来自不同的国家、不同语言和不同文化背景,这不仅需要学生本身具有扎实的商务知识,同时还对实践能力提出更高的要求。课程思政改革应重视其顶层设计,在注重学生理论能力与实践能力的基础上,以科学的马克思主义为指导思想,深度挖掘国际商务专业课程的思政元素,尝试打破各学科之间的"思想壁垒",更好地服务于新时代中国特色社会主义教育事业。

(一)以人民为中心的思想

以人民为中心是新时代中国特色社会主义的价值取向。习近平强调:"人民对美好生活的向往,就是我们的奋斗目标。"人是历史的主体,人是历史的创造者。"以人民为中心"体现在两个方面。在历史范畴上,人是存在于社会之前的,人贯穿于社会的整条主线,而社会的存在又反作用于人,使人的发展更加多姿多样。在经济范畴上,人是现代社会的核心,经济制度归根到底服务于人类本身,人在现代企业制度中越来越扮演更重要的角色,甚至成为许多跨国企业的核心竞争优势。现代企业制度的关键就是人才。以人民为中心的思

---

① 吴晶、胡浩:《习近平总书记在全国高校思想政治工作会议上强调:把思想政治工作贯穿教学全过程,开创我国高等教育事业发展新局面》,《人民日报》,2016 年 12 月 9 日。

想系统全面地概括了现代企业制度的核心竞争力。

国际商务主要回答一个问题，即什么决定了企业在全球的成功与失败，并以此整合该领域的内容。现代企业制度发展日趋成熟，企业越来越意识到消费者的需求是企业决策的出发点，也就是从客户的需求出发，以需定产，培养客户品牌忠诚度，提供个性化、多样化以及高质量的产品和服务，降低企业资源的浪费以获得更高的利润。因此，在培养国际商务专业的学生时，应在课程中有机地融入以人民为中心的价值观，通过课堂的讲授指导和课下的实践作业，让学生们树立为人民服务的职业观，在学校课程实践中就培养站在客户需求角度思考问题的思维方式，这样在将来走向社会时，能更平滑地加速"毕业生"向"企业员工"的转变。让未来的"企业员工"或"企业家"们，能更切实地感受到服务于人民群众的幸福感和获得感，教育的目的是让"毕业生"从群众中来，最终回归到群众中去，一代接一代的含辛培育，才铸就了新中国如今的辉煌成就与民族威望。

（二）实践决定认识

马克思说过："社会生活在本质上是实践的。"何为实践？实践就是人们能动地改造和探索现实世界一切客观物质的社会性活动。体现在国际商务专业上，就是培养学生活跃的思维方式和开阔的国际视野，运用专业知识去解决商务谈判问题、新市场开拓以及跨国业务运营问题，可以说国际商务专业本身就是实践性的。其实践性还体现在其他方面，比如：社会历史性。实践是认识的基础，实践具有社会历史性。显而易见，技术的进步改变了人们的生活方式和行为模式，大大丰富了贸易和服务的形式，跨境电商、服务贸易等新方式的出现使得企业在保证自身竞争优势的基础上去探索和创新竞争能力，顺应新的发展模式，否则企业只能获得暂时的竞争优势，最终会被更具有创新能力的企业淘汰。

因此，在国际商务专业的课程思政改革中，至少从两个方面发掘课程思

政元素。第一,应重视培养学生与时俱进的能力,用动态、发展的眼光去看待
事物的存在,具有敏锐的批判能力,对不符合客观规律的旧事物及时摒弃,同
时对跨文化事物具有广泛的包容心和接受能力,对市场的变化敏感可以及时
做出响应。第二,在教学方式上,应借鉴新的教学模式,改变老旧简单的师生
互动,采取新型的深度融合型课堂模式。"实践是检验真理的唯一标准。"深度
挖掘国际商务实践性的思政元素,有利于为思政改革树立明确的目标,保证
思政改革顺利稳步推进,还能为其他课程思政改革积累经验,形成 1+1>2 的
协同效应。

(三)辩证统一的思想

辩证统一是唯物主义辩证法的基本观点, 是指人们在认识事物的时候,
既要看到事物相互区别的一面,又要看到事物相互联系的一面,以实现两者
的和谐发展。辩证统一有一个中间枢纽——矛盾,矛盾是普遍存在的,世界无
处不存在矛盾,同时矛盾又是多种多样的,有主次轻重之分。国际商务学生面
临的环境是复杂变化的,这需要具有辩证统一的思想,能够把握商务环境的
主要矛盾,做到"两点论"与"重点论"的统一。实践中,跨国企业常因为诸多动
机选择建立战略联盟,战略联盟的好处是明显的,如战略联盟允许企业之
间相互分享资源,能为研发带来优势,降低企业投资的相关成本;但根据矛盾
分析法,我们可以知道建立战略联盟后,组织之间的信息交换和活动协商需
要时间和金钱,除了直接成本外,还存在机会成本,丧失企业与其他企业达成
合作的可能性。企业应根据自身企业需求,系统评估建立战略联盟的可能性,
寻求合适的合作伙伴,达到组织成长的目的。

根据辩证统一的思想,企业面临的困难背后一定存在机遇。因此,企业应
辩证看待困难与机遇,学会利用自身优势来避免劣势,扬长避短,学会运用矛
盾分析法,着重解决当前的主要矛盾,实现"困难"与"机遇"的相互转化,唯有
这样才能在激烈的国际竞争中脱颖而出。辩证统一的思想可以在国际商务专

业中灵活融入与应用,培养学生看待事物的两面性,从事物的共性中去发现事物的个性,也可以从个性中归纳出事物的共性,实现共性与个性的辩证统一。

四、"国际商务专业"课程思政实现路径

(一)打造沉浸式课堂,提升师生参与度

沉浸式课堂是通过硬件技术与课堂内容深度结合,让学生置身于一个模拟现实的环境,通过提高学生的参与度来培养学生理论与实践能力的教学环境。这种环境可以是显性的,比如:通过计算机、投影仪、音响和其他电子设备来增强学生的视觉和听觉感知,视觉与听觉效应增强将对想象力与注意力产生正向效果。这种环境也可以是隐性的,通过有趣的生动的案例和虚拟课堂环境将大大渲染课堂氛围,有助于形成"各抒己见,紧锣密鼓,你追我赶,力争上游"的活跃的课堂气氛。

"打造沉浸式课程思政课堂,其关键在于内容为学生所需,形式为学生喜闻乐见。"[1]为了引发学生的好奇心,应深化教学质量供给侧改革,提供学生喜爱的教学模式。要牢牢把握课堂内容的质量这一根"细细的红线",课程内容要实实在在,紧跟时政,与时俱进,基于现实人力、物力的原因,一些教材存在更新较慢,审核印刷周期长等缘故,一些所学知识跟不上变化快速的国际环境,这需要授课老师们充分发挥主观能动性,选取一些新鲜、有代表性的时事作为课堂内容的补充。一流专业建设如果忽视了课堂内容,就是"纸糊的老虎",无法经历时间的考验。创新课堂形式还可以通过线上模拟教学、线上线下结合教学、校外教学以及校企联合教学等。因此,通过沉浸式课堂,改变传

---

① 刘宇文、范乐佳:《"双一流"背景下课程思政的价值意蕴与实施策略研究》,《当代教育理论与实践》,2020 年第 3 期。

统的"老师讲,学生听"的老旧教学模式,打造师生共同参与的深度学习环境,既保留了传统教学高质量课堂内容,又创新了学习形式,实现了内容与形式的辩证统一。

(二)创建高校思政交流平台,增强信息流动性

由于国际商务专业是一门时事性很强的专业,专业的最终目的也是服务于现实的商务活动,而传统课程教育只实现了老师与学生之间点对点的交流,信息是简单的双向流通。创建高校互通交流平台可以打破传统的双向流通,实现学科之间、专业之间甚至学校之间的网状流通,教师们可以通过平台分享教学经验、教学内容、学生情况。搭建高校思政交流平台,根据思政改革的需要,定期发布课程思政的相关文件要求,指定合理思政改革目标,保证改革的顺利稳步前进。

搭建高校思政交流平台,建立完整的思政培育机制。通过平台发布相关政治时事,提高自身思政修养和道德建设,平台保证了各高校信息发布时效的统一,有利于各高校相互监督执行。同时,鼓励课程思政老师之间相互交流,打破各专业育人壁垒,打造高校思政信息互通育人共同体。

(三)建立动态考核评价体系,激励师生共同提高

首先,科学的考核评价体系具有发现、诊断、激励的功能,是动态、与时俱进的科学机制,而非静态、一成不变的"死水"。在课程思政改革中,应把握"两点论"与"重点论"的统一,从教师考核和学生考核两方面实现有机统一。"要坚持教育者先受教育,让教师更好担当起学生健康成长指导者和引路人的责任。"[1]在教师方面合理的考核评价体系能够激励老师创新教学方式,发挥能动性,使老师们热忱、忠诚地投入教书育人的事业中,在实现自身价值的基础

① 新华社:《习近平在北京大学考察时强调:抓住培养社会主义建设者和接班人根本任务 努力建设中国特色世界一流大学》,中国新闻网,2018年5月2日。

上又能够获得合理的报酬。

　　其次,课程思政改革应建立学生端的动态考核系统,实现全方位、多层次评价考核。对于学生的考核,成绩仍然是检验一名学生学期表现的最有说服力的标准,课程思政改革可以创新思政考核方式,在保留思政考核基础上,增加专业课程对于思政的考核,充分实现马克思主义科学与社会科学的有机结合。另外,对于学生的考核还应多元化,可以通过手机软件的方式,记录学生出勤、课堂互动率、课上表现评分、课下作业完成情况、学生定时测试成绩等。习近平总书记强调:"青年是国家的未来和民族的希望。"通过课程思政改革将学生们培养成肩负时代重任,拥有高扬理想,有担当、有作为的大学生,有品质、有修养的社会主义接班人。

"财政学"课程思政体系构建的思考

梁　辰　施佳璐　贾世婧 *

摘要:课程思政是新时代加强和改进高校思想政治工作的重大理论创新。"大思政"格局,即为坚持全员全过程全方位多层次的育人模式,构建"大思政"格局,将思想政治教育融入财政专业的全过程和各环节,实现知识育人与思想育人同向前行。本文"财政学"课程思政的构建,以马克思列宁主义、习近平新时代中国特色社会主义思想为指导,分析改革目标,精确把握新时代财政学的价值,结合中华优秀传统文化发挥教师的主导作用,运用"动态教学"来完善"财政学"课程思政的构建。

关键词:财政学;课程思政;体系构建

2020 年 5 月,教育部出台印发了《高等学校课程思政建设指导纲要》,为高等院校思政课程的改革明确了根本内容和根本方向。《纲要》立足培育什么

---

* 作者简介:

梁辰:天津商业大学经济学院讲师,经济学博士,硕士生导师。

施佳璐:天津商业大学财政学专业 2019 级本科生。

贾世婧:天津商业大学财政学专业 2019 级本科生。

基金项目:

2020 年天津商业大学课程思政建设项目:"中国税制"(20KCSZ10),2019 年天津商业大学"金课"建设项目:"中国税制"(19JKJS01087)。

样的人、怎样培养人才、为谁培养人才的问题,围绕"育人"这一核心,全力构建全员全过程全方位多层次的"大思政"格局。财政专业课的"课程思政"也是"大思政"育人系统中无法替代、不可或缺的一部分。"财政学"的课程思政融合并不是简单直接地将思想政治内容加入专业课程中,而是具体分析财政课程社会性、公共性的特点,针对课程特色将思想政治学习发力作用到专业课程的每个环节和各个方面,力促让学生积极接受财税知识理论的同时自然接受思想政治理论,培养出新时代拥有坚定信仰和过硬专业知识的优秀人才。

一、"财政学"课程思政构建的意义

(一)改善人才培养悖论的解决方法之一

育德树人的成效是检验一切学校工作的根本标准,[①]而就业率则是检验学校育德树人工作成果的根本要求。用人单位在希望学生专业本领扎实的同时,又同样要求学生具有可持续性发展的能力,然而由于用人市场的动态变化和信息差促使学校以"宽口径、厚基础、复合型"的人才培养模式进行育才,而这种人才培养模式又无法满足用人市场对人才专精的需求,用人市场的不确定性又逆向使得学校越发向上述模式靠拢。[②]这是高校教学中绕不开的教学培养模式和用人准则之间的悖论。

财政学吸收汲取思想政治内容,进行课程思政的教学改革将有效解决这一问题。通过引入大量的实时案例教学、提高课堂积极的互动,以及以马列主义、习近平新时代中国特色社会主义理论等为思想指导的思想政治内容,将会帮助学生更好定义、可持续性地发展自己,更好地满足就业需求,培育社会

---

① 蔺晓颖:《新文科背景下"财政学"课程融合思政元素的改革探索》,《教育教学论坛》,2021年第1期。

② 魏青、李红:《大学生就业中的几个悖论及应对策略》,《教育与职业》,2014年第3期。

所需要的德才兼备的全能型复合人才。

(二)财政课专业属性的需要

财政学是以国家财政的经济活动为主要研究对象的应用经济学专业。其通过研究国家政府税收管理、公共投资、社会资源对公共需要的满足状况,横向对比、纵向研究其他国家的经济行为,它关乎国家经济的未来发展、社会经济活动的未来走势。

传统财政学作为应用经济学科,侧重从政治经济方面理解专业内容。但事实上,财政的治理功能已拓展到了政治、经济、社会、文化、生态五个方面,涉及经济学、管理学、税制、政治学、法学等多个学科专业的交叉。[①]因此,将财政专业课吸收融合"课程思政"会得到更全面、更优化的发展。习近平总书记说过:"我国高等教育发展方向要同我国发展的现实目标和未来方向紧密联系在一起,为人民服务,为中国共产党治国理政服务,为巩固和发展中国特色社会主义制度服务,为改革开放和社会主义现代化建设服务。"[②]财政专业课程的"课程思政"改革在满足我国高等教育发展方向的同时也继续秉承"育德树人"的核心原则。教学改革下的"新"财政学可以使学生在中国特色社会主义实践的时代背景下更好地理解财政学中高度公共意识的特殊属性、拓宽视野,增强职业精神和社会责任感,提高学生们的公民意识、家国情怀以及经世济民的情感,引导学生关注社会实践,在财政专业中大胆创新。

二、"财政学"课程思政的最终目标

"培养真正的人才、树立良好的品德"是教育的根本任务,也是习近平总

[①] 茹晓颖:《新文科背景下"财政学"课程融合思政元素的改革探索》,《教育教学论坛》,2021年第1期。

[②] 习近平:《把思想政治工作贯穿教育教学全过程 开创我国高等教育事业发展新局面》,人民网,http://cpc.people.com.cn/n1/2016/1209/c64094-28936173.html。

书记新时代社会主义思想关于教育工作的具体体现。在推进"课程思政"改革的背景下,"财政学"的教育目标应当与思政教育的最终目标相互补充、齐头并进,因此我们不仅要挖掘财政课思政建设的意义,也要明确"财政学"教育与思政教育结合的最终目标。"财政学"的教学目标是培养具备良好经济学基础知识、专业财税知识,又具备优秀的综合应用能力和创新能力,同时能在财税、公共管理、国有企业等相关领域上的复合应用型人才。课程思政的教学目标是以马克思列宁主义和习近平新时代中国特色社会主义思想为根本,将政治思想、个人追求和社会价值的提升融入教学中去。结合"财政学"与课程思政的教学目标,将"财政学"教育与思政教育结合的最终目标总结为以下三个方面。

(一)政治思想目标

"财政学"应通过案例教学、亲身教学、共情课堂等教学形式使大学生始终秉承积极正确的政治思想;坚持对国家政治及国家思想的信心与信任;坚持在每日的大学生活中保持积极向上的心态;坚持积极参与团课党课学习、不断进步自己的思想;坚持爱国爱党爱人民的初心并以此作为个人青年时期的最高追求。

(二)个人追求目标

大学期间正处于青年人生观、价值观、世界观形成及完善的重要阶段,因此财政学思政教育的最终目标也必须包含着对个人追求的明确。我们知道,财政学属于经济学类专业,国家财政也一直与国民经济息息相关,财政学类专业一直致力于培养专业性强的治国理政人才,未来充实到行使公共权力,与公共理财相关的领域和岗位工作,[①]面对种种诱惑,大学生更应该增强个人追求,明确自己想要什么、想以后成为怎样的人才、想为国家和社会做出什么样

---

① 樊丽明:《财政学类专业课程思政建设的四个重点问题》,《中国高教研究》,2020 年第 9 期。

的贡献。

（三）社会价值目标

大学生在实现个人价值的同时也应创造一定的社会价值,努力培养自己的法律意识、公民意识、道德意识和公共意识。在财政学思政教育的整个过程中大学生要不断增强社会责任感,将个人的理想与社会价值相结合,积极参与一定的社会实践、志愿服务和公益活动,步入社会后凭借自己过硬的素质和专业能力为国家和社会贡献自己的一份力量, 这不仅是一种心理认同,更是当代大学生应该具备的理性自觉。在"财政学"的整个课程设计和教学实施过程中,思政目标始终都应该放在第一位,因为只有思想正确、品德端正,专业知识、能力、素质过硬才是为社会做贡献的,否则不但不能做贡献,还有可能会带来负面结果。①

结合"财政学"教育与思政教育的最终目标,我们面对的是如何将"财政学"的课程目标与思政教育的思政目标有机地结合起来的问题。通过对这一问题的探索,我们才能真正做到把"培养真正的人才、树立良好的品德"这一教育根本任务融入"财政学"教学过程中,才能为党和国家培养一批既具备财政学专业知识又具备新时代思政教育思想要求的新时代财政学人才。

三、如何实现财政课程思政的构建

（一）坚持中国特色社会主义理论体系为指导思想,围绕"育德树人"的核心原则进行系统思政建设

我们应根据课程思政建设的目标以及"财政学"教学的内容,围绕"育德

---

① 肖方娅:《〈财政学〉课程思政实施路径探讨——以西南财经大学天府学院金融学专业为例》,《辽宁省交通高等专科学校学报》,2021 年 2 月 15 日。

树人"的核心原则,深刻领会思政建设的丰富内含、凝结其中的精神实质,系统全面地概括中国特色社会主义时期的各个阶段理论,总结归纳出不同时期政府对财政相关政策、社会资源分配的主要内容、原则和观点目标,寻找价值取向,紧密结合时代特征和实践特征,继续加深领悟,发掘习近平新时代中国特色社会主义的现实价值要求,满足"课程思政"改革的根本原则,继续加强财政专业与时代旋律同频共振,同时也为财政学专业"课程思政"构建照明方向、精准改革。

(二)与中华优秀传统文化相结合,挖掘财政学厚重的历史责任感

高校的思政课程中有专门开设关于我国历史的课程——"中国近代史纲要",通过教师对我国近代历史的讲解,可以让学生深切体会家国情怀,体会到自身命运与国家的紧密联系,激发学生们对国家的历史认同感和民族自豪感,鼓励学生不忘历史,坚守着"为人民谋幸福"的百年初心,砥砺前行。而财政学同样也有其历史深度,与我国千年历史的社会人文、思想文化、经济发展有着深切联系。

汉武帝时期设立的最高的国家学府——太学,就是为国家培养人才建立的。在东汉后期,太学生规模已达 3 万人。除了中央之外,郡县也广建学校,这提高了官员素质之外也极大地提升了国民的整体文化素质,也体现了我国自古以来对知识文化的重视。汉代张骞出使西域,开拓了中国和欧亚经济文化交流通道的丝绸之路。时任政府财政行为选择下的贸易之路铺就了我国两千多年与世界友好交流合作的历史,促进了世界优秀文化的传播与交流,至今仍是人类经济文化历史上的明珠,所以财政同样具有经世济人的社会责任。

深度挖掘财政历史,与中国优秀传统文化相结合,更能使专业学生提高专业归属感,培养对财政专业的自豪感和荣誉感,也能更好地使学生们理解并继承中国优秀传统文化,培养具有大局观、国家观的新时代人才。

（三）提升教师课程思政的意识和能力

全面推进财政专业的课程思政改革，重点要加强教师的思想政治意识和能力。教师作为学科与学生沟通的直接桥梁，对思想政治的理解直接影响课程思政建设的现实可行性。

对于教师团队的思政建设，一方面，紧抓教师思想政治教育工作。学校应为教师开展相关的思想政治学习课程、经验分享会等，形成以教师为辐射点，学生们为辐射面的扩散结构。教师也可在准备课程前自主研究相关的会议精神及文件内涵，并结合学生们学习的实际情况、学科的具体教学要求，统筹规划教学安排、完善教学计划。另一方面，深挖"财政学"的思政元素，教研与教学相结合。通过开展教研活动，教师一致认为"财政学"在理论基础、教学内容、人才培养等方面，天然蕴含丰富的思政元素。①例如，"财政学"教学内容中公共产品和公共服务的提供反映了公共意识和责任意识；政府预算和公共投资的引入反映了国家意识和国家治理能力；中国财政史的学习更是根植于中国传统文化自信……这些都体现了教师在"财政学"思政建设中应将教研与教学相结合，深入挖掘"财政学"中的思政元素，借此更好地开展教育教学。

（四）动态教学是总工具

在教学改革过程中，要春风化雨、自然而然地融入思政课程，避免生硬的填鸭式教学，运用动态教学模式让学生潜移默化地接受知识。动态教学模式以交流为原则，以当下新变化的财政实事案例为主渠道，力促让学生在学习专业知识的同时与时代变化相接轨，进行持续化的归纳吸收。在大学阶段，青年学生由于与政府财税实践接触较少，很难真正体会财政实施，对于公共资源、税制、社会投资、社会保障等要素概念的认识是落在书本上的。而动态教

① 赵宇、刘金东：《积极开展专业课程思政建设，培养德才兼备的财税人才》，《山东教育》（高教），2020 年第 12 期。

学模式的运用则可以很好地解决这一点。动态教学一方面加强课堂上老师、学生针对财政课程疑难问题、时事政策的交流，另一方面加强由学生组成的自习小组的交流，巩固学习成果并进行课下反思、进行深入学习的交流，为后期人才的培养打好基础。横向对比归纳同时期国内外财政政策、原则观点的变化，纵向分析总结不同时期一个国家财政决策的演变，系统地研究学习更加提升了学生们的宏观思维和家国情怀。除此之外，教师可以将线上教学与线下实践相结合，通过社会调查类活动、实践考察研究，开展"体验式教学"①，帮助学生联系生活进行现实国情教育，了解社会百态，成为高素质和责任感并重的社会主义型人才。

综上所述，财政专业在承担"受业解惑"的同时，更重要的是"传道"——育人树德，将学生培养为自信积极的青年，保持对财政专业的热忱，传承优秀思想和财税历史的实践经验，在专业发展的路上"系好第一颗扣子"，保持对中国特色社会主义理论、文化、道路、制度的高度自信，提高家国情怀和法治意识，继往开来，坚守初心使命，不忘为什么出发。思政教育不仅仅是简单的思想政治教育，更重要的是为青年的发展、中国的发展奠定总基调，同心协力一起为中国特色社会主义、美丽小康的建设不断前行。

---

① 茆晓颖：《新文科背景下"财政学"课程融合思政元素的改革探索》，《教育教学论坛》，2021年第1期。

当前高校金融专业课程
思政建设的难点与突破

曹　红*

摘要:高校金融专业肩负着为中华民族伟大复兴而培养具有正确价值观的金融人才的历史使命,在金融与生俱来的功利性特征下,其课程思政建设就显得更为重要而艰难。当前高校金融专业课程思政建设面临德育目标缺位、课程思政教材匮乏、课程思政引导理念偏差、没有形成协同育人效应等问题,其根源在于对课程思政使命认知转变难、功利主义价值观识别难、教学成果评估难、文化自信建立难;亟须从深化教育工作者对课程思政使命的认识、打造金融课程思政的样板课程形成示范效应、借助网络推进资源共享形成协同育人局面、树立金融领域德行模范以积聚正向激励力量等方面形成有效突破。

关键词:课程思政目标;价值观识别;示范与协同效应;金融德行模范

---

* 作者简介:

曹红:天津商业大学经济学院讲师,主要从事金融与征信、技术创新与产业升级方向的教学与科研工作。

基金项目:

本文系 2019 年天津商业大学首批"金课"建设项目"信用管理学"、教育部 2020 年第二批产学合作协同育人项目"'信用评级'课程思政建设"、2020 年天津商业大学课程思政改革课建设项目"信用评级"、天津商业大学金融学天津市一流本科专业建设点、金融学国家级一流本科专业建设点和金融学天津商业大学优势特色专业建设点的阶段性成果。

课程思政作为高校培养具有正确价值观人才的重要渠道,如何有效发挥其德育功能与使命,在当前中国处于百年未有之大变局、东西方价值观激烈碰撞的背景下,显得十分重要而迫切。而金融是国民经济运行血脉,金融专业人才培养质量关乎国家命运,金融类学生在高校尤其是财经类高校中学生数量占比非常高,已经成为开展人才思政教育的主战场;特别是高校金融专业起源于西方,与生俱来带有同金钱打交道的特性,使其成为思想西化最严重、离功利最近、离德行最远的领域,因而其课程思政建设比任何一个学科都更加艰难,亟须从根本上实现突破。

一、当前高校金融专业课程思政教育现状

金融专业课程思政建设最早始于 2016 年底,上海、江浙等地高校率先在部分金融课程中引入思政元素,取得了一定成果,但整体上显得松散而缺乏系统性,并体现在教学目标、教学工具、教学案例、教学效果等诸多方面。

(一)人才培养德育目标缺位

"人无德不立",人才培养当以立德为本。高校金融专业课程教学目标本应涵盖品德成分。但当前高校金融专业绝大多数课程在教学大纲中基本都以"掌握金融学基础理论知识及实务操作技能"为培养目标,极少谈及从业人员职业道德操守教育目标;少数高校开设了金融类法律法规课程,也是以介绍国家有关法律制度规范为基本内容,并未将从业者的职业道德教育纳入其中。尽管有个别高校开设了专门的职业道德教育课程,但也因为教学内容、形式等采用理论说教方式,缺乏灵活性与生动性,而成为"教师不愿教、学生不爱听"的差评课,自然也就谈不上达到职业道德操守教育的预期目标,更难以内化为学生从事相关工作时约束自身行为的道德准则。可以说,金融专业人才培养德育目标事实缺位,俨然已经成为当前金融人才道德滑坡乃至金融犯

罪的主要根源之一。

(二)课程思政教材工具匮乏

金融业是18、19世纪兴起于西方的行业,近代经日本传入中国,沿用了日本语"金融"一词,因此是个舶来词,也表明其无论是理论还是实践都以西方为马首,导致各高校在金融专业教材选择中,呈现两类典型特征:一类是为紧随国际前沿,全部采用外文教材或者外文教材的中译本,使用时并不多加取舍,全盘照本宣科地介绍西方的金融理论与实践;另一类是国内学者编著的教材,虽然经过本土化处理,能够结合中国金融实际,但是在教材体系以及案例选择上,仍然以西方为主。忧惧的是,当代高校学生并不完全具备辨别中西方思想优劣的能力,全盘西化的结果,无疑使学生耳濡目染,升出崇洋媚外之心,理所当然地认为西方代表先进与潮流,学生满怀抱怨、指责乃至抨击,对振兴本国金融业的使命感荡然无存。

(三)金融课程思政引导理念偏差

管理领域常用"胡萝卜和大棒"来比喻正向激励和负向惩罚,实际上诠释制度结合使用、双向引导的功能。但在金融专业课程思政教育上,这种负向惩戒性质的案例教育远远多过正向激励的榜样示范教育。很多金融课程思政,总是用负向佐证谈缺乏职业道德的后果,目的是让人能升起警戒心理。但当人性在金钱面前暴露时,畏惧心理荡然无存,很多人将铤而走险,做出极短视的自私自利行为,但长远而深厚的利益俨然已被蒙蔽,将短期"不见"惩罚视为"没有"惩罚。传统文化教育我们,"厚德载物"不但写进中国顶尖高校清华大学的校训中,也是国际国内金融领域诸多功成名就者的秘诀。显然,正向佐证会形成积极意识与主动性,所谓"见贤思齐",二者教学效果显然不同。但这种正向因果教育、案例佐证与引导在高校金融课堂教学中少得可怜。

（四）课程思政教学没有形成协同效应

自课程思政理念提出以来，各金融高校积极行动，获得了诸多成果，但基本上还是呈现"一盘散沙、各自为战"的局面，典型表现是：校与校间、思政课程与其他金融课程间、各类金融课程间、教师与教师间缺乏沟通与交流，并没有形成预期的协同效应。比如，校际交流基本以请有经验的课程思政专家作专题讲座的形式展开，深入程度明显不足；而思政课与其他金融课程间、各金融类课程间的思政教育协同障碍并没有被充分识别和攻破，金融专业课教师苦于不知何处挖掘思政元素，思政教师苦于枯燥说教，以致教学育人效果事倍功半。

二、当前高校金融专业课程思政教育功能实现的难点

金融专业课程思政面临的问题既有所有其他专业课程思政的通识性，也有区别于其他专业的个别性。突出表现为以下四点：

（一）课程思政使命认知转变难

"课程思政"是习近平于 2018 年底在全国高校思想政治工作会议上提出的高校课堂教学新使命，其基本理念是各类课程与思政课程形成协同育人效应，强化高校培养担当民族复兴大任的时代有德者的历史使命。然而在高校金融专业，这种使命担当却显得模糊不清，使课程思政犹如无源之水，没有力量而且难以持久。究其根源，改革开放以来，经济领域常见的市场主导局面逐渐深入教育领域，突出表现是：一些高校专业方向开设唯以迎合市场需求为优先考虑，某些金融领域内热门的或者新兴的事物总会引起关注并逐步被设立为专业方向，这本无可厚非，但很多细化、小众的专业固然有市场和优势，却不能长久，导致很多开设新专业几年后生源萎缩，专业被取消。

这种围绕金融市场培养人才的惯性思维短期内却难以改变,使各层面教育者对普及金融课程思政产生很多抱怨,而且是从上到下领悟程度越来越浅、抵触情绪越来越强,甚至从教多年的老教授都对金融课程思政嗤之以鼻,认为其远离市场、脱离实际。事实上,金融专业人才培养要有大格局,所塑造的人才要有大担当,而倾力传授实践性极强的专业技能是技校和实践岗位所提供和专长的,绝不是在高校课堂上能够获得的,高校学生在课堂更多应该获得的是系统观与整体观,这是前者不能替代和给予的。

(二)功利主义价值观识别难

金融本是一国经济命脉,对促进国家经济发展与社会运行发挥着不可替代的关键作用,但金融同时也是离"功利"最近的专业,缺乏提醒和约束极易唤醒人性的贪欲。不幸的是,当今部分金融课堂教学,重点不在于传播金融如何利国利民的正能量,而侧重在如何获得运用金融知识与技能以使学生在毕业时谋到一份好工作,导致学生在走向社会时,因为没有行为准则约束和保护,反而使金融双刃剑伤及自身。比如,西方金融领域最普遍的观点就是谋求股东价值最大化,客观地讲,这就是赤裸裸的功利主义思想,然而经多年渗透,这已经成了中国金融教学的标准答案,在这个思想引导下,为无限制的追求财富,诸多手段都可被视为正当,金融违法犯罪等行为也就不足为奇了。然而类似这种功利主义价值观在金融领域广泛存在,甚至已经蔓延到社会生活各个层面,短时间内难以扭转。

(三)教学改革成果评估难

课程思政的本质是"立德树人",但众所周知"十年树木百年树人",德行教育成果需要长周期才能起效、才能显见,但在当前进入速度竞争的时代,教育主管部门量化考核高校,高校量化考评教师,而且都以三年或五年短周期为主,显然与人才德育成果需要长周期、主观评价的本质相悖。尽管这是所有课程思政的共同难题,但在金融课程思政上却更加突出。原因有三:一是高校金融专业的发展历史本身并不长,人才德行状况的样本考量时期就比其他专业短;二是金融专业人才培养流动性更大,最明显的体现就是很多非金融类专业学生从本科到研究生升学过程中转向金融的跨校跨专业流动;三是很多金融类课程交叉性过强,学生的德育养成更无法区分得益于哪门课程,极难对单一学科的课程思政效果进行评估。尽管有些高校通过"学生评价教师"这种方式对每门课程教学效果进行衡量,但无论从问卷设计还是从学生主观认知,都无法对教师通过课程思政元素实现的育人成果进行真实评估。

(四)中华金融文化自信建立难

金融课程思政的根本在于培养学生树立正确的金融价值观,但几十年的西方金融思想深刻影响了几代人,正在接受金融教育的高校学生依然是在西方金融知识框架体系下学习和成长。可以说,当前中国金融的境况是,无论教育监管当局还是高校管理者,无论是一线教育者还是接受教育的高校人才,很多都在长期熏染、认同这种西方金融文化,而对本国传统金融文化或者无所知,或者不认同、无信心。举例来说,西方金融中,着重强调资金融通的"杠杆"作用,对用极少的自有资本撬动极大财富进行投资或投机的行为大加赞赏,美其名曰为低成本操作。但中西方专家也都承认这是金融泡沫、金融危机的重要根源之一,也是美国凭借发行国债向全世界"薅羊毛"、输出金融风险的重要工具,这显然有违世界"金融道德"。但西方金融文化对此避而不谈。

相反,中国金融文化却从不主张"杠杆",我国传统文化中向来强调"量入为出",中国人的风险防范意识和道德自律可见一斑。然而对于含藏于五千年历史的中华传统金融文化,当前时期关注的人少,研究的人更少,对西方金融观与中国金融观的比较研究更是寥寥无几,以至社会大众不但难识别西方金融文化中暗藏的"糖衣炮弹"乃至"毒素",而且对中华金融文化丧失自信。尽管党的十八大以来,中国在建立"四个自信"上取得了很多成绩,但短时快速地建立金融文化自信仍需努力。

三、推进高校金融专业课程思政建设的重点突破方向

(一)深化课程思政使命认识,教育者先受教育

在中华传统文化育人教育中,有三个实验非常重要。陶行知、蔡元培两位大教育家都曾努力推行德育教育,结果都失败了,安徽庐江汤池小镇创办传统文化教育,三月余便"天下大治"。两相比较,差别即在教育者自己是否先做到。汤池小镇做试验点前,先是在选择教师上下足了功夫,以先培养力行的教师,然后再在全镇推广,这是成功的最根本经验。高校金融专业课程思政,先以培养德育教师为首要,不但要全面挖掘金融课程思政元素,而且要使教育者深刻认识金融专业课程思政的使命担当,并以"身体力行"诠释"教"字的"上行下效"之本意,生动活泼的演说,让受教育者能够欢喜接受,提升教学效果,并通过系统培训、网络教育、沟通研讨等,全国形成一盘棋、一个合力。

(二)全方位打造金融课程思政的样板课程,形成示范效应

以高校修订专业课程教学大纲或学科评估为契机,从课程选择、教材编写、课程思政目标确立、课程思政教学方式方法落实、课程思政教学效果评估等全方面、立体式打造金融课程思政的样板课程。如选择最具典型意义的金融课程作为样板课程,倾力组织人力编写具有课程思政针对性的金融教材,深入挖掘中华优秀金融文化与价值观,形成教材的金融课程思政教育主旨及每一个章节的课程思政目标,并将教学案例、资料来源等详细说明,作为教育从业者的良好参考。在具体教学活动中,要以中华优秀传统文化为根,从中求取好的教学理论、教学方法、教学经验、教学成果,将德育与价值观内容融入金融知识,引导学生"浅入深出",提升学生对问题的认识深度,起到"润物细

无声"的作用。同时要树立样板课程的教学效果评估体系,创新考评指标,形成示范引导作用。

(三)发挥网络教育资源共享优势,开创协同育人新局面

网络教育是打破地域限制的最好工具,尤其在课程思政推广方面,各高校可联合开发挖掘每一门课的思政元素,并以开放的胸襟进行网络共享,让广大教师快速获得课程思政教育素材,丰富和深化教学内容,提升课堂教学水平和德育效果。同时,网络资源共享也是打破学科界限的不二选择,各高校可鼓励教师进行学科交叉设立公共课程,作为网络公开课,推进校间、学科间、教师间的互通互帮,开创更广泛意义上的协同育人新局面。

(四)树立金融领域德行模范,积聚正向激励力量

多方位、立体式角度树立金融领域德行模范,让高校学生乃至社会大众深切体会"德行"的力量,所谓"善因善果",不但要向社会传递正确的"金钱使用观",还要传递正确的"金钱来源观"。以模范的榜样作用,实现教者的"上行下效",是比单纯说教更有效的教学。具体到课堂教学环节,可以采用案例介绍,也可以请专家进课堂,乃至网际互动等多种形式,使学生能更加真切地感受德行的魅力,产生"见贤思齐"的积极力量。

"微观经济学"课程思政的研究

程晶蓉　王倩倩*

摘要：在社会主义新时代的背景下，课程思政是高校教育的必然趋势。基于此，本文通过"微观经济学"的教学实践，探讨如何将思政元素融入"微观经济学"的课程教学中，以实现有效教学、能力提升和价值引领的目的，从而培养出全面发展的高素质人才。

关键词：课程思政；微观经济学；教学改革

一、引言

微观经济学是研究社会中单个经济主体的经济行为，以及相应的经济变量的单项数值如何决定的经济学科。在目前高校"微观经济学"教学中，主要以分析个体经济主体的经济行为为主，并在此基础上，研究西方经济社会中市场机制运行及其在经济资源配置中的作用，并针对市场失灵提出相关微观经济政策，以及资源配置在社会个人和各组织之间的交换过程，即通过供求

*作者简介：

程晶蓉：讲师，主要从事产业经济、西方经济研究。

王倩倩：硕士研究生，主要从事产业结构与产业政策研究。

关系来决定相对价格。但由于其研究的基础是个体收益的最大化,导致目前"微观经济学"的教学模式对我国高校学生们全面培养目标的实现具有局限性,具体表现在以下四个方面:不利于培养学生们团结互助的集体主义精神;不利于培养学生们的辩证思维能力;不利于学生们理解我国社会主义经济制度下的在某些领域如何取得的成功;它将社会经济生活中人与人的关系抽离,强调人与物在稀缺资源配置过程中的一般生产关系,易产生片面性。

二、"微观经济学"课程思政教学的目标

习近平总书记在 2019 年北京主持召开的学校思想政治理论课教师座谈会上强调课程思政是落实立德树人根本任务的关键课程,要坚持政治性和学理性相统一,以透彻的学理分析回应学生,以彻底的思想理论说服学生,用真理的强大力量引导学生。课程思政作为一种新型的高校教学模式,应将思想引导和价值观融入各个学科的教学中,与高校思想品德教育形成联合,与知识传授进行融合,提高学生们的知识素养,培养学生全面发展的能力。

在"微观经济学"课程教学中融入思政能够将上述局限性进行有效解决。以马克思主义理论为指导的中国特色社会主义理论来分析中国当前经济发展道路,深度挖掘"微观经济学"的思政教育资源,是将思政融入"微观经济学"课程的重要途径。在"微观经济学"教学的全过程中贯穿马克思主义理论以及社会主义核心价值观,使"微观经济学"在教学中打破局限,又实现了知识传授、能力提升和价值引领高度统一,落实立德树人的根本任务。

为了在"微观经济学"教学中能够实现课程思政的价值,思政教学中应该明确有效教学、能力提升和价值引领这三个具体目标。

三、"微观经济学"教学改革的探索与实践

以当前高校"微观经济学"课程教学的形势,将思政融入课程的过程中,要想满足上述三个目标,可以从以下三个方面来进行探索与实践。

(一)教学理念的转变是前提

首先,在教学过程中要改变单一传授课本知识,而不强调价值取向的问题。微观经济学解决的是资源配置问题,以实现个体效益的最大化,它将社会经济生活中人与人的关系抽离,强调人与物在稀缺资源配置过程中的一般生产关系,易产生片面性。这其中大部分理论与实际难以结合,很多理论、假设等都是基于复杂的现实经济问题提出的,体现不出经济问题的本质,所以在教学过程中,老师们需要改变单一传授理论知识的教学模式,将马克思主义理论、价值观和方法论融入经济理论中,让学生们能够更辩证地看待微观经济学,从而树立社会主义核心价值观,给学生们进行一个正确的价值引领。

其次,教学的出发点应是培养学生们的民族使命担当和民族自豪感。结合中国当前经济建设取得的重大成果以及当前中国经济面临的现实与将来的严峻挑战融入课本知识的讲授中,让学生们能够以自身成长与国家未来发展密切联系,使其能够时刻心系祖国,真正做到"家事国事事事关心"。

最后,"微观经济学"的教学不只是仅仅让学生们了解经济理论,更重要的是让学生们能够学以致用,将所学习的理论基础与现实生活紧密联系,鼓励学生们参与到各种经济热点问题中去,在日常生活中能够分析并判断当前经济现状与经济问题。

(二)教学内容的设计是基础

将思政融入贯穿整个"微观经济学"课程的教学过程,就必须要合理地设

计出学科课程教学的内容。

首先,在教材的选取上要适宜且合理。高鸿业主编的微观部分的《西方经济学》在内容的编排上较为合理且对于入门者更容易理解。更为关键的是此教材在每一章的结尾都采用了马克思主义的立场和观点来对西方经济理论进行了评价,能够让学生们在借鉴西方经济理论的同时考虑到中国国情的不同。

其次,要将邓小平理论、"三个代表"重要思想、科学发展观和习近平新时代中国特色社会主义思想融入"微观经济学"的课程教学大纲、教案、讲义以及课件中,让每一章的教学过程都能体现出对学生们的思政教育的培养,为学生们形成正确的人生观、价值观和世界观。

最后,对于本科阶段刚接触到经济学的同学,要以通俗易懂的方式来讲解经济学的理论,将思想政治教育贯穿教学始终,实现学生们对理论知识的扎实掌握与应用。结合党的最新工作报告,让学生们能够通过参加讨论主动思考、发表观点,激发学生们对党情的了解,对国情的认知。

(三)教学方法与教学手段的改革

微观经济学内容较为抽象,理论知识点居多,在对其进行教学研究时,如果要将思政融入课程,就必须要将教师传统的单向输出教学为主的教学模式改变,要根据具体的情况来创新和改进教学方法和手段对学生们进行教学,从而实现有效教学、能力提升和价值引领的目的,实现课堂与思政相互融合的教学效果。

1.传统的讲解式

在教学过程中,有关一些富含教学知识点、理论性较强、比较重要且具有一定难度的知识点,或者是一些与所授知识具有密切联系的前沿知识,适合采取传统的讲解式教学方法。在进行这类教学方式时要尽可能地结合国情、党的方针路线以及中国经济发展的现状,使理论联系实际。

2.多媒体教学法

利用多媒体技术能将大量数据信息展示给学生们观看,且能在一定程度上吸引学生们的注意力,使学生们能够产生兴趣对其进行探讨,因此在"微观经济学"思政教学改革中可以广泛应用。也可以考虑在教学过程中适当地展示一些有关中国经济发展的数据、影片等可以增加学生们的爱国情怀。

3.专题式教学法

在重点章节的教学过程中,教师可以根据微观经济学教材的内容进行专题式教学,结合我国当前国情与发展规划,理论联系实际,激发学生们对当前我国经济发展的理解与思考。

4.案例教学法

因为微观经济学是依据西方经济提出的,大多引用的是西方国家的案例来进行分析讲解。但微观经济学是对市场经济的系统总结,其中很多经济学理论在我国也是可以找到本土的案例来进行分析讲解的。为了能让微观经济学更好地中国化,这就需要教师在教学过程中,尽可能地找到我国的相关案例。让学生们能够在理解的基础上与现实相联系,逐步形成经济思维能力。

5.实践教学法

课堂教学在一定程度上局限了学生对人和事物的感知能力。在符合一定教学条件的情况下,可以结合经济学相关内容,让学生们能够走出课堂,走出校园,去体验社会中经济发展的动态状况。可以通过组织学生们进行课下的市场调研等活动,或者组织学生们去参观当地工业园区、高新技术区等地,增强对经济理论的体验性和感知性,加深学生们对知识的理解。同时,也能让学生们在参观的过程中感受到祖国建设的伟大,将来能够更好地投身于建设家国。

"制度经济学"教学中的思政问题

高建伟 *

摘要:"制度经济学"的教学,需要以马克思主义为指导,引入思政内容。树立制度自信,是这个课程的重要教学目的。在具体的教学过程中,要批判个人主义方法论,树立集体主义意识。要批判诺斯的暴力潜能分配理论,树立发展的辩证逻辑。

关键词:制度经济学;思政;制度自信

一、引言

凡社会科学教学,皆存思政教学问题。社会科学是研究人类社会政治、经济、法律等运行规律的科学。这些规律,有些是规范人类社会发展的普遍规律,但更多的是结合具体的社会发展阶段、具体的国家和社会实际、服务于某些具体的政治集团利益的特殊规律。例如在资本主义阶段,剩余价值规律就是与其对应的特殊发展规律。我国现阶段开设的社会科学课程,有很多是引进西方的原版教材,或者完全按照西方的教材内容编纂的国内教材。对于使

---
* 作者简介:

高建伟:天津商业大学经济学院讲师。

用这些教材教学,如不辩证"扬弃",可能会带来比较严重的思政问题。比如,这会潜移默化地向国内学生灌输西方的意识形态,与"培养一代又一代拥护中国共产党领导和我国社会主义制度、立志为中国特色社会主义事业奋斗终身的有用人才"[①]的教育目标相悖。因此,思政教学不仅仅是专职思政教师的事情,对于所有社会科学教学,也都要理直气壮地引入思政内容。制度经济学作为改革开放后从西方引入的经济思想的一个重要分支,在教学中当然也要重视思政问题。

制度经济学在西方是与主流的新古典经济学相对立的异端经济学说,如果从德国历史学派算起,相继经历了老制度主义、新制度主义、新制度经济学的发展阶段,间杂与法经济学、新经济史学、新政治经济学等交叉学科关系密切。无论是新古典经济学、制度经济学,还是那些交叉学科,其思想根基都是西方资本主义经济、法律、政治和社会实践,其创始的最终目的都是服务于资本主义经济基础的,带有鲜明的意识形态色彩。可以借用马克思批判庸俗政治经济学的话来说,这些学说"只研究经济现象的外在联系,为资本主义制度辩护"[②]。的确,我们从来没有在这些学说中找到反对资本主义制度的内容。因此,在"制度经济学"的教学过程中,必须结合中国具体实际,一方面要吸收一些总结市场经济运行规律的有益思想,另一方面要结合中国具体实际,引入思政内容,辩证教学,扬弃某些糟粕。

本人选用的教材是卢现祥教授等主编的《新制度经济学》[③],本书有优点亦有缺陷。本书有两个优点:一是体系比较完善,包括新制度经济学发展的几乎所有基本成果;二是能够将抽象的理论与具体的中国发展案列相结合,比

---

① 都晓:《努力培养社会主义建设者和接班人——深入学习贯彻习近平总书记关于学校思想政治工作的重要论述》,http://theory.people.com.cn/n1/2019/0507/c40531-31071740.html。

② 《资产阶级庸俗政治经济学》,百度百科,https://baike.baidu.com/item/%E8%B5%84%E4%BA%A7%E9%98%B6%E7%BA%A7%E5%BA%B8%E4%BF%97%E6%94%BF%E6%B2%BB%E7%BB%8F%E6%B5%8E%E5%AD%A6/7725091?fr=aladdin。

③ 卢现祥、朱巧玲:《新制度经济学》(第二版),北京大学出版社,2014年。

较易于学生学习和教师教学。但是本书还有一个明显缺陷,就是批判的成分几乎没有,特别是没有用马克思主义基本原理和中国特色社会主义理论批判的成分。为此,教师必须在具体的上课过程中进行思政教学,补上这个缺失。

二、"制度经济学"教学中的具体思政问题

(一)教学的重要目标是要树立"制度自信"

本人在教学中精心准备课件,注重思政内容。第一堂课开门见山,在课件上引用了习近平总书记《在庆祝中国共产党成立95周年大会上的讲话》中的一段重要论述:"坚持不忘初心、继续前进,就要坚持中国特色社会主义道路自信、理论自信、制度自信、文化自信,坚持党的基本路线不动摇,不断把中国特色社会主义伟大事业推向前进。"本人向学生强调,学习制度经济学的目的有两个,一是要理解制度对经济绩效为什么起重要作用,二是要建立对我国现行社会主义的制度自信,主要包括政治制度、经济制度、法律制度和分配制度。制度经济学大体内容主要是交易成本理论、企业理论、契约理论、产权理论、制度变迁理论和国家理论。本人主要是结合改革开放以来的发展实际,用马克思主义理论中生产力与生产关系矛盾运动的普遍规律为指导,用科斯的交易成本理论来解释为什么我们要有制度自信,并对诺斯的有些观点加以批判。

马克思认为,生产力决定生产关系,生产关系反作用于生产力,有什么样的生产力就有与之相适应的什么样的生产关系,超前或落后的生产关系都不利于生产力的发展,这就是生产力与生产关系的矛盾运动规律,是指导人类社会发展的普遍规律。按照诸多经济学家的观点,制度就是约束人类行为的游戏规则,起着激励和预防机会主义的作用。而马克思认为,生产关系是人们在生产过程中结成的人与人之间的相互关系。因此,如果不太考虑概念的外延,那么可以认为制度经济学中的制度就是生产关系。诺斯等制度经济学家

认为,制度对经济绩效起着决定性的作用。这个地方需要加以批判。无论是索罗的外生增长理论,还是罗默的内生增长理论,还是其他增长理论,差不多都有一个共同的结论,就是技术增长最终决定人均产出的增长,技术增长的停滞意味着发展的停滞。其实这些理论都证明了邓小平同志的重要提法:科学技术是第一生产力。因此,决定经济绩效的是生产力或技术,而非生产关系或制度。生产力或技术的进步才是打破制度均衡,诱致制度变迁的决定性力量。我国改革开放或制度变迁的根本性原因,也是看到了人类生产力的巨大进步,从而主动调整生产关系与之相适应。科学技术的进步永无止境,这也是波普尔证伪主义的科学哲学内涵。

制度自信可以用科斯的交易成本理论加以解释。根据科斯本人的论述,交易成本的降低一方面节约了社会成本,使一些因交易成本高昂而受阻的交易得以实现,提高了静态经济效率;更为重要的另一方面是,交易成本的降低扩大了市场的边界,深化了分工或专业化,促进了技术进步(斯密–杨格定理)。而技术进步决定产出水平,产出水平的大小决定制度的优越性。"改革只有进行时、没有完成时。要坚持一张蓝图绘到底。"习近平总书记在中央深改领导小组第38次会议上的讲话,意味深长。改革没有完成时,意味着调整生产关系,适应不断发展的生产力永远在路上,降低制度性交易成本永远在路上。自1978年改革开放以来的四十多年,中国经济平均增长速度超过9%,这意味着中国的改革开放大大降低了制度性交易成本,极大地解放了生产力。现阶段及未来,中国还会积极深化改革,充分运用互联网、人工智能、大数据、云计算、5G等新兴技术,降低制度性交易成本,扩大市场的边界,催生新的高新技术产业,实现经济的快速增长。因此,我们的制度自信源于我们不断的改革开放,不断调整生产关系,降低制度性交易成本,从而适应新技术或生产力的发展,并催生新的产业,实现永续发展。

（二）批判方法论上的个人主义，树立集体主义意识

新制度经济学是用新古典经济学的方法和理论来研究制度问题，所以在方法论上还是坚持原子式的个人主义。个人主义贯穿于西方资本主义整体意识形态，个人追求极端自我利益，漠视集体利益。西方资本主义的制度规则往往在某些情况下导致囚徒困境，个人理性而集体不理性。这与我国坚持的集体主义意识大相径庭。在具体教学中，我认为建立在个人主义基础上的整个西方世界的制度规则，在抗疫方面表现都很差。进而可以解释这是资本主义国家中的资本逻辑使然。因此，在"制度经济学"的教学中，要结合制度的含义和作用，批判方法论上的个人主义，教导学生要树立集体主义意识。

（三）批判诺斯的暴力潜能分配理论，树立发展的辩证逻辑

诺斯国家理论的一些观点也需要批判，特别是他的暴力潜能分配理论，逻辑推演就是美式民主的"历史终结论"，与福山的观点不谋而合。这些糟粕的东西，如果不加以甄别，就会落入美式意识形态的陷阱。辩证唯物主义和历史唯物主义认为："辩证法在对现存事物的肯定的理解中同时包含对现存事物的否定的理解，即对现存事物必然灭亡的理解；辩证法对每一种既成的形式都是从不断的运动中，因而也是从它的暂时性方面去理解；辩证法不崇拜任何东西，按其本质来说，它是批判的革命的和创新的。"[1]因此，根本不存在福山所说的历史的终结。

三、结论

综上，"制度经济学"的教学，需要以马克思主义为指导，引入思政内容，

---

[1] 马克思:《资本论》(第一卷),人民出版社,2004年。

从而去芜存菁。一方面辩证吸收一些市场经济的理论精华,另一方面也要剔除或批判一些美式意识形态的糟粕。树立制度自信,是这个课程的重要教学目的。在具体的教学过程中,要批判个人主义方法论,树立集体主义意识。要批判诺斯的暴力潜能分配理论,树立发展的辩证逻辑。

"微观经济学"课程
思政元素的挖掘与融合实践

刘欣欣 *

摘要: 作为"立德树人"根本任务的重要举措,课程思政教学改革具有重要意义。"微观经济学"作为经管类专业的理论基础课,可以融入的思政元素非常丰富。基于天津商业大学"微观经济学"课程思政教学研讨和改革实践,从马克思主义政治经济学、社会主义核心价值观、习近平新时代中国特色社会主义经济思想、中国优秀传统文化和中国实践案例五个方面深入挖掘课程思政元素,运用案例分析、启发引导等方法自然有机融合到课堂教学中,收到不错的教学效果。

关键词: 课程思政;思政元素;微观经济学

2018 年底,天津商业大学成立了"西方经济学课程思政研究中心"。在中心主任王继平教授的带领下,通过定期或不定期的研讨学习,任课教师的课程思政意识、素养和能力得到有效提升。"微观经济学"课程获批天津市高校

* 作者简介:
刘欣欣:讲师,博士,研究方向为转型经济与农村金融。
基金项目:
经济学专业加快一流本科课程建设对策研究(编号 20JGXM0121)。

新时代"课程思政"改革精品课和市级一流建设课程。两年来,授课教师在明确课程思政的目标基础上,着力深入挖掘"微观经济学"课程蕴含的思政元素,并进行了"思政"与"专业"的融合实践探索,收到不错的效果。

一、"微观经济学"课程思政的目标

"微观经济学"是经管类专业的理论基础课程,在大学一年级开设。对于世界观、人生观、价值观还不成熟的大一学生来说,极易受到西方价值观、意识形态的影响。根植于西方发达资本主义国家的微观经济学,其产生发展的社会背景、蕴含的意识形态与我国的社会主义制度、文化及价值取向有明显的差异。对于讲授"微观经济学"课程的教师来说,不能简单地讲授微观经济学的知识体系、分析方法,不加评价和批判。

习近平总书记明确指出的对西方经济学应持有的正确态度:"我们坚持马克思主义政治经济学基本原理和方法论,并不排斥国外经济理论的合理成分。西方经济学……有反映社会化大生产和市场经济一般规律的一面。同时,对国外特别是西方经济学,我们要坚持去粗取精、去伪存真,坚持以我为主、为我所用,对其中反映资本主义制度属性、价值观念的内容,对其中具有西方意识形态色彩的内容,不能照抄照搬。"[①]

以习近平总书记对西方经济学应持有的正确态度为指导,结合我校学生的实际情况,"微观经济学"课程的思政目标主要有三个:一是以马克思主义的立场、观点和方法,批判微观经济学中反映资本主义制度属性、价值观念、西方意识形态色彩的内容;二是发挥社会主义核心价值观的引领作用;三是推进习近平新时代中国特色社会主义思想进课堂、进头脑,增强"四个自信",培养全面发展的社会主义建设者和接班人。

---

① 习近平:《不断开拓当代中国马克思主义政治经济学新境界》,《求是》,2020年第16期。

二、"微观经济学"课程思政元素的挖掘

按照"微观经济学"课程思政的目标,结合"微观经济学"的教学内容和特点,主要从以下五个方面进行课程思政元素的挖掘。

(一)马克思主义政治经济学

马克思主义的立场、观点和方法,是我们把握经济现象和经济规律的科学方法。指导中国特色社会主义经济建设的经济学最根本的"只能是马克思主义政治经济学,而不能是别的什么经济理论"[①]。马克思主义的价值理论、市场机制理论、唯物史观和辩证法都可以作为微观经济学的思政元素。比如可以用马克思的科学的劳动价值理论揭示微观经济学中的均衡价格理论的庸俗本质,用剩余价值理论揭示微观经济学中分配理论掩盖资本的剥削本质。

(二)社会主义核心价值观

社会主义核心价值观中,"爱国、敬业、诚信、友善"是公民个人层面的价值准则,适合融入微观经济学关于个体经济行为的分析中。比如在讲到负外部性、道德风险问题时,可以剖析个人道德素质和企业社会责任的重要性,引导学生理解通过制度设计及微观经济政策约束经济主体的负外部性行为、防范道德风险的作用。

(三)习近平新时代中国特色社会主义经济思想

习近平新时代中国特色社会主义经济思想是对于中国特色社会主义政治经济学的新的理论概况和总结,是适应中国当代国情和特点的政治经济

---

① 习近平:《不断开拓当代中国马克思主义政治经济学新境界》,《求是》,2020年第16期。

学。新发展理念、使市场在资源配置中起决定性作用和更好发挥政府作用的
理论等都可以作为重要的思政元素。比如在讲到影响供给的因素及生产函数
时,可以突出新发展理念中"创新"的重要性;在讲到外部性时,可以融入新发
展理念中的"绿色";在讲到供求分析应用及资源配置效率时,可以融入我国
关于政府和市场关系的认识,"使市场在资源配置中起决定性作用和更好发
挥政府作用"。

(四)中国优秀传统文化

中国有五千多年的历史,中华文化博大精深。中华优秀传统文化积淀着
中华民族最深沉的精神追求,是中华民族生生不息、发展壮大的丰厚滋养。有
传统美德"仁义礼智信"、也有《史记》《管子》这样非常优秀的思想文化作品。
在讲到经济人假定时,可以融入孔子的义利观和墨子的仁义论,让学生知晓
"见利思义、义以为上、以义导利、以义制利""利人即利己,损人即损己"等中
华传统文化思想。讲到均衡价格理论时可以融入《史记》《管子》中的供求影响
价格的思想,增强学生的文化自信。

(五)中国实践案例

改革开放四十多年来,中国由计划经济向社会主义市场经济转型,走出
了一条独特的道路,取得了世界瞩目的成就,也积累了大量的实践案例。运用
中国实践案例、讲述中国故事,有助于学生理解中国、认同中国,激发学生的
爱国情怀,增强四个自信。

三、"微观经济学"课程思政元素的融入实践

对于教师来说"传道"和"授业"是两大天职。要做到"思政"和"专业"让学
生在不经意中接受并且受益,起到"润物细无声""思政""专业"相长的效果,

课程思政元素不要生拉硬拽,而是要贴合专业内容,同时采用合适的教学方法。让学生没有感受到思政教育,只是在学习专业课,是我们追求的课程思政的最高境界。

我们以马工程的西方经济学上册作为指定教材,以《习近平新时代中国特色社会主义思想学习纲要》《马克思恩格斯全集》等作为重要参考书,团队成员集体学习研讨挖掘哪些思政元素和哪些知识点进行融合及融合方式,积累了一定的经验。我们现以教材"第二章 需求、供给和均衡价格"为例,将上述来源的思政元素融入各节的具体知识点中,如下表所示。

"第二章 需求、供给和均衡价格"的思政元素

章节	知识点	马克思主义政治经济学	社会主义核心价值观	习近平新时代中国特色社会主义经济思想	中国优秀传统文化	中国的实践案例
第一节 需求和供给	影响供给的其他因素	—	—	新发展理念中的"创新"	—	袁隆平的杂交水稻技术
第二节 市场均衡	均衡价格的决定	马克思的劳动价值论与马歇尔的均衡价格理论比较	—	文化自信	春秋时期范蠡的供求决定价格思想	—
第三节 弹性	恩格尔定律和恩格尔系数	—	爱国富强	道路自信制度自信理论自信	—	改革开放以来恩格尔系数的持续下降
第四节 供求分析的应用	支持价格和限制价格	—	—	有效市场和有为政府	—	粮食收购价格2020年初的口罩限价政策及短缺缓解

第一节"需求和供给"。讲到影响供给的其他因素时,以袁隆平的杂交水稻技术作为案例说明技术进步对水稻供给的重要影响,学生自然领悟到技术进步的重要性,这时启发学生思考"创新"为什么作为"新发展理念"之首? 让

学生自然体会到"创新"的重要性。

第二节"市场均衡"。因为学生之前都学过马克思的劳动价值论、价格和价值的关系,有先入为主的优势,在讲到教材中的供求决定均衡价格时,自然启发学生思考西方学者只讲价格不再研究价值蕴含的意识形态,学生自然会说出答案。告诉学生供求决定价格的思想在中国古代就有,要比西方学者大概早两千年。《史记》中记载春秋时期范蠡的论述"论其有余与不足,便知贵贱。一贵一贱,极而复反。贱取如珠玉,贵出如粪土"。《管子》中的"物多则贱,寡则贵,散则轻,聚则重,少或不足则重,有余或多则轻"。有同学自然说出:我们有思想只是没有画出供求曲线,教师可以引导学生自己来画图分析。

第三节"弹性"。讲到恩格尔定律和恩格尔系数时,给学生联合国粮农组织基于恩格尔系数划分各国生活水平的标准,学生自然想知道中国的情况,教师自然给出中国改革开放以来居民收入增长和恩格尔系数的下降数据,可以让学生感受到社会主义核心价值观中"富强"的含义,激发学生的"爱国"情感,加深道路自信、制度自信、理论自信及对"中国梦"必将实现的认同。

第四节"供求分析的应用"。以市场供求决定的价格来配置资源有效率,也有问题,需要政府的干预,自然引出"使市场在资源配置中起决定性作用,更好地发挥政府的作用""有效市场和有为政府"应是政府和市场之间关系。支持价格和限制价格作为政府干预的手段会产生的政策结果。以中国粮食收购价格为例解释支持价格政策的结果,让学生理解粮食产量稳定、粮食安全的重要性。以2020年初疫情突发时期口罩供不应求为例,解释采取限制价格政策的结果,引导学生思考口罩短缺问题是如何解决的呢?学生自然想到的是增加供给。在原料短缺的情况下短时间如何增加供给呢?政府推动大量中央企业迅速建成新的口罩原料生产线并投产,12天打通口罩产业链。让学生深刻领会到政府"以人民为中心"的决策和企业的社会责任感,增进学生的爱国情怀和幸福感。

四、结语

"微观经济学"课程思政教学改革以来,80%的学生表示喜欢授课老师讲些中国故事、中国案例,喜欢去思考中国的现实问题。总体上看,学生对中国的经济环境、经济现象及经济政策等关注度显著增强,学生的课堂学习积极性明显提高,思辨和分析能力有一定的提升。

课程思政是一个长期的系统工程,课程思政的效果如何关键在授课教师。德国哲学家雅思贝尔斯说:教育是一棵树摇动另一棵树,一朵云推动另一朵云,一个灵魂唤醒另一个灵魂,揭示了教育的本质是心灵的对话。要做好课程思政,实现全方位育人效果,教师要持续不断地学习和提升。第一,要深耕传统经典文献,学习新理论、研究新问题和新的政策决议,与时俱进挖掘思政元素。第二,教师对思政元素不仅要理解透彻,更要努力做到知行合一,不断提升自身的思政素养。第三,结合学生的特点和诉求,不断改进教学模式,综合运用多种教学方法,提升思政教育的能力。

"西方经济学"课程思政改革中的问题探究

庆来刚　朱传发*

摘要:课程思政是一种全新的教育理念,课程思政是要求将"思想政治元素"融入课堂教学中,培养学生用马克思主义的思想来思考问题、解决问题的能力。在中国特色社会主义新时代中,学科教学方式应当与时俱进,学科教育与思想教育协同一致,在新时代具有重要的意义。与此同时,新时代的转变,对教师和学生提出了新的要求,教师和学生应具有用特色社会主义思想来指导分析和解决问题的能力。课程思政对全面培养高素质人才,全面推进新时代思想建设具有重要的意义。本文探究高校思政建设的现状,对暴露的问题进行分析总结,并结合"西方经济学"教学的现状进行举例分析。通过思想教育先行、学科融合、科学评价机制等方法引领学生,提高学校和教师教学育人的水平,达到教学教人同步进行的教学目的。

关键词:课程思政;课程改革;西方经济学

---

*作者简介:

庆来刚:天津商业大学经济学院综合办公室,助理研究员,研究方向为教育管理。

朱传发:天津商业大学经济学院,硕士研究生。

基金项目:

天津商业大学教改项目"经济学专业加快一流本科课程建设对策研究"(20JGXM0121)的阶段性成果。

一、引言

2015 年 1 月 23 日,中共中央政治局就马克思主义政治经济学基本原理和方法论进行第二十八次集体学习,习近平指出:"学习马克思主义政治经济学,是为了更好指导我国经济发展实践,既要坚持其基本原理和方法论,更要同我国经济发展实际相结合,不断形成新的理论成果。"

全国高校思想政治工作会议上强调,坚持以马克思主义学科为引领,构建哲学社会科学学科和其他各学科协同一致、合力育人的思想政治工作格局,使学校各方力量、各种资源、各类课程都能发挥育人功能,实现"协同效应"。课程思政是在中国政治经济发展大环境下提出的新的教学准则,育才先育人,通过课程思政,逐渐提高教师的教学水平,将思想教育贯穿到学生的学习生活中,将正确的价值观传递给学生。"西方经济学"课程的主要内容是基于西方国家的经济运行规律,狭义指西方国家资产阶级政治经济学范式。因此,在面对西方资产阶级经济运行规律的产物,如何将其更好地结合社会主义的核心价值,更好地融入课程建设,服务中国的社会经济建设具有重大意义。

二、课程思政改革的现存问题

(一)高校相关教育体系不完善

中国进入中国特色社会主义新时代,习近平总书记指出这是中华民族伟大复兴的时代。时代的转变对高校的思想教育产生巨大的影响,对高校的思想教育带来了巨大的挑战,同时显现出高校的教育体系并不完善。

在一些高校中,学校层面对思想政治教育略显疏忽,学校在竞赛、学科建设方面首当其冲,急功近利、急于求成的风气弥漫校园。有关社会主义核心价值观的讲座、比赛却略显不足,高校没有在思政教育方面重点关注。高校作为培养高素质人才的基地,在思政教育方面没有翔实的教育策略,教师在教学过程中没有明确的教改方向;在教学机制方面缺乏完善的教学反馈评价机制,学校和教师在监督、反馈信息方面存在一定的不对称,评价考核机制存在教师对课程思政教育的忽视。

(二)"课程思政"理念未深入人心

新时代的到来,人民思想政治的转变并不是一蹴而就,在目前高校的学生中,仍然有少许学生的思想状况不容乐观,存在有盲目追从和浮躁的心理。在网络快速发展的今天,对网上的信息不能明辨是非,崇洋媚外、盲目崇拜的现象在高校中仍有存在。

中国处于新时代发展的初期,新遇到的问题和矛盾急需解决,由于学生缺乏核心价值观判断的能力,盲目的夸大其词,对社会主义的问题不能正确分析解决,享乐主义、个人主义仍有存在。同时缺乏青少年该有的责任心,缺少对社会主义新时代发展的思考。

(三)高校课程之间依然"各自为政"

在目前一些高校培养过程中,思想政治课程的教育和专业课程的教育之间的联系仍然不紧密。马克思主义课程和专业课课程相互独立,缺乏交叉点和融合点。即使在马克思主义课堂上,教师完成教学计划,学生的收获却很少,难以将学科进行融会贯通。一部分原因是部分学生没有端正对马克思主义课堂的态度,从心理上忽略马克思主义课堂的重要性,学生学习过程枯燥无力,教师也勉强完成教学计划;另一部分原因是学生不能将马克思主义思想融入专业课学习中来,学校和老师缺乏对学生这方面能力的培养。

三、"西方经济学"课程思政改革的必要性

(一)培养学生正确的价值观体系

"西方经济学"是各个财经类专业需要学习的一门专业基础课。"西方经济学"包括微观和宏观经济学两大部分。"微观经济学"课程要求学生掌握研究家庭、厂商和市场合理配置经济资源,"宏观经济学"则要求学生在掌握研究国民经济的整体运行中充分利用经济资源的思想。在教学大纲中,课程从微观和宏观层面上要求学生从理论上掌握经济的运行规律,需要满足学生的就业导向,以更好地服务于社会主义经济建设为根本目的。因此,从正确的思想政治角度来引领学生学习,是经济学教育的大前提。

(二)正确认识西方经济学学科的特殊性

西方经济学是伴随着资本主义社会经济产生的,是为资本主义社会服务的。"意识形态"问题是我们学习任何经济理论时都不能忽视的问题,应该认清西方经济学所具资产阶级"意识形态"这一本质特征。因此教师在经济学教学过程中不能盲目照搬,课堂教学极大可能产生严重的西方化。而目前的经济学教育在教学以及考核方面缺乏学生对于中国现实经济的思考,由于"经济学"课程教学课时的限制,教师无法对扩展知识进行解析,人文教育略显不足。在中国目前经济飞速发展的现状下,教师和学生的经济学思维应当与时俱进是势在必行的,要做到学科教育和社会主义相结合,在教学思政的大前提下,促进西方经济学学科与其他学科的相互穿插,将思想教育与学科教学相互融合。

(三)提升人才培养的质量

高等院校肩负着人才培养、社会服务的重担,因此学校要把育人作为教学的中心,在学校中创造正确的社会价值观氛围,形成中国特色社会的新校风,全方位全过程育人育才,提高人才培养的质量。

四、加快"西方经济学"课程思政改革的建议

(一)融入思政内容的经济学教育

在学科教育中融合新的思想理念。经济发展是一个国家发展的基础,对于西方经济学学科来说,课程思政尤为重要。将思政教育融入"经济学"教学的过程中,以学生能力为基础、以促进成长为目标,不断在实践中改革,在改革的基础上发展进步,从而达到育人育才的课程思政改革目标。在新时代社会主义思想的引领下,将西方经济学的研究方法作为解决中国现实经济问题的有力工具。

在"经济学"教学过程中,虽然我国经济发展和资本主义经济有着本质的差别,但是在一个国家的发展历程以及发展阶段上还是有章可循的。不同时代不同国家的经济发展总是具有很多相同的特征,中国也不例外。新航路开辟后,西方列强国家进行肆虐的资本掠夺,获得经济发展最原始的基础。廉价的劳动力、掠夺的资源,奴隶、贸易的垄断,成为西方资本主义的第一桶金。紧接着进行工业革命,利用大机器进行生产,加快掠夺资源的开发,从而造就了资本主义强国。与西方国家发展有天壤之别的中国是一个完全靠自己的资源,没有靠经济掠夺而自立自强的国家。我国从社会主义三大改造发展到今天的社会主义市场经济, 与西方国家相似的是在中国获得一定的资源积累,实行高度的计划经济,进而发展工业,也逐渐重视外国的资本利用。通过比

较,可以发现在经济发展历程上,国家之间的阶段特征有相似之处。因此在学科教育中,要进行主流价值和价值共识的引领,避免在学习西方经济学后学生对资本主义经济制度的盲目认知。

(二)创造多元化的思政课程任务

任务教学在大学课堂中具有重要的价值。首先,任务教学具有学科知识上的综合性,创设任务情境更有利于将思政内容有机融入大学经济学的课题,其次,任务教学有利于适应学生心理特征,匹配学生基础,能够激发学生兴趣。怎样将两者进行隐形的融合,在学习西方经济学的同时不忘中国的社会主义经济,是创造思政课堂的关键。其中一种融合方法就是将分析西方经济学的方法来分析中国的经济发展现状。

我们就可以结合西方经济学的分析方法迁移到经济学问题讨论中,将供求理论、一般均衡理论、配置经济学、价格经济学结合中国经济大环境做出可行性解析,将西方经济学演变成为解决中国经济问题的有力工具。

(三)建设具有学科特色的学习平台

为更好地进行思政教育,建设具有学科特色的学习平台至关重要。教师是课程思政的决定性因素,因此在师资力量方面,招纳和培养具有高水平的教师队伍是完成思政教学任务的有利条件。在教学过程中,要形成针对特定学科教师的示范性教学指导,例如公开示范课,并进一步发展成为教师备课过程中的考核指标。在"西方经济学"的教学过程中,要加强对学生价值观判断能力的培养,用社会主义核心价值观的思想引领学生思考。

学校在思政课程建设方面提供足够的资金支持,形成坚实的资金保障。在资金使用方面专款专用,鼓励在教学方法、培养方式、资源建设方面进行改进创新。同时促进形成完备的科研团队,通过学科交叉、学科融合,探索新时代的教学方式,形成完整的课程思政教学计划。

高校军事课对大学生就业的积极作用

李子涵 *

摘要:就业是最大的民生,对于大学生来说亦是如此,所以提高高校毕业生的就业能力,有效解决就业问题,就显得格外意义重大。"军事理论"课程可以在潜移默化中促进大学生正确世界观、人生观和价值观的形成,优秀的军事思想可以指导大学生正确就业,为学生发展打下良好基础;军事训练可以塑造学生的良好品格、提振身体素质,为就业打下坚实基础;并且在高校军事课所营造出的良好氛围中,引导学生走向祖国最需要建设的地方,走向军营、以身报国,让青春绽放出光彩。

关键词:军事理论;军事训练;就业;国防意识

当代大学生是祖国的未来和希望,是祖国建设的栋梁之材,是祖国发展的重要力量。目前,中国高校毕业生数量逐年增多,大学生面临的就业形势也日趋严峻,加之当前经济形势的不断变化和疫情的影响,更给大学生就业求职增添了许多不确定因素。然而对于大多数家庭来说培养一个大学生并不容易,甚至举全家之力去供养一个大学生,所以他们的就业不仅关系着自身的

---

*作者简介:

李子涵:天津商业大学经济学院辅导员,研究方向为思想政治教育,大学生心理健康教育。

生存和发展,也关系每个学生背后家庭的实际利益,更关系到社会稳定和国家发展。

军事课作为高校学生的一门必修课程,由"军事理论"课和军事训练两部分构成,通过高校"军事理论"课的开展,在增强学生国防意识、扩展学生知识面的同时,可以让学生了解新型的军事科技,最新的军事动态和军事热点,也在潜移默化的过程中,增强学生的爱国主义情怀、民族自豪感和社会责任感;通过军事训练,也可以让学生感受到人民军队的英烈精神、英雄情怀、光荣传统和优良作风。可见,高校军事课在学生思维培养、心灵塑造和综合能力提升等方面发挥着重要作用,而这些方面的改进,则对学生提高就业能力发挥着积极的推动作用。

一、潜移默化促三观,优秀思想引就业

军事课主要涉及军事理论、军事技能、军事动态,以及国防教育和爱国主义教育等意识形态塑造方面,在日常的教学活动中,通过潜移默化的渗透和影响,坚持理论教育与行为教育相结合,不断拓宽学生的知识面,为毕业后顺利就业打下良好基础。

第一,"军事理论"课程可以在潜移默化中促进大学生正确世界观、人生观和价值观的形成。多数大学生的年龄处于18~23岁之间,正处于意识形态逐渐成形的关键时期,可以积极地加以引导。"军事理论"课让学生了解掌握军事基础知识的同时,强化大学生的国家意识、国防意识和国土意识,传承红色基因,增强学生的历史使命感和社会责任感。"军事理论"课本身的性质决定了这一学科的德育色彩。通过讲授极具感染力和震撼力的革命历史、战斗故事和国防知识,讲述关系国家民族兴亡的大事,激发大学生强烈的爱国热情、增强忧患意识,使得这些革命事迹和军事故事焕发出超越时空的教育力量和价值,让大学生受到爱国主义、革命英雄主义的熏陶,具有重要的现实意义。

第二,"军事理论"课中优秀的思想具有良好的就业指导作用。大学时代意味着高中时代的结束,也是开展职业生涯的前奏,是知识结构的重塑期、整理期,在这段时期学生完成知识的整合、梳理,为迈向社会、走向独立做准备。通过学习军事理论,尤其是学习古今中外优秀的军事思想,并将其灵活地运用到当前的学习生活和未来的工作中,可以让学生在就业中起到事半功倍的作用。军事思想在军事科学中占据着重要地位,对军事实践具有重要的指导作用。有了正确的军事思想的指导,可以在战争中占据主动,增大获胜的可能性。很多优秀的军事思想也被人们广泛而巧妙地运用到各行各业中,同样的,这些军事思想也可以用于指导大学生的职业生涯规划和就业实践。研读古今中外优秀的军事作品,领会其中精髓,提升自身核心竞争力,在面对严峻复杂的就业环境时,冷静应对、合理分析,能够帮助学生在就业时找到正确的方向。

通过"军事理论"课的培养,优秀军事思想所具有的指导作用,可以让学生受益无穷,具有深远的意义;而红色基因的传递可以让大学生形成正确的世界观,增强国防观念,筑牢中华民族伟大复兴的精神长城。

二、形成良好习惯,培养坚韧品格

在大学生培养中,军事训练发挥着无法替代的重要作用。军事训练是一次很好的爱国主义教育,用真正的军人人格去教育学生、感染学生,以军人的标准来要求学生、训练学生,让他们继承和发扬部队军人的优良传统和作风,坚定社会主义信念,树立民族自豪感和自信心,激发爱国热情,增强学生作为祖国未来建设者的责任感和使命感,努力学习和献身祖国的建设事业。

通过军事训练可以帮助学生养成良好习惯,锻炼个人意志。通过具备一定强度的军事训练,可以磨炼大学生的意志力,强化纪律性,从而加强学生自我管理、自我约束和自律能力,引导学生严于律己、学会时间规划和提高办事效率,从而达到训练目的。军事训练是一项集体活动,可以在磨炼个人意志的同时,培养大家积极合作的团队精神,体验"风雨同舟、凝心聚力"的集体荣誉感,从而升华个人意识和觉悟,从"小我"走向"大我"。紧张有序的军训生活,严格艰苦的体能训练,可以培养学生的组织纪律性和集体主义精神。感受军队的优良作风,启迪学生要有"咬定青山不放松,立根原在破岩中"的坚韧品格,而这正是学生适应社会需要、实现人生价值的必要条件;学习军队的优良传统,军训的军事化要求,对做事的速度和品质都有严格标准,有利于大学生养成良好的习惯、锤炼坚强意志。以上种种,都可以使学生在面对就业择业中的困难时,拥有战胜困难的信心和勇气,即使面对不利场面也能心态平和、冷静对待,甚至逆转形势。

军事训练可以培养学生面对困难不屈不挠的顽强品质和吃苦耐劳的奋斗精神,并且锻炼和增强学生体魄,提升身体素质。高强度的军训使大学生学会了忍耐,培养了坚韧的顽强品质。在教官率先垂范、言传身教的影响下,大学生在政治素质、思想作风、身体素质等方面都有显著提高,通过军训可以使得学生以健康的体能、旺盛的精力投入未来的学生生活中去,同时对于学生毕业后适应职场,应对紧张而充满压力的工作环境,提高社会竞争力,具有积极的意义。

可以说,军事训练在大学生形成良好的思想道德品质、全面提升综合素质中发挥着举足轻重的作用,而这都对大学生就业发挥着重要影响。

三、改进就业意识,拓宽就业渠道

第一,高校军事课的开展可以帮助学生摆正就业态度,促使就业心理成熟,从而达成就业意识的改进。中国高校毕业生数量逐年增多,大学生面临的就业形势也日趋严峻,加之当前经济形势的不断变化和疫情的影响,更给大学生求职增添了许多不确定因素,每个优质岗位都有许多优秀学生去竞争。

这就需要大学生保持积极乐观的就业心态,理性看待就业形势的同时不断完善就业认知,充分发掘自身优势,及时调整自身定位,观察自己的处境,做出最佳的判断。动态做好自我调适之后,设定合理的就业预期,梳理出清晰的职业规划,从而主动抓住就业机会。

第二,引导大学生到祖国真正需要的地方去。通过"军事理论"课对广大学生潜移默化的思想熏陶,培养爱国之情、砥砺强国之志、实践报国之行,大力弘扬爱国主义精神,使之成为奋进新时代、实现中华民族伟大复兴中国梦的强大精神动力。引导广大学生了解国家的历史和现状,关心祖国的命运和未来,树立高度的责任感、民族自尊心和自信心,树立为祖国和人民的献身精神,让大学生将目光投向祖国更需要建设的地区,参与西部计划、三支一扶等——往往这些地区才是最需要人才的地方——让自己的理想和抱负、让自己的才华和光彩在国家更需要的地方散发热量,为祖国的建设贡献自己的一份力量。用艰苦奋斗、脚踏实地的精神立足本职岗位,将爱国之情、强国之志融入报国之行的伟大理想之中,潜移默化地将爱国情怀转化为报国之志的自觉行动。

第三,响应国家号召,积极参军入伍,拓宽就业渠道。随着军队和国防现代化建设的不断推进,需要多方面的高素质军事人才作为技术支撑,当代大学生是高素质军事人才的重要来源。通过军事理论课和军事训练营造良好氛围,积极进行宣传,鼓励符合条件的大学生参军入伍;通过军事历史知识的学习,学生可以更为真切地感受到人民军队的光荣传统和优良作风,从而激发学生参军报国的内在动力,让学生领悟"天下兴亡匹夫有责"的真正内含;通过军事热点和军事动态的介绍,增强学生的危机意识和忧患意识,知悉青春也有责任与担当,将爱国情怀转化为自觉行动,从而实现高质量就业与保卫祖国的有效统一,实现个人价值与报效国家的充分结合。

当今大学生是国家的建设者和接班人,通过高校军事课特殊的功能和作用,在对学生润物无声的作用中,提高广大高校学生的责任感和主人翁意识,促进大学生由内而外的成熟和转变,从而实现顺利就业、个人价值以及报效祖国的有机统一。

国际商务专业课教学的课程思政研究

赵常华　王丹阳*

摘要:课程思政是一种全新的教学理念,其核心是把思想政治工作贯穿于各类专业的教学全过程,寓价值观引导于知识传授和能力培养之中,帮助学生塑造正确的世界观、人生观、价值观。国际商务专业课程中蕴含着丰富的思政元素,如:法治意识、道德修养、创新意识、合作意识等。高校通过科学设计课程思政教学体系、创新课程思政教学方法、提高专业课教师思政素养等,将思政元素与专业课知识和实践技能融合起来,形成协同效应,立德树人,为国家培养德才兼备、全面发展的人才。

关键字:课程思政;国际商务专业;思政元素;立德树人;德才兼备

---

*作者简介:

赵常华:天津商业大学经济学院国际经济与贸易系副教授。

王丹阳:天津商业大学国际商务硕士在读,主要从事国际贸易研究。

一、国际商务专业课程思政建设的意义

(一)国际商务专业课程思政建设是落实立德树人根本任务的战略之举

2016年全国高校思想政治工作会议中,习近平强调高校要以"立德树人"为重,要坚持把立德树人作为中心环节,把思想政治工作贯穿教育教学全过程,实现全程育人、全方位育人,努力开创我国高等教育事业发展新局面。高校开展的思想政治工作关系到高校培养什么样的人、如何培养人和为谁培养人的根本问题。

2020年教育部印发的《高等学校课程思政建设指导纲要》中进一步指出:"全面推进课程思政建设是落实立德树人根本任务的战略举措""专业课程是课程思政建设的基本载体"。

"立德树人"是我国高等教育的根本任务,更是我国高校教育的立身之本。立德树人的成效是检验高校一切工作的根本标准。高校不仅是高等教育学生学习专业知识的首要渠道,更是引导学生形成正确的人生观、价值观、世界观的主要阵地。高校的国际商务专业作为一个具有国际化视野的专业,更应该在原有思政课程的基础之上,在专业课的教学过程中也融入思政元素,形成"思政课程 + 课程思政"的协同效应,全方位、立体地为国家培养一批德才兼备、全面发展的专业人才。

(二)国际商务专业课程思政建设是全面提高人才培养质量的现实之需

国际商务专业是国家为了更好地适应21世纪国际贸易发展的需要,增强国际贸易往来中国家竞争力而设立的年轻学科。学科目的在于培养适应社

会主义现代化建设需要，德才兼备，具有国际化视野，具有国际贸易基础知识
与基本技能，能在涉外经济贸易部门、中外合资企业从事国际贸易业务和管
理工作的国际化、复合型和应用型人才。

近年来，作为新兴的热门学科，国际商务专业受到考生的追捧，因此该专
业的生源较好。但笔者通过调查并在与学生的交流中发现，由于新时代下学
生思想深受网络的影响，许多高校学生在价值观问题选择上感到疑惑，对于
未来的职业工作缺乏规划，理想信念单薄，利己主义突出，在学习和工作过程
中还暴露出"随大流"心态和畏难情绪严重的问题。

这就提醒着我们要注意到：思政育人的工作任重而道远，高校教师要深
入挖掘专业课程中的思想政治教育资源，引领学生形成正确的世界观、人生
观、价值观，为国家培养优秀的经济学人才。

二、国际商务专业课程中蕴含的主要思政元素

（一）法治意识

一国的法律制约着商务活动的实践，定义着商务交易活动的方式，规定
了商务交易中各方的权利和应承担的义务。各国的法律环境差异很大，会对
国际企业的活动产生重要的影响。不同国家对财产权和知识产权的保护可能
存在着很大的差异，在合同法和产品安全及产品责任的立法等方面也会面临
同样的情况。国际商务活动的参与者不仅受到本国法律制度的制约，还要遵
守东道国的法律规章，甚至要受到国际相关法律的约束。在一个国家从事商
务活动的风险、成本和收益将受到一国法律体系的影响。由此可见，法治意识
是国际商务专业课程的一项重要思政元素。教师需要在授课过程中不断强化
和引导国际商务专业学生牢固树立法治意识，培育和践行社会主义核心价值
观，提高学生运用法治思维和法治方式维护自身权利、参与社会公共事务、化

解矛盾纠纷的意识和能力。

（二）道德修养

不同国家或地区的价值观存在着较大差异,这些差异直接或间接地影响甚至阻碍着国际商务活动的进行。为此可通过两种方式来减小价值观差异对国际商务活动带来的影响:价值观的输出和尊重理解当地的价值观。但需要注意的是,不同的道德准则既有差异也有共性。例如不诚信经营、财务造假、恶意竞争、伪劣产品等,在不同的文化中都是违反道德准则的行为。违反道德准则将损坏品牌的声誉,破坏商务合作的达成,影响企业长远的利益,最终会得不偿失。另外违反道德准则与违反法律仅咫尺之隔,而违反法律的后果可能会是企业的破产和终结。因此,国际商务专业课程要强化与道德修养有关的内容,让诚信经营、恪守合同、公平竞争等精神成为学生恪守的价值观和职业操守,培育学生诚信服务、经世济民、德法兼修的职业素养。

（三）创新意识

创新是企业竞争优势的不竭源泉,是一个国家和民族进步的灵魂。21世纪的企业竞争,归根到底还是创新能力的竞争,而知识是创新的基础。运用国际商务理论来分析企业国际化经营的经验得失,可以意识到:科技创新优势已成为企业国际化经营的主流优势,"中国创造"和"中国智造"是发展大势。因此,创新意识作为一项思政元素,在国际商务专业课程中占据着重要的地位。这就要求在国际商务专业课的教学过程中不断培养学生的创新思维,强化学生的创新精神和创造意识,提升学生的创新实践能力,鼓励学生学好专业课知识,为创新打下坚实的基础,培养创新型人才,从而更好地适应全球化经济时代。

（四）合作意识

合作共赢、互利互惠不仅是现代企业成功经营的制胜法宝，更是全球化背景下企业应对竞争的生存之道。国际商务专业要求学生具有国际化视野，经济全球化是必然趋势，不可逆转。要想封锁国际经济，各国就必须要在国界范围内重新构建起复杂的生产体系，这种封闭模式的运行成本在当今世界大多数国家看来都是无法接受的。"人类命运共同体"已成为发展大势，所以我们要本着互利共赢的思想在全球产业链中充分发挥本国的优势，寻找更多优质的国际商务合作机会，脚踏实地、持之以恒地推动"人类命运共同体"建设。因此，合作意识作为国际商务专业课程中重要的思政元素之一，需要在教学过程中不断强化培养。

三、国际商务专业思政建设路径探索

（一）科学设计课程思政教学体系

国际商务专业具有实践性强的特点，主要为社会培养应用型人才，这就要求国际商务专业在开展课程思政改革时，既要突出专业知识，又要将思政元素有机融合到课程教学的全过程中。在教学过程中，不仅要深度挖掘国际商务专业课程中所蕴含的重要思政元素和精神内涵，更要根据本专业的特色和优势从教学培养目标、教学过程组织、教学方法选择、教学成果评价等方面进行立体设计，统筹规划。特别应该对教师所挖掘出的国际商务课程中思政内涵的科学性和准确性进行全面严格的评价。总之，国际商务专业课程的思政建设必须始终将立德树人贯穿于课程教学的所有环节，系统地把思政元素、专业知识和实践技能结合起来，使教学过程既可以充分体现专业特点，又能够有效实现价值引领的思政作用，完成新时代高等教育全过程、全方位育人的使命。

（二）提高专业课教师思政素养

从思政课程走向课程思政的教学改革，从根本上讲就是在要求高校课程突出思想价值引领的作用。从这个根本点出发，就要求高校专业课教师具备多向维度的育人功能，教师的思政素养是全面推进课程思政改革的关键一环。"合格的老师首先应该是道德上的合格者，好老师首先应该是以德施教、以德立身的楷模。"针对非思政课教师，高校可以通过思政建设平台等机构为他们提供方法论层面的指导，以帮助其重新构建课程结构，乃至于提供相应的课程资源。

高校还可以开展国际商务专业教师与思政课教师定期教研活动，激活专业课老师的学习热情，做好专业知识与思政内涵的理论对接，提升专业教师的思政建设理论功底。

（三）高校应加强对课程思政建设的监督指导

高校在为教师提供提高思政素养途径的同时，还应该加强对课堂思政建设的监督和指导。教务体系通过学生座谈反馈等形式，及时准确了解课堂思政建设的具体情况，加强与教师的沟通，对出现的偏差进行指导，协调教师与学生之间的关系，为课程思政建设做好服务工作。

一流专业建设篇

凝练专业特色，推进一流专业建设

——基于天津商业大学国际贸易专业的思考

姜达洋*

摘要：本文通过归纳天津商业大学国际经济与贸易系发展，与入围首批国家一流专业经验，提出通过凝练专业特长，推进智库建设，强化实践教学，实验教学和学科竞赛等策略，打造专业特色，提高人才培养质量，强化一流专业建设的相关思考。

关键词：一流专业建设；专业特色；智库建设；社会实践；实验教学

2019年底，教育部公布了入围首批国家级一流专业的专业清单，天津商业大学国际经济与贸易专业位列其中，它既展现了上级教育管理部门，乃至整个社会对于天津商业大学国际经济与贸易专业的高度认可，更充分证明了多年以来几代国贸人卓有成效的专业建设的努力取得了丰硕的果实。回首天

---

* 作者简介：

姜达洋：博士，天津商业大学经济学院副院长，教授，主要研究方向为经济思想史、贸易政策、国际贸易。

基金项目：

天津教委社科重大项目"五个现代化天津目标引领下的现代服务经济体系建设研究"（项目编号：2019JWZD56）。

津商业大学国际经济与贸易专业 26 年的发展建设历程,我们发现,坚持目标导向,打造专业特色,推进品牌专业建设,正是国际经济与贸易专业从弱到强,逐步建设为第一批国家级一流专业的秘诀所在。

一、凝练专业特色,引领专业成长

天津商业大学国际经济与贸易专业最早设立于 1995 年,为学校经济学科最早的学科专业和专业方向。由于同在天津,拥有南开大学和天津财经大学两所高校在天津商业大学之前就已经形成相对完整的经济学人才培养体系,更早已设立国贸专业,因此在建立之初,天津商业大学就始终致力于寻求与之形成错位发展,打造属于天津商业大学特色的专业建设之路。

20 世纪末,在国际经济与贸易专业建立之初,在前任校长刘书瀚教授的引领下,天津商业大学国际经济与贸易专业就围绕校名中的"商"字做文章,开始专注于第三产业的研究,随后经过服务贸易,生产性服务业等几个关键的研究领域,到 2010 年以后,我们最终聚焦现代服务业,形成自己的研究特色和品牌优势。多年以来,围绕服务业这一永恒的主题,国贸系各位老师先后完成国家自然科学课题、国家社会科学课题、教育部课题,以及天津哲学社会科学课题多项,在此领域深耕密种,取得了较为丰硕的科研成果。

"十三五"期间,在国贸系多年专业研究的基础上,天津商业大学围绕现代服务业主题,构建现代服务业学科群,以此来统率学校的众多人文科学的研究方向选择,现代服务业也成为天津商业大学科研的一面旗帜,引领着国际经济与贸易专业,乃至天津商业大学的未来科学研究方向。

二、推进智库研究,服务地方经济

在围绕现代服务业推进学科建设的同时,国际贸易系积极鼓励各位老师聚焦天津现代经济发展的关键问题和热点问题,发挥专业特长,勇于担任政府决策部门的外脑,服务地方经济发展。在天津的"十二五","十三五",乃至"十四五"规划的编制中,都可以看到天津商业大学国际贸易系老师的身影,通过把自身的专业研究与社会实践结合起来,使得科学研究得以顶天立地,学以致用,不仅进一步深化了老师们对现代服务业的研究深度,而且通过把专业建设的最新成果引入政策实践,打通了理论研究与社会实践之间的闭塞,在区域经济发展中,向公众展现了我校国际贸易专业研究的价值。

2015年,在国际贸易专业现代服务业基础之上,以国贸专业老师为主体,天津商业大学成立了独立的院级研究机构——现代服务业发展研究中心,以此来引领现代服务业理论与政策研究。2016年,天津评选首批12家市级高校智库,天津商业大学现代服务业发展研究中心位列其中。2018年,天津评选出8家第2批市级高校智库,以我校国际贸易老师为负责人和研究主体的另一家智库单位——中国融资租赁研究和教育中心成功入围,天津商业大学也成为整个天津市当时唯一一所拥有两家市级高校智库的市属高校,而两所市级高校智库的负责人与主要成员都来自国际贸易专业,更充分证明了国际贸易专业在服务地区经济方面的突出成效。

2008年以来,国际贸易系的多位老师已经连续承担了四届达沃斯论坛研究课题,并在会议论坛中向众多与会代表宣读研究报告,进一步扩大了我校现代服务业研究的国际影响力。近5年来,国际贸易系老师已经执笔完成近百份各种咨政报告,得到中共中央办公厅、民盟中央、天津市委研究室、天津市政府办公厅、天津政协等部门采纳并广泛应用于经济发展实践,相关研究报告得到汪洋,孙春兰等党和国家领导人批示十余次。

三、持续推进理论研究,人才培养与社会实践的有机结合

作为一个具有明显实践意义的应用经济学专业,国际贸易专业尤其需要

突出理论研究与社会实践的紧密结合,实现理论与实践的无缝对接正是国际贸易专业推进专业建设的关键所在。在国际贸易专业人才培养方案的修订中,天津商业大学国际经济与贸易专业也始终坚持强化实践导向,在 2019 版人才培养方案的 165 个学分的课程体系中,设置了超过 20 个学分的实践类学分,课堂理论教育与实践教育的结合也成为我们人才培养的突出特色。在学生大一入学之初,就设置了专业导论,由专业老师向同学们介绍国际经济与贸易系的专业演进历程、特色和课程体系,引导学生深化对于本专业的理解和认识。

在大一下学期,天津商业大学国际经济与贸易专业还设置了由专业老师带学生去相关校外实践基地参观学习的认识实习,以及大学生创新创业,引导大学生修炼内功,转变就业观念,学习创新创业技能,提升社会适应性和职场综合素质。学生毕业前,还设置了规范的社会调查和社会实践环节,引导大学生在实践中理解和感悟所学习的书本知识,实现从课堂教学到实践认知的飞跃。

为了提升大学生的实践能力,国际贸易专业聘任了 30 余名校外兼职导师,建立了 10 余个校外实习单位与基地,由实习基地为大学生提供实习机会。目前,国际经济与贸易系已经拥有国际经济与贸易一个国家级本科专业,以及国际贸易、世界经济两个学术硕士点,国际商务一个专业硕士点,从本科教育到硕士教育,我们都始终把理论与实践的结合放在首要位置。在研究生的人才培养方面实行双导师指导,校外导师通过讲座、提供考察与调研、合作开发案例,以及指导学生实习实践、参与学生毕业论文开题、答辩等环节,深度参与了国际贸易系从本科生到研究生的全过程培养。

四、强化实验教学,提升大学生动手能力

为了提升大学生的实践能力,在系统的课外实践教学之外,在课堂教学

之中,我们还设立了众多的实验课程,通过仿真模拟的形式,让学生们感受真实的专业工作对于国际贸易相关知识与技能的需求,进而提升大学生的学习积极性和主动性,变要我学为我要学,让大学生从实验操作中深入对课堂知识教学的理解,提升大学生的实践操作能力和适应性,极大地提高了国际贸易专业大学生的市场竞争力,保证了本专业大学生就业长期稳定在较高水平。

比如,传统的国际贸易核心课程主要以"国际经济学""国际贸易"和"国际金融"等理论性课程为主体,而在2019版国际贸易专业人才培养方案中,我们在保证以上核心理论课时基本不变的同时,进一步强化了"国际贸易实务""国际结算""国际物流"等实践性更强的课程,而且在以上课程内,都设置了4~6课时的实验环节。在实验环节中,我们以解决具体问题为导向,围绕核心的专业知识和理论基础,通过真实地模拟具体的实践工作,帮助大学生进一步深化对于相关理论知识的学习与理解,取得了较好的教学效果。2019年,跨境电商虚拟仿真实验获批天津市虚拟仿真实验教学项目,进一步提升了本专业的虚拟仿真实验教学水平。

在理论教学中加大实验实践环节的同时,我们还创造性地设置了多门单独的实验教学课程,如"国际贸易实务综合实验""经济管理综合实验""国际货运代理综合实验""商业银行经营管理实验""跨境电商综合实验""商务英语听说实训"6门实验课程,国际经济与贸易系也成为天津商业大学经济学院,乃至全校实验课程最多,实验环节最为丰富,实验成果最为突出的专业,从而进一步突出了专业特色,为获批国家级一流专业奠定了重要基础。

五、以赛促学,丰富大学生课外实践活动

在实习实践和实验课程之余,国际贸易系还积极鼓励大学生参加由教育部众多教指委,以及众多专业协会组织的各类专业竞赛,以此作为课堂教学

的重要辅助力量,提升大学生的专业能力。

围绕国际贸易实务课程,我们已经连续多年鼓励大学生参加 POCIB 全国外贸从业能力大赛,先后获得特等奖、一等奖佳绩。2019 年,我们组织学生报名参加了 ETTBL 全国商务英语翻译大赛,在当年设立的 3 名一等奖中,我专业学生获得了其中的 2 项,更充分展现了我专业学生的高素质,受到大赛组委会的高度评价。

除此之外,我专业学生还先后参加了全国高校商业精英挑战赛"致教杯"跨境电商创新实践大赛全国总决赛,全国新零售买手创业实战大赛,"方宇杯"未来商业探索与创新创业实践竞赛,"智盛杯"金融科技创新能力大赛,"一带一路"跨境电商速卖通运营赛等专业竞赛,都取得了较为优异的成绩。突出了专业竞赛成绩,不仅提升了我专业毕业生的职场竞争力,更有力地促进了国际贸易专业建设。

六、结论

在我国的高等教育体系中,不同学校,不同专业都有着不同的差异性优势,各学校各专业也需要对比兄弟院校,找准自身的差异化优势,并通过科学研究,社会实践与人才培养模式的调整,充分展现自身特色,扩大社会影响力。

作为天津商业大学历史最为悠久的经济学科专业,国际经济与贸易专业先后获评天津市品牌专业、天津市教学团队,天津市优势特色专业,2020 年获批国家级一流专业,更成为天津商业大学国际贸易专业建设最为璀璨的成果。

回顾国际贸易专业多年的发展经历,我们可以发现,正是得益于科学的选择专业研究方向,夯实专业研究基础,突出科学研究,社会实践与人才培养的紧密结合,通过实践教学与实验教学打造专业特色,才突出了国际贸易专业的专业特色,扩大了社会影响力,最终获批国家级一流专业,正是特色鲜明的专业建设的成功案例。

"经数班人才培养模式"
探索对经济学一流专业建设的启示

李海伟 *

摘要:人才培养模式是一流专业建设的重要内容。本文通过对天津商业大学经济学－数学实验班探索实践的梳理分析,从课程设置、师资配置,激励机制、选拔制度、建设成效等方面进行总结,突出其要解决的重点难点等关键问题和培养成效,以期为新文科背景下经济学专业发展和人才培养提供启示和经验借鉴。

关键词:经数班;人才培养模式;一流专业

学校"十三五"规划指出,要打造"应用型、特色化、高质量"的国内一流教育教学体系,积极探索产学融合协同培养、跨学科复合培养等多元化人才培养模式,本文立足经济学－数学实验班改革探索并结合专业特点,通过对学生培养情况进行梳理, 为经济学专业特色发展和一流专业建设积累经验,提供借鉴。今后经济学专业要在总结经数班实践经验基础上,进一步改革探索,带动人才培养模式的变革和人才培养质量的整体提升。

---

*作者简介:
李海伟:天津商业大学经济学院教授,经济学博士,硕士生导师。

一、实验班的设立初衷

为了贯彻落实天津商业大学"多学科相互发展""培养复合型、创业型应用人才"的办学思想,适应现代经济学发展对数学工具和理论的应用日益广泛深入的趋势,更好地满足社会对经济学专业知识厚实、科学计算与分析能力较强的应用研究型人才的需要,充分发挥校内,甚至校际师资和教学资源的共享和优势互补。天津商业大学经济学院和理学院于2009年设立了经济学-数学实验班。实验班针对目前高校人才培养宽口径、厚基础的要求,针对经济学教学过程中学生数学基础相对薄弱这一现实问题,探寻有效的人才培养模式、培养路径和运行机理,实现人才培养理念、模式和机制的创新。

从2009年第一届招生到2020年7月最后一届(2016级)毕业,共招生培养八届总计302名学生。相比经济系和经济学院其他相关专业,经数班学生在专业基础、科学研究、考研出国等方面都取得了不俗的成绩,达到实验班设立的目的。

二、经数班的实践探索

(一)改革实践的内容

天津商业大学经济学-数学实验班的培养目标是使学生具有扎实的经济学专业基础知识和较强的科学计算与分析能力,能分析解决中国经济改革中出现的实际问题,具备在国内外名校深造和较强就业竞争优势的应用研究型人才,围绕这一目标,我们在以下方面进行了探索。

1.探索优秀学生的选拔机制

首先在入学层面,严把质量关。在学生报名伊始即宣传经数班的办学特点、培养模式、素质要求等，然后在自愿报名的基础上采取数学、英语笔试，根据笔试成绩决定进入第二轮面试的人选。初选笔试主要考基础知识，二选面试考查学生的表达能力、理论联系实际能力和学习主动性、兴趣等，通过选拔使具有良好基础和浓厚兴趣的学生进入实验班。其次在设置动态进出机制方面，保证将具有一定基础并喜欢数学、经济学，综合素质高的优秀学生通过实验班的培养脱颖而出；为了对进入实验班的学生形成新的激励，我们设计了退出机制，对于进入实验班而难以完成后续学业的学生，在第三学期末根据成绩加之本人意愿进行分流，退出实验班，进入经济学或者数学专业学习。以此激发学生的学习热情，克服安逸心理，树立危机意识，更好地发挥潜能。

2.构建学习平台

探索通过聘请教学水平较高的国内外专家学者，采用小班化的研讨与探究的模式为学生构建学习平台，培养学生开阔的视野和解决经济学领域前沿问题应具备的深厚经济学和数学理论知识，以及独立思考和自主学习的能力。其一，我们给经数班的学生安排经验相对丰富，教学效果较好的老师上课，并且聘请国内外有影响的学者给同学们做学术报告，扩大学生的知识面，保证每学期有至少两次这样的活动，所聘人员既有国内高校的教授，也有国外如澳大利亚、美国、加拿大等国家高校的学者。其二，利用经济学院良好的实验室条件，开设实验教学课程，强化学生理论联系实际的能力，提高他们商场实战经验。当然，由于目前我校师生比问题比较突出，还难以做到每一门课都单独小班上课，但我们尽量做到专业基础课、专业核心课和专业课实现小班上课。其三，和金融学财富实验班合作，选拔经数班英语基础较好的学生参加外教的专业英语课，强化其英语基础。

3.搭建研究平台

为经济学－数学实验班学生参与经济学领域前沿问题研究搭建平台，形成完整的、系统的学术研究培养体系；实现使学生了解经济学领域的前沿问题，掌握开展科学研究的方法，具备奉献和团队合作精神。积极利用学校所提供的各类科研项目,为学生增加科研机会,比如 SRT 项目,我们除了正常争取,学院也会拿出一定经费,择优资助有研究潜力的学生,此外,像大学生创新创业计划、国家级和省部级挑战杯项目,每年都有学生参加,更值得一提的是,凭借较为坚实的数学基础,经数班学生多次参加全国、天津市和学校的大学生建模竞赛并获奖,为我校争得了荣誉。

4.制定并完善人才培养方案

在保持原有经济学类学生基础和核心课程的前提下,适度增加"数学分析""高等代数""数值计算方法""多元统计分析常微分方程""运筹学"等数学课程在教学计划中的比重。

(二)实践探索的领域

经数班在课程设置、人才培养、教学模式等方面进行了探索。

1.完善课程设置,形成了具有较强操作性的教学计划和人才培养方案

2009 年经数班成立时,根据培养目标,我们拟定了培养方案和教学计划。2011 年,按照学校修订 2007 年培养方案的统一部署,根据实验班实际情况,我们重新修订了实验班人才培养方案。最主要的有以下五点:其一,进一步明确了专业"培养目标",把培养目标具体化为经济学 – 数学方向,即经济学为主方向,数学为第二方向,课程围绕此目标做了相应调整;其二,删除了原先体现经济学和数学单学位所要求的模块课程体系,使课程设置、师资配备和能力矩阵三位一体,共同支撑培养目标的实现;其三,"人文与社会科学类"中,"英语"课程已按要求重新分配课时,"说明栏"内容一并作了修正;其四,"数学与自然科学类"中,"计算机"课程已按照经管类课程要求进行了名称及编号的修改;其五,"学科基础与专业类"中,专业核心课程"Matlab 程序设计"改为"Matlab 程序设计(双语)",删除了原先体现经济学和数学单学位所要求的课程体系(即原有的模块 2 和模块 3),原先的模块 1 更名为"专业必选课",并增加了"预测与决策""最优化方法""金融数学"三门课程,其他选

修课中,删除了"文献检索"课程,将课程"数据挖掘及 Modeler 应用"更名为"数据挖掘及软件应用",2017 年,又根据新的要求,进行修改,形成 2018 年版人才培养方案。

2.推行导师制,集中两个学院优势教学资源进行教学,加强师生教与学上的互动

为了加强对经数班的学术引导,两个学院成立了学术导师组。实行导师制的目的在于充分发挥教师在教育中的主导作用,把因材施教的原则落实到每个学生身上,更好地实现实验班人才培养目标。主要内容有:

(1)导师的遴选由经济学院和理学院共同负责,遴选通过者聘为实验班导师;

(2)导师的配备由经济学院和理学院根据学生的具体情况采取导师组方式(即经济学院和理学院各一名导师组成导师组)进行配备。

(3)学生一、二年级作为导师制的第一阶段,此阶段以理学院导师为主,经济学院导师为辅;三、四年级作为导师制的第二阶段,此阶段以经济学院导师为主,理学院导师为辅。

(4)导师必须熟悉并指导学生全面了解本专业教学计划、课程安排、教学管理文件以及学分制的有关规定。在学生入学时向学生介绍大学学习和生活的特点,使学生进入实验班后能对大学的学习生活有所了解。

(5)导师应创造条件让学生参加科研活动,鼓励和引导学生参与生产与社会实践等活动,扩大学生视野,活跃创新思维。

3.优势互补、资源共享,管理模式上探索更好地发挥两个学院的积极性。

经数实验班的创新和尝试之一就是由经济学院和理学院共同发起、共同筹建、共同管理,可以集中两个学院的优势教学资源,共同夯实学生经济学和数学基础。同时,两个学院建立了定期交流机制,讨论管理中存在的诸如学籍管理、课题申报、论文指导和科研指导等问题。

三、实验班要解决的关键问题

(一)重点难点问题

(1)实验班优秀人才选拔、激励机制的设计。由于近年大学扩招,在给众多学子提供就读大学机会的同时,也相应造成了生源质量的下降。经数班选拔人才也面临一些制约,无法做到像中国人民大学类似的实验班那样,宣称"培养未来的经济学家",并提供本硕博连读的机会。加之我们的招生属于二次招生,在学生入学报到至开始上课短短的一周内,就要完成从招生到录取的全部工作,时间紧、任务重,难以保证使每一位有意向的同学都能及时知晓这一信息,因此我们只能在目前的状况下尽量选拔出类拔萃的人才进行培养。

(2)特色鲜明的人才培养模式的制定。如前所述,跨学院、跨学科组建实验班是一个新尝试,缺乏成熟的、可供借鉴的机会,因此对于形成特色鲜明的人才培养方案和人才培养模式都还需要很多的探索和尝试,究竟如何定位?是应用研究型,还是应用创新型,抑或是复合创新型人才? 在实际操作过程中,如何实现两个部门的协调配合,课程如何内在衔接,毕业论文指导如何实现两个部门导师的通力合作,也都需要探索。

(3)课时有限性和课程多样性矛盾的解决。当初课程体系是仿照"双学位"模式设定的,经济学和数学方向都需要修够一定学分,导致实验班学生确实比一般专业需要付出更多的时间和精力,实践过程中我们尽可能实现课时有限性和课程多样性之间的统一。

(二)特色和创新

在实践和摸索过程中,实验班实现了以下方面的创新:

(1)理念创新:人才培养以具有扎实数学基础、具有较大研究潜力的卓越经济学学生为目标,为他们后本科阶段的学习和深造提供强劲支撑。

(2)模式创新:根据学生学习情况和实际需要,对人才培养方案进行修正,先后形成三版人才培养方案。课程设置以"板块式"运作,注重经济学与数学的结合。强化学生的专业分析、科研水平,体现研究型和创新能力的培养特色。

(3)机制创新:搭建人才选拔和培养等平台,建立导师组,对学生进行日常学习和科研指导。人才培养上突破学院的局限,实现院际甚至校际的优秀师资资源、优势教育资源的更合理配置。

四、人才培养成效

经数班通过培养学生扎实理论功底,为学生求职和深造打下良好基础,拓宽了学生的跨学科教育背景,12年来,经数班学生培养质量、出国考研率、就业率和参与各种竞赛获奖数相对于非实验班学生都有不俗的表现。

表1 经数班 2015—2020 届考研、出国人数统计

	总人数	考研	出国	考研、出国率
2020 届	39	11	4	38.46%
2019 届	26	3	2	19.23%
2018 届	36	9	7	44.44%
2017 届	37	7	4	29.73%
2016 届	38	12	2	36.84%
2015 届	39	7	3	25.64%

表2 经济学院 2015—2020 届考研、出国人数统计

	总人数	考研	出国	考研、出国率
2020 届	691	56	44	14.47%
2019 届	706	66	45	15.72%
2018 届	721	103	44	20.39%
2017 届	752	40	40	10.64%
2016 届	795	64	54	14.84%
2015 届	868	54	40	10.83%

以经数班第一届毕业生为例,由于其扎实的基本功和良好表现,35 位同学中有 3 位被国外高校(澳大利亚莫纳什大学)录取,继续攻读硕士学位,3 位同学考取国内高校研究生。23 位同学被金融机构及公司录取,1 位同学进入青岛市黄海学院成为一名高校教师。1 人次获国家奖学金,1 人次获王克昌奖学金。学生获得全国数学建模大赛一等奖 2 项,全国数学竞赛二等奖 1 项,天津市数学建模竞赛一等奖 2 项。SRT 重点项目 1 项,一般项目 1 项,挑战杯天津市级二等奖 1 项,四年来共有 99 人次获得各级各类奖励。

表 3　经济学专业 2015—2020 考研、出国人数统计

（不包括经数班）

	总人数	考研	出国	考研、出国率
2020 届	165	15	12	16.36%
2019 届	182	18	6	13.19%
2018 届	136	13	4	12.50%
2017 届	151	7	6	8.61%
2016 届	162	10	10	12.35%
2015 届	164	13	2	9.15%

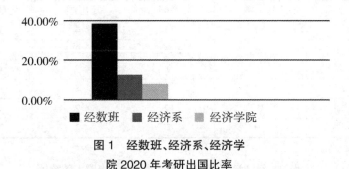

图 1　经数班、经济系、经济学院 2020 年考研出国比率

通过 2015—2020 届经数班毕业生考研 – 出国比率与经济学专业、经济学院相关专业的数据对比,可以看出,经数班近 6 届毕业学生考研出国率最高达到 44.44%,最低 19.23%,历届考研、出国率均高于经济系学生比率,也高于经济学院同届学生比率(见表 1、表 2、表 3 和图 1)(表格数据根据相关资料整理),其中不乏在美国加州大学圣芭芭拉分校、约翰霍普金斯大学和国内

北京大学、中国人民大学、南开大学、中央财经大学就读的学生。

五、对经济学一流专业建设的启示

作为一种有益的探索，经数班为经济学专业建设积累了较为丰富的经验，其厚基础、宽口径的培养理念，优秀学生选拔和淘汰机制的设置，基础知识和科研能力并重的原则，以及实现校内优势资源的互补共享，小班上课，推行导师制和加强学业引导等举措都为人才培养质量的提高打下了良好的基础。

当前，经济系专业以国家级和省部级一流专业建设为契机和目标，突出优势特色，深化以人才培养为中心的综合改革。在这方面，经济学 – 数学实验班前期所做的有益探索和尝试都值得总结和借鉴，在新的背景下，实验班也会以新的形式，以更高标准和更有针对性的改革举措，更好地服务于经济学及相关专业，为提高人才培养质量做出更大的努力和贡献。

经济学一流专业建设背景下课程改革研究

——以"产业经济学"课程为例

李　颖　李浩宁 *

摘要: "产业经济学"作为经济学的一门重要课程,是理解经济学相关知识的基础科目。本文基于对"产业经济学"课程的介绍以及当前可能存在的教学问题,提出经济学一流专业建设背景下课程改革的建议,认为"翻转课堂"这种新型教育模式相比传统的教育方式可以更有效地增强学生对于"产业经济学"课程的理解,针对产业经济学这类应用型专业,需要对以往固定的教学模式进行改革,激励学生自主思考、自主创新,将"产业经济学"的理论与实践结合起来。

关键词: 一流专业建设;产业经济学;课程改革

* 作者简介:

李颖:博士,天津商业大学经济学院副教授,研究方向为亚太经济。

李浩宁:天津商业大学产业经济学硕士研究生。

基金项目:

2021 年度天津市教育科学规划课题"提升习近平新时代中国特色社会主义经济思想课程教学质量研究"(CIE210204)的阶段性成果。

一、引言

一流专业建设是由教育部提出的、为建设更高水平的本科教育、全面提高当前我国人才培养能力,适应当前社会需求、引领未来发展的一项举措。2019年4月9日,教育部办公厅正式发布《关于实施一流本科专业建设"双万计划"的通知》,主要计划在2019—2021年间,建设1万个左右国家级一流本科专业和1万个左右省级一流本科专业点。一流专业建设不仅是我国综合教育实力的体现,更是建设世界一流大学与一流学科的起点。为了更快开展对于一流经济学专业的建设,急需对当前的课程教育进行改革,坚持以培养人才为前提,建设一流专业学科。当前我国教学模式呈现多元化,线上、线下、线上与线下相结合的教学模式,例如打造多所高校共建的网络"慕课",引入翻转课堂教学模式,在学生自主学习线上课程的基础上开展线下课程的讨论,加强学生自主思考的能力。本文基于对"产业经济学"课程的介绍,提出当前存在的问题,并提出一流专业建设背景下"产业经济学"课程的改革措施。

二、经济学一流专业建设背景下"产业经济学"课程改革的必要性

产业经济学以产业为主要研究对象,研究内容包括产业结构理论、产业组织理论、产业关联理论、产业布局理论、产业政策理论、产业发展理论等。[①]其中,产业结构理论主要研究产业结构的变化对于经济发展的影响。通过分析不同产业所占比重对于经济增长的影响,在国家优化产业结构和制定合理的产业结构政策方面提供理论基础。

---

① 苏东水:《产业经济学》,高等教育出版社,2010年,第16~20页。

产业组织理论主要研究在不完全竞争市场条件下企业的相关行为和市场结构,包括竞争与垄断以及规模经济的关系,并以此为基础,诞生了哈佛学派、芝加哥学派、新奥地利学派、图卢兹学派等。

产业关联理论主要研究产业间中间投入与中间产出之间的关系,在国民经济体系中,某一产业发生变化时,会随着产业关联方式对其他产业造成影响,引起其他产业的变化,产业关联理论通过投入产出法分析这一变化,选取最具效率的投入方式,使各产业总产量达到最大水平。

产业布局理论主要对于一定区域内产业的分布和组合进行研究,在政府引导的前提下,使资源在空间上达到最优配置,防止资源的无效浪费。产业布局理论的发展诞生了古典区位理论、近代区位理论、现代区位理论、产业布局的环境与生态学理论等。

产业政策理论以产业结构政策理论为核心,通过分析产业结构的历史、现状以及未来的发展,研究出产业结构总体的发展趋势,为制定合理的产业结构政策提供理论基础。另外,产业政策理论以产业组织理论为研究重点,对于企业组织结构如何调整、生产要素如何分配提供合理的政策建议。

上述产业经济学理论为产业发展理论提供了理论基础,产业发展理论主要研究产业发展过程中的变化规律、要素的合理配置、政策制定等。综上所述,"产业经济学"课程涉及微观经济学中市场结构、要素资源配置、宏观经济学中政策制定、政府行为以及产业经济学独有的产业结构之间的研究,探讨经济发展中产业之间的联系及其发展规律,并以此为基础进行深入研究,为国家经济发展并以推动经济发展为目标制定的产业政策提供理论依据。

产业经济学以产业为研究起点,在研究过程中涉及技术进步、要素资源流动、空间发展、经济效率等,以理论与实证相结合,主要运用计量经济学工具(如 Stata、Spss、Eviews 等软件)进行实证分析。当前我国处于从经济高速增长阶段转向高质量发展阶段的关键时期,产业结构转型是提高经济质量的重要举措,深入学习产业经济学有利于深入了解我国产业的运行规律,同时也为我国制定产业政策提供了坚实的理论基础。

三、"产业经济学"课程教学中的现存问题

(一)与课程培养目标相差较远

作为一门应用经济学科，其主要目标是通过学习产业经济学相关理论，培养学生运用相关原理来认识和理解经济生活和产业发展的能力。产业经济学涉及微观经济学与宏观经济学许多相关知识点，但对其重视程度相对较低。因此，学生理论知识掌握得不扎实，运用产业经济学相关知识联系实际、解决问题的能力也没有提高。

(二)教学模式相对单一

当前我国对于产业经济学这门课程，主要采取传统的授课方式，以教师教导为主，忽略了老师与学生之间的交流与沟通，对于学生理解课程方面效果并不理想。当前社会科技水平不断提升，传统的授课方式已经不足以吸引学生，学生会将自己的注意力在更大程度上放在自己的电子产品上。一方面原因可能是学生对产业经济学的认识程度不高，普遍认为产业经济与自己的现实生活相差较远，因此缺乏学习动力；另一方面可能由于缺少师生之间的互动，导致课堂上只是"单方面"的授课，教师没有起到激励学生自主思考的责任。导致现在的学生只是为了最后取得一个好成绩而机械般地背诵教师上课讲述的内容，并没有真正去理解课程本身的内涵。

一流经济学专业建设要求更加注重对学生能力的培养，包括学术能力、创新能力、实践能力等。[1]产业经济学属于应用经济学科，学习该课程可以总

---

[1]　王璞玉、姜南、王昊森：《基于一流专业建设的产业经济学课程改革探究——以信阳师范学院为例》，《知识经济》，2020 年第 12 期。

结为三个阶段:第一,通过对"产业经济学"课程的学习,使学生们初步了解有关产业的基础知识以及相关理论;第二,在掌握理论知识的基础上,对现实生活中相关的产业经济问题进行分析,不会只局限于学生们的理论能力;第三,在具有一定的"产业经济学"理论和实践能力的基础上,对我国宏观经济进行分析,针对我国不同产业问题提出自身见解,更加深入地了解产业经济学。研究生阶段对于"产业经济学"课程的教学更加注重理论联系实际的能力,其中案例分析作为课程教导的主要手段,避免了教师"灌输式"教学,但是当前该课程的教学过程中仍然是以教师教学为主,与学生交流较少,学生参与度低、缺乏学习热情,并没有过多的对于实际经济问题的探讨,案例教学也不能与时俱进,作为应用经济学科却与其他理论课一样,并没有发挥出其应有的应用性和实践性。

四、一流专业建设背景下"产业经济学"课程改革有效措施

(一)推进线上、线下结合教学模式

1.翻转课堂的内涵

"翻转课堂"不同于传统的教学模式,通过借助现代教育技术手段与科技手段预先录制好教学的内容,[1]在 QQ 群、微信群等公共平台进行共享,要求学生课前自主观看学习,在上课过程中对学生自主学习中产生的问题进行讨论和答疑,增加学生对于知识的理解。[2]在"翻转课堂"中,课前录制好的教学视频取代了传统的教师授课,以便教师课上可以有充分的时间指导学生围绕相关知识进行讨论和运用。来自不同学段的相关实验表明,学生普遍愿意积

---

① 罗萍、吕霞付、李敏:《"翻转课堂"教学模式的探究》,《教育教学论坛》,2017 年第 33 期。
② 齐军:《美国"翻转课堂"的兴起、发展、模块设计及对我国的启示》,《比较教育研究》,2015 年第 1 期。

极参与"翻转课堂"的教学活动,并能从中获得进步。①

2."产业经济学"翻转课堂的教学设计

结合翻转课堂的内涵、特点、构成要素、"产业经济学"的课程特点及教学内容,并借鉴郑瑞强学者提出的翻转课堂教学模式,②本文设计了有关产业经济学课程的翻转课堂教学设计,见图 1。

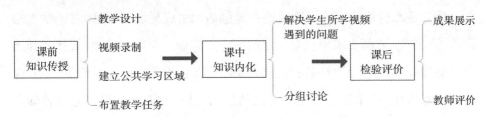

图 1　产业经济学翻转课堂的教学设计

第一是课前知识传授。该阶段主要包括教学设计、视频录制等。翻转课堂教学首先要求教师明确课程教学目标与知识重点,将学生需要理解和记忆的知识点通过视频录制的方式传达给学生,使学生自主学习。在学生视频学习过程中,为增加学生学习的积极性,教师应制定一些学习要求,测试题库等。通过建立微信群的方式向学生提供一个可以方便学生课前学习时的互动交流,同时提供除视频之外的一些学习文件,如课件等。

第二是课中知识内化。该阶段主要包括解决学生在课前观看学习视频所遇到的问题,针对问题进行分小组讨论等。课上主要的教学任务是针对学生课前学习的视频课程内容所展开,增加学生对于专业知识的理解,并在此基础上进行拓展,增强学生专业理论知识联系实际的能力,使知识内化。教师可通过应用教学系统的数据,实时观察学生们的学习情况,根据学生们在讨论区的留言,了解学生们无法理解的知识难点,有针对性地解决学生遇到的问题,提高学习效率。在课堂讨论过程中,为了锻炼学生们的团队协作能力,教

---

① 齐文浩、王艳华、杨兴龙:《翻转课堂在应用型高校产业经济学课程中的教学设计探讨》,《职业技术教育》,2018 年第 39 期。

② 郑瑞强、卢宇:《高校翻转课堂教学模式优化设计与实践反思》,《高校教育管理》,2017 年第 1 期。

师应合理分组,要求学生在课堂结束时以演讲的形式对于讨论的结果进行总结,并让其他小组进行点评,有效地开展课堂讨论,不仅强化了学生对于专业知识的理解,也锻炼了学生的语言表达能力。可以尽量避免出现"形式上集体讨论,实际上个体化学习"的状态,使课堂讨论成为"重视知识、技能与个体生命的深度拥抱,是师生在互动中内化技能、创生知识的过程"[1]。

第三是课后检验评价。该阶段主要包括学生成果展示、教师对于学生的评价等。首先,教师要求学生对于之前所学知识做一个简单的展示,使教师充分了解当前学生的知识储备;然后教师对于学生发言进行客观评价,一方面可以鼓励学生,让学生充分表达自己的想法;另一方面学生可以通过教师点评对自己的知识储备有一个正确的认知,对于之前理解正确的理论记忆更加深刻、理解错误的理论可以得到及时修正,使学生对于专业知识的理解更加深入;最后教师对整堂课学习内容的知识脉络进行归纳、总结,形成一个相对完整的框架,并在此基础上指导学生进行实践的验证与运用。

(二)科研式培养

产业经济学学科性质决定了实践与应用在"产业经济学"课程教育中不可撼动的重要地位,因此课本上的理论知识仅仅作为产业经济学一流专业建设的基础,应当在此基础上,加强学生的科研能力,立足学生对于科研项目的实践,使学生将书本上学到的理论与现实相结合,更大程度地理解产业经济学。建立较为完备的激励机制,如物质或精神奖励来鼓励学生参加科研,进一步激发产业经济学学生参加科研的积极主动性,使学生自主发现问题并解决问题,提高学生自主思考的能力,在科研活动中逐渐丰富自己的专业知识和专业素养。

"产业经济学"课程的研究对象为各个产业,主要研究产业发展产生的经

---

[1]　卢强:《翻转课堂的冷思考:实证与反思》,《电化教育研究》,2013年第8期。

济效应,学校应当建立一套完整的实践系统,与当地的产业进行合作,让学生与产业之间形成科研关系,深入了解产业的生产行为、决策行为,并以自身的专业知识对其进行分析,使学生在掌握产业经济学理论的基础上强化自身的实践能力,更好地契合"产业经济学"的课程目标。

一流专业建设视角下
高校基层教学组织的困境与对策

陈二培 *

摘要：基层教学组织是高校开展教育教学活动的最基本单位，直接影响高校教育教学水平和人才培养质量。高校现有的基层教学组织存在管理职能行政化、教学职能弱化、内部组织结构单一等问题，难以满足一流专业建设的需要。本研究将一流专业建设和基层教学组织建设结合起来，探讨二者之间的关系，深入剖析一流专业建设大背景下高校基层教学组织面临的困境，并就如何突破困境、优化基层教学组织建设提供决策参考，进而为一流专业建设添砖加瓦。

关键词：一流专业；基层教学组织；困境；对策

---

* 作者简介：

陈二培：天津商业大学教务处综合科科员，助理研究员。

基金项目：

天津市普通高等学校本科教学质量与教学改革研究计划重点项目："一流专业建设视角下完善高校基层教学组织的探索与实践"（项目编号 A201006902）子课题"一流专业建设视角下高校基层教学组织职能与变革"。

一、研究背景与研究问题

2019 年 4 月 2 日,教育部办公厅发布《关于实施一流本科专业建设"双万计划"的通知》(以下简称《通知》),正式启动"双万计划"。所谓"双万计划",就是在 2019—2021 年期间建设 1 万个国家级一流本科专业点和 1 万个省级一流本科专业点。

培养高质量人才是一流专业建设的终极目标,高质量人才的培养离不开高校一流的教学水平,而一流的教学水平离不开先进、健全的基层教学组织。教育部启动"双万计划"以来,国内许多专家学者围绕一流专业建设做了大量研究,为本研究的开展提供了理论支撑。现阶段的基层教学组织存在一些问题,行政化特点突出、教学职能弱化、内部组织结构单一等,在激发教师教学活力方面不能发挥有效作用,人才培养的支点作用不突出,无法满足一流专业建设的需要。在新时期新形势下,高校基层教学组织面临多重困境,其改革与创新已经成为高等教育发展的必然选择。

学界有关一流专业建设的研究多是针对某一特定专业的思考与构建,或是从宏观层面强调一流专业建设对高校人才培养的重要意义,探索我国高等教育的发展路径,很少有将一流专业建设和基层教学组织建设结合起来、以基层教学组织建设为抓手促进一流专业建设全面深入的探索与实践。本研究将一流专业建设和基层教学组织建设相结合,重点回答了以下三个方面的问题:

(1)一流专业建设和基层教学组织建设有什么关系?

(2)当前高校基层教学组织存在哪些问题?在一流专业建设的大背景下,高校基层教学组织面临的困境表现在哪些方面?

(3)高校基层教学组织应当如何进行有效改革、服务于一流专业建设培养高质量人才的终极目标?

二、高校基层教学组织的内含

高校基层教学组织是由高校批准设立、在二级学院等教学单位的直接领导下，以落实教学任务、促进教师教学发展、组织开展学术研究、推进教学改革等为目的的教师教学共同体，是高校组织开展教学工作的前沿阵地，是教学管理、教学改革的最基本单位，体现高校教育管理水平，直接影响教育教学质量和人才培养质量。

高校基层教学组织有广义和狭义之分。"广义的基层教学组织通常包括学院(系部)、教学团队、教学基地、教研室、课程组、实验教学中心等；狭义的基层教学组织一般是指传统意义上的教研室或者课程组。"[1]我国高校的基层教学组织一般是教研室。教研室是按照课程或专业方向来设置的教学组织，是直接承担教学计划、组织和检查教学以及师资培养、教学研究等工作的基层教学单位，[2]主要职能包括两个方面：一是制定教学工作计划，落实教学任务等；二是围绕教学展开的建设工作，如教材建设、课程建设和专业建设等。[3]教研室在高校教育发展过程中有着不可替代的地位和作用。

高校基层教学组织的职能主要表现在：一是基层教学组织是高校教学工作得以开展的基层单位；二是基层教学组织是高校师资队伍建设的组织保障；三是基层教学组织是高校提高人才培养质量的重要抓手。

---

① 李琳、姚宇华、陈想平：《高校基层教学组织建设的困境与突破》，《中国高校科技》，2018 年第 9 期。

② 郑秀英、费红艳、郭广生：《完善教学基层组织建设优化高校教学管理水平》，《中国大学教学》，2003 年第 4 期。

③ 王秀梅、韩靖然、马海杰：《新时期高校基层教学组织的改革与发展》，《中国大学教学》，2020 年第 10 期。

三、一流专业建设和基层教学组织建设的关系

何为一流专业？学界对"一流专业"的内含在理论和实践上都尚无具体的评价标准。一流专业建设通常由行政部门主导,通过有组织有计划地申报,筛选后进行认证。①根据教育部办公厅发布的《关于实施一流本科专业建设"双万计划"的通知》,"报送专业需具备的条件:专业定位明确、专业管理规范、改革成效突出、师资力量雄厚、培养质量一流"。依据这个标准,我们可以将"一流专业"的特征归纳为三点:专业基础扎实、师资力量雄厚、人才质量一流。所以一流专业建设的出发点与落脚点就是专业知识优化整合、促进师资队伍建设、提高人才培养质量。

对比高校基层教学组织建设的定位和职能,我们很清楚地发现,一流专业建设和基层教学组织建设的出发点和落脚点是一致的。通过促进基层教学组织的改革与发展,可以实现专业自身的完善、促进教师队伍建设、提高人才培养质量,从而间接地促进高校一流专业建设。同样,国家和高校进行一流专业建设的相关探索和实践也会反过来促进基层教学组织的改革与发展。

四、一流专业建设视角下高校基层教学组织建设的困境

(一)当前高校基层教学组织存在的问题

1.管理职能行政化特点突出

长期以来,教研室都是我国高校基层教学组织的主流形式。教研室处于"学校—学院—教研室"三级管理体制结构中最基层,以课程或课程组为划分

---

① 王建华:《关于一流本科专业建设的思考:兼评"双万计划"》,《重庆高教研究》,2019年第7期。

依据,主要围绕本科生教育开展教学、科研以及相关教学改革工作。但现实情况是,国内高校的教研室一般都承担了大量的日常行政性工作,如工作考勤、业务考核、布置教学任务、学校政策的传达等,这些琐碎的管理工作占用了教师开展教研活动的时间和精力。这在很大程度上限制了基层教学组织在教育教学方面的发展空间,无法更好地发挥其应有的职能。

2.教学主体职能弱化

教学和科研是基层教学组织的两项最基本职能,两者相辅相成、辩证统一,共同保证高校教育教学工作顺利进行。重科研、轻教学是我国高等教育的通病。[1]尤其是 20 世纪 80 年代以来,国家越来越重视科研工作而忽视基本的教学工作,一方面对教师增加越来越多的科研任务,另一方面将科研指标与教师的岗位聘任、职称评定、年终考核等直接挂钩。高校政策的倾斜、实际利益的驱使下,老师们将更多的时间和精力投入科研中,相对忽视了基本的教学工作,严重影响了教学和科研的均衡发展。基层教学组织的教学职能逐渐弱化甚至趋于停滞。

3.内部组织结构单一

我国高校传统的基层教学组织——教研室——是按照课程或专业设置的教学组织,学院之下设置专业/系,专业/系是基层教学组织划分的组织依据,因此基层教学组织内部结构呈现单一化、同质化特点。具体表现为:第一,在人员构成上,由学缘相似、研究领域相似的教师组成;第二,在专业和课程设置方面,由同一专业/课程或者相近专业/课程构成。单一的组织结构不利于学科和基层教学组织之间的沟通和交流,阻碍新兴交叉学科的形成和发展,缺乏组织创新的活力和潜力。

---

① 陆国栋:《我国高等教育的特点分析与发展路径探索》,《高教研究》,2015 年第 12 期。

（二）一流专业建设视角下高校基层教学组织面临的困境

1.无法满足一流专业建设对一流课程和学科建设的需要

一流课程建设是一流本科专业建设的基础，没有一流课程，就不会有一流专业。①内部组织行政化、教学主体职能弱化的问题和现状导致很多基层教学组织都处于一般性行政事务中，重视科研而轻视教学。大量的日常行政工作占用教师有限的时间和精力，向科研的偏离直接导致教学工作的疏离，不利于一流课程的建设，无法满足一流专业建设对一流课程的需要。

现有的基层教学组织不利于专业和学科建设的发展。随着我国高等教育教学改革的不断深化，专业和学科的调整与完善已经不仅仅局限于独立课程或独立专业自身的改革与突破，而是几门相关课程或多个相近专业的重新优化融合，这其中既包含教学内容的更新、教学方法的革新，也包含教育理念的创新。现有的基层教学组织形式不利于新兴交叉学科的形成，导致学科僵化落后、缺乏创新活力，不能满足我国高等教育对一流专业建设的要求。②

2.无法满足一流专业建设对加强一流师资队伍建设的需要

当前高校基层教学组织存在教师队伍建设滞后的情况。基层教学组织内部互动不足，许多青年教师缺乏教学经验，教学能力和科研能力还有待提升。许多高校将科研指标与教师的岗位聘任、职称评定、津贴、年终考核、奖励等直接挂钩，在利益驱使下教师往往将主要精力投入科研工作中，对基本的教学工作投入较少，教学质量难以保证，教学改革也无暇顾及。教学激励机制的缺失致使教师教书育人观念淡薄，缺乏提升教学质量、参与教学改革的内在动力。③

① 李志锋、欧阳丹：《一流本科、一流专业、一流课程：内在关系与建设策略》，《大学》（研究版），2019 年第 6 期。

② 郑秀英、费红艳、郭广生：《完善教学基层组织建设优化高校教学管理水平》，《中国大学教学》，2003 年第 4 期。

③ 陆国栋、张存如：《基层教学组织建设的路径、策略与思考——基于浙江大学的实践与探索》，《高等工程教育研究》，2018 年第 3 期。

　　高校传统的基层教学组织形式,如教研室,通常都由讲授同一门课程或若干门相似课程的教师组成,教师之间在学术背景、专业知识、研究领域等方面表现出很强的同一性。这种同一性不利于基层教学组织内部教师之间进行拓展思维和学术创新,阻碍了复合型教育人才的培养,从而不能满足新形势下高校教育教学发展对复合型教师的迫切需要,不利于高校一流师资队伍建设。

　　3.无法满足一流专业建设对培养一流人才的需要

　　高校现行的基层教学组织形式——教研室——无法满足提高教学质量的需要。随着高校教师教学和科研任务的增加,围绕教学工作开展的一系列教研活动日益减少,教研室组织已经趋于瘫痪状态,基层教学组织的主体责任意识逐渐淡化,其提高人才培养质量的职能不能得到有效发挥。

　　当前高校的基层教学组织与人才培养质量保障体系存在突出问题:一是教师的教学理念不适应当前的形势变化和未来的社会需求;二是主体偏差,现在的高等教育仍以教师为中心,而不是以学生为中心;三是联动机制不健全,传统的基层教学组织是对教师和学生在教学过程中进行的监控和反馈,缺乏与产业和行业间的融合,同时较少考虑各行各业对不同人才的需求,进而影响人才培养质量。①

五、一流专业建设视角下高校基层教学组织改革路径

(一)核心职能回归教育教学

　　2018年6月,教育部部长陈宝生提出"四个回归",即回归常识、回归本分、回归初心、回归梦想。在以"四个回归"为核心建设一流本科的大背景下,

---

① 苏冰琴、张瑞、李红艳、岳秀萍:《OBE理念下基层教学组织的建设与实践》,《给水排水》,2020年第11期。

高校基层教学组织的核心职能回归本科教育教学已经成为高等教育发展的必然要求。高校基层教学组织摆脱行政化、教学主体职能弱化的现状,有利于恢复本科教育良好的生态系统,有利于推动一流课程和一流学科的发展,进而服务于一流专业建设。

课程建设是高校基层教学组织建设的基本内容,是连接学科与专业、教学与科研的纽带。高校基层教学组织应该打破传统的、单一刻板的知识结构,设置具有灵活性和多元化的课程体系和教学内容,以"课程群"为有效载体,结合学校自身定位和发展方向,以促进科教融合为重点,满足一流专业建设对一流课程和学科建设的需要,实现科研和教学的统一。

(二)建设一流的师资队伍

一流的师资队伍建设主要包括以下几个方面的工作:"制定教师聘任、考核和评价标准,专任教师的引进和在职培养,兼职教师的聘请和队伍建设,提升教师的教学能力和丰富教师的专业实践经历,开展教师队伍团队建设,重视教师发展环境,深化教师激励机制改革。"[1]结合学校人事分配制度改革和考核评价机制,激发教师回归一线教学,发挥教师的积极性、主动性和创造性,促进教育教学水平和人才培养质量的提升,改革教学评价体系,引导教师树立正确的教学观和业绩观,培养教学水平高、协作精神好、创新意识强的高水平教师队伍。

高校组建教学团队的目的是推进教学改革、提高人才培养质量。高水平的教学团队打破传统基层教学组织成员在学术背景、专业知识、研究领域等方面的同一性,多元化的成员组成不仅可以实现个体力量的整合和互补、达成单纯依靠个体无法达到的目标,更能体现高校教学活动方面的特点、作为基层教学组织的一种形式服务于高校一流专业建设和人才培养目标。

---

① 林健:《一流本科教育:认识问题、基本特征和建设路径》,《清华大学教育研究》,2019 年第 1 期。

（三）转变教育理念，以学生为中心

国家进行一流专业建设的目的是培养一流人才，因此基层教学组织要围绕提高人才培养质量进行建设，树立"以学生为中心、以产出为导向"的教育理念，高度关注学生的知识增长和创造性发挥，通过积极建设科教融合的基层教学组织，鼓励教师将科研和教学相结合，并将自己的研究成果引入教学中，培养学生的创新能力，培养多元化、全方位的人才，为社会输送高层次复合型、应用型人才，将基层教学组织打造成一流人才的培养基地。

建设经济学实验班与调整专业培养方案

董永祥 *

摘要:本文通过分析原有经济学专业培养方案在课程设置、授课学时以及学期安排等方面存在的问题,并通过经济学实验班的试点建设来考察新培养方案的教学效果。经济学实验班旨在强化学生的理论基础和专业素养,这不仅体现在该班的培养目标和要求上,还体现在新的课程设置,学时要求,数学工具以及多样化的教学形式等诸多方面。通过 3 年的经济学实验班建设,期望相关的教学活动能够收到良好的教学效果,期望能够在全系推广并实行新版经济学专业培养方案。

关键词:培养方案;经济学实验班;理论基础;专业素养

为了进一步夯实经济学专业本科生的理论基础,西方经济学教研室响应院系领导的号召和要求,筹备与建立了经济学实验班。[①]经过和本教研室的相关老师以及其他系所老师长达三个月的广泛交流与不断修改,最终做出了开设经济学实验班的初步方案。

* 作者简介:
董永祥:天津商业大学经济学院西方经济学教研室主任,主要教授课程:宏观经济学,研究领域:宏观经济理论与政策。
① 首届实验班已从 2019 级经济学大类专业中成绩优异的学生组建而成。

一、原有培养方案中存在的问题与建设经济学实验班的必要性

（一）原有培养方案中存在的问题

尽管 2018 年以前各个版本的经济学专业培养方案都强调经济学基础扎实，理论素养和综合素质过硬等培养目标的重要性，但由于总学分限制等原因，这些培养方案在课程设置、授课学时、学期安排以及教学方法上存在不少问题，以至于培养目标的实现效果仍有待提高。

（1）在课程设置方面。最近两版（2017 版和 2018 版）的《经济学专业培养方案》（以下简称《培养方案》）在课程设置方面比较合理，但依然存在有待改进的地方。首先，作为经济学专业的基础课程，"中级微观经济学"与"中级宏观经济学"仍然没有列入专业核心课程之中，其核心地位并没有得到彰显。专业核心课程仍然是"经济思想史""经济史""产业经济学""发展经济学""区域经济学"以及"当代经济学流派"等课程。其中"经济思想史"和"当代经济学流派"的部分内容重叠，而"当代经济学流派"更适合作为经济学专业研究生的必修课程。其次，在经济学专业设置"理论经济学"和"应用经济学"两个专业培养模块，而选修应用经济学模块的学生则不需学习"中级微观经济学"和"中级宏观经济学"。这样可能导致经济学专业的学生们逆向选择，最终不仅导致理论经济学模块形同虚设，还会造成学生理论功底和专业素养下滑。最后，一些重要的课程并没有开设。由于以往选修人数少或缺乏相应的师资，作为经济学专业运用广泛的前沿课程，"博弈论"在最近几学年里停止开设。作为提高抽象思维能力的数理经济学和作为金融学理论基础的"金融经济学"都没有开设，反而开设了许多实务性的课程，比如"市场营销学""国际贸易实务"等。

（2）在授课学时方面。尽管两版培养方案都强调理论基础的重要性，但由于总学时的限制以及对实验实践类课程的加入，明显限制了专业基础课程的授课学时。首先，作为经济学大类的专业基础课，"政治经济学""微观经济学"和"宏观经济学"的学时仍然各为48学时。这样的学时设置无法保证将理论经济学大纲上所规定的内容讲全、讲深和讲透，更不要说做适当的扩展性讲解了。"微观经济学"中的要素市场、一般均衡与福利经济学和市场失灵只能选择性地进行讲授，"宏观经济学"中的经济增长和开放经济也只能略讲或不讲。其次，作为经济学专业的专业基础课，"中级微观经济学"和"中级宏观经济学"也明显存在课时不够的问题，"中级微观经济学"尤其突出。48学时的课程设置无法保证教学质量。

（3）在学期安排方面。课程之间时间间隔过长的问题由来已久，主要表现在："微宏观经济学"与"中级微宏观经济学"课程设置之间的时间间隔达到一年之久，记忆淡薄导致对中级经济学的学习效果低下。"概率论""统计学"和"计量经济学"的时间安排上也存在类似问题。最好是这三门课程依次开设，避免同时开设或者开设的时间间隔过长。作为"微观经济学"的后续课程以及"博弈论"运用最广泛的"产业经济学"宜放在"中级微观经济学"之后开设。

另外，在教学方法方面，单纯的课堂讲授在一定程度上造成专业视野不够开阔。特别是作为经济学专业的学生，并没有投入足够的时间和精力去阅读有关经济学名著等导读性书籍，也是教学方法单一的表现。传统的填鸭式教学仍然是主要的教学形式，也并没有代之以启发式教学。

(二)建设经济学实验班的必要性

鉴于原有的经济学专业培养方案存在较多问题，编制并实施新的专业培养方案势在必行。但由于以下三点原因，新的培养方案——2019版经济学专业培养方案需要通过经济学教学试点来考察其教学效果，这就有必要组建经济学实验班。

首先,提高"中级微观经济学"与"中级宏观经济学"等课程的学时和课时,可能会加重同学们的学习负担,但也可能会将这两门本科阶段最难课程的知识点讲得更加透彻。

其次,开设"数理经济学"和"数值分析"等工具类课程会不会提高学生对经济学的理解能力和工具的应用能力,选择合适的教材固然重要,但其预期效果需要时间检验。

最后,阅读经济学经典著作和举办小型学术讲座有助于强化学生的经济学基础,开拓经济学的分析视野,但学生们的参与热情有待进一步鼓励和检验。

二、经济学实验班建设的培养目标与要求

与最近两版的经济学培养方案相比,2019 版经济学专业培养方案(以后简称新培养方案)与经济学实验班建设更加强调夯实经济学理论基础与数学分析工具运用的重要性,这一点在培养目标与要求以及课程设置等方面都有体现,这里先谈前两个方面。

(一)经济学实验班建设的培养目标

经济学实验班建设突出强调经济学理论基础和数学工具运用的重要性,2019 版经济学专业培养方案致力于培养经济学专业基础知识扎实、数学工具运用与科学计算能力较强的复合型与研究型人才。具有扎实的现代经济学基本理论功底和数学素养,掌握现代计算和分析技术,并能够熟练运用外语进行交流与文献阅读;拥有较强的分析问题和解决问题的能力,具备在国内外高校或研究所深造的潜力,或者在各类经济部门、各种公司具有较强就业竞争优势的素质,以适应中国社会主义现代化建设和 21 世纪对具有国际竞争力人才的需要。

（二）经济学实验班建设的培养要求

新培养方案要求学生系统掌握经济学基础理论，提高专业理论水平，强化数学与逻辑素养，通过课程的模块化构建，达到经济学和数学学习的有机结合，通过数学建模方法提高理解与解决现实经济问题的能力。具备较强的文字和口头表达能力，熟悉科研论文的写作方法，熟练掌握英语、能够阅读英文文献，拥有运用计算机软件和相关信息技术解决实际问题的能力。

三、经济学实验班建设的初步方案

鉴于现有经济学专业培养方案存在的问题，西方经济学教研室联合政治经济学教研室，在院系领导的指导和支持下，和同事们进行了广泛的讨论和交流，并认真阅读和学习了《普通高等学校本科专业类教学质量国家标准》（以下简称《国家标准》），并遵照该《国家标准》，从2019级经济学专业伊始，筹建经济学实验班，调整原有经济学专业培养方案，初步形成新的专业培养方案。

（一）贯彻与实行"4+4+X"的专业培养模式

根据《国家标准》，经济学实验班和2019级经济学专业培养方案中的专业必修课程采用"4+4+X"模式。第一个"4"既是专业基础课程又是专业必修课程，包括"政治经济学""微观经济学""宏观经济学"与"计量经济学"四门课；第二个"4"是指《国家标准》指定的专业必修课，包括"当代中国经济""经济思想史""经济史"与"《资本论》选读"四门课；"X"是指学校选开的专业必修课，可以参考选开的课程有："产业经济学""区域经济学""发展经济学""劳动经济学""国际经济学""西方马克思主义经济学""国民经济核算""经济学方法论""管理学原理"等，还可以是学校根据培养目标自主确定的专业必修课程。经广泛交流、讨论决定，我系应开设的专业必修课程有"中级微观经济学"

"中级宏观经济学""产业经济学""发展经济学""区域经济学""国际经济学"和"管理学原理"等。

(二)调整课程设置,增加基础课程的学时

经济学实验班与 2019 级经济学专业培养方案将政治经济学由原来的 3 学分 48 课时调整为 4 学分 64 课时,并在本科一年级的两个学期分别讲授"政治经济学(上)"和"政治经济学(下)",即资本主义部分和社会主义部分。将"中级微观经济学""中级宏观经济学"列入"4+4+X"模式中的专业必修课程,并将两门课原有的 3 学时 48 课时调整为 4 学时 64 课时。取消理论经济学模块和应用经济学模块。将经济思想史和当代经济学流派重叠的内容合并到"经济思想史"课程中,原有的 3 学时 48 课时调整为 4 学时 64 课时。同时将"当代经济学流派"由原来的专业必修课调整为专业选修课。恢复开设"博弈论"和"金融经济学"课程。为了加强经济学专业本科生的数学功底,要避免原有经济数学实验班建设中数学课过多的缺点,增设"数理经济学"和"数值分析"两门课程,并要求学生在线上学习"数学思想"等相关课程。取消"市场营销学""期货与期权""国际贸易实务"等课程的开设。

(三)调整重要课程的学期安排

首先,新的培养方案将"初级微观经济学"和"宏观经济学"与"中级微观经济学"和"宏观经济学"的时间间隔缩短为一个学期,具体调整为:本科一年级修完"微观经济学"和"宏观经济学",本科二年级上学期学习"金融学"和"会计学"(掌握以后的专业学习所必备的金融财务知识),本科二年级下学期和本科三年级分别学习"中级微观经济学"和"中级宏观经济学"。其次,新的方案建议遵照课程学习应有的顺序,从本科二年级上学期开始依次学习"概率论与数理统计""统计学"和"计量经济学"等课程。最后,新的方案建议本科二年级下学期开设"博弈论"之后,在接下来的学期开设"产业经济学"。

（四）阅读经济学经典著作，举办小型学术讲座

为了强化经济学专业的理论素养，新的培养方案建议将课堂学习和课后阅读紧密结合起来，要求本专业学生利用课后时间初步阅读经济学经典著作，推荐的经典著作有《国富论》《国民经济学及赋税原理》《经济学原理》《就业、利息与货币通论》《价值与资本》《国民经济学原理》等，并要求撰写读书笔记。根据专业课的学习进度，邀请本系的教师根据本人的学术专长，为本专业学生举行小型学术讲座，拟举办的讲座有"浅谈经济学考察世界的视角""一般均衡与价值理论""宏观经济学发展的历史与现状""工业革命的由来与影响"等。

四、经济学实验班建设的特色与意义

（一）经济学实验班建设的特色

1.体现新时期的教育模式与要求

经济学实验班坚决贯彻我国教育部对经济学专业所要求的新模式——"4+4+X"模式。新的培养方案明确将"当代中国经济""经济思想史""经济史"与"《资本论》选读"等课程列为经济学专业必修课，同时为了响应《国家标准》对政治经济学增加学时的要求，增加"政治经济学""经济思想史"的学分与课时，增设了"《资本论》选读"课程。

2.进一步强化理论基础和专业素养，实行教学形式的多样化

新的培养方案将"中级微观经济学"与"中级宏观经济学"列入经济学专业的必修课程，并大幅度增加两门课的学分，同时增加政治经济学与经济思想史的学分，强化经济学的理论功底，提高专业素养。通过阅读经济学经典著作与举办小型学术讲座，深化学生对经济学理论的认识，拓展经济学的分析

视野,同时又实现了教学形式的多样化。

3.强调数学分析工具应用的重要性

经济学公理化与形式化是现代经济学发展的主流趋势,可以说,经济学数学化是经济学家思考问题的紧凑形式与通用的交流语言。新的培养方案特别强调数学分析工具应用的重要性,并从 2019 级经济学实验班开始,增设"数理经济学"与"数值分析"两门课程,并恢复开设"博弈论"课程,支持和鼓励同学们参加本校举办的数学建模大赛,通过线上学习了解数学思想等。

(二)经济学实验班建设的重要价值

经济学实验班是贯彻和实行 2019 版经济学专业培养方案的试金石。通过建设经济学实验班,希望能够达到强化学生的经济学理论基础的预期效果,提高学生进一步深造专业素养,希望能够更好地完成为国家培养高素质人才的阶段性任务,通过经济学实验班建设,能够将多样化的教学形式加以推广。

五、结论与展望

本文通过分析原有经济学专业培养方案在课程设置、授课学时以及学期安排等方面存在的问题,编制并实行 2019 版经济学专业培养方案,但由于存在若干难题等原因,建设经济学实验班,可以考察新培养方案的预期教学效果。

通过建设经济学实验班,考察重点课程,多样化教学形式的教学效果,考察数学分析工具等课程在深化学生对经济学的理解能力与应用能力的教学效果。通过 3 年的建设时期,期望相关教学活动能够收到良好的教学效果,之后将在全系推广并实行新版经济学专业培养方案。

结合"两性一度"谈如何在财政教学实践教育现代化

曲　韵*

摘要:教育现代化是国家现代化的重要组成,其本质是人的现代化。在我国高等教育发展进入内涵式发展的阶段后,通过"两性一度"打造金课,提升教学质量和人才培养质量,符合我国教育现代化的目标。为实现教育现代化与课堂教学的统一,本文结合"两性一度"的要求,立足财政教学实践,探讨在财政学教学中实践教育现代化的具体措施,提出结合课程思政成果,培养价值观正确的人才;引入时政分析,提升社会责任感;跨学科夯实通识教育,打造综合素质三个具体措施。

关键词:教育现代化;两性一度;财政学;教学改革

一、引言

　　教育现代化是国家现代化的重要组成部分,是国家现代化在教育领域的具体体现。党的十九大提出在建设社会主义现代化强国中要"加快教育现代

────────────

　　*作者简介:

　　曲韵:经济学博士,天津商业大学经济学院财政系讲师。

化,办好人民满意的教育""优先发展教育事业",这充分说明了教育现代化对于实现国家现代化的重要意义,它不仅可以满足广大人民群众对高质量教育的公共需求,更重要的是为国家发展积累高素质人力资本。

教育现代化是教育通过变革不断适应社会现代化的过程。早在 1977 年,我国在顶层设计时就涵盖了教育现代化的战略目标。2019 年中共中央、国务院发布《中国教育现代化 2035》,明确了到 2035 年总体实现教育现代化的战略目标,并从理念、内容、制度、体系等多个方面赋予教育现代化新的内涵。在历经萌芽和高速发展两个阶段,党的十九届五中全会指出,"我国已转向高质量发展阶段",标志着教育现代化已经进入了高质量内涵型发展的阶段。教育现代化的本质是人的现代化(杨文杰、张珏,2021),教育现代化存在的合理与否,取决于它能否有效地增进社会的现代化和人的现代化(褚宏启,2013)。教育是工具,最终是面向人的,在教育现代化的进程中,需要始终紧扣教育"立德树人"的根本任务。因此践行教育现代化,除了从教育体制、学校治理等制度层面进行的改革外,更重要的是在教学实践中进行变革。在这样的背景下,我们研究从具体的课堂教学出发,践行教育现代化的变革,有着重要的理论意义和现实意义。

二、"两性一度"符合教育现代化的要求

"两性一度"即高阶性、创新性和挑战度。目前,我国已经进入教育现代化高质量发展阶段,建设金课是提高教育质量的具体路径之一。2019 年 10 月,教育部发布《关于一流本科课程建设的实施意见》,明确提出"国家级一流本科课程将着重从教学理念的先进性、课程设计的创新性、课程内容与资源的科学性和时代性、教学效果的显著性等多方面考查课程的'两性一度'"。

"两性一度"的教学改革目标符合培养现代人才的要求。现代化社会具有科学技术迭代加快、信息来源丰富、价值多元化、全球一体化等特征,这就要

求现代化的人才应该是创新型、学习型和复合型的人才。对课堂内容进行"两性一度"的改革，能够从多维度打造学生的思维能力，促进学生向现代化人才转化。"高阶性"要求知识、能力、素质的有机融合，旨在培养学生解决复杂问题的综合能力和高级思维（吴岩，2018）。它不仅局限于学生对基础理论知识的掌握和应用，更注重学生对知识评价、分析和综合的能力，让学生能够将跨学科相关知识相融以解决复杂的现实问题。"创新性"体现在课程内容的时代性和前沿性，学习过程探索性和差异性。"创新性"改革强调学生能够勇于质疑、独立思考，并能够在多角度、大格局深入分析后，发现和解决新问题，而具备这样创新能力的人才是一个国家兴旺发达的原动力。"挑战度"则是对学生自主学习能力、学思结合和学以致用的挑战。数字技术的应用，带来学习方式的革命，为学生自主学习带来更多便利，学校教育除了正规形式之外，还要引导学生在技术支持下尽可能进行非正式学习。通过在课堂内外设计有挑战度的学习环节，促进学生自主学习、增加学生学习的成就感，最终养成终身学习的习惯，而终身学习的人才更符合建设学习型社会的要求。

综上可见，要在具体的课堂里实现教育现代化，贯彻"两性一度"要求的教学改革无疑是一条具体路径。

三、财政教学改革中的具体措施

当前我国客观上对高等教育内涵式发展认识与实践还不够，还存在重专业轻通识、重科研轻教学、忽视人格培养、功利化办学等多方面不足（郑庆全、杨慷慨，2021）。"财政学"作为经济学科通识课，补充了学生对政府相关经济活动的认识，对学生完善经济学知识架构有重要意义。从另一个角度讲，"财政学"为人们提供理解政府和公共政策的理论知识，对于非经济的相关专业，比如管理学、社会学等也是大有裨益的。因此，"财政学"教学改革应更多从培养现代化综合人才而非仅限于专业人才的立场出发。对此，笔者结合"财政学"课堂实际教学情况,提出了以下三点行之有效的具体措施,既能够满足教学改革质量提升的需要,也符合教育现代化对于高等教育的要求。

(一)结合思政成果,培养具有正确价值观的现代人才

教育的核心是培养人,传授知识和方法仅是载体。在教育活动中,我们首先要回答的是"培养什么人、如何培养人和为谁培养人"的问题,而具体的课堂教育则会传达教师对于这一问题的思考。在财政教学中我们可以结合思政教改的成果,在课堂中引导同学们进行更深刻的思考,促进学生积极、正确价值观念的形成。比如在讲到新时代公共财政思想中关于"全球治理中大国财政思维"的问题时,通过向学生介绍我国对外援助、与沿线国家共建"一带一路"等案例,帮同学认识我国作为发展中大国在全球事务中承担的责任和做出的贡献,认识"构建人类命运共同体"倡议中所体现的我国大局观,进而引导学生思考"你想成为什么样的人,你对于国家和社会的发展有什么作用,如何树立自己的开放视野和大局观",从而向学生输出正确的价值观。

(二)引入时政热点贯彻"两性一度",提升社会责任

"创新性"要求体现时代性和前沿性,关注社会热点就是一个很好的切入点。前沿热点问题是社会需求和理论知识有机统一的纽带,是学生学以致用的落脚点(周莎莎、赵磊磊、王钰、程玉、周欢怡,2018),分析时政热点问题可以让理论学习更生动,增加学习兴趣。在每次授课时,可选取与本节内容相关的新闻事件或者公共政策,引导学生思考,既加深学生对相关概念和理论的理解,同时对问题产生独立见解,而这一过程也实现了高阶性、创新性和挑战度三方面要求的有机融合。另一方面,本科学生处于向社会人转化的阶段,与学生共同分析社会热点,可以引导学生进一步认识了解社会,促进学生社会责任感的形成,帮助学生成长为更接地气的有用人才。

例如在"财政学"讲授财政支出时,引入这样一则新闻——2020中国城

市财政支出：上海总量人均双领跑，天津大幅减支，杭州财政自给率最高。①首先和学生一起分析新闻背景：在财政减收背景下，由于疫情防控支出大增、刚性支出难减，以及为了发挥积极财政政策逆周期调节力度，2020年中国财政支出依旧保持一定增速，让学生带着疑问继续研读新闻的具体内容——全国财政在紧平衡下负重前行之时，各座城市的财政收支情况如何？财政支出是否体现瓦格纳法则所描述的规模持续上涨的情况？通过各城市具体的财政支出数据，发现各城市财政支出有涨有跌，明显增长的城市代表有长春、西安，大幅下降的城市代表有乌鲁木齐、天津。让学生自主思考：2020年这几个城市财政支出如此不同的主要原因分别是什么？然后让同学们讨论从众多城市财政支出情况中，总结出影响财政支出规模的共性因素。上述过程，让学生完成了从"一般—特殊—一般"一套完整的分析归纳过程，既有理论联系实际的部分，也有自主思考归纳的过程，学生讨论从基础新闻事实入手，向高阶性总结规律的方向发展，具有一定的挑战性，综合体现"两性一度"的改革要求。

（三）基础课相互助力，夯实通识教育，培养综合素质

重专业轻通识是我国高等教育中客观存在的问题，不符合教育现代化对复合型人才的要求。通识教育的最终目的是为了培养完整完全的人才，希望通过学生对不同学科有所认识，以达到能将不同知识融会贯通的学习效果。"财政学"作为经济学通识类的课程，如何打破学科间藩篱，促进知识融合，也是财政教学中应尝试解决的问题。

在教学中，与"财政学"相关的课程有"宏微观经济学""政治经济学""高等数学""金融学""管理学""统计学""计量经济学""政治学"等，而"财政学"通常在大一、大二开设，想要促进知识融合，就要对学生前期和后续的课程设置有一定了解。在授课过程中首先向学生介绍跨学科、跨科目的知识中具体

---

① 新闻来源：https://m.thepaper.cn/baijiahao_11748874。

涉及哪些内容,存在哪些共性,引导学生从财政学角度应用旧的知识、产生新的认知,进一步推动学生自主进行跨学科的拓展学习。例如在"财政学"关于财政支出绩效的章节中,介绍财政绩效的评价方法,其核心方法成本效益分析法在公司财务、项目评估等课程中也有涉及,方法的使用在不同课程中都是一致的,即通过成本与效益的比较来判断绩效,只是"财政学"中财政支出的成本和效益的衡量范围与企业、个人不同,这主要因为政府需要更多考虑社会公共目标的实现,所以财政支出不关注经济效益,更关注社会整体的成本和效率。而社会成本和效率有时是抽象的、长期的、难以观测的,导致衡量政府支出绩效存在难度。随后便可进一步向学生介绍在项目评估中,有哪些方法可将抽象的社会成本和效益具体化、数值化,有助于我们更为科学地衡量财政支出绩效。这样综合的跨学科学习过程充分体现了高阶性、创新性、挑战度对学生思维能力的培养要求,同时跨课程、跨学科的知识应用,能很好地培养学生综合视角,促进不同学科知识的融会贯通。

四、结束语

教育现代化关系着国家现代化,是国家积累人力资本的重要手段,也是保证国家竞争力的底气。教育的目标是对人的塑造,教育现代化的本质是培养符合现代社会要求的人才。我国教育现代化已经进入了追求质量内涵式发展的阶段,"两性一度"课堂改革之所以符合教育现代化的要求,在于它所关注的正是对学生思维、创新能力的塑造,是提升人才质量的关键。如何把新的教育理念从课堂传导到学生身上,实现对人的塑造,是基层教师课堂实践的核心。在具体教学改革的路上,我们还需要结合具体课程做更多针对性的研究,开发更多行之有效的教学措施,提升学生创新能力、综合素质,践行教育现代化的要求。

高等学校金融专业应用型人才培养模式创新

王文静　疏　丹*

摘要：应用型金融人才是金融行业乃至整个经济体发展的重要推动力，近年来，随着金融市场改革的不断深化，应用型金融人才培养也显得愈发重要。慕课作为一种新型线上教育平台，对传统的教育模式产生了深远影响，高校应在保持自身教学优势的基础上，借助慕课平台进行教学模式的创新，以达到提升金融教育质量、培养综合性金融人才的目的。本文先是对慕课进行了简单的阐述，然后结合OBE理论分析了慕课在应用型人才培养上存在的问题，最后据此提出了相应的对策建议。

关键词：应用型金融人才；慕课教学；培养模式

* 作者简介：

王文静：博士，天津商业大学经济学院副教授，硕士生导师，主要研究方向为金融市场与金融创新。

疏丹：天津商业大学经济学院研究生，主要研究方向为金融市场。

基金项目：

本文系天津商业大学金融学天津市一流本科专业建设点、金融学国家级一流本科专业建设点、金融学天津商业大学优势特色专业建设点和天津商业大学"金课"建设项目的阶段性成果。

一、引言

我国金融改革发展需要大量的应用型金融人才,优秀的金融人才是金融资源得到有效配置、金融风险受到有力监管的关键因素,然而当今社会应用型金融人才匮乏,高校对于金融人才的培养无法满足金融业对人才的要求,目前的教育模式并不能消除这种供需不匹配的现状,学生的学习目标仍然以应试为主,应用与实践环节缺乏。因此,高校金融专业教育应紧跟金融业发展新趋势,应积极探索并创新教学方法,大力培养符合社会需求的高素质应用型金融人才。

我国自 2013 年开始慕课建设,经过几年的发展,已经积累了大量的优质课程。慕课的引进能给老师提供更多的教学思路,引发学生的学习兴趣,丰富整个教学过程。高校如果能在慕课的基础上,根据金融学科的特点和人才培养目标,建立合理的教学体系,对慕课资源进行充分利用和有效整合,同时加强金融教育中的应用与实践环节,可以提高学生运用理论知识分析、解决实际问题的能力。

二、文献综述

本文主要从以下两个方面对相关文献进行梳理。

关于应用型金融人才培养模式的研究。杨双会、白铭坡①通过将 CDIO 的培养理念引入应用型金融人才培养体系中,对其可行性和存在的问题进行分析,并针对问题在教学、师资、评价和考核以及实践这四个方面提出了改革思

---

① 杨双会、白铭坡:《CDIO 视域下应用创新型金融人才培养模式研究》,《金融理论与教学》,2017年第 5 期。

路和实施方案；任晓珠[①]根据数字经济时代对金融人才产生的新要求，建立"教学工厂＋金融工作室"的新金融人才培养模式,基本思路主要围绕师资队伍建设、课程体系创新、教学方法改进、教学资源优化以及金融工作建设五个方面展开。

关于慕课在金融教学中运用的研究。李艳丽[②]通过分析慕课对金融教学的积极影响和负面影响，得出应当将互联网与金融教学作适度的有机融合,构建新的教学模式的结论;袁德承[③]先对慕课进行了概述,再对慕课在金融教学中的应用作了具体的分析,最后提出了将慕课运用在金融教学中应注意的问题;童藤[④]从"慕课"视域出发,研究慕课与金融学课堂结合的创新模式,并提出在"互联网＋"下的慕课时代,金融学教学改革的对策建议。

可以看出，目前有关应用型金融人才培养的文献主要是从问题对策的角度展开的,本文也将以这两部分为主体进行分析。实际上,有关慕课教学和OBE理论教学的文献众多,也有少量关于慕课培养金融人才,或者基于 OBE 理论探讨金融人才培养的文献,但还没有学者将三者结合在一起进行研究。因此本文以 OBE 理论为基础构建论文的逻辑框架,沿着教学目标、教学内容、教学模式以及评价机制的思路,展开对运用慕课培养应用型金融人才的分析。

三、慕课的概念与 OBE 理论

（一）慕课的概念

慕课又称大规模开放在线课程，是基于互联网的一种新型学习方式,课

---

① 任晓珠:《数字经济时代新金融人才培养的研究与实践》,《品牌研究》,2020 年第 1 期。

② 李艳丽:《互联网技术在金融教学中的应用分析》,《领导科学论坛》,2017 年第 3 期。

③ 袁德承:《浅析"慕课"在经济金融教学中的应用》,《时代金融》,2017 年第 30 期。

④ 童藤:《"慕课"视域下的金融学教学改革路径选择》,《湖北经济学院学报》(人文社会科学版),2017 年第 11 期。

程由国内乃至世界上的优秀教师进行录制,课程质量高,内容和时长相比传统课堂而言更为精短。并且大部分课程都是免费的,当然也有付费的精品课,学习者在线学习后可以利用课程附带的测验进行巩固,如果考试达到课程的考核标准还可以获得相应的合格证书。慕课突破了时间和空间的限制,地域、文化背景和学习需求,为更多的学习者服务,目前我国慕课有学堂在线、好大学在线、中国大学 MOOC 等平台。

（二）OBE 理论

OBE 即成果导向教学,指根据社会需求确定人才培养目标,再以目标成果为导向设计教学内容，最后通过对学生进行有效测评来反映教学成果,并以此对教学设计进行修正,以提升教学质量。OBE 理论关注学习后掌握了怎样的技能,强调学习的结果和目的,而不仅仅是掌握了多少专业知识,是以学生为中心的教学理念。OBE 理论的核心是反向设计、正向实施,即根据预设的学习结果进行逆推,所有的教学环节都是为了实现目标成果而存在的。基于 OBE 理论的教学按照教学目标、教学内容、教学模式和相应的评价机制的路径来设定。①

四、慕课在金融教育中的现状

（一）慕课课程现状

鉴于慕课线上教育的特性,观看视频的学习方式更适用于基础知识的传授,而在提高实践能力方面作用有限,在各大慕课平台上也不难发现,金融类慕课基本都是理论类课程,正是因为金融实务类课程不适合开设慕课,目前

---

① 程雪:《基于 OBE 理论的英语课堂教学设计》,《鸭绿江》(下半月),2019 年第 12 期。

实务操作的教学仍然还是依靠线下教育完成。需要注意的是,慕课平台上课程的开课时间持续 4~6 个月左右,如果超过开课时间段,课程就不能再进行观看学习,会对想学习该课程的学习者带来影响。但是慕课也有其亮点,除了高校老师制作的专业课程,有的慕课平台如清华大学的学堂在线,还会组织知名学者或企业人士,针对当下经济金融热点或现状做一些直播课的分享,有利于拓展学习者的知识面,培养经济学思维。

(二)慕课运用现状

目前国内众多高校应用了慕课教学,这确实能让更多的学生接触到优质的教育资源,但慕课教学对学生的自律性要求很高,而一直以来的教学方式使得学生的自律性较差,因此开展慕课教学并没有取得预期的效果。[1]此外,这种新型的教学方式对教师来说也有一定的挑战,首先是在慕课的学习中,老师只能看到课程的学习进度,但不清楚学生真正的学习效果如何,不似传统课堂可以通过观察学生的状态,来判断他们对知识的接受程度;其次是高校即使将慕课运用到教学中,很多也只是流于形式,未能将慕课与传统教学有效融合起来,慕课在整个教学体系中显得较为孤立。

五、基于慕课的金融专业应用型人才培养存在的问题

(一)课程设计不合理

金融各行业对人才的需求是不断变化的,而高校的人才培养目标并没有跟随市场的改变进行调整,存在目标不清晰、同质化严重等问题,使得高校输出的人才与社会需求不相匹。在高校中,通常对慕课的选取是单一的,如针对

---

[1] 张庆:《我国高校慕课教学现状及问题分析》,《学理论》,2016 年第 7 期。

"金融学"这门课程,教师会在众多金融学慕课中指定一门让学生学习。但由于慕课是大规模的开放性课程,会存在部分慕课为了满足大众化需求趋于简单化的情况,[①]即慕课教师会对课程内容进行一定的删减,因此这会导致学生关于该课程的基础内容缺失,知识架构不完整,影响学习效果。而且慕课录播课的特性还伴随着时效性差的问题,对于当下发生的金融事件无法在课程中及时补充。虽然慕课中也会增加案例讲解,能在学生理论联系实际能力上起到一定的帮助,但相对来说时事热点更能调动学生的积极性,因此在应用型金融人才的培养上,单单依靠慕课仍显不足。

(二)教学模式待优化

很多高校引进慕课后,由于教师对慕课教学还不适应,运用慕课创新教学模式的能力尚不足够,导致教学质量在很大程度上与传统教学无异。例如部分高校缺乏教师引导的模式使得慕课只是流于形式,起不到实质性的帮助。虽然有部分教师为了实现对慕课资源的更好补充,安排了线下课程与慕课配套,但线下教学内容定位模糊,使得两部分内容关联性较弱,混合式教学的优越性并未得到体现。总的来说,高校老师还没有真正理解以学生为中心的教学理念,对学生主动探索的能力也未找到有效的方法,因此目前的教学模式在应用型金融人才培养上起到的作用并不明显。

(三)评价机制不全面

目前的评价机制一般是由平时考核加期末测试组成,平时考核指的是出勤率、课堂回答问题次数以及课堂小测这类,主要反映的是学生的学习态度,而考试的目的是检测学生对知识的掌握程度,但这种形式较为局限,尤其是在高校中,学生考前临时抱佛脚的现象普遍存在,使得考试的应试属性较强,

---

① 徐梁、喻淑兰:《基于 MOOC 的金融人才培养探究》,《经济研究导刊》,2019 年第 13 期。

因此这种评价机制并不能达到全面考核学生综合能力的目的。单一的考评方式无法对学生产生有效的引导,学生对于一门课程究竟应该掌握怎样的能力并不清晰,也就导致学生的学习目的与金融行业对人才的要求相偏离。

六、加强慕课在金融专业应用型人才培养中作用的对策

(一)重塑课程体系

首先是教学目标的制定。高校应以社会需求为主干,并结合学校自身实力与特色来制定人才培养目标。在教学过程中,教师应当着重培养学生将理论运用到实践中的意识和分析解决问题的能力,因为这在任何岗位上都应当具备。另外,由于学生的兴趣爱好和未来的职业规划存在不同,因此教学目标不仅要有统一的标准,也应体现个性化差异,如在选修课的设置上充分体现学生的自主选择性。

其次是教学内容的选择。对于专业课程,教师可以根据本校金融人才培养要求,对慕课平台上的课程进行选择和搭配,组合成适合学生学习的课程资源,有利于学生形成完整的学习体系。当今时代对复合型人才的需求越来越大,随着互联网金融的发展,财务、计算机、法律等学科与金融的联系愈发紧密,因此高校对于金融人才的培养课程应当更加多元化,在深入了解金融企业业务设置的基础上适当增加相关慕课选修课程,培养高素质综合型金融人才。

(二)转变教学模式

高校应转变教学模式,以学生为中心,将线上、线下教学深度融合,在这种模式下,慕课作为学习基础知识的工具,课堂主要是进行课程内容的拓展。具体而言,在课前学生可以通过观看慕课视频,提前熟悉课程内容,在课上由

老师根据慕课内容设计教学活动,引导学生参与到教学过程中。其中教学活动应根据该课程的性质以及学生的特点来安排,如对于"金融学"这门课程来说,教师可以使用案例分析法,让学生自由讨论、发言并提交总结,提高学生分析解决问题的能力;对于"金融营销学"这门课程,可以采用任务驱动法,将章节内容设置成任务模块,让学生相互交流并撰写研究报告,提高学生将理论知识运用到实践中的能力。

通过优化现有的教学模式,使得慕课将教师从传统课堂授课中释放出来,教师不再是单纯地作为授课方,而是在教学活动的安排上拥有了更多的可能性,通过设计教学活动让课堂形式更为丰富,与传统模式相比更能激发学生的学习兴趣,实现从被动接受到主动探索,有利于应用型金融人才的培养。

(三)改革考评体系

因为学生的部分学习活动在课外完成,因此也应该将该部分纳入整个考评体系中,实现从只注重结果到过程评价与结果评价并重的转变,过程评价包括课前自主学习和课堂参与情况两部分,结果评价是以期末测试或课程报告为评价指标。对于各个学习板块,即慕课视频的完成度、答题正确度、讨论区活跃度、课堂讨论情况、作业提交质量以及期末测试,教师应赋予其合适的权重,使得考评方式更加多样化。相比传统评价方式,这对于学生的考察将是多方面多维度的,更能全面真实地反映学生的学习效果,进一步地,考评结果再反馈到整个教学体系中,又能对教学环节的改进和教育质量的提升产生指导作用。

七、结语

我国金融体系尚不完善,金融业的改革发展离不开高素质金融人才,近年来科技与金融的融合也对金融人才提出了更高要求,高校应当从金融业实际现状出发制定人才培养目标,以实现金融人才与行业需求相匹配的目的。然而目前高校在应用型金融人才培养上仍存在很多不足,慕课作为"互联网 + 教育"的产物,对高校来说既是机遇也是挑战,充分发挥慕课的价值,借助慕课对现有的教学模式进行创新,对提升金融人才素质、推动金融业高质量发展具有重要的积极意义。

基于STEM教学理念的应用型金融人才培养模式创新

万建伟 史鹏鸿*

摘要:全球化背景下,人才日益成为一个国家的核心竞争力,当今金融行业快速更迭使得人才需求不断扩大,高校作为人才输出地,如何在这样的背景下进行教育改革,培养出适用于社会的应用型人才已经迫在眉睫,因此研究人才培养模式创新既有利于深化教育改革,又可以增强高等教育质量服务经济的能力,本文将针对当前高校金融人才培养模式上的问题,结合STEM教学理念提出应用型金融人才培养模式的建议。

关键词:STEM教学理念;应用型金融人才;培养模式

一、引言

全球化背景下,人才日益成为一个国家的核心竞争力,创新已经是这个

* 作者简介:

万建伟:天津商业大学经济学院副教授,主要从事国际金融市场学、金融投资学、期货交易等方面的研究。

史鹏鸿:天津商业大学经济学院研究生,主要从事金融市场与金融机构方面的研究。

时代的代名词,而创新的背后需要人才的支撑,这就对高校的人才培养提出了更高的要求。近年来国家也致力于高等教育改革,立志打破高校条块分割的局面,使学生更能适应现在产业升级的需要。STEM 教学理念是 20 世纪 80 年代由美国提出的并逐步在全球盛行的教育改革。[①]其跨界性、创新性、情境性、协作性的特点与高校人才培养改革的目标相一致,高校积极引入 STEM 教学理念,开始实现由基于学科的教育转向基于实践的教育。人才培养模式创新既有利于深化教育改革提升人力资本,又可以增强高等教育质量服务经济转型的能力,在当前大众创业万众创新下,高校要切实培养出与市场需求相匹配的、创新能力与实践能力俱佳的专业人士,才可满足市场对金融人才的需要。

二、STEM 教学理念

STEM 是科学(Science)、技术(Technology)、工程(Engineering)、数学(Mathematics)四门学科的结合,如图 1 所示。科学是探索世界、认识世界的规律;技术和工程是在尊重科学的基础上使用技术手段、工程思维去解决社会中所发生的实际问题;数学作为基础工具不可或缺。理念跨界、交叉、融合、创新的特性旨在培养学生高阶思维、跨界整合的能力,从而真正运用知识去解决现实问题。同时具有科学素养、技术素养、工程素养和数学素养的人才是知识经济时代的胜利者。[②]

STEM 理念遵循 Problem-based Learning(PBL)即以问题为导向,旨在通过发现问题引导个体运用相关知识去解决问题,在一个具体的实际问题中寻找解决方法的过程将引导学生激活原有知识,学习新知识、新概念和新技能,

---

① 龙玫、赵中建:《美国国家竞争力:STEM 教育的贡献》,《现代大学教育》,2015 年第 2 期。
② 郭小凡:《基于 STEM 教育理念的应用型本科教学探究——以电子商务本科教学为例》,《高教学刊》,2019 年第 11 期。

最终将社会问题转化成知识框架。

理念跨学科的特性要求学生将重点放在解决实际问题上而不是具体学科知识,培养学生跨界整合能力;创新性在于通过培养学生的想象力以及思维发散从而能基于原有知识生出新的见解;情境性使学生能在一个实际问题中增加学习知识的趣味性;协作性旨在通过项目式学习建立小组合作,充分锻炼学生的合作意识和团队精神。

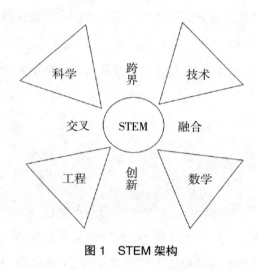

图 1 STEM 架构

三、STEM 教学理念在应用型金融人才培养模式中的现状

(一)STEM 教学理念在人才培养模式的运用现状

STEM 教学理念在 20 世纪 80 年代由美国提出,我国直到 2015 年才真正开始研究 STEM 教育并致力于将 STEM 理念融入实际教学中,陆续开始将其引入校园,这将不再是对美国的总结或是探索,而是真正结合中国实际情况使其适用于中国的教学模式。

目前来看,我国金融人才培养模式已经引入了 STEM 教学理念并逐渐呈现多元化,但由于受传统教学模式影响,加之各学校的实际情况与教学资源各异导致实行起来有所困难,难免流于形式。①

(二)应用型金融人才培养模式的现状

金融业的快速更迭使得人才需求不断扩大,无论是国际经济发展还是国内创新,都对金融专业的人才提出了更高的要求,而目前高校的教育培养模式显然已经不能满足金融市场的快速发展。②

自教育改革后,各大高校的授课方式虽不再是以前的被动式学习,开始逐步发挥学生主导作用与老师引导作用,但这个过程由于受传统教学模式的影响实行起来也面临诸多问题,虽然相对于传统教学模式而言有了一定的改进,但学生的心理素质、社会素质并没有很大提高。学生普遍存在理论知识过于死板,社会实践能力以及职场素养普遍缺乏,不能投入金融行业的工作中。

四、高校应用型金融人才培养中的问题

目前高校培养人才与市场需求的矛盾日益凸显,金融人才培养无论是在知识体系上还是在实践能力上均落后于金融科技的发展,存在明显的滞后性,高校金融人才培养普遍存在学校课程内容陈旧、学生缺乏创新思维、实践能力较弱等问题,使得市场上的金融人才越来越稀缺。

(一)课程内容陈旧,缺乏经济素养

金融市场的不断变革使得高校人才培养必须与市场建立联系并不断更新知识结构,而目前高校的大多数课程仍然以学习基础专业理论知识为主,

---

① 张春海、叶海燕:《融合与共生:我国 STEM 教育研究进展及展望》,《当代教育与文化》,2019年第3期。

② 于菁:《大数据背景下应用型大学金融科技人才培养模式研究》,《经济研究导刊》,2020年第26期。

内容陈旧缺乏特色，对已没有现时价值的课程既不摒弃也不增设新课程，导致所学知识与实际脱轨。[①]

一方面，金融专业毕业的学生难以胜任金融市场现有的工作岗位；另一方面，企业因搜寻不到想要的人才导致存在很大的职位空缺即出现结构性失业，在引起社会资源浪费的同时也制约了社会经济的发展。

(二)缺乏创新思维

创新是一个国家发展的不竭动力，创新型人才是创新的主体，虽然多数高校与老师也认可培养学生综合能力的目标，但受国内教学体制与传统教学模式的影响，难以结合自身实际去培养具有创新能力的人才使得培养模式流于形式，而授课过程又因为节约授课时间等原因没有发挥学生主体性作用，被动接受的知识难以形成知识体系导致无法在此基础上萌生新的知识与想法，学生普遍缺乏创新思维。

(三)实践能力较弱,缺乏职业素养

金融市场对人才的要求是能掌握牢固的理论知识并能充分运用理论知识胜任岗位要求，而高校的人才培养模式呈现橄榄形结构，即普通技能的人占多数，缺少对高端应用型人才的培养，教学与实践相分离的现状扼制了学生的创新能力与实践能力，导致本科院校出来的学生甚至不如专科院校，加之校企合作不强使得多数学生没有实习经历。

五、运用 STEM 教学理念的人才培养模式对策

金融行业的创新使得企业与社会需要同时具备学习能力、创新能力、实践

---

① 刘勇、曹婷婷:《金融科技行业发展趋势及人才培养》,《中国大学教学》,2020 年第 1 期。

能力与社会适应能力的专业人才,高校承担着人才培养的重任,如何在这样的背景下紧随时代金融的发展,如何进行教育改革以培养出社会需要的应用型人才已经迫在眉睫,这就迫使高校改变当前教育模式,探索适合中国学生与中国当前教育的新人才培养模式。针对以上高校普遍存在的问题,以 STEM 教学理念和应用型金融人才培养的内在联动为基础,从 STEM 教学理念角度重新审视高校金融人才培养模式,提出改变课程内容与授课方式、开展项目式学习和增设实践课程的方法,从提高高校教育质量、培养学生创新能力入手,建立具有针对性、前瞻性的教育理念和以学生为中心的高效率的培养模式,以确保为国家经济快速发展和社会金融稳定前进输送创新能力强、综合素质高的复合型人才。

(一)改变课程内容与授课方式

学校应该根据各专业的特点以及岗位需求拓宽专业口径,打破学科壁垒,及时更新课程并加强课程之间的联系使得课程内容符合新时代金融人才的需要,避免课程内容与时代脱轨,同时可结合地区优势与本专业情况改变人才培养模式,发展特色专业。

加强课程内容与学生实际生活、科技发展的联系,STEM 理念的情境性特点就是倡导学生在实际问题中学习知识,教师要主动引导学生结合国家经济建设方针去关注学科最新动态和金融热点问题,并通过对热点问题的分析形成知识体系。教师需要持续关注这种知识体系在后续学习中形成的迁移,有助于培养学生良好的学习习惯。在当今互联网时代下,高校还可结合新型教育平台如慕课、雨课堂等丰富学生的学习,充分利用一切教育资源致力打破传统教育局限,推动人才教育多元化,促进学生的全面发展。

(二)项目式学习,培养学生创新思维

STEM 教学理念的特点是 Problem-based Learning(PBL)即以问题作为导

向培养高阶思维能力,通过对实际问题的分析引导学生自主探索问题、解决
问题,成立项目小组让学生进行头脑风暴,既可以构建群体知识也可以使个
体激活旧知识启发新知识,同时也需要教师的协作,采取支架式教学,在学生
遇到超过当前知识水平的问题时给予指导,将主动权交给学生从而实现真正
以学生为中心的人才培养模式,不仅能提高学生的专业素养,更能培养学生
批判性精神、创新性思维和为人处世的职业素养。①

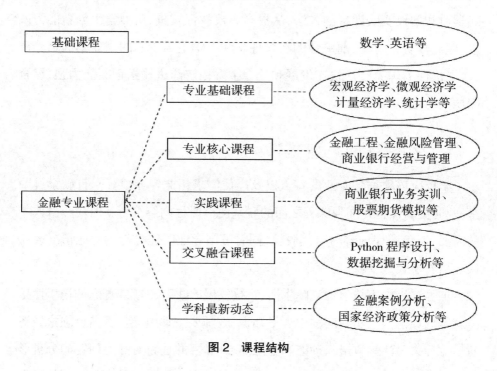

图2 课程结构

(三)开展实践性课程,加强校企合作

高校应该以"重视基础、加强实践"为核心突出实践特征,这也是 STEM
教学理念的最终目标,无论是知识联结还是培养创新思维最终都要体现在实
践上。高校应结合本校实际情况与市场需求,紧跟时代步伐调整课程结构使

---

① 白逸仙:《高水平工科类行业特色高校实施 STEM 教育改革面临的问题与对策》,《高等教育
研究》,2020 年第 10 期。

课程均衡分布体现综合性,同时开设多种选修课供学生选择。整体课程思路如图 2 所示,学生除了学习"数学""英语"等基础课程,"宏观经济学""微观经济学""计量经济学"等专业基础课程和专业核心课程以外,还应该加设实践课程,如学习银行学的学生可以组队进行"银行交易模拟",不仅能让学生了解银行的业务也能加强学生团队协作能力,还可以开展期货模拟、股票模拟大赛等让学生在实际操作中自主学习知识。

实践能力的培养也需要加强校企合作,通过企业与高校共同制定学生教学方案的方法加强与企业的人才培养对接,可根据企业用人的标准对学生进行订单式培养,提供实习岗位以检验金融人才的实践操作能力并算入成绩考核,使学生提前适应社会的节奏,加强职业素养实现工学结合以达到校企双赢的目的。

六、结语

技术创新时代进步,金融经济成熟化的过程中就迫使金融行业进行创新,要实现金融经济与实体经济良性发展的目的就对高校人才培养模式发出了挑战。STEM 教学理念为高校教育改革提供了思路,打破了传统的教学观念,高校应结合自身实际本着为社会输送人才的目标提高人才培养质量,充分利用一切教育资源使学生受益,在金融创新的时代背景下,真正设计出一套既适合本校又适应社会的人才培养方案,使得金融经济与实体经济协同发展从而实现国民经济良性稳定运作。

教学改革篇

信息感知度与新文科教学改革

——以"金融市场"课程为例

安雅慧　刘懿娴 *

摘要：随着信息技术的不断发展，国内外高等教育的教学模式、课程内容相继发生变化。知识大爆炸时代，信息感知度成为各学科专业人才必备的基础素质。对应新文科时代性、融合性和高阶性的建设要求，本课题组将信息感知度培养与新文科金融学课程结合，将信息分析过程与大数据分析融入"金融市场"课程中，落实了课程思政要求、提升了知识学习效率、实现了学生学习意愿持续增强的目标。

关键词：信息整合；大数据分析；新文科

* 作者简介：
安雅慧：天津商业大学经济学院讲师，研究方向为公司治理。
刘懿娴：天津商业大学经济学院本科生，专业为信用管理学信用管理方向。
基金项目：
本文系天津商业大学金融学天津市一流本科专业建设点、金融学国家级一流本科专业建设点、金融学天津商业大学优势特色专业建设点和天津商业大学"金课"建设项目以及 2019 年天津商业大学首批"金课"建设项目"大学生创新创业"和 2020 年天津商业大学教改项目"金融学专业'大学生创新创业'高阶性教学模式和质量提升研究"及大学生创新创业大赛创业训练市级项目(项目编号：20211 0069138)阶段性成果。

一、引言

（一）新文科培养要求

党的十九届五中全会明确提出"建设高质量教育体系"后，教育部新文科建设工作组在 2020 年 11 月主办的新文科建设工作会议上发布了《新文科建设宣言》，号召哲学社会科学研究者面对新的时代背景和挑战，转换文科研究和学科发展范式，创新文科的知识和思想生产方式。

新文科建设致力于培养具有国际视野、讲述中国故事、诠释中国价值的高端人才。[1]我校"育经世之商才，授致用之术业"的办学理念，与新文科人才培养思路一脉相承。在经济学人才培养中，以新文科培养为指引，基于教学底层框架创新，以新文科思维指引应用经济学人才培养。

新文科之新体现在以下三个方面：第一，时代性，具体表现为人才培养需符合时代需求，符合新时代新经济建设的要求；第二，融合性，具体表现为人文科学与新兴信息技术的融合、人文科学与工程技术和自然科学的融合；[2]第三，高阶性，具体表现为学习目标和要求由学科知识转变为学科思维，使用大数据时代中知识获取的便利性，深化学科思维，培养学生批判性思维能力。[3]

面对新文科培养时代性、融合性和高阶性的要求，金融学专业培养方案中，仍有诸多方面需要改进。目前课堂教学中，仍以知识性灌输为主，缺少对于新时代快速学习能力的培养。课程设置沿袭传统理念，对于不同学科的融合有所欠缺。课程考核主要体现在作业和考试等方面，对于批判性思维、实践中运用所学知识解决问题的能力仍有欠缺。

---

① 袁媛：《新文科建设呼之欲出令人期待》，《新华日报》，2021 年 3 月 16 日。
② 马骁、李雪、孙晓东：《新文科建设：瓶颈问题与破解之策》，《中国大学教学》，2021 年第 21 期。
③ 龚旗煌：《新文科建设的四个"新"维度》，《中国高等教育》，2021 年第 1 期。

信息技术的飞速发展,改变了社会生活的方方面面,颠覆了传统的学习模式,知识爆炸性增长使学科间的边界日益模糊。在此背景下,将金融学专业课程融入信息感知度的要素,可满足实现新文科培养需求,为我国金融行业提供符合时代发展要求的人才。

(二)信息感知度理念

人类社会发展进程,伴随着信息传播方式和媒介的迭代。在原始社会,人类以语言和手势作为信息传递的媒介。进入渔猎社会后,信息传播方式转变为语言、象形文字并行。而后农耕社会中,出现了以印刷品为标志的书籍,提高了内容的传播。进入工业社会之后,先后出现了广播、电视等不需要借助印刷品的传播方式。而信息时代,则以计算机、通信和传感技术为主体的信息媒介构成数字时代信息环境。

在信息时代大背景下,信息传播方式和信息媒介的变化,对新时代人才培养提出了更高的要求。如何培养学生对于信息的感知和接受处理能力,变得日益重要,信息感受度的理念应运而生。信息感受度最早起源于信息素养。信息素养始于20世纪80年代,主要集中于高等院校的图书馆文献检索类课程。信息素养课旨在培养学生对文献的检索和数据库的运用。20世纪90年代开始,由大学教育扩展到中小学教育。[1]

相比于局限在图书馆检索方面的信息素养,信息感知度[2]更加宽泛。主要特点为:第一,强调对于信息环境变化的快速感知;第二,包含信息识别、信息处理和信息分析的全过程;第三,强调基础性,即信息感知度应为学生培养的

---

[1] 曾雪庆、张精宝、吴磊:《基于项目式教学提升学生信息素养的实践研究——以〈信息技术〉课程为例》,《中国教育信息化》,2021年第2期。

[2] 孙晓宁、赵宇翔、朱庆华:《社会化搜索平台中信息价值感知差异研究——基于用户满意度与任务复杂性视角》,《情报学报》,2018年第1期;金小璞、徐芳、毕新:《知识付费平台用户满意度调查与提升策略》,《情报理论与实践》,2021年第5期。

基础能力。首先,信息感知度概念侧重于快速感知。在信息时代下,快速捕捉信息反映变化的能力至关重要。信息素养不应该只重视对存量信息的分析,还应注重对增量信息的实时关注。其次,信息感知度强调全过程。不同于信息素养能力,信息感知度不仅注重信息的获取,还注重对信息处理、分析和使用的全过程。最后,信息感知度应该作为学生的基础能力,信息感知度的培养应该渗透于各学科的学习。

二、教育综合体系构建

(一)培养维度

新文科培养体系的最终目标是通过构建开源动态共享的合作空间,深度融合人文和科学的精神, 培养具有新时代信息素养和开源创造力的高阶人才。[①]"金融市场"课程,衔接宏观经济框架与微观个体决策,融合了学术专业性和市场前沿性,是信息感知度推动新文科培养的最佳接触点。本课程颠覆传统的培养模式,以信息感知度作为切入点,以新文科建设培养要求为推动力量,以经济学院金融系作为新文科人才培养平台,尝试构建和设计新文科应用经济学人才培养体系。

1.新文科培养目标梳理

新文科培养的目标,包含三个维度:时代性、融合性、高阶性。时代性体现为能担负新时代社会主义建设,实现中华民族伟大复兴的重任,需要人才具有快速进入新领域、高效率知识转化和终身学习意识。融合性体现为能推动人文学科发展,创造以中华传统文化和价值观为核心的新文科体系,需要人才具有广泛的学科知识积淀、跨学科意识和创新性思维。高阶性体现为能处

---

① 王晰巍:《迎合新文科建设要求 培养复合型学科人才》,《图书与情报》,2020 年第 6 期。

理复杂性及不确定的问题,将学科知识综合应用于实践领域,需要人才具有分解复杂性问题、知识和实务转化、坚忍不拔的精神。

2.信息感知力维度分解

信息时代下,知识迭代速度惊人,以往注重知识学习,轻能力培养的模式不能适应时代发展。如何兼顾学科知识学习和学生能力培养,对高等教育提出了新的挑战。为顺应时代发展的要求,提升学习效率,本课程将信息感知力作为教学切入点。通过使用信息工具,提高学习效率;在学习过程中强化信息素养,培养具有信息感知力的新时代人才。

具体而言,信息感知力培养包括三个维度:信息收集—数据处理—结果分析。其中信息收集旨在重点培养学生对于热点和前沿话题的敏感度,具体包括信息收集的广度、深度和对无效信息的过滤能力。数据处理重点培养学生处理数据的有效度,具体包括宏观经济影响分析、行业特点分析。

(二)具体措施

1.教学内容动态革新

"金融市场"课程内容相对固定,本课程通过对照中国大学 MOOC 3 门国家精品课程,发现"金融市场"课程安排相对统一。国家精品课均以金融市场和金融机构作为起点,然后进行利率理论学习,具体包括利率的决定理论和利率结构;最后介绍货币市场、债券市场、抵押贷款市场、股票市场、衍生品市场、基金市场、外汇市场和黄金市场。内容框架相对稳定,但存在一定问题。第一,各种市场所需的基础理论不同,难易程度区别较大;第二,利率理论学习相对复杂,容易浮于表面,无法为后面的学习提供有效支撑,学生在学习中记忆知识点占比较大,实际运用层次相对较少。

在信息化时代背景下,借助检索工具、数据库和市场咨询,学生可以较快掌握专业前沿知识。因此本课程在内容安排上,在沿用经典框架的基础上引入对各市场实时动态的咨询分析与学习。将现实市场动态融入课程内容,通过财经资讯沉浸式学习模式,让学生迅速掌握金融市场关键概念与数据更新。

2.教学方式灵活高效

在教学中综合使用前沿教学方法,将信息感知度的培养融入新文科人才培养实践中,以提升学生学习意愿、提高学习效率、锻炼高阶能力。本课程教学方式的创新主要集中于三个方面:第一,在教学中使用信息化技术,提升课堂效率;第二,使用翻转课堂模式,激发学习动力;第三,增加项目式活动,锻炼综合能力。

首先创新教学信息化方式,将信息感知度培养融入"金融市场"教学。在课前预习、课上发言讨论、课后作业提交以及期末考核等环节实现信息化,最大程度地记录学生学情数据,提升课程反馈效率。

使用翻转课堂模式,将简单的知识学习迁移到课前和课下,增加课上讨论互动,注重学生创新思维和能力的培养。因材施教,开展个性化、差异化教学。在教学活动中,对学生提出高阶要求,同时给予学生更多自由度。以学生为中心,增强学习的内驱力,培养批判性思维和实践能力。

最后通过引领学生将个人兴趣和注意力转向课程话题,以项目驱动为核心,进行案例教学,通过分组学习、小组竞赛和模拟股票市场实操等模式,引导学生体验深度沉浸式学习。进一步培养学生的创造能力和处理复杂问题的能力。

三、教育综合体系应用

通过教学改革发现,学生对于社会主义制度的优越性有了更为具体而深刻的认识,对于实现中国梦,实现中华民族伟大复习的使命,有了更为清晰的蓝图,达到了良好的课堂思政效果。学生学习中对于金融市场知识的掌握情况大幅提升,在分析中对于理论知识的运用水平不断增强。最后,教学改革让更多同学对金融市场产生浓厚兴趣,并进入更高层次的学习。

(一)课程思政效果显著

通过教学改革,将课程思政融入"金融市场"课程内容中。回顾我国金融市场的发展历程,学生深刻地认识到社会主义制度的优越性。对金融市场发展的重要事件分析中,同学深刻受到老一辈革命家的精神感召,将中国梦和中华民族伟大复兴的责任内化于心。

(二)知识技能大幅提升

通过教学改革,大幅提升了学生的学习水平。教学改革直接提升了随堂测试和期末考试成绩。并将"金融市场"学习知识与金融学研究生入学考试内容衔接,提升了学生专业课水平。将课堂知识学习与 ACCA、CFA 考试内容衔接,提升了学生证书考试的通过率。

(三)学习意愿持续增强

"金融市场"教学改革,大大激发了学生持续学习的兴趣和意愿。课程中对案例分析兴趣浓厚的两组同学,持续关注金融市场,成长为财经类公众号的撰稿人。

四、结论与展望

信息感知度源于信息时代下金融学人才培养需求的基本现实,在理念上结合学习规律和新文科的要求,目前看来,教学改革取得了一定成绩。人才培养是一个系统性过程,教学改革中可能存在不确定性因素影响教改结果。然而针对信息感知度的教学改革体系仍然非常必要。

第一,信息感知度与新文科教学融合有助于为新文科提供基础性工具和框架;第二,信息感知度与新文科建设的教学改革是弥补大学教育与就业要求之间鸿沟的有效手段;第三,信息感知度与新文科培养是我国大力推进新文科人才培养的创新性探索。基于信息感知度和新文科的金融课程教学改革,在未来仍需深化课程信息化模式,落实课程思政和新文科教学要求,切实服务于我国金融学人才培养。

浅析大学生"职业生涯规划"课程教学改革的路径

崔　洋*

摘要：大学生职业生涯规划对大学生的职业发展具有重要的指导意义，开设相关课程，可以帮助大学生做好人生规划、找到人生方向，有针对性地培养个人品质、锻炼个人能力，从而提升综合素质，能够更好地适应社会、面对竞争。但是当前开办的"职业生涯规划"课中，仍然存在专业人才配备不足、针对性指导不足、课程体系建设不足等问题。通过教学改革，可以提高职业生涯规划课的质量，增强课程吸引力和影响力，从而真正地对广大学生发挥积极作用。

关键词：大学生；"职业生涯规划"课；改革

大学四年对于学生的职业生涯发展来说十分重要，是职业生涯的最佳准备阶段和重要组成部分。通过开设"职业生涯规划"课程，能够帮助学生充分认识自我、提升自我的同时，了解所学专业、初步认识社会，树立正确的职业观念，明确自己将来的职业发展方向。从而引导学生有目的、有计划地开展学习生活，提高自身的综合素养，促进顺利就业、走好人生道路。

---

*作者简介：

崔洋：天津商业大学经济学院辅导员，研究方向为思想政治教育、大学生职业生涯规划。

一、"职业生涯规划"课程开展的必要性

开展"职业生涯规划"课程,对于面对复杂而激烈的社会竞争、瞬息万变的就业形势的大学生来说,确有其必要性,有着超出一般的重要意义。

要想进行良好的职业生涯规划,就要进行正确的自我定位。而正确进行自我定位的前提和基础就是要充分了解自己、深入剖析自己。通过"职业生涯规划"课的引导,促进学生不断向内审视自我、向外探索自我、向上提升自我,从而充分地激发学生潜能,拉动学生成长的内外动力,建立正确的人生观、世界观、价值观,明确自己未来的发展方向。在"职业生涯规划"课的积极作用下,让学生更好地规划大学生活,提高自身综合实力,为实现顺利就业打下良好基础。

要想进行合理的职业生涯规划,离不开对专业的充分了解。但是很多学生——不仅仅是大一新生,也包括很多大二、大三甚至大四的学生——对自己所学专业并不十分了解,甚至认识十分模糊,既不知晓自己学习的目的是什么、也不知道自己努力的方向是什么,更不知道自己将来可以做什么。通过引入更具针对性、更有专业色彩的"职业生涯规划"课,让学生对所学专业的培养目标、所学课程的内容用途、未来的就业方向和应具备的专业技能有一定的认识和初步的了解,从而让学生知道所学为何、为何而学,在未来的学习工作中更有目标和方向,为获得更好的自我发展奠定良好基石。

要想进行有效的职业生涯规划,一定要树立正确的职业意识。很多学生总是觉得就业还是遥遥无期,有些毕业生在面对就业时彷徨无助,有些学生选择考研的原因在于想晚一点进入就业市场,部分在求职过程中定位过高导致迟迟找不到合适的工作,一些学生选择了"慢就业",甚至出现了"懒就业"这种现象……这些情况的出现,原因在于学生职业意识的薄弱、就业意识的缺乏、人生规划的缺失。通过引入"职业生涯规划"课,培养大学生正确的就业

观、职业观和择业观,让学生对客观现实、就业环境有充分了解,认识到进行职业规划的必要性和紧迫性,了解就业压力、形成就业的紧迫感,促使学生树立正确的职业意识,尽早进行职业规划,树立就业目标、找到奋斗方向。

要想进行合理的职业生涯规划,需要学生在充分了解自身情况、认识周边环境后,做出理性分析、进行恰当判断,从而为自己确定最佳的职业发展方向,选择适合自己的职业发展道路,所以对于大学生来说,进行合理的职业规划具有重要意义。而大学生们,并没有真正接触社会,同时因为自身认识能力、实践能力的限制,需要加以科学、合理地引导,所以职业规划课程的开展,就更加显得意义非凡、内涵深厚。

二、"职业生涯规划"课程存在的问题

"职业生涯规划"课的重要性不言而喻,学生们也是切切实实的需要,国家和高校也高度重视,但是在目前的教学过程中——专业人才配备、开展针对性指导和课堂体系建设等方面——尚存在一些不足,需要改进完善。

(一)专业人才配备不足

职业生涯规划教育是一项专业的教学工作,要想帮助学生进行专业的职业规划,需要具备强大知识储备的专业人才来加以指导,应该系统掌握社会学、教育学、心理学等专业理论知识。但是目前,我国高校"职业生涯规划"课的老师主要由高校辅导员教师和负责就业指导的老师组成,专业构成背景复杂不一,教学水平参差不齐。这些老师虽然参加过一些"职业生涯规划"课程,但多以短期培训为主,系统化、专业化水平不足,他们进行职业生涯规划教育更多的是凭借个人经验,但个人的经验毕竟有限,而且并不总是能跟得上现实的变化发展,缺乏前瞻性。总的来说,"职业生涯规划"课的专业师资队伍需要壮大力量、提高水平。

（二）针对性指导不足

当前的"职业生涯规划"课的硬伤之一是它的针对性不足，无法突出学生的"个体性"。当前课程的推动还是以"我讲你听"为主的集体培养模式，一堂课面对的是几十个甚至上百个学生，无法针对学生的个体差异性进行有效指导。而且很多高校开展的"职业生涯规划"课并不能针对不同年级、专业的特点给予指导，并没有结合学生实际和日常加以开展，也没有贯穿大学教育的各个阶段，所以很多时候无法解决学生在面对就业择业时所出现的问题和困难。这就导致课堂讲授效果欠佳，学生无法获得有效信息，学生的实际问题没有得到解决、实际需要没有得到呼应。

（三）课程体系建设不足

很多高校的"职业生涯规划"课存在理论与现实脱节的现象。很多学生虽然希望得到职业规划指导、也想要学好如何进行合理规划，但是当前职业生涯规划课中枯燥乏味的理论知识让同学们体会不到课程应有的魅力。如何把专业的理论通过生动有趣的教学方式传达给学生，从"要学生学"变为"学生要学"，充分调动学生积极性，培养学生的主动性，积极探索、发掘自身，让学生喜欢上课、爱上规划，成为必须要考虑的问题。

三、"职业生涯规划"课改革路径

（一）"请进来"与"走出去"，提升教学队伍整体水平

上好一门课程的关键在于教师。所以要想提升"职业生涯规划"课的教学水平，首先要提升教学团队的整体素养，可以通过"请进来"和"走出去"两种方式相结合，"请进来"即聘请相关企业的成功人士或者优秀校友担任校外指

导教师,让具有专业经验的人士对学生进行专业指导。他们丰富的社会经验、实际的就业技巧能够给学生们带来实际有用的建议,他们是最了解相关专业目前就业市场的人士,通过他们可以使课堂的专业化效果得以提升。"走出去"即通过去相关企业、用人单位进行观摩、参观和学习,也可以参与专业论坛和讲座,积极拓宽教师视野,吸取宝贵的教学经验。"世事洞明皆学问,人情练达即文章",实际的、有意义的指导比起理论知识更有价值。

(二)尊重学生主体差异,开展针对性指导

贴近学生、了解学生,激发学生学习热情,提高课堂参与度。可以缩小班级规模,开展团体辅导,尊重学生的主体性和差异性。如此,才能通过恰当的交流方式,并通过借助职业倾向测评工具,全面、立体地了解学生。根据学生的自身发展禀赋及现有的社会环境,审时度势,制定适合学生个人发展的发展路线和成长计划,运用专业知识来帮助学生规避风险,为学生最大限度地实现个人价值、人生理想奠定基础。想让学生喜欢上这门课程,教师就必须在教学上下足功夫,首先让学生感觉到这门课是为"我"而开设的,慢慢地让学生喜爱"职业生涯规划"课——兴趣是最好的老师——这是问题的关键,也是教师的职责所在。

(三)调整课堂角色定位,提高学生参与度

正所谓"知之者不如好之者,好之者不如乐之者",通过调整角色定位,形成以学生为主体、教师为主导的课堂模式。改变传统单一的讲授式教学,教师在讲课时能直接关注到学生的心灵和感受,诉诸学生的需求。可以充分发挥情景教学作用、创设问题情境,提高课堂趣味性、提高学生参与度,让学生主动参与到课堂教学中,成为课堂教学的主体,在教师的引导下,让学生在充满体验感的实际参与中,构建新知、主动学习、调整规划。也可以借助校园文化活动,将职业规划指导渗透其中,丰富教学内容,让学生由懵懂的"知之者",

变为"好之者"、进而成为真正的"乐之者",从而达到良好的教育效果。

　　"职业生涯规划"课程应该立足大学生的终身教育,以让学生有所思、有所获为目标,以实现学生终身受益为主要目的。真正好的"职业生涯规划"课对学生未来一段时间甚至一生都可以产生正面的、积极的影响。所以整体课程设计应当真正从学生的需求出发,对"职业生涯规划"课程进行改革势在必行,通过系统的教学改革,提升教学质量、改进教学效果,这些对于学生的学习发展和综合素质的培养来说都具有极为重要的意义。

硕士研究生"世界经济概论" 课程的教学改革研究

——以天津商业大学为例

樊永岗　杨宛冰 *

摘要：本文从硕士研究生"世界经济概论"课程的教学实际出发，结合其所属的世界经济学科的发展现状，分析了该课程在教学实践中存在的主要问题，并提出了针对研究生这一学生群体的教改对策：在教学系统方面，加强教学支持系统的相关建设，为一线教师提供有力支持；在教学方法方面，选取和创新使用合理的方法帮助研究生群体解决面临的问题；在教学技术方面，提出应"术道结合"，把教学方法与教学技术有效衔接起来，以获得更好的教学效果。

关键词：世界经济概论；教学；改革

---

* 作者简介：

樊永岗：经济学博士，副教授，主要从事国际经济理论与政策研究。

杨宛冰：天津商业大学 2019 级世界经济学硕士研究生，研究方向为国际经济理论与政策。

一、引言

"世界经济概论"课程作为理论经济学一级学科下设的世界经济学科的重要基础,该课程无论在国际经济与贸易专业本科,还是在世界经济专业硕士研究生的课程体系中都是必修的基础课之一,该课程以世界经济作为研究对象,按历史性和时代性相统一、区域性和整体性相结合的方式,在系统地介绍世界经济形成、发展情况的基础上,分析其基本运行规律、特点和未来发展趋势。在实际教学过程中,课程内容的难易程度难以把控、教学技术手段单一、课程中的思政工作协同作用不足,学生学习动机相对不足,导致教学效果不够理想,学生难以将所学理论用于解决实际问题。本文将试图阐释"世界经济概论"这一研究生基础课程在课堂实践中出现的问题,并探讨相关的教学改革建议。

二、"世界经济概论"研究生课程在实际教学工作中存在的困难

(一)学科起步晚、缺少成熟的理论体系

作为世界经济学科的重要组成部分,"世界经济概论"的课程收效在很大程度上依赖于所处学科的发展现状。[1]世界经济学科受世界市场形成和发展的客观历史进程限制,相较于经济学类的其他分支学科起步较晚,理论体系尚未成熟完整。因此,课程"世界经济概论"的教学工作颇具挑战性。与此同时,大部分教师对该课程的课程设计,通常是依照"课程设计三角形"的正向

---

① 梁会君:《基于 OBE 理念的〈世界经济概论〉课程教学改革》,《知识经济》,2020 年第 12 期。

顺序来形成教学流程,即从学习目标到教学活动再到学习效果评价并循环往复。[1]该三角形由学习目标 / 预期学习效果、教与学的方法 / 教学活动、学习效果评价 / 反馈三方面构成。世界经济学科理论体系的不完善导致作为教学活动流程的起始点的学习目标难以科学准确地确立,从而严重影响学生的学习效果,也使课程内容的难易程度不好确定。

(二)学生对课程背景基础知识掌握情况差别较大

"世界经济概论"虽为世界经济学科的前导基础课程,但其理论性、概念性较强,国内高校大多使用"马工程"教材,为体现马克思主义的指导性,其语言阐述风格更具抽象性与哲学性。加之世界经济这一课程主体本身具有宏观性,事实上这也与上文提到的世界经济学科发展还不成熟,体系划分不完善有着密切关系,这就需要学生具有较为丰富和系统性的背景知识来帮助理解,使其在大脑中转换成具象化的认知,进而再进行抽象处理,从而正确认识和应用这些概括性理论与抽象性概念。但研究生生源的本科及高中学历背景相差较大,所以对课程内容难易的把控提出了更高要求。对于具有高中文科背景或者本科专业与世界经济学相近的学生来说,诸如"地理大发现""商业革命""价值革命""第一次工业革命"等相关概念,在以往的学习经历中涉及过,知识的"复现"能够使这些学生快速地吸收这些概念,教学中能够有更多的时间来讲述"为什么",即涉及更专业的经济学原理、市场理论、假设逻辑等,而不是讲述"是什么"的单纯概念性质科普。但对于基础知识结构较为欠缺的生源来说,难以理解课程许多内容,甚至"死记硬背"可能成为他们跟上教学内容最明显的选择。

---

[1] Wiggins, Grant & McTighe, Jay., *Understanding by Design. (Second Edition)*, Association for Supervision and Curriculum Development ASCD, 2005, p.18.

(三)教学技术运用手段单一

信息化、数字化基础设施的不断完善,使各地高校的多媒体教学普遍推广开来,新冠肺炎疫情催发的线上教学的兴起,仿佛让人们离畅想中的"未来教室"更近一步。但在实际的教学活动中,信息科技并没有很好地融入"世界经济概论"的课程中去发挥出其在时效性、多样性、传播性上的优势。需要明确的是,多媒体数字化教学并不全等于无纸化教学。在课件上单纯罗列各种知识点,或者单纯地观看在线视频课程,只会让传统的线下课堂在学生获取知识的过程中进一步丧失话语权,也间接地将学生推向一个个"信息茧房"中,难以帮助学生用历史的、动态的、发展的眼光去认识世界经济,阻碍了学生们批判性思维的养成。

(四)在课程教材和教学中难以平衡好马列主义经济学与西方经济学的关系

最近有的学者认为"世界经济学是以马克思主义政治经济学为基础创建的独立学科"①。虽然这种论点仍有争议性,但这也从侧面反映出世界经济这门学科在我国从建立之初就具有浓厚的马列主义色彩,中国特色社会主义理论体系作为世界经济学科非常重要的理论基础,为学科的发展做出了巨大贡献。但在国内,尤其是国外世界经济课程教学中,仍主要以国际经济学中的国际贸易、国际金融、国际投资和经济周期等理论为核心内容,怎样更好地将马列主义政治经济学有关理论方法与西方经济学理论方法结合起来,如何在教材内容和教学中处理好这两方面之间的平衡是一个很重要的问题。

---

① 欧阳峣、汤凌霄:《构建中国风格的世界经济学理论体系》,《管理世界》,2020 年第 4 期。

（五）学习动机欠缺

在"世界经济概论"的课堂上，由于其内容综合性强、开放性高，单纯地教师讲授很难对学生形成吸引力。尤其是对于那些拥有较完整背景知识结构的生源来说，加上我国学生已长时间浸润在由教师主导的课堂中，在没有接触全新的概念时缺乏学习动机来反思和完善现有的"知识库"。然而完全脱离传统的由教师主导的讨论教学流程对于学生的基础知识和教师的专业素质（包括实际的专业经验）有极高的门槛。所以尽管选择这类教学形式有助于激发学生的学习主动性，但考虑到研究生招生的实际情况造成的两难问题和教学时长限制等，此类方法很难成为许多高校教师的优先选项。

三、"世界经济概论"研究生课程教学改革的策略建议

（一）加强教学支持系统的相关建设

考虑到世界经济学学科不成熟的发展现状，"世界经济概论"作为此学科重要的先导综述性课程，应大力加强学科教师团队的专业素质、强化教师的教学基础和相关实践经验。可仿照西方发达国家的大学设立教学支持系统，专门设置教学设计岗位，培养教学设计的有关人才，为一线教师教学改革提供强有力的支持，以此来完善课程体系，保证课堂内容的时效性，为研究生科研工作的选题方向和背景知识积累奠定基础。[1]并且由于"世界经济概论"的课堂已有一定的开设历史，在教学设计中可转换思维，充分利用以往学生们的学习效果，从学习效果评价出发，推导出教学活动，最后再得出教学目标。[2]教

---

[1] 高筱卉：《美国"以学生为中心"的大学教学设计模式和教学方法研究》，华中科技大学，2019年博士学位论文。

[2] Wiggins, Grant & McTighe, Jay., *Understanding by Design.(Second Edition)*, Association for Supervision and Curriculum Development ASCD, 2005, p.18.

学支持系统的课程设计师们可以与一线教师仔细协商运用恰当的反向设计方式，来更好解决该课堂由于学科体系不成熟而带来的无法有效科学地确定教学目标的问题，在研究生课堂中取得更理想的教学成果，完善研究生科研人员对世界经济学科研究对象和研究方法的构建。

（二）运用教学方法对学生知识背景进行"尽职调查"

为应对研究生知识背景参差不齐的问题，首先，高校教师可以运用问卷调查的方式探查学生的背景知识水平。[①]此方法尤其适合于因为教学主体世界经济的宏观性和开放性，需要学生经常进行知识回顾和快速串联有关概念的"世界经济概论"课程。通过巧妙地设置问卷提问形式和问卷内容，来测查出学生们的已有知识水平，并且还可以让不同学历背景的学生结对分享自己的问卷答案，增加学生课堂学习的社会性，从中引起学生审辩式思维，了解不同学历背景同伴的思路与逻辑，更好地在研究生教育中培养出我国所倡导的和需要的复合型人才。此外，教师们还可以运用"驿站展示"的方法来考查学生快速串联已有知识和未知事实的能力。具体来说教师们可以设置一个类似博物馆的课堂形式，学生依次浏览教师所提供各种形式的"文物"并回答对应的问题，并在之后进行交流分享。"世界经济概论"课程中，涉及较强的时序性逻辑和整合地区与国际经济内在联系的能力。此种方法虽然是一种技术要求较高、资源消耗较大的训练方法，[②]但是可以有效地探查出此课程所需的对已有知识和未知事实的迁移、对理论概念和现实事件的联系能力，更好地培养世界经济学研究生的科研思维与逻辑。

---

①② 高筱卉：《美国"以学生为中心"的大学教学设计模式和教学方法研究》，华中科技大学，2019年博士学位论文。

（三）统筹使用教学技术与教学方法

先进的教学技术可以改善学习环境，应当优化数字多媒体教学资源，运用好教学资源库，发挥其在信息的时效性、多样性上的优势。[1]教学技术的使用应该有的放矢，与教学方法进行紧密地结合。课程"世界经济概论"中的知识更新速度快、涉及范围广，教学技术的恰当使用也为研究生的文献追索与筛选提供了较好的示范作用。

（四）把握世界经济学科自身的思政特征，汲取国际经济学积极成果

以马克思主义经济学为基础发展起来的世界经济学是世界经济学科的主要脉络。客观地讲授马克思主义经济学规律的同时就是在进行思政教育。[2]在现实中，当前世界经济发展的新趋势、新特征和我国面临着"百年未有之大变局"的现实为构建我国特色的世界经济学提供了机遇。[3]世界经济学科中存在许多"非良构问题"（ill-structured problems），教师应积极地指导学生运用具有中国特色哲学社会科学的逻辑结构，来帮助补充问题所需的必要信息和条件，进而为解决问题铺平道路。利用好世界经济学科本身的思政特征，把马克思主义和中国特色社会主义所蕴含的哲学逻辑结构贯彻到研究生发现问题、明确问题、解决问题的科研活动中去。此外，也要积极鼓励学生吸收西方国际经济学优秀成果，融通古今中外的各种资源，重视知识的积累，引导学生在前人研究的杰出贡献中进行批判地创新。

（五）构建以学生为主体的教学引导方式

研究生作为科研工作者的一部分，激发和培养积极主动的学习动机尤为

---

① 黄锐：《信息化环境下世界经济概论本科课程教学改革思考》，《对外经贸》，2017 年第 8 期。

② 王小红、张弘、张勇：《经济学课程思政教学设计与实践》，《教育与教学研究》，2021 年第 2 期。

③ 欧阳峣、汤凌霄：《构建中国风格的世界经济学理论体系》，《管理世界》，2020 年第 4 期。

重要。"世界经济概论"课堂教学改革的中心应把学生放在首位,充分发挥学生的主观能动性,利用好课程内容开放性程度高的优势。例如教师可以采用有声思维解决问题法。[①]该种方法可以看作日常课堂式的答辩活动。根据教学内容,结合当前的世界经济现实以及学术前沿,设定"一带一路框架下中国对外直接投资研究"作为研究主题,让学生交替作为回答问题者和评价建议者,训练学生解决问题的思维模式,锻炼学生的语言逻辑表达能力,培养学生的思辨能力。[②]这些能力对研究生的文献分析、论文写作、论文答辩与修改都是至关重要的。

四、结语

"世界经济概论"课程是一门理论经济学课程,内容涵盖广泛,具有一定的抽象性和发散性,在研究生阶段一般作为科研活动的指导手册性课程。结合自身的经验,本文细述了此课程在实际活动中面临的困境,并试图提出比较有针对性的建议,即在关于教学系统、教学方法、教学技术等方面进行合理的教学改革,以期学生能在此课程中获得更好的教学成效。

[①] 高筱卉:《美国"以学生为中心"的大学教学设计模式和教学方法研究》,华中科技大学,2019年博士学位论文。

[②] 任希丽:《〈国际经济学〉课程在信息化时代背景下的教学改革研究》,《高教学刊》,2020年第33期。

新时代、新阶段研究生课程建设之思考

范乙凡　王新宇 *

摘要:研究生教育关乎新时代中国特色社会主义现代化建设之根本,加强课程建设,提升培养质量是研究生教育改革的重要内容。教改全面开展以来,社会各阶层对研究生课程建设十分关注。分析发现,当前影响研究生课程建设的问题主要集中在人才供给与发展需求之间的矛盾、课程参与主体与教学模式之间的矛盾以及培养模式与教育资源之间的矛盾三大方面。基于此,本文从课程设置、教学模式与内容以及培养模式的角度提出了符合新时代、新阶段研究生课程建设的相关建议,以期为研究生课程建设与研究生教育改革提供新思路。

关键词:研究生课程建设;研究生培养模式;研究生就业

一、引言

当前,在习近平新时代中国特色社会主义思想的指引下,我国的现代化

* 作者简介:
范乙凡:天津商业大学经济学院金融系讲师,研究方向为中国特色社会主义金融制度、公司金融。
王新宇:天津商业大学经济学院产业经济学硕士研究生,研究方向为产业政策。

建设已迈入新的历史时期,高质量的发展要求迫切需要更大规模、更高水平的研究性人才提供战略支撑。为满足国家发展需要,近年来,我国不断扩充研究生等高层次创新人才队伍。据统计,2020年,我国研究生招生人数已突破100万人,在读研究生已近300万人,无论是在读研究生规模,还是在人才培养与质量方面均取得了较大进步。然而当前的研究生教育仍存在诸多问题,实际输出人才并不能完全契合国家、社会发展的需要。全面提升研究生教育质量,这不仅是每一个研究生的诉求,也是中国特色社会主义研究生教育的需要。

2020年7月,中共中央总书记习近平、国务院总理李克强分别就研究生教育工作做出重要批示,并在随后的全国首次研究生教育会议对其指示精神做出了进一步解读。随后关于研究生教育的改革全面展开,我国研究生教育工作进入全新的发展阶段。面对我国庞大的研究生教育队伍以及国家、社会发展对高层次、高质量人才的迫切需求,健全研究生课程建设、优化学科课程设置,对于推进研究生教育改革具有重要意义。

二、高校研究生课程建设存在的问题

研究生课程建设是研究生教育的基础,各类课程的学习是保障研究生培养质量的必备环节。自研究生教育改革全面实施以来,我国的研究生教育已取得重大进展,但在研究生课程建设方面仍存在诸多不足,主要表现在以下三个方面:

(一)学用落差:研究生课程设计与经济社会、产业发展需要不平衡、不对称

当前,我国经济、科技高速发展,高校在人才输送方面"学用落差"现象突出,这一现象主要受内外双重因素的影响。一方面,研究生课程设置受其自身

制约。目前,我国的研究生课程大致分为基础课、专业课和选修课三大类,整体课程架构不仅要符合培养制度规定,还要兼顾课程设置的政治、经济、文化需求以及不同利益群体的共性、个性化需求。作为一项复杂的系统性工程,"所学尽所需"的局面难以完全实现,因而课程设置难以完备。另一方面,国家发展战略与产业发展环境快速变化对研究生课程设计带来外部影响。国家战略方向一经发布或者调整,就会对就业市场产生影响,而高校并不能快速开展相关的课程建设,短期内无法完成相关专业性人才的批量培养与输送。需求与供给之间存在时间差,导致高层次的人才培养与经济社会、产业发展需要不平衡、不对称。

(二)模式僵化:教师对研究生课程的建设能力有待优化

课程建设能力主要是指与课程建设密切相关的核心能力,主要表现在课程理解力、课程设计能力、课程资源开发能力等方面。教师是研究生课程建设的重要参与者与执行者,教师课程建设能力的高低直接关系到研究生核心素养的培养。然而受传统教学模式的影响,高校在研究生授课内容与授课方式上仍存在诸多不足。

部分学校对于教师的培养和继续教育缺失,造成部分教师未经专业的课程建设培训即上岗授课,导致教师课程设计能力较差。因为部分课程设计缺乏对学科知识、社会需求以及学生理解能力的综合考量,一味将书本视作知识的集大成者,将学生视作知识的"接收器",尽职充当书本知识的"宣讲者",对所授知识不进行任何扩展和延伸;导致知识只停留在书本和过去,学生无法就所学知识进行实际分析与应用,所学知识也因而变成了"死知识"。

虽然大部分学校比较注重教师的培养,教师本身在课程内容选择与组成方面也有积极进行创新与延展的主观意愿,但也存在课程改革受课程属性与研究生培养周期、学时等规制约束,无法将课程内容、研究热点进行持续深化的问题;特别是在选修课方面,"学而不专""一知半解"的现象明显。

(三)分类过度:研究生无法充分获取教育资源

课程设置是高校培养目标和培养规格的具体化,是保证人才培养质量的关键环节。为适应国家各个层面对人才的需求,目前全日制研究生培养分为从事专业性学术研究的学术型硕士和以具有职业性特征的专业型硕士,二者的培养规格各有侧重,在培养目标上有明显差异。明确的分类培养有助于对研究生进行更有针对性的培养,但是过度分类往往会影响研究生教育资源的充分获取。简言之,学术型硕士最终并非全部进入科研院所进行学术研究,也需掌握一定的职场信息,提高自身综合素质与应用知识的能力;而专业型硕士为更好地满足职业需求也需进行基本的学术教育,以学术研究帮助职业进步。然而目前部分高校研究生的课程设置割裂了学术型硕士培养与专业型硕士培养之间的联系,双向界限过度分明,学生无法充分获取、运用与之培养方向不同的课程资源,综合素质提升缓慢。

三、新时代、新阶段研究生课程建设建议

中共中央政治局常委、国务院总理李克强作出批示指出,研究生教育肩负着高层次人才培养和创新创造的重要使命,是国家发展、社会进步的重要基石。庞大的研究生受教群体必须以新时代国家、社会发展的人才要求为导向,以全面调整、强化课程建设为起点,积极探索研究生课程设置与调整路径,持续推进研究生教育改革。

(一)服务需求:构建与国家发展战略相适应的课程体系与调整机制

国家经济社会发展对人才的需求是研究生课程建设的依据,经济、科技的高速发展催生了更加多元化的教育需求,教育与各产业发展表现出了从未有过的紧密联系。因此,研究生课程建设须以服务需求为导向,当前我国正处

于两个一百年奋斗目标的历史交汇期,以培养更高层次、更高质量且能为国之发展所用的创新型人才为目标。一方面,国家、高校、企业之间应建立三方互通机制,课程设计应以国家战略规划为指引,以促进产业发展为目的,深入推进学科专业调整,优化课程设置,提升专业性人才培养与国家、产业发展需要的匹配程度。另一方面,研究生课程设置应具有前瞻性与适应性,高校应对国家战略发展方向与各行业的人才需求方向进行预判,前瞻性地进行课程规划与调整,特别是应该根据行业前沿发展和热点研究进程来更新授课内容和匹配的授课方式。

在对基本课程体系进行调整的基础上,应积极聘请业界人士进校园开展宣讲课、公开课、实验课等多种联动课程,来对在校学生进行学识补充,引导学生学习前沿课程,"预习"工作,辅助学生更快、更好地适应未来的就业市场。另外,校企合作也需要继续推进,校方积极与企业接洽,开设一定的实践性课程,消除理论学习与实际应用之间的壁垒,优化研究生高层次培养的供给侧改革。

(二)课堂改革:创建动态的教学培养模式

课堂学习是研究生课程的重要实践环节,无论是传统的"教师主导"课堂还是缓慢改进中的"教师引领"课堂都无法最大限度地发挥课堂在新知识传授与学生能力培养方向的重要作用。研究生是具备一定知识积淀的受教育群体,因此在课程内容的选择以及授课方式上更应注重创新应用能力的培养。一方面,学校应加大导师在专业课程设置、课程内容选择的话语权,提升课程教材建设质量,保证学生有能力参与相关的研究课题。另一方面,学校应该设立激励机制来督促任课教师提高课堂建设能力,目前研究生教育"重科研、轻教学"的现象也是由于学校对教师的考核机制决定的。学校应该为深化研究生课堂改革提供政策支持,鼓励教师以教学目标为核心,优化教学内容的设计和布局,以深化理解、启发探索、强调实用为目的,灵活调整授课内容。教师应考虑降低其课堂控制比重,给予学生自主发挥的空间,或者以翻转课堂的方式将主动权交给学生,让学生来对知识进行自我解读,加深其对知识的认知。此外,还可以建立双向的互动机制,掌握学生兴趣方向与学习难点,多开展诸如专业研讨会等启发型、研讨型、探究型的课程,注重方法指导与思维引领,使课程教学成为一个动态化过程,从而实现研究生学识与能力的双重提升。

(三)合理分类:加强交叉学科建设

研究生分类培养是提升培养效率、优化教育资源配置的重要手段,因此在对研究生教育中应对不同发展方向的学生进行合理分类。但合理分类并不是培养方式与教育资源的完全割裂。在对各分类方向的研究生课程进行设计的过程中,不仅要强化基础性、专业性课程的学习,也要注重能够培养研究生在相关领域实践能力的课程。一方面,要破除唯专业与学位为导向的培养体系,注重人才素质的综合性培养。教育资源在培养方向与各专业间的配置应相对公平,尽可能减少资源浪费。另一方面,研究生阶段不仅是对本身专业课程进行更深入学习、研究的阶段,也是广泛了解、汲取相关领域的最佳时期,在研究生课程设置上应更加注重交叉学科建设,改革学科专业目录,建立交叉学科体系,为跨学科、超学科研究生培养提供制度支持,有意识地培养研究生交叉学科创新能力与应用能力,最大化其未来在人才市场中的价值转化。

四、结论

习近平明确指出:"研究生教育在培养创新人才、提高创新能力、服务经济社会发展、推进国家治理体系和治理能力现代化方面具有重要作用。"据统计,到 2020 年,我国一般高校专任教师中,具有研究生学历教师的比例超过 64%,成为培养创新型人才的主力军。以及,从我国"北斗工程""嫦娥工程"

"载人深潜工程"等国家重大科技项目的参与团队人员比例中可以看出我国的研究生教育对我国经济社会发展起了支撑作用。

因此,在研究生教育改革的新阶段,我国需要坚定地走适合新时代中国特色社会主义的研究生课程建设之路,需要基于当前中国的社会生产结构和经济发展需求并充分考虑传统课程建设中存在的问题,合规、合理、有效地动态调整研究生课程目标、结构、内容等要素,最终形成系统科学的研究生课程教育体系,为中国特色的研究生课程建设添砖增瓦。

项目制驱动高校基层教学组织结构变革的路径探索

靳广民 *

摘要: 本文基于高等教育项目制对高校实现内涵式发展的重要作用,在项目制背景下探索高校基层教学组织结构的变革路径。打破传统基层教学组织的科层制,将项目制融合到基层教学组织结构的构建中,优化当前基层教学组织的问题,创新基层教学组织类型,构建职能型和自治型相融合的基层教学组织结构,探索分层管理与分类管理相结合的组织模式,为高校构建适应"项目"建构需求的科学、合理、多元化的创新型基层教学组织结构提供路径选择。

关键词: 项目制;组织结构;科层制;分层管理;分类管理

项目制作为国家治理机制的新形式,已经嵌入各个社会组织中,高等教育项目制也愈演愈烈,高校项目制治理机制打破了传统的资源配置模式,给

* 作者简介:

靳广民:天津商业大学助理研究员。

基金项目:

2020 年天津市重点教改项目:一流专业建设视角下完善高校基层教学组织的探索与实践(项目编号:A201006902)。

高等院校内涵式发展提供了机遇和挑战,"一流课程""一流专业""双一流""双万计划"等都是国家对高等教育实施项目制治理的手段,引发了全国高校的激烈竞争。①基层教学组织结构是基层教学组织的"骨架",是基层教学组织建设的基础。基层教学组织是承担高校教学任务的基本单位,基层教学组织是高校"项目"("一流课程"、"一流专业""双一流""双万计划"等)建设的支撑基础,基层教学组织的建设水平决定了高校"项目"建设的水平。基于基层教学组织结构、基层教学组织建设水平和高校"项目"建设水平三者的关系,本文基于项目制背景下对高校基层教学组织结构建设进行创新研究,探索适应高校"项目"建设需求的创新型基层教学组织结构的建设路径。

一、公共事业项目制治理的理论基础

(一)项目制的概念与内含

项目是指在一定的时间、资源约束的情况下达成特定目标的一次性任务。项目制是中国分税制改革的产物,是具有中国特色的治理机制,其本质是一种财政和资源再分配制度,是我国计划经济转向市场经济的必然选择。从财政分配的角度来看,项目制是国家将财政资金以"项目"的方式分层下放,实现从中央到基层的财政转移支付,完成资源重新配置的方式。从公共治理的角度上来看,项目制不仅仅是一种财政转移支付工具,更是国家层级管控从中央到地方以及各社会组织的治理手段和机制。②

项目制具有灵活性、高效性和竞争性的特点。项目制跟传统的科层制相比,能够使上级组织拥有集中的资源配置权利,打破传统组织中的单一"层层动员",形成"多向动员",带来了管理上的灵活性和高效性。项目制的本质意

---

① 徐玉特:《高校内涵式发展:项目制治理的科层化及其超越》,《黑龙江高教研究》,2020 年第 8 期。

② 曹龙虎:《作为国家治理机制的"项目制":一个文献评述》,《探索》,2016 年第 1 期。

义是上级组织通过激励下级组织来实现项目化管理,这种激励会打破国家对资源分配的传统模式,激发各组织之间的竞争,提高资源的使用效率。

(二)项目治理结构的优缺点

项目治理能够打破传统的资源配置方式,将市场机制和科层系统联动起来,带来一种新的治理逻辑,这种治理方式的最终目的是通过激励而非控制来实现资源的最优化配置。项目治理能够实现专项资源(资金)的专项使用,清晰的目标、科学的管理过程,是介于科层制和市场化的治理方式,与中国特色社会主义结构形式相适应,这种治理模式能够提高我国财政资金的使用效率,从而提高中国政府在公共事业发展方面的领导力,提高中国公共事业的建设水平。

但在实际的运用过程中,项目治理这种方式也存在着不足,具体表现在国家在项目治理的过程中其政权运作理性化有所欠缺,项目治理受制于科层体系的牵制,在执行的过程中偏离了最初的目标。并且国家在项目推行过程中激励和控制的关系不能形成有效的合力,呈现出轻激励重控制的局面,难以调动基层组织参与项目建设的积极性,弱化了项目治理机制的效果。

(三)高校项目制治理运用到基层教学组织结构改革的意义

在探讨高校项目制治理运用到基层教学组织结构改革的意义之前,笔者对基层教学组织结构、基层教学组织建设水平和高校"项目"建设水平三者之间的关系进行了梳理,从图1中我们可以看出,基层教学组织结构是建设基层教学组织的基础,基层教学组织建设是高校"项目"建设的支撑,基层教学组织结构亦是高校"项目"建设的基础,高校项目建设又反向驱动基层教学组织结构的改革和创新。

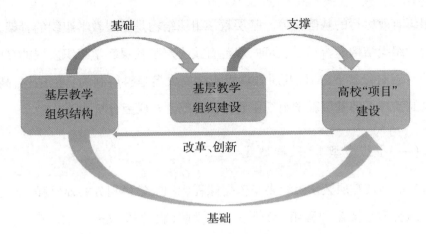

图1　基层教学组织结构、基层教学组织建设和高校"项目"建设关系

高等教育项目制是一种国家治理高校发展的手段和机制,表现为层级分发"项目"。国家通过顶层设计推动高等教育发展的"项目",地方政府依据自身实际情况来认领并细化政策将"项目"打包下放到地方高校中,地方高校依据自身的实际情况和高校的发展定位来建设"项目",从而形成了一个中央"发包"——地方政府"打包"——高校"抓包"的项目制实施过程。[①]

高等教育项目制具有激励性质,打破了传统的高校资源配置方式。高校"项目"建设能够驱动高校基层教学组织结构的变革,将项目制的治理模式和思维模式引入基层教学组织结构建设中能够打破传统的科层制结构,将项目制和科层制融合起来,构建新型的基层教学组织结构(教学团队、校企协同育人团队),能够夯实基层教学组织建设水平,为高校"项目"建设筑牢根基,推动高校实现内涵式发展。

二、高校科层制治理结构的现存问题及成因分析

组织结构是将组织各个组成单元进行权、责、利划分而形成的管理框架,

---

① 许文玉:《高等教育"项目制"发展运行过程中的问题及其对策研究》,吉林财经大学,2019 年硕士学位论文。

是组织有效运行的基础保障。基层教学组织结构是基层教学组织的骨架,基层教学组织结构是否科学、合理、规范直接决定了基层教学组织发展的高度。高校科层制背景下,高校基层教学组织结构大多是科层制的官僚结构,高校科层制治理下的基层教学组织主要存在的问题及成因分析如下:

(一)组织类型单一、同质化

当前高校基层教学组织多是依据课程、专业、学科划分的,高校的基层教学组织类型主要是课程组、教研室、系、学院(教学部)等形式,由于课程、专业、学科本身的同质化,造成了基层教学组织设置的同质化。同时各高校之间的差异化不明显,高校之间多为互相借鉴与复制,不能根据自身的情况因地制宜创新基层教学组织类型,组织类型呈现单一化。①

(二)组织结构僵化

当前高校基层教学组织结构多为科层制的官僚结构,内部行政化严重,组织的运行多是自上而下地传达命令,自下而上的反馈较少,具体表现在,学校下发任务到学院,学院层层下发到各基层教学组织,组织的运行呈被动性,并且由于科层制的层层管理,基层教学组织可调动的资源不足,话语权较少,使得组织内部活力不足,组织结构僵化,运行效率低下。

(三)组织结构内部融合性不足

基层教学组织的科层制带来了组织结构内部管理的纵向单一化,管理手段单一,针对不同的教学组织类型均呈现一刀切的分层管理模式,不能够根据实际情况灵活管理,降低了管理的有效性。基层教学组织的内部管理链是衔接各基层教学组织(课程组、教研室、系、院)的权利指挥链,管理链的单一

---

① 王秀梅:《新时期高校基层教学组织的改革与发展》,《中国大学教学》,2020年第10期。

化使得基层教学组织之间联动性差,不利于组织之间的交叉融合,各平行的基层教学组织之间壁垒分明,不利于组织之间的沟通交流,基层组织之间融合性不足。

三、"项目制"下高校基层教学组织结构的创新路径

高校项目制治理对高校基层教学组织结构建设带来了新的思维模式,"项目制"下高校基层教学组织结构的创新可以从基层教学组织类型、基层教学组织结构形式以及基层教学组织管理模式三个方面展开。

（一）创新基层教学组织类型

创新基层教学组织类型,丰富固有的基层教学组织类型。高校"项目"建设水平需要更加灵活高效的基层教学组织作为支撑,这就要求高校应打破固有的基层教学组织类型,不能只构建以职能型为分类的基层教学组织,这种基层教学组织多局限于单一的专业和学科门类,融合性不足,阻碍了高校"项目"建设水平的提高。应根据以目标为导向建立横向的矩阵型的教学团队、科研团队,提高组织之间的融合性,发挥组织间的协同联动作用。

高校"项目"建设的本质是立德树人、培养高水平的复合型人才。这就要求高校在进行人才培养时不能脱离社会的需求,构建校企协同育人团队,促进产教融合,实现校企联合育人。各高校应该基于自身的发展定位,因地制宜,在"项目制"下从本校实际情况出发创新基层教学组织类型,才能够提高高校"项目"建设水平,在高等教育项目制的浪潮下顺势而上,实现高校内涵式发展。

（二）构建职能型和自治型相融合的基层教学组织结构

当前高校基层教学组织多以职能型的教学组织（课程组、教研室、系）为

主,组织结构多以科层制的官僚结构为主,表现形式为自下而上的汇报模式,教研室向系汇报、系向学院汇报,呈现出向上负责制,对下管理制,这种职能型的教学组织结构运行模式多是依据上级的指令行事,组织结构僵化明显。①自治型相融合的基层教学组织(教学团队、科研团队、校企合作育人团队)是新时代的产物,可以看作高校内部的项目制,学校"打包"下发项目,自治型的基层教学组织能够权利最大化地去"抓包",能够最大化地激励自治型的基层教学组织的活力,更好地完成学校打包下发的项目。

项目制下职能型基层教学组织和自治型基层教学组织不能单一存在,需要相互依附发展,形成职能型和自治型相融合的基层教学组织结构。科层制下的官僚组织结构支撑职能型基层教学组织的运行,项目制下的自治型基层教学组织依附于科层制下盘活僵化的组织结构,两者的有效融合能够创新基层教学组织机构形式,创建官僚型和矩阵型相结合的组织结构,打破当前基层教学组织结构的局限性,在不断地探索中构建科学、合理、多元化的创新型基层教学组织结构,为夯实高校"项目"建设水平打下根基。

(三)分层管理与分类管理相结合的组织模式

基于项目制背景下,建立职能型和自治型相融合的基层教学组织结构后,高校应该依据不同的组织进行不同的管理方式,平衡激励和控制之间的关系。组织结构的管理框架是由衔接内部组织的管理链组成的,职能型的基层教学组织多以特定的学科、专业设置的,各平行组织之间具有高度专业化,各层级组织之间具有高度的集权化,组织结构呈现层层递进的管理关系,这种组织模式需要采取分层管理模式,构建严格的科层管理制度,实施以控制为主激励为辅的管理方式。基于项目制构建的自治型教学组织,多以特定的目标导向建立的,组织的建立多依托横向合作,组织的建设目标多依托于高

---

① 仪明东:《关于高校一流本科专业建设中基层教学组织的思考》,《科技视界》,2019 年第 36 期。

校的发展方向,这种组织结构需要采取分类管理模式,需要按照不同的类别进行科学化的管理,实施以激励为主控制为辅的管理方式,最大化地调动自治型教学组织的积极性。

高校只有将分层管理和分类管理结合起来,构建横向和纵向交叉的清晰的管理链,以分层管理为主,分类管理为辅,才能打破传统的基层教学组织结构形式,构建适应新时代需求的科学的、灵活的、多元化的创新型基层教学组织结构,确保组织内部具有清晰的管理脉络,才能够实施科学、有效的管理。

综上所述,高校基于自身实际情况在项目制背景下改革创新基层教学组织类型,构建职能型和自治型相融合的基层教学组织结构,采用分层管理和分类管理相结合的模式是夯实高校"项目"建设之路的必然选择。

四、小结

高等教育项目制已经成为国家调控教育资源的主要手段之一,面对国家"发包"的一个个项目(一流课程、一流专业、双一流、双万计划),如何提高自身的竞争力进行有效地"抓包"是每一个高校需要面临的问题,高校必须改革创新才能够获得发展。基层教学组织是支撑高校发展的最基本单位,基层教学组织的建设水平直接关系着高校"项目"建设的能力,而基层教学组织结构是基层教学组织运行的骨架和根基,建立科学合理多元化的基层教学组织结构是建设高水平基层教学组织的前提。基于此,本文针对当前基层教学组织结构存在的问题,在项目制背景下对高校基层教学组织结构建设进行了启发式研究,为高校创新基层教学组织结构提供了路径选择。

导师促进硕士研究生就业的教学改革探索

李 昱 高 畅*

摘要:党的十八大以来,以习近平同志为核心的党中央高度重视高校毕业生就业工作,研究生作为高层次人才,其就业工作越来越重要。但近年来,随着我国经济转型以及硕士研究生招生规模不断扩大,研究生竞争压力不断增大,就业形势日趋严峻。当前我国高校硕士研究生培养实行导师负责制,研究生导师作为学生的领路人,不仅熟悉专业就业去向选择、待遇等相关信息,也对学生性格、能力有所了解,可以对研究生就业给予有意义的指导与帮助。基于此,本文将探讨研究生导师在促进研究生就业方面的优势,并针对存在的问题对实现导师促进研究生就业的目标进行教学改革的相关建议。

关键词:导师;硕士研究生;就业;教学改革

---

*作者简介:

李昱:天津商业大学经济学院综合办公室主任。

高畅:天津商业大学经济学院硕士研究生。

基金项目:

天津商业大学教改项目"经济学专业加快一流本科课程建设对策研究"(20JGXM0121)的阶段性成果。

一、引言

根据教育部统计数据显示,我国研究生录取规模已由 2016 年的 58 万人增长至 2020 年的 111 万人, 且 2020 年研究生在学人数已经达到 300 万人。研究生招生规模的不断扩大使得研究生学历相对"贬值"。此外,2020 年新冠肺炎疫情使尚未复苏的全球经济再次遭受重创,较为严峻的经济形势也让研究生就业变得更加困难。

随着研究生招生规模的扩大,当前研究生就业已由"卖方市场"变成"买方市场",研究生不仅要面临同学历人才的竞争,也要面临本科生的竞争。此外,当前我国经济正处于高速增长转向高质量发展阶段,产业结构升级仍处于进行时,中高端职位需求量相对较少,这进一步挤压了研究生就业岗位。从研究生自身而言,普遍存在着缺乏就业指导以及自身定位不准等问题。这些因素都不利于研究生实现高质量就业。

2020 年党中央和国务院提出加大"六稳""六保"工作力度,其中之一就是稳定和保障就业。每年解决百万计的大学生就业也是社会各界关注的重点问题。目前我国研究生培养教育中施行导师负责制,导师与研究生接触最多,影响也最大,具有开展研究生就业工作的天然优势。2020 年教育部印发《研究生导师指导行为准则》,强调研究生导师要关注研究生就业压力。但从过往经验看,导师与研究生在就业问题上产生矛盾分歧的情况常有发生。

基于上文,对导师负责制等教学制度进行适当改革,发挥导师促进研究生就业作用至关重要。本文将探讨导师促进研究生就业的优势以及过程中存在的问题,并提出相关政策建议。

二、导师促进研究生就业的优势

(一)培养经验丰富

导师往往在一行业深耕数十年,在产学研的协同过程中与行业相关的企事业单位较为熟悉,导师的社会声望与业内成就也使得他们的推荐意见容易获得企事业单位的认可, 因此可以利用人脉优势推荐学生实现高质量就业,减缓就业压力。此外,导师在培养历届研究生的过程中也熟悉了解学生主要就业去向,薪资待遇,职业发展等相关信息,具有丰富的培养经验,这对学生非常有利。由于经常与外界进行社会交往联系,导师也可以发挥行业信息优势,为学生提供相关单位企业岗位需求信息,促进学生就业。

(二)熟悉程度较深

目前,导师与研究生联系最为紧密,在日常工作学习和生活中与学生沟通较多,也更为了解情况。研究生就业形势严峻虽是普遍性问题,但落实到每个研究生个体上则是特殊性问题,需要具体问题具体分析。导师一般对学生性格特征、自身能力、家庭情况等基本信息有所了解,在实际指导中对学生素质和素养有着较为明晰的定位,有助于把握学生的工作意向和合适岗位。在科研和学术工作中,导师对学生学习能力、学习习惯、处事能力都很了解,并且可以通过交流了解到学生个人的价值观、择业观、职业生涯规划等愿景。充分利用导师对学生熟悉程度较深的优势,促进解决研究生就业难问题。

(三)有效降低成本

研究生导师可以有效降低学生就业的经济与精神成本。研究生就业的经济成本包括通信成本、异地求职的交通成本、咨询成本等。导师一方面可以通过给予补贴、科研经费等方式报销部分学生费用,另一方面也可以通过帮助学生有效确定职业发展方向,缩小择业种类和地域范围降低学生经济成本。研究生面临就业问题一般在毕业季,在人生的十字路口,研究生不仅要面临求职就业的压力,还要面临毕业论文写作等事项的压力。导师可以与学生沟通,提前规划好毕业论文开题、写作、中期报告等相关时间节点,减少因论文写作等事项分散学生就业求职的精力。

(四)优势资源利用

研究生导师经常会获得政府部门或企事业单位资助的课题,这些优势资源往往能在研究生解决社会实际需求的过程中得到利用,从而提升研究生自身能力。研究生在导师的指导下开展相关研究,包括项目的可行性分析、政策传导机制及影响力分析、知名企业实操案例等,可以锻炼学生解决实际问题的能力,也能在就业时为自身经历提升含金量。导师也可以利用自身的知识经验、科研成果等优势资源推动研究生进行自主创业,从而提高就业质量。

三、导师促进研究生就业中存在的问题

(一)导师评价与研究生就业联系不紧密

研究生群体非常关注自身就业问题,根据相关调查数据显示,超过半数的研究生是为了找到更为理想的工作而选择读研。但在现行教育体制下,导师评价更多与科研学术成果相关,而与研究生就业层次和就业质量的联系不够紧密,因此导师很难发挥自身优势促进研究生就业。

导师需要产出更多的学术成果,即论文、项目和相关课题,才能获得提升。这就导致一方面,部分导师为了完成自己的任务而将招收的研究生视作廉价劳动力,这不仅剥夺了研究生自主发展选择未来道路的权利,还会对研

究生身心健康造成严重损害;另一方面,部分导师不考虑研究生是否适合科研,一味要求学生专注学术,从而使学生没有时间和精力去进行实习等社会实践,导致其应对社会现实,处理实际问题的素质和能力有所缺失,在就业市场上不具备突出优势。

(二)部分导师对就业形势缺乏认识

研究生导师通常在其所在领域有很深的学术造诣,但因为其长期处于校园环境中,难免会对当前就业形势缺乏了解和认识。导师要求学生追求学术前沿,而学生往往会基于传统文化中"尊师重教"的理念对导师有较强的遵从意识,从而缺乏在研究生学习期间对未来规划的自我认识,这会导致学生的视野脱离社会实践。此外,部分研究生导师可能对当前就业中的一些基本情况缺乏了解,如企业对求职者核心竞争力要求招聘就业流程等,因此忽略了对学生的全面培养,造成学生实际能力与社会需求脱节。

(三)高校导师遴选机制不健全

当前我国研究生教育中导师的遴选机制不健全。首先,一些高校通过量化学术成果,科研经费等指标作为评定导师的标准,而忽略了对导师的道德要求。这会导致部分"有才无德"的老师进入研究生导师队伍,对研究生的培养和健康发展产生不利影响。其次,在导师遴选过程中对导师的相关能力要求不够全面,对于指导能力、学生毕业后就业或升学质量等方面的要求有所欠缺。再次,导师的遴选机制应是一整套连续的规范化制度程序,但在当前实际操作中,各环节都可能有关系、人情等因素的介入。这严重影响了导师遴选结果的公平性,容易造成"劣币驱逐良币"现象的发生。最后,尚未建立起导师资格的动态审核机制也是遴选机制不健全的表现之一。在未出现重大错误的前提下,导师通常能持续招收研究生,这不利于保持导师队伍的活力,也不利于激励导师促进研究生就业。

四、对发挥导师促进研究生就业优势的建议

（一）将研究生就业质量引入导师评价

我国研究生导师的考核等评价机制主要看重导师学术水平，而对其促进研究生实现高质量就业能力的评价较为薄弱。因此，将研究生就业质量引入导师评价，并与导师科研经费、课题数量等在一定程度上挂钩，从而增强导师促进研究生就业的主体意识。在研究生指标分配上，也可以向学生就业质量高的导师倾斜，或是将各导师学生就业情况信息公开，通过学生和老师双向自由选择这一"类市场化"行为实现研究生数量指标的合理分配。但是也要综合考量，确定适宜的影响权重，从而在不影响导师正常科研任务的前提下发挥导师促进研究生就业的优势。

（二）加强研究生导师相关培训

针对各专业研究生就业面临的困难与挑战，各高校应为研究生导师开展相关培训，提高导师对本专业学生就业形势的认知水平，并增强导师帮助学生实现高质量就业的责任感。此外，高校应组织研究生导师参与就业指导相关培训，使教师灵活运用自身经验与资源，一方面利用自身资源推荐学生，为学生提供必要的信息咨询，帮助他们就业；另一方面向学生传授自身工作的经验，帮助其顺利度过从校园到职场的心态转变过程。

我国政府应积极设置预算经费，加强导师培训的同时为帮助研究生就业的导师提供相关补贴从而起到激励作用。

（三）健全研究生导师遴选机制

我国高校应健全导师遴选机制，提高硕士研究生师资队伍的质量。在突

出导师科研能力的同时,也要注重对导师道德修养、责任心的考察与评价。此外,导师队伍应废除"终身制",各高校应根据每年教学计划以及学科发展动态、硕士毕业生就业情况等多方面建立动态的导师资格审核机制,对硕士研究生导师进行跟踪管理和考核,增强导师的责任意识。

此外,高校也可以通过建立"双导师制",强化对学生实践能力的培养。目前我国高校,如中国海洋大学、对外经济贸易大学、天津商业大学等,在培养如金融硕士、国际商务硕士等专业学位硕士时建立双导师制,引入校外导师。通过校外导师使学生在毕业前进行适当的社会实践,建立多样的校企联合培养方式,有利于学生将自身之所学与社会之所用结合起来,校外导师也可以向研究生传授就业求职的技巧以及职场经验,对研究生实现高质量就业有所帮助。

五、总结

综上,研究生高质量就业需要导师的指导与帮助。当前,研究生教育改革即将进入新的历史阶段,培养硕士研究生群体实践能力、创新能力,提高研究生综合素养对于夯实社会主义现代化强国的人才基础至关重要。因此,教育主管部门和各高校也应积极进行教学制度相关改革,实现导师促进研究生实现高质量就业的目标。而研究生导师队伍也应明确自身主体责任,积极促进学生就业,为国家和社会进步培养一批又一批人才。

新时代背景下
"信用管理学"课程建设的实践探索

刘红霞 *

摘要:本文介绍了"信用管理学"课程建设的时代背景、目的及思路、主要内容,分析了课程建设中存在的主要问题,从进一步加强课程教学资源建设、深化课程教学方式方法改革、修订教材、进行课程考核方式及评价改革等方面提出了课程建设的下一步计划。

关键词:新时代;信用管理;人才培养;高质量发展

---

* 作者简介:

刘红霞:天津商业大学经济学院金融系副教授,硕士研究生导师,主要从事金融学和信用管理的教学和科研工作。

基金项目:2019 年天津商业大学首批"金课"建设项目"信用管理学"、天津商业大学金融学天津市一流本科专业建设点、金融学国家级一流本科专业建设点、金融学天津商业大学优势特色专业建设点、2020 年天津商业大学"课程思政"改革课建设项目"信用评级"、教育部 2020 年第二批产学合作协同育人项目"'信用评级'课程思政建设"的阶段性成果。

一、课程建设的时代背景

（一）中国高等教育进入新时代高质量发展阶段

2017 年,中国特色社会主义进入了新时代,党和国家做出了加强教育事业发展的重大战略部署。

2018 年 6 月 21 日,全国高校本科教育工作会议召开,强调高等教育"以本为本",推进"四个回归"的重要性,为我国本科教育的发展指明了方向。会议提出了加快发展高水平本科教育,全面提高本科人才培养能力和培养质量的战略任务。

2018 年 8 月 24 日,中央出台文件,确定发展"四新"。2018 年 9 月,全国教育大会上分析研判了目前我国教育事业面临的新形势、新挑战和新任务,对我国的教育改革发展做出战略部署,描绘了新时代教育事业的发展蓝图;同月,教育部颁布新时代高教 40 条。

2019 年 4 月 29 日,教育部启动"六卓越一拔尖"计划 2.0,提出了建金专、建金课、建高地发展规划,全面推动"四新"建设。2020 年 11 月 3 日,教育部召开新文科建设工作会议。世界在变,高等教育在变,随着中国高等教育从规模扩张到内涵发展,中国高等教育进入了高质量发展阶段的新时代。

（二）中国迈入信用经济时代

《2020 年国民经济和社会发展统计公报》显示,按平均汇率折算,2019 年我国人均 GDP 达到了 10276 美元,首次突破 1 万美元,2020 年约为 10504 美元。发达国家的经验表明:若一个国家人均 GDP 达到 2000 美元,就会出现交易形式的转变,即由以现金交易为主的交易方式转变为以信用为主的交易方式。当这种转变开始出现或发展后,该国就开始进入信用经济时代。

信用经济时代的主要特征有以下三点：

一是信用作为资本逐渐成为经济交易社会交往的新要素新标准参与到社会资源配置中，在此背景下，如何对信用进行合理评价、如何制定评价标准、企业如何进行信用销售、信用主体如何管理自身信用等问题亟须解决。

二是社会信用体系作为国家治理能力和治理体系现代化的新支柱新抓手，在此背景下，如何广泛全面地对信用信息进行收集、如何结合信用对市场监管体系进行全新升级、如何实现信用信息的公开共享、如何建立守信激励与失信惩戒机制、如何进行信用修复、如何进行信用立法、如何建立征信体系、社会诚信体系和文明体系、如何加强信用文化与教育，这些问题仍需探讨。

三是信用的应用场景不断丰富，启动"信易贷""信易租""信易行""信易游""信易批"等"信易+"系列项目，便民惠企措施深入经济社会各个领域，信用服务"放管服"、优化营商环境、创新社会治理上有新举措。

为落实"双万计划""十百千万卓越工程"以及学校本科专业建设计划，持续推进学校课程建设水平，鼓励教师在教学过程中引入新的教学方法和教学理念，在教育教学模式中积极引入现代信息技术加以创新，培养学生自主学习的能力，打造一批具有高阶性、创新性、挑战度的校级"金课"。2019年学校开展了校级"金课"和"课程思政"改革"金课"建设项目申报及遴选，"信用管理学"是获准立项的校级"金课"建设项目之一。

二、课程建设的目的及思路

（一）建设目的

以学生发展为中心，立德树人，强化知识、能力、素质综合能力的培养，提升学生分析问题解决问题的能力，让我的课变成"我们的课"。

（二）建设思路

按照符合"金课"标准的高质量要求，做好课程设计和教学效果评价。具体而言：

（1）课程整合：我怎么来设计一门课？

（2）内容取舍：我在课堂上要讲什么？

（3）效果评估：我怎么评价学习效果？

三、课程建设的主要内容

（一）课程队伍建设

团队4位老师均为信用管理专业教师，具体讲授"征信理论与实务""企业信用管理""消费者信用管理""信用评级""信用风险度量与管理"等信用管理专业课程。

（1）刘玲老师参与了课程设计，其主讲的课程"信用评级"获得了2020年天津商业大学"课程思政"改革课建设项目，"信用评级"课程思政建设获批"教育部2020年第二批产学合作协同育人项目"。

（2）韦颜秋老师参加了广东金融学院建设的全国大学慕课"信用管理学"课程的视频录制，该课程为全国第一门信用管理专业MOOC课程（学银在线）；在智慧树平台建有"大学生创新创业"MOOC课程，有129所高校选用，7万人次选课；获批2020年校级本科教育教学改革项目一项：金融学专业"大学生创新创业"高阶性教学模式和质量提升研究；"大学生创新创业"获批2019年天津商业大学课程思政"金课"建设项目（综合素养课）。

（3）王国栋和曹红老师参与了"信用服务机构"课程内容的设计及其资料的收集。曹红老师的"逆全球化国际合作研发推进天津产业高质量发展研究"

获批 2020 年度天津哲学社会科学规划课题一般项目(TJYJ20–013)。

(4)"金融学专业学生自主创新能力培养的研究与实践"获批天津商业大学提升自主创新原始创新能力项目。

(5)2020、2021 年金融学专业分别获批天津市一流专业建设点和国家一流专业建设点。

(二)课程教学质量建设

(1)依托学银在线"信用管理学"MOOC,在学银在线学习教学平台上建设了天津商业大学"信用管理学""异步"SPOC 课程。

(2)对相应的知识点和章节进行全新的教学设计。在 2019 版课程教学大纲的基础上,根据信用管理行业的发展,设计了十章的教学内容,对信用监管和信用标准化建设的内容作了重点的补充和完善。

(3)在学银在线学习教学平台推送第一章到第十章的慕课视频、授课PPT、知识拓展、案例及其相关参考资料。

(4)在学银在线学习教学平台讨论专区就相关问题发起讨论和回帖。

(三)教学手段与教学方法改革

(1)线上与线下相结合。2020 年春季学期,受新冠肺炎疫情影响,根据学校教学安排和要求,课中 1—13 周采用腾讯会议语音 +PPT 的授课方式,学生腾讯会议课堂作业 PPT+ 语音展示;14—16 周,线下课堂授课。2020 年秋季学期和 2021 年春季学期,课中采取线下集中授课。三个学期课前和课后采取线上平台学习。

(2)信用管理相关政策文件组组互评改革尝试。每个班学委,根据老师给定的"信用管理学"政策文件组组互评任务分工和要求,对本班同学进行分组,组织本班同学学习相关政策文件,将任务分解,采取组组互评的形式,在规定的时间内完成每位同学的学习测试并打分。测评的题型为单选题、多选题、判断题和简答题,主要以前三种题型为主。

（3）超星学习通签到。

（4）微信、学银在线学习教学平台发布授课通知、课堂作业,推送最新信用领域资讯。

（5）课堂讲授与案例分析相结合。

（四）课程考核方式及评价

"超星学习通 + 慕课 + 异步 SPOC 课程"的教学模式在整个教学过程中会自动产生学习行为的记录,这些数据为实施课程的过程化考核改革提供了支撑。

考核方式及评价标准:回归学习过程。具体而言,课程成绩:平时成绩30%+ 期末成绩 70%;平时成绩:签到 + 课堂讨论(线上与线下) + 作业 + 测验 + 观看视频 + 章节知识点 + 个人信用报告 + 读书笔记 + 小组作业 + 组内互评+其他。

四、课程建设中存在的主要问题

（一）教学案例库建设有待加强

党的十七届六中全会以来,我国社会信用体系建设步入快车道,与之相匹配的案例亟待挖掘整理。案例库建设普遍不足的主要原因是案例库建设需要深入实践,需要有长时间的实践积累。破解之策:加强校企合作,走出去、请进来。

（二）课程教学方式方法改革有待进一步加强

启发式、讨论式和案例式教学,培养学生的独立思辨能力和实际动手操作能力,变要我学到我要学,需要教师长期探索总结和坚持。

(三)课程过程管理和激励导向的教育教学管理制度建设有待加强

课程过程管理和激励导向的教育教学管理制度顶层设计缺位。拟从研究生课堂开始改革探索,再到本科生课堂。

五、课程建设的下一步计划

(一)进一步加强课程教学资源建设

(1)继续补充完善网络教学平台教学资源,尤其是音视频资源、素材等资源。

(2)拓展校企合作师资,聘请校外导师深入课堂授课或举办讲座。

(3)推进教学案例库建设。

(二)深化课程教学方式方法改革

(1)构建教学体系,分周次、板块、主讲专题构建教学体系,精心设计专题研讨的题目、专题阅读与小组展示的内容。

(2)课堂重点讲授知识体系的脉络,把握宏观方向,研究的逻辑;学生重点在专题研究、具体问题的理解和案例的分析。

(3)尝试开放性教学。一是本硕联动成立课程兴趣小组,就一些专业领域亟待研究解决的焦点热点问题展开研讨;二是引导学生申报"大创"项目;三是引导学生参加各种学术会议,宣读发表科研论文;四是校企联动科研攻关,吸纳优秀学生参与。

(三)修订教材

通过教材修订,将前沿的信用管理理论和实践纳入教材。

(四)进行课程考核方式及评价改革

增加教学的过程性考核,即提高平时成绩的占比,减少期末成绩的占比。在条件允许的情况下,启用助教参与教学活动。

基于金融科技背景下的"金融学"课程改革初探

刘　玲　齐嘉琳*

摘要： 20世纪80年代后，以互联网为代表的信息技术开始迅速发展。在信息技术不断发展的今天，金融科技（Fintech）在金融运用领域中所占比重越来越大，并且"金融学"的内容和教学理念也随着金融科技的发展在不断地创新优化。同时，由于"金融学"课程本身具有的实用性和专业性特点，"金融学"课程需要进一步加大对金融科技相关知识的学习与投入。本文阐述了金融科技背景下"金融学"课程改革的必要性，并基于此对于"金融学"课程改革的必要性进行了深入分析，从而提出了人才培养方案、教学方法、考核方式、创新和校企合作等方面的建议。

关键词： "金融学"课程；金融科技；课程改革

* 作者简介：

刘玲：博士，副教授，天津商业大学经济学院，研究方向为货币经济学、信用管理。

齐嘉琳：硕士研究生在读，天津商业大学经济学院，研究方向为金融市场与金融机构。

基金项目：

本文系教育部2020年第二批产学合作协同育人项目"'信用评级'课程思政建设"、2020年天津商业大学"课程思政"改革课建设项目"信用评级"、天津商业大学金融学天津市一流本科专业建设点、金融学国家级一流本科专业建设点和金融学天津商业大学优势特色专业建设点、2019年天津商业大学"金课"建设项目—金融学（19JKJS01091）的阶段性成果。

2016 年 3 月金融稳定理事会(Financial Stability Board, FSB)将金融科技
定义为金融服务中以技术为基础的一种创新科技。金融科技的产生不仅对金
融市场和机构以及提供金融服务的方式产生了重大影响,同时还影响了金融
教育领域的发展。各大高校对于人才的培养从专一型人才逐渐变为复合型人
才,因此在此背景下,更需要对"金融学"课程进行相应的改革,将金融科技的
相关最新前沿知识和应用融合在"金融学"课程当中,进一步培养出理论与实
践相结合、跨学科的复合型创新性金融人才。

一、金融科技背景下"金融学"课程改革的必要性分析

(一)适应金融科技发展需要

在科学技术不断发展的今天,金融科技在金融运用领域中所占比重越来
越大。同时一些配套的技术支持系统也在不断发展,因此各国对于金融科技
的重视程度也在不断提高。

2017 年,中国人民银行成立金融科技委员会,其目的是加强金融科技工
作的研究规划和统筹协调。2019 年 8 月中国人民银行 22 日宣布,已印发《金
融科技发展规划(2019—2021 年)》,并提出到 2021 年,建立健全我国金融科
技发展的"四梁八柱"。

(二)提高"金融学"课程含金量的需要

随着近年来金融科技的不断发展及其延展性的不断扩大,教育部一直致
力于强调要与时俱进,提高"金融学"课程的含金量。

首先,在线下教学方面,目前教育部正在推动"金融学""金课"以及一流
本科专业的发展。"金课"最早于 2018 年 6 月由教育部提出,并于同年 8 月被
教育部写入相关文件之中。2019 年 5 月中国高校金融教育金课联盟建立,到

2021年2月为止,已有130多所高校加入金课联盟。"金课"具有前沿性的课程内容、互动性的教学形式和充分发挥学生主观能动性的教学过程等特点。金融学一流本科专业的发展始于2019年4月教育部正式发布的《关于实施一流本科专业建设"双万计划"的通知》,其中指出教育部计划从2019年到2021年建设1万个左右的国家级一流本科专业点和1万个左右省级一流本科专业点。根据2019年12月教育部公布的《关于公布2019年度国家级和省级一流本科专业建设点名单的通知》①可知,金融学总计120个一流专业建设点,其中国家级54个,省级66个,总体排名为第17名。

其次,在线上教学方面,2013年以来,教育部持续推动慕课等在线开放课程平台的建设、应用与开放共享。到2021年,教育部已遴选认定了包括1291门国家精品在内的在线开放课程等优质在线开放课程,其中,仅在MOOC平台中就包含了200多门的"金融学"课程,占总体精品课程的15%。

(三)培养复合型金融人才的需要

金融科技不断创新与发展,对复合型金融人才的需求量不断增加,"金融学"的教学内容和教学理念也需要不断创新优化,很多高校增设金融科技相关课程作为金融学专业核心课程或在相关课程中添加金融科技相关知识。

首先,在新设专业方面,近年来,国外的一些高校开始纷纷开设金融科技专业,其主要侧重于风险资本、私人市场和金融科技初创企业等方面。以伦敦大学学院(University College London,UCL)的金融科技专业为例,其主要课程包括金融科技基础、数据分析及机器学习等。

截至2020年,国内已有20多所高校开设了金融科技相关专业。2021年2月发布的《教育部2020年度普通高等学校本科专业备案和审批结果》显示,38所院校新增设金融科技专业,9所院校新增设互联网金融专业,24所院校

---

① 具体数据参见《国家级一流本科专业建设点详细名单》,http://www.360doc.com/content/20/1018/17/30898787_941087561.shtml。

新增设数字经济专业。这其中的大部分金融科技专业主干课程中均包含了"程序设计""大数据应用"和"人工智能理论"等课程。以中央财经大学为例,其金融科技专业包括了"Python 程序设计""C++ 程序设计""数据结构与算法"等金融科技相关课程。

其次,在开设课程方面,截至 2021 年 2 月,仅在慕课平台上使用"金融科技"作为关键词进行搜索就可以获得 160 门金融科技相关课程,因此增设金融科技相关课程是金融学专业课程体系建设的必然发展趋势。

二、金融科技背景下"金融学"课程改革的可行性分析

(一)课程内容中已有金融科技相关知识

从 21 世纪初互联网金融开始发展时,金融科技的相关内容在"金融学"课程中已有体现,如在 2009 年版黄达《金融学》的第一章货币与货币制度中,就对于以电磁信号为载体的货币进行了相关介绍。截至 2021 年,已有如管同伟的《金融科技概论》等金融科技的专门教材上市。由此可见,金融科技相关教材建设初见成效。因此,未来只需在现有基础上增加知识深度,并且添加一些符合金融市场动态的新知识和最新的技术手段即可实现金融学与金融科技的有效结合。

(二)教学设施可满足金融科技教学需要

目前各大院校对于教学基础设施的投入逐渐开始向金融科技相关专业倾斜。2019 年教育部等 11 个部门联合印发指导意见,其中提出"到 2020 年,互联网、大数据、人工智能等现代信息技术要在教育领域的应用将更加广泛",并且到 2022 年将实现所有学校接入快速稳定的互联网。由此可见,在教学设施建设方面是足以支撑培养具有商科素养的、熟悉金融市场规律、熟练掌握

技术分析和一定数量分析能力的金融科技人才的。

三、学生具备一定的金融科技所需计算机基础知识

随着互联网技术和智能手机的不断发展,越来越多的学生拥有编程方面的金融科技基础。早在 2015 年, 全国计算机等级考试的报名人数就突破了 287 万, 而在刚刚结束的 2020 年全国计算机等级考试中仅甘肃一个省报名人数就有 23 万,这足以证明目前学生已具备一定的计算机基础知识。因此可以开展更深层次的金融科技内容教学。

四、金融科技背景下金融学课程改革的建议

(一)金融学人才培养方案中添加金融科技相关课程

由于金融科技在不断地创新发展,因此在金融学课程的日常教学中加入一些金融科技相关知识是非常必要的,比如数据分析与挖掘、数字货币以及区块链等。

首先,可以参照美国金融科技分析师(CFTA)的相关课程体系对于现有的"金融学"课程内容进行补充,如在课程设置中添加一些计算机编程内容,将"金融学"课程与数据分析和挖掘相关课程相结合,使学生可以更好地掌握不同软件或工具的分析方法;

其次,可以在"金融学"教学中添加一些金融科技的相关案例,如金融科技的创新发展对金融市场的影响等案例供教师与学生进行探讨和研究,从而加深学生对相关理论和基础知识的理解;

最后,金融科技的发展十分迅速,教学需要时刻关注金融科技动态,帮助学生掌握最新的金融科技理论、实际运用及技术手段,加强学生对于金融科

技最新发展动态的关注。

（二）运用线上线下相结合的跨学院教学方法

由于金融科技的相关知识不仅在于学习教材上的基础知识，更在于课下的实践，因此可以采取一些新型教学方法来进行教学。以混合式教学方法为例，线下面授、线上实践和学习者主动学习这三方面都具有双重作用，从而更好地指导学生进行知识的掌握和理解。

首先，线下的面授模式可以在课上为学生讲解理论知识以及具体的实践方法或操作流程，并指出需要注意的地方或易错点；

其次，线上的实践模式可以通过开放相关实验平台的方式，让学生在教师指导下进行线上操作，根据实践操作中碰到的一些问题与教师以及业内专家进行探讨；

最后，各高校可以推行跨学院交叉式教学。由于在学习金融科技的内容时，需要运用一定的程序设计等计算机专业知识来解释和分析金融数据，编写相关金融业务运行程序等。因此，可以让相关不同学院的教师共同合作完成"金融科技"课程的教学工作，如可让金融专业的教师讲授金融学相关知识，再由计算机专业的教师讲授程序设计、数据分析等计算机知识，这样可以有效地实现跨学科教师资源整合，优势互补。

此外，学生的主动学习也是十分重要的，线上实践也可以激发起学生的学习兴趣，学生通过自己查阅资料、完成金融科技相关业务实际操作等方式加深其对于基础理论知识的掌握程度，提高课堂教学效率。

（三）增加金融科技项目模拟运作等考核方式

在考核方式方面，加入金融科技相关内容可以使得考核方式更加丰富。不仅可以采用传统的期末考核方式来考查学生的相关理论知识，还可以根据教学内容建立虚拟仿真金融项目，通过金融项目的运营和操作来进行考核，从而综合考核学生的理论知识和实践能力。

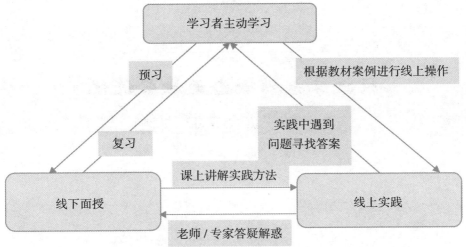

图 1　混合式教学方法

资料来源：郑静：《国内高校混合式教学现状调查与分析》，《黑龙江高教研究》，2018年第 12 期。

(四)鼓励理论和实践的双创新

鼓励教师在科研活动中加强对金融科技理论的创新性研究。在实践中，通过线上与线下相结合的课堂教学以及案例教学等方式，引入金融科技经典案例，线上教学平台嵌入拓展式知识点链接及开展师生互动式讨论，加强学生对金融科技运行方式、运用场景及技术手段的深入了解，从而达到知行合一的目的。

(五)推动金融科技企业与高校进行全方位的校企合作

2017 年 10 月 18 日，习近平同志在党的十九大报告中指出要深化产教融合和校企合作。在金融科技不断发展的背景下，更要大力推动金融科技企业与高校的合作，这样既有利于学生把在课堂上学到的基础理论知识与金融科技企业实践业务操作相结合，也有利于合作企业优先录用表现出色的复合型创新型专业人才。

经济学基础概念的教学优化
——以"机会成本"为例

陆　洲　朱淋创 *

摘要:"微观经济学"是经济类专业的基础核心课程之一。针对天津商业大学已学习过"微观经济学"的本科学生的调查显示,他们中的大部分人仍然无法正确回答关于"机会成本"这个概念的基本问题。本文认为,这个调查结果突现了在讲授"机会成本"等经济学基本概念的教学活动中存在的问题。针对问题本文提出了相应的教学优化举措建议。

关键词:微观经济学;机会成本;教学优化

一、令人费解的"机会成本"概念

(一)一项对经济学家的著名调查

著名的经济学家保罗·费拉罗(Paul J.Ferraro)和拉·泰勒(Laura O.Taylor)通

---

* 作者简介:
陆洲:天津商业大学经济学院教授。
朱淋创:天津商业大学数量经济学专业研究生。

过询问参加 2005 年联合社会科学协会（ASSA）会议的博士经济学家和博士生一个非常简单的问题，来检验他们对机会成本的理解，他们在费城举行的 2005 年 ASSA 会议上对自愿参加者进行了调查。在参会人员所住的主要几个酒店，他们拦截了潜在调查受访者。该调查包括一个与机会成本相关的问题。他们向受访者提出的机会成本问题改编自 Robert Frank 和 Ben Bernanke 的教科书《微观经济学导论》（2001 年）的第 4 页，并向 ASSA 中调查的受访者准确介绍了以下这道机会成本的题目：

请圈出以下问题的最佳答案：

您赢了一张免费票，可以观看 X 的音乐会（没有转售价值）。Y 恰好也在当天晚上演出，这是您的次优选择。观看 Y 的门票价格为 \$40。您在任意一天都愿意支付高达 \$50 的费用去看 Y。假设看任何一场演出都没有其他成本。根据这些信息，您去看 X 的音乐会的机会成本是多少？

A.\$0   B.\$10   C.\$40   D.\$50

最终调查结果见表 1：

表 1　针对经济学家的调查结果

	受访者数量	选择该答案的数量（百分比）
回答"A"	199	50（25.1%）
回答"B"	199	43（21.6%）
回答"C"	199	51（25.6%）
回答"D"	199	55（27.6%）

显然，受访者对于"机会成本"这道基础概念题目的观点分歧，使得费拉罗和泰勒感到十分惊讶。被选择次数最多的答案是 D 选项 \$50，有 27.6% 的受访者选择此答案；被选择次数第二多的答案为 C 选项 \$40，有 25.6% 的受访者选择；被选择次数第三多的答案是 A 选项 \$0，有 25.1% 的受访者选择此答案；而正确的答案是 B 选项 10 美元，亦是被选择次数最少的答案，仅有 21.6% 的

受访者选择此答案。从本质上讲,经过专业训练的经济学家给的答案好像随机分布在所有可能的答案中,但是正确答案为 10 美元。为何 10 美元是去 X 音乐会的机会成本,我想这是有必要陈述的:当您观看 X 音乐会时,您放弃了观看 Y 音乐会所获得的 50 美元收益, 您还放弃了观看 Y 音乐会所需的 40 美元费用。机会成本的定义是当您放弃了您所选择的活动的下一项最佳替代品的收益, 您不去观看 Y 音乐会而失去的价值, 即所放弃了净收益为 10 美元,因此您去 X 音乐会的机会成本为 10 美元。

观看到这令人惊讶的调查报告后,笔者亦想对本校已学习过"微观经济学"课程、接触过"机会成本"概念的本科生进行调查访问,对最终的调查结果十分好奇。

(二)对天津商业大学本科生的调查

主要受访对象为天津商业大学已经学习过"微观经济学"课程、接触过"机会成本"概念的本科生同学,对于问卷的设计,为保证此次调查的严密性,问题设计为中英双语,以供学生自行对比参阅,选出自己心中的答案,并且强调两道题答案应一致,中英双语题目设计如下:

英文版:

Please Circle the Best Answer to the Following Question:

You won a free ticket to see an X concert(which has no resale value). Y is performing on the same night and is your next-best alternative activity. Tickets to see Y cost $40. On any given day, you would be willing to pay up to $50 to see Y. Assume there are no other costs of seeing either performer. Based on this information, what is the opportunity cost of seeing X?

A.$0   B.$10   C.$40   D.$50

中文版：

请圈出以下问题的最佳答案：

您赢了一张免费票，可以观看 X 的音乐会（没有转售价值）。Y 恰好也在当天晚上演出，这是您的次优选择。参观 Y 的门票价格为观看$40。您在任意一天都愿意支付高达$50 的费用去看 Y。假设看任何一场演出都没有其他成本。根据这些信息，您去看 X 的音乐会的机会成本是多少？

A.$0   B.$10   C.$40   D.$50

最终问卷调查结果见表 2：

表 2　针对我校学生的调查结果

	受访者数量	选择该答案的数量（百分比）
回答"A"	204	51（25%）
回答"B"	204	64（31.37%）
回答"C"	204	38（18.63%）
回答"D"	204	51（25%）

同样，调查结果不尽如人意，在 204 份有效答卷中选择正确答案 B 选项 10 美元的同学仅有 64 人，占有效受访人数的 31.37%，而选择 A 选项 0 美元和 D 选项 50 美元的同学各有 51 人，占比 25%，选择 C 选项 40 美元的同学最少，有 38 人，占比 18.63%，虽然选择正确答案的人数最多，但是就整体情况而言依旧是大部分同学答错，也就意味着大部分的同学对于"机会成本"的基础概念并没有理解透彻，甚至与其他成本概念混淆。

二、机会成本与其他成本的概念

（一）机会成本

直至今日，在西方的传统经济理论中，尚未有一个对成本普遍适用的概括性定义。在高鸿业老师的《西方经济学》这一经典教科书中，机会成本被定义为：在生产一单位某商品时，生产者所放弃的该生产要素所在其他生产途径中所能获得的最大收益。经济学家还在经济学中提出隐性成本、显性成本与机会成本的概念，同时明确地指出不能仅仅将成本看成是一个企业在购买的生产要素时所支付的货币成本。因此，有了一种更具有解释性的说法，即在西方经济学中所提出的机会成本是广义经济成本的概念，经济成本等于显性成本与隐性成本之和。

（二）其他成本

1.经济学成本

高鸿业老师在《西方经济学》一书中，对显性成本这一经济学概念给予了较为规范的定义：一个厂商通过租赁或者购买他人所占有的一种生产要素进行经济活动的实际支出；同时，他也对隐性成本和沉没成本进行了深刻的解读：他认为隐性成本是企业自身所拥有的生产要素并用于这个企业生产活动中的生产要素的总价格；沉没成本是已经支付而且无法回收的成本。

2.会计学成本

会计学与西方经济学不同，它对企业成本有明确的界定。《成本与会计管理》一书认为，成本主要是在企业实现某一目标的过程中所耗用或放弃的资源。中国成本协会（CCA）在其发布的《成本管理体系术语》标准中已经明确规定了成本是为实现过程性增值、结果有效已经付出或者是应当承担的资源性代价。美国会计学会（AAA）提出，为了实现其特定的目的而已经发生或未来所能够发生的价值牺牲都是成本，是完全可以用货币单位来进行衡量的。[1]由上面的这些定义我们可以清晰地看出，会计成本即厂商在生产经营中各个项目费用支出之和。

（三）受访分析

对于上面的调查问卷，根据与回答问卷的学生的交谈，我们认为那些回答机会成本为 50 美元的学生，他们错误地认为，只有愿意花 50 美元去看 Y 才是有意义的，把 50 美元作为收益却忘记了观看 Y 的音乐会还需付出 40 美元的成本，净收益才是 10 美元，与正确答案失之交臂，而与回答 40 美元的学生访谈发现，他们似乎把看 Y 的门票成本与机会成本混为一谈了，忽略了机会成本强调的是从事这一活动所放弃另一活动所带来最大的收益。最后，同那些选择 0 美元答案的同学交谈，他们中的大多数同学错误地认为，如果 X 的音乐会是免费的，那么就不会有机会成本，他们认为看 X 的音乐会没有付出任何费用，这显然将机会成本和会计成本混淆了！

三、优化教学模式以提升教学效果

（一）结合英文原版教材双语教学提升学习效果

西方经济学的经典教材大多出自国外，在教授课程时利用英文教材来很好地诠释和讲解专业知识，让语言逻辑和知识逻辑相互融合，以培育学生深度学习习惯，譬如机会成本的定义，在国外经典教材 *Economics*（作者 Colander，6th ed.）中提道："Opportunity Cost：the benefit forgone of the next-best alter-

---

① 肖倩、吴云辉、李雅倩：《基于西方经济学中成本与会计学成本之比较分析》，《现代经济信息》，2018 年第 13 期。

native to the activity you've chosen"中文版翻译过来大致为：在您所选择的活动下放弃了的下一项最佳替代品的收益。而对于 next-best alternative 有着不同的理解，有下一项最佳替代，亦有次优等解释，但为何此处机会成本的诠释使用的单词是 alternative 而非 choose，在教授概念的同时与学生探讨，理解其中的内在用词逻辑，可以更好地辅佐理解经济学基础概念，因此在教学过程中利用中英文语言的交替使用能够帮助学生理解经济学概念和知识之间的逻辑联系且能中英文语言融合促进学生对知识点的交叉思考。

（二）案例教学法

通过让学生们自己或组队去阅读、分析和探究案例，这样的案例教学一方面大大加深了学生对理论知识的掌握，另一方面也提高了学生利用理论知识去了解、分析和处理实际问题的能力，并且能够充分启迪和培养学生的思维与创造力。让同学们学会概念之后，想身边的例子，譬如哪些是我们身边的机会成本，让同学相互探讨，它们就能成功缩短课堂教学和实践之间的距离。鉴于微观经济学具有较强的逻辑性和理论特征，在课堂教学中不能从传统的理论认识到"死记硬背"，而是要多让理论紧密联系现实，多用新颖化、生活化、接地气的典型例子来辅助讲解经济学，帮助广大学生更好地掌握基础理论。除了"机会成本"以外还有众多经济学基础概念，比如我们利用"蜜蜂和果园"这个生活中的例子来诠释经济学中的外部性，在教学过程中，如果你能很容易地拿到身边的案例在课堂上教授，实现从"黑板上的经济学"到"生活中的经济学"的飞跃，这往往能达到化枯燥为生动的课堂效果。根据天津商业大学部分经济学教师多年的教学经验，使用典型案例往往可以取得不错的教学效果。比如以高度专业化资产的使用成本为例，会计学使用的是折旧法和经济学使用"机会成本"概念计算出来的使用成本有明显的差异。

（三）重视数学工具的讲解和运用

不仅在初级经济学,在之后学习的中高级经济学课程中,数学逻辑思维十分重要,一般而言,数学的推理和逻辑性相对较强,在使用数学思维方法来研究和推导经济学的基础理论时,可以辅佐同学们更加深刻理解。利用这种量化的方法和思路可以将一些虽然看似几乎无法联系的因素可以很好地整合到一起,且能对经济学活动中的许多变量进行考察,进而从具体的经济学现象中去分析和总结出一般的经济学规律,让同学们通过结合这些规律更加认识和理解"黑板上的经济学",比如我们要处理关于边际、均衡等基本经济学概念。

四、结论

"微观经济学"作为经济学各种类型专业基础和核心性的重点课程。学生对于其基本概念的良好掌握,是后续继续学习其他经济管理类核心课程的重要桥梁。本文基于基础经济学概念机会成本问题,对天津商业大学本科生进行调查,发现大部分已学习过"微观经济学"课程的学生对于"机会成本"并未完全掌握,部分学生将"机会成本"与其他经济学成本譬如"会计成本"混淆,可见目前"微观经济学"的课堂教学模式并不能使大部分学生扎实掌握相关理论,并在实践中灵活应用相关理论知识来分析解决实际问题。因此,需优化教学模式以提升教学效果,基于此目标,笔者认为,在授课过程中应注重结合英文原本教材实现双语教学、利用典型案例以辅助学生理解经济学重要的基础概念、重视数学工具的讲解和运用,使学生对"黑板上的经济学"有更深入的理解。

新时期大学生通识教育改革问题与对策

平 萍*

摘要：本文首先明确了通识教育的概念、培养目标和历史任务，并回顾了通识教育在中国发展历经的三个阶段，即明确通识教育理念阶段、开展通识教育实践阶段和通识教育改革发展阶段。针对目前大学本科通识教育中存在的问题及改革困境，本文提出要明确"通识教育"的地位和作用，根据教育主体、教育对象、教育工具的不同，对通识教育专项改革，因材施教，将本科教育模式调整与组织制度变革相结合，并增强通识教育中正确价值观的引导，努力发展具有中国特色、世界水平的现代教育。

关键词：通识教育；困境；改革路径

通识教育（General Education）起源于古希腊的自由教育理念，也有学者将其称为一般教育、大众教育或博雅教育。通识教育的目标包括培养具有深邃思想、明辨是非、远见卓识且道德良善的精英人群，也包括增加公民的知识

---

* 作者简介：

平萍：天津商业大学讲师，博士毕业于南开大学经济学院经济研究所，研究方向为收入分配与贫困，曾在《学术论坛》《经济问题》等刊物发表文章，目前主持天津市社科基金项目并参与国家社会科学基金重大项目。

储备、提高明确判断的能力、增加社会责任感和使命感。从历史上看,通识教育对于促进社会整合,塑造不同主体间的文化认同感起到了重要的作用,自古希腊以来的通识教育造就了世界众多哲学家、科学家及伟大领袖,帮助人们通过古典人文教育反思现代社会文明的冲突与演化,推动人类社会及文明的发展。

一、通识教育在中国的发展历程

我国在通识教育改革方面,做了长期的努力,具体来看可以大致分为三个阶段:第一阶段,明确通识教育理念。1985 年国家提出教育体制改革的目标为提高民族素质,培养高质量高水平的人才。这些人才应该具有崇高的理想,丰富的文化内涵,守法自律,并全身心投入为国家富强和人民富裕的奋斗中。这些教育理念充分体现了通识教育对人才的塑造精神和不断追求新知,独立思考并勇于创新的科学精神。此后,国家又印发了《中国教育改革和发展纲要》(1993)、《中华人民共和国教育法》(1995)等文件和法律,为通识教育的开展奠定了制度基础。第二阶段,开展通识教育实践。1995 年,在教育部的指导下,我国部分高校开展了现代大学生文化素质教育,以北京大学"元培计划"为代表的通识教育,就是在加强基础教育的基础上,打破专业限制,针对学生的独特性进行分类分层培养,为国家培养了大量适应面广泛的复合型人才。此后,全国部分大学效仿开展了不同规模和类型的通识教育实践。第三阶段,通识教育改革发展阶段。《中共中央关于制定国民经济和社会发展第十三个五年规划的建议》明确提出要将学术人才和应用人才分类,将通识教育和专业教育相结合,在教学中秉承加强实践教育,着力培养学生创意创新创业的能力。2015 年,由北京大学、清华大学、复旦大学和中山大学主导,成立了"大学通识教育联盟",在注重培养学生思辨能力,激发学生创造热情的同时,注重开阔学生的视野,提高其格局与修为,为通识教育未来发展方向提供了指引。①

二、我国大学通识教育存在的困境

大学本科阶段是通识课程开设的黄金时期，除专业教育之外的思想、文化、技能等基础教育课程都应纳入通识教育范畴。"通识"二字表达出通识教育应不受限于专业培养，"通"代表学贯中西、博采众长而后的融会贯通，"识"代表知自然人文、知古今之事的博学多识，进而明辨是非，德才兼备。然而随着工业化大生产的推行和社会分工的细化，古典通识教育逐渐被专业化培养所取代，高等教育也随之从精英模式的培养转变成为为社会各行各业提供专业化人才。目前，我国大学阶段通识教育存在以下问题：

第一，通识课程缺乏清晰定位。我国当代本科生教育主要侧重于三个方面，一是注重专业领域的培养，如"物理学""生物学""化学""机械制造"等理工科专业领域课程；二是注重技能方面的培养，如"计算机""英语""统计学""计量学"等技术课程；三是注重思想政治教育的培养，如"马克思主义哲学原理""毛泽东思想概论""邓小平理论"和"思想道德修养"等课程。对于通识教育及相应课程的开设缺乏明确定位，即使开设"古典文学""艺术鉴赏""古典哲学""人类学"等课程也属于文科专业学院的专业课范畴。例如，以注重学生人文素养培养的大学语文课程，旨在传播中华精神文化、提高学生审美能力、促进人格健全，却极少在工科院校普遍开设；再如，在经济类专业中，以通识教育为理念的"经济史"课程经常被边缘化，没有引起学校和学生的重视，无法作为学校通识教育的主流课程。此外，我国通识教育课程"粗浅化""表层化"及"功利化"的现象仍然存在，学生往往是从扩展知识面或取得学分难易的角度出发进行选课，具有较强的"功利主义"。②

---

① 陆一：《"通识教育"在教育实践中的名实互动》，《清华大学教育研究》，2018 年第 2 期。
② 周维莉、蔡文伯：《质疑与反思：大学通识教育发展的再思考》，《教育探索》，2018 年第 2 期。

第二,通识课程缺少制度支撑。现代高校通常按照学科划分专业院系,侧重于学科内专业知识的培养。在本科课程体系中,由于本学院学科基础课程通常由各院系自主安排管理,并由教务处统一组织协调,导致通识课程缺乏学科归属,同时也未能建立较为成熟的教学大纲,因此在制度层面上缺乏明确的管理者和统一调配者。同时,大学本科课程中关于人文素养的通识课程,存在教学质量参差不齐的问题,甚至出现个别课程由于选课限制而被迫取消的情况。同类问题在美国等西方高校的通识教育中也存在,例如美国大学采取"分类必修"的课程设置,即强制学生选择非专业类课程,但所取得学分在就业面试或深入进修考察中并不能受到充分重视,因此各高校依然将教学重心侧重于专业课程的开设,通识课程的质量无法得到保证。

第三,通识课程内容未形成标准化。通识课程在我国尚未形成明确的教学内容体系和相关教学标准,教学内容和研修要求仍由各个高校自主设置,教务规定修读的通识课程学分通常在六至十六分不等,同时,也未设定成为必修课程,往往由学生选修进行。然而在门目繁多的选修课中,学生出现"凑学分""混成绩"等盲目选择的想法和现象屡见不鲜,同时教师在教学过程中,由于课程被"边缘化",进而导致对提升授课质量的热情不高,此外,院系对选修课的质量缺乏监督,因而导致课程设计、师资配备参差不齐,出现了"内容结构杂乱、教学质量低劣、课堂效果差"等乱象。①

三、我国大学通识教育改革路径

针对大学生通识教育普及过程中存在的问题,我国的通识教育可以从以下四个方面进行改进:

一要进一步明确"通识教育"在人才培养方面的地位和作用。通识教育继

---

① 庞海芍:《通识教育课程建设的困境与出路》,《江苏高教》,2010 年第 2 期。

承了古典人文教育的目标,即培养学识渊博且心性通达,头脑清明具有远见卓识能力,人格健全并且行为举止得当,道德良善且具有社会担当的人才。[①]具体对于个人而言,通识教育提供了理性选择的理论支撑,也提供了安身立命的处世哲学;对于社会而言,通识教育促进了文化认同,推动了人类文明的发展。作为承载此项重任的高等院校,应进一步明确办学理念,并在通识教育培养方面达成社会共识,共同推动通识教育的普及和发展。

二要根据教育主体、教育对象、教育工具的不同,进行专项改革,采取因材施教。本科院校作为推动通识教育的主体,要针对人才培养的定位,结合实际制定培养计划。可将本科院校划分为两类主体,第一类为985院校,重点培养通识教育的精英人才,如前文提到的北京大学"元培学院",凭借其先进的办学理念,为社会输送兼具社会责任感、历史使命感、创性精神与实践能力的新时代行业领军人才;再如清华大学的"新雅书院",以"古今贯通、中西融汇、文理渗透"为宗旨,以"欲求超胜,必先会通"为导向,培养志向远大、文理兼修、能力突出、开拓创新的精英人才;又如中山大学的"博雅学院",实行"通专结合"的教学培养模式,着重培养有志推动文明体深层次对话的人文社会科学领域高素质创新型人才。第二类为地方本科高校,重视通用专业的设置,强调应用本科要面向行业和社会,效仿美国通识教育采取的三大模式,即以培养人文精神为目标的"经典阅读模式"、以建立不同学科领域之间联系为目标的"学术研究模式"、以构建统一民族文化为目标的"责任公民模式",三种培养模式相结合,既包含了历史、经济、人文、艺术等方面的"通",又包含了民族、文化、社会、专业领域的"识"。对于通识教育的培养对象——当代大学生,应给予更多的选择机会,不仅局限于接受学校的专业培养方案,在求学之初有对院校、专业的选择,还应赋予学生跨学科、跨专业、跨平台进行通识教育学习的权利,例如北京大学与清华大学、南开大学与天津大学等院校的相互

---

① 陆一:《"通识教育"在教育实践中的名实互动》,《清华大学教育研究》,2018年第2期。

开放课程,打破了以往院校之间的学术壁垒,学生可以通过开放平台,接受更丰富更高质量的通识教育。此外,还可以通过线下课堂、线上慕课、知名教授巡回讲座、国际国内交流等方式,突破传统的学科形式,搭建多学科协作的平台,创新通识教育的方式方法。

三要积极推进本科教育模式调整与组织制度变革的融合。一方面,要进一步优化、协调微观本科教育要素,要通过顶层设计建立完善一流本科教育的通识人才培养理念。大学院系作为一级行政机构,是将学科、专业连接起来的责任主体,可以尝试打破原先的专业壁垒,探索成立本科文理学院,专门从事本科生教育以及基础科学研究。以哈佛大学为例,将本科教育分为文理学院和专业性文理学院,文理学院在本科生培养中进行基础学科教育,研究生阶段发挥科研功能;专业性文理学院则重视研究生教育,侧重于商科、法学、医学等,进行专业性培养,重点解决了通识教育与专业教育的内在矛盾,既做到了实现人才的全面发展,又为社会进步输送了专业人才。

四要注重对学生进行人生观、价值观和世界观的正确引导。在人生观方面,要引导大学生审视人生的意义,提高格局,胸怀天下;在价值观方面,要树立为国家富强、民族振兴、人民幸福而奋斗不已的价值理念,以服务他人为己任,真正实现个人价值与社会发展有机统一;在世界观方面,面对纷繁复杂的社会环境,要坚定马克思主义的唯物主义世界观,尊重自然与世界的和谐统一。实现这些目标,必须在依托古典人文教育,艺术鉴赏熏陶,以及哲学修养积淀的通识教育的基础上,进一步增强大学生对社会主义核心价值观的政治认同、理论认同、情感认同,正如习近平总书记在考察北京师范大学时所提到的,"青年的价值取向决定了未来整个社会的价值取向,青年时期的价值观养成十分重要"。从而可见,新时期大学生通识教育作为青年价值观培养的关键环节任重而道远。

经济学科混合教学模式改革

——以"国际经济学"为例

尚 林 厉 倩*

摘要:本文以经济类专业高等教育中的一门核心基础理论学科——"国际经济学"课程为例,分析混合教学模式改革的必要性,指出当前传统的教学模式所表现出来的问题, 以强化学生理论基础和培养高素质专业人才为目标,对教学模式规划了新的设计,提出了具体的建议以保证教学模式改革的顺利进行。

关键词:国际经济学;教学模式;教学改革

一、教学体系创新的必要性

随着我国产业结构的不断优化升级,市场对经济学专业人才的需求逐步扩大,经济学专业质量问题也随之出现。另外,随着我国经济地位的提高,国际贸易的繁荣发展使得经济类专业高等教育变得尤为重要,其学科建设成为

*作者简介:

尚林:博士,天津商业大学经济学院,讲师。

厉倩:天津商业大学经济学院国际贸易学硕士研究生。

当前亟须解决的问题之一。"国际经济学"作为一门理论课程,对于学生夯实理论基础,开拓国际化视野具有重要作用。但由于传统教学模式存在诸多问题,已经无法满足当代专业人才对知识的需求。因此,为更好地适应当前社会发展需要,培养高素质的经济类人才,有必要对"国际经济学"等理论课程的现有课程模式进行创新改革。

(一)实现课程结构的优化

很多高校的经济类专业课程已经形成固定的结构模式,教学体系的创新改革能够在保证课程系统完整性的基础上,改善内容交叉重复等问题,提高课堂效率,改变对理论课程的刻板印象,激发学生兴趣,充分调动学生学习的积极主动性及创造性,引发学生思考,培养学生探究并解决问题的能力。

(二)促进教学改革,加强教师队伍建设

教学模式的创新,课程结构的改革能够根据学生特点和学科性质,多元化考核标准,丰富考试形式,使得考核不再依赖单一的成绩分数,多方面展示学生对于理论知识掌握及实践能力的水平。对于课程教材内容,打破原有教学体系中一成不变的格局,结合最新的案例分析理论,加强学生对理论的理解。另外,重组教材体系也能够加强教师队伍的建设。高校教师能够及时了解时事热点,通过利用现代化技术手段科学完善课程结构,规划人才培养方案,创新课堂设计,不断扩展自身知识面,提升教学水平,满足专业教学能力需求。同时,在设计课堂结构时,兼顾课程反馈和评价机制,使混合式教学模式不断得以完善和加强。

(三)提高学科专业素质

当前的教育体系与现实脱节严重,新的教学模式能够培养学生独立思考的能力,在持续变化的世界中发现问题,用自己所理解的理论知识去认识和解释国际经济中的现象和未来世界经济的发展趋势,达到理论与实践相结合的目的,使学生的理论基础和实践能力得以提升,特别是以启发式的教学方法提高学生对国际经济时事的敏感度,切实增强自身学科专业素质,进而服务日渐开放的世界经济体系。

二、"国际经济学"传统授课模式中存在的问题

(一)教学内容较多、授课时长较少

"国际经济学"以经济学的一般理论为基础,课程内容主要围绕国际资本关系运动的一般规律展开,其中包含了大量理论知识的阐述。课程主要分为国际贸易和国际金融两个部分,其中国际贸易主要研究贸易基础、贸易条件以及贸易利益分配;而国际金融主要研究汇率理论制度、国际收支调节理论。[1]"国际经济学"课程对于每一个领域的理论都介绍了代表人物的思想,并运用大量数理模型。西方经济学的均衡和最优化等方法是经常被使用的,因此必须安排较多的课时来进行系统的授课。而目前大部分高校为了增加实践性教学,不断压缩理论性教学的课时,这就使得"国际经济学"教学中一直存在的教学内容多而课时少这一矛盾显得更为严重。

(二)教学内容重复

"国际经济学"与国际贸易专业设置的许多课程的授课内容有一定的重叠。例如"国际经济学"与"国际贸易"在国际贸易理论、国际贸易政策以及国际资本流动等内容存在着交叉;与"国际金融"在国际收支调整、汇率决定开

---

[1]　冯颂妹:《构建〈国际经济学〉新型教学模式的思路与对策》,《高等财经教育研究》,2017 年第 4 期。

放、开放条件下的宏观经济政策等部分存在一定的重叠。①目前许多高校的课程计划同时包含了这三门课程,例如国际贸易专业将"西方经济学"和"国际贸易学"设置在同一学期。这两门课程内容的过多重复会造成课堂的枯燥乏味,导致学生的学习兴趣下降,学习效果低下。重复的课程内容导致大量的教学时间未能高效利用,无法保证教学质量。

(三)授课方式单一

传统线下教学的课堂展现形式局限于教材以及课程幻灯片,学生的学习时间和空间也都会受到限制。许多课程的教学方法基本上是以教师为核心,课程内容由授课老师主导安排,属于单向输出的模式,学生在传统授课模式下只能被动接收学习内容,学生与教师缺乏互动。②对于"国际经济学"这类理论体系庞大、涉及大量数理模型的课程,需要借助导数和"冒尖代数"的记号方法来进行推导分析,过程十分复杂;授课教师在讲授此类内容时,会将重点放在数学工具的介绍和理论的推导上,从而忽略了与学生的互动。传统授课模式容易使学生产生畏难情绪,注意力难以集中,久而久之会使学生丧失学习兴趣。如果授课教师采用互动教学,例如上课提问、情景模拟等方式,则占用了大量的课堂时间,许多课程内容会无法讲授。尽管现阶段许多教室安装了多媒体器材,但教师的授课手段依然是以展示幻灯片为主,许多网络教学工具还没有进入高校课堂。

(四)考核效果不能得到保证

考核是检测学生对课程内容掌握情况以及检验教学目标是否实现的一种重要方式,科学的考核方式应该具有全面性、准确性和可操作性等特点。目

---

① 任希丽:《〈国际经济学〉课程在信息化时代背景下的教学改革研究》,《高教学刊》,2020 年第 33 期。

② 胡欣哲:《教师在慕课教学中的角色转变》,《江苏建筑职业技术学院学报》,2020 年第 4 期。

前大多数的高校将课程考核分为期末考试成绩和平时成绩两部分;期末成绩占总成绩的70%,平时成绩占总成绩的30%。面对这种考核形式,学生在课堂上的积极性不高,避免与老师产生互动。期末试卷结构的基础题占比70%~80%,无法避免学生在考前突击、死记硬背的问题;从学生答题情况来看,拓展题得分率普遍较低,对于热点问题,学生无法运用所学的知识来进行分析。虽然高校教师已经认识到这种问题的严重性,不断地进行课程考核改革,但受到资金和技术等各方面的限制,改革成效并不显著。

三、混合模式下"国际经济学"教学改革建议

(一)确定课程的授课重点

"国际经济学"与其他许多课程在内容上存在重复,学校在制定教学目标时,应安排各授课教师组建成教学团队,共同讨论各学科培养方案,制定各课程的授课重点,避免授课内容重复。

"国际经济学"以经济学的一般理论为基础,主要讲授国际资本关系运动的一般规律,侧重于理论知识的分析和推导;授课目标着重于让学生了解世界经济的发展状况、运动规律以及发展趋势;培养学生的逻辑推导能力、拓展学生的世界经济视野。"国际贸易"侧重于理论知识的运用,分析适合各国国情的经济理论。例如比较优势理论和绝对优势理论,"国际经济学"重点在于教授学生借助数学模型推导出比较优势理论和绝对优势理论;"国际贸易"重点在于各国如何借助比较优势理论和绝对优势理论来进行分工生产。所以将"国际经济学"的授课目标重点放在理论知识的推导上,而"国际贸易"的授课重点是案例分析,重点让学生运用所学的理论知识。

各学科的侧重点都不同,因此组建教学团队针对各学科的重点来制定授课目标是很有必要的。针对不同课程设定不同的教学目标,不仅避免了教学

内容重复,同时也增加了授课内容。

(二)构建混合授课模式

"国际经济学"知识体系庞大,内容复杂,只利用线下教学很难做到既讲授理论知识,又培养学生推导分析模型的能力,并且每个学生学习进度不同,无法做到个性化差异教学。混合授课模式依托在线开放课程,借助网络教学平台如慕课、雨课堂、智慧树等,打造线上、线下结合的授课模式(具体模式设计见图1)。

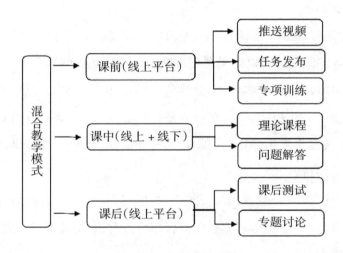

图1　混合授课模式图

"国际经济学"需要大量数理基础,老师在线上教学过程中可以推送所需的"数学理论"课程并发布课堂任务,让学生进行专题训练并观察学生的课前学习状态。学生在线上经过自主学习,会对授课内容产生基础的认知,对于线上学习产生的疑问和难题,则可以通过线下授课由老师进行解答。

课中学习由理论课程、问题解答两部分组成。教师可以通过课前线上发布的学习任务来掌握学生的学习情况,第一时间对自己课堂上的授课内容进行调整,以最大程度地满足学生的学习需求。

课后巩固提高。此阶段教师可以通过在线教学平台发送测试题,并且可以借助社区论坛等促使学生对知识点的讨论,不仅可以促进学生间的协作学习氛围的形成,而且能培养学生的创新学习能力和思辨能力。①

（三）互动教学

互动教学的目的是为了将课堂的主体由教师转变成学生,不仅可以培养学生的自主学习能力,也增强了学生之间的团队协作意识。通过以下两个方法可以加强互动教学:

1.专题讨论

"国际经济学"是一门理论性较强的课程,理论走进课堂必须要经过几十年甚至更久的时间, 所以这类课程可能会与世界热点问题产生一定的脱节。因此教师可以根据教学内容,结合当前的国际热点和学术前沿,开展一系列专题讨论会,如 RCEP 的签署对世界贸易的影响、新冠肺炎疫情对国际产业链的影响、人民币汇率稳定与资本市场开放问题等,也可以提供经典文献和案例供学生们讨论。

学生可以自由分组,每组选择一个主题进行研究,最终将研究结果在课堂上进行展示。不仅能够培养学生的合作分工意识,更能锻炼其查找资料、分析和表达能力。

2.情景模拟

"国际经济学"中宏观政策部分以及产业分工等内容都可以采用情景模拟的方法。根据课程需要,教师可以将学生分组,每组代表不同的国家,国家内也可以细分不同产业的劳动者和生产要素所有者,让学生模拟不同条件下的理论和政策,使学生充分理解不同政策对生产和贸易的影响,例如浮动汇

---

① 冯亚娟、施茉祺:《基于项目驱动的混合式教学实践与效果研究》,《高教学刊》,2021 年第 8 期。

率和固定汇率制度对财政和货币的影响效果、不同关税制度下对国际贸易的影响。通过这种方法可以加深学生对理论知识的理解深度。①

(四)更新考核机制

传统考核方式以期末考试为主,难以掌握学生平时的学习情况;虽然部分高校已经具备网络教学平台、云课堂等智慧教学工具,但大部分教师只是利用这些平台进行考勤,并未发挥出其真正的作用。教师可以利用这些智慧教学工具将学生的平时学习情况进行量化,纳入考核的一部分。

借助智慧教学工具构建多元化考核标准,②此标准用以强化平时学习。多元化考核标准分为两个部分:平时成绩和期末成绩。

平时成绩评分标准如下:课前预习占 5%,课前测试占 5%,考勤占 5%,课堂提问占 10%,专题讨论占 20%,课后测试占 5%,2 次平时作业占 5%,2次课堂测试占 5%。期末成绩占 40%。对于专题讨论要注重学生的资料检索能力、理论知识运用能力以及表达能力。

四、结语

"国际经济学"是经济类高等教育的核心基础课程,课程主要以学习国际经济理论与政策为主要目的,其课程目标就是培养学生国际视野,为国际经济的发展提供理论基础和基本思路。因此,针对以上提出的诸多问题,各高校应该结合院校特色和学科发展规律,创新教学模式和课程体系,不断完善教

---

① 韩喜艳、刘伟:《国际经济学课程本科教学改革的探讨——基于中美比较的视角》,《潍坊学院学报》,2018 年第 5 期。

② 张小利、薛振华、梁小英:《翻转课堂教学模式下课程考核方式改革与实践——以"路基路面试验与检测"课程为例》,《科教文汇》(上旬刊),2019 年第 7 期。

学队伍建设,在教学活动中,教师应明确教学重点,积极开发和利用现代化工具,开拓知识信息平台,多元化教学形式和考评标准,激发学生兴趣,增强学生学习主动性和积极性,能够更好地满足社会对高素质应用型人才的需求。

"统计学"无用论、难学论之反驳

——兼论经济管理类统计学教学探索

沈红丽 *

摘要:"统计学"是经济管理类本科专业的基础课程之一,也是进行专业研究时必不可少的数量分析工具。本文首先从"统计学"的重要性入手,然后根据学生中普遍存在的"统计学无用""统计学难学"的现象总结出经济管理类非统计专业统计教学中存在的问题,进而从教学理念、教学方法和手段、教学内容、实践教学和考核方式等方面提出统计学教学改革方案。

关键词:统计学;教学理念;教学方法;实践教学

一、引言

统计学是关于数据的一门科学,通过对现实数据的分析来寻求客观事物的一般规律。《大不列颠百科全书》把统计学定义为"关于收集和分析数据的一门科学和艺术",可见,统计学是连接科学和艺术的桥梁。

统计学的理论和方法在社会经济现象的调查、数据资料的收集、整理、分

---

* 作者简介:

沈红丽:博士研究生,天津商业大学经济学院副教授,研究方向为经济统计分析。

析及社会经济政策的评价等方面应用广泛。对于经济管理类专业的学生来说,具备坚实的统计学知识不仅为后续进行专业研究时提供一种可行的定量分析工具,对他们应用统计方法解决实际问题具有更为重要的作用。因此,国家教育部于 1998 年将"统计学"列为经济管理类大学本科专业的专业基础课。但"统计学"通常被认为是最难学、最枯燥的课程之一,教师也感到统计学教学效果不佳,使统计学的教和学产生较大的双向压力。因此,高校统计学教师面临的首要问题是如何提高经济管理类本科学生学习统计学的兴趣,提升统计学的教学效果,提高学生运用统计学知识解决实际问题的能力。

二、统计学的重要性

统计学是一门应用非常强的学科,在各个学科领域应用广泛,是 21 世纪最有发展前途的学科之一。①

真正意义上的现代统计学是从处理小数据及不完美的实验等这类现实问题发展起来的。②统计学所研究的数据不是数学中的抽象数据,而是现实生活中发生的能实际观测或实验的数据,如生活费支出、股票市值、汽油价格等。所以统计即生活,统计即人生,我们每个人都应该具备统计学的基本知识和技能。正如 Wells 所说:"对于追求效率的公民而言,统计思维总有一天会和读写能力一样必要!"

现在,统计学在各学科中都得到了广泛应用。首先,统计学是科学的研究方法,是各门学科进行科学研究的基础,没有统计学,就没有科学研究,就没有创新。马克思认为,当一门科学还没有进入定量阶段的时候,这门科学便还处于襁褓之中。因此,没有统计,其他科学可以存在,但是很渺小。如今,统计

---

① 曾五一、肖红叶、庞皓、朱建平:《经济管理类统计学专业教学体系的改革与创新》,《统计研究》,2010 年第 2 期。

② 魏瑾瑞、蒋萍:《数据科学的统计学内涵》,《统计研究》,2014 年第 5 期。

学分别广泛应用于自然、社会、经济、工程等学科中,形成医学统计学、生物统计学、社会统计学、国民经济统计学等各应用统计学科。其次,统计学是管理工作的工具。任何管理工作都要做到心中有数。著名的经济学家、教育家、人口学家马寅初曾说:学者不能离开统计而研究,政治家不能离开统计而施政,企业家不能离开统计而执业。

三、教学中存在的问题

通过近几年对经济管理类非统计学专业统计教学工作的反思,总结了统计学教学中存在的几个主要问题:

(一)难学论

很多学生把统计学和数学、死记硬背的公式联系起来,认为统计学概念多、公式多,比较枯燥、难学。由于统计学需要"概率论和数理统计"的相关知识,因此,一提到统计学便自然而然地和"概率论和数理统计"的数学公式和推导联系起来,在没有学习之前,便有了畏惧心理,导致厌学。[①]于是,在学习过程中偏向于概念的死记硬背和公式的生搬硬套,不善于对概念的理解以及灵活运用统计学知识去分析和解决社会经济生活中的现实问题。这种思想上的错误认识直接决定着统计学的学习和教学效果。

(二)无用论

大多数学生往往认识不到统计学知识的重要性,认为统计学无用,学习统计学仅仅是为了期末考试能考高分。如尽管在统计学教学过程中一再强调统计图表应用性非常强,对于日常生活、毕业论文和以后的工作都有很

---

① 姚寿福:《经济管理类本科专业统计学课程教学改革思考》,《高等教育研究》,2012年第3期。

重要的作用,但是由于图表大多是上机操作,在期末考试中很少有考题体现这方面知识,于是在上机操作演示的时候学生们心不在焉,认为只要考试时不考的都没用。在指导大四学生毕业论文时发现很多学生论文中的统计图表都不正确或不规范。在统计学知识重要性认识不足的情况下,所学知识和实际应用结合不紧密,便认为统计学无用,导致被迫学习,学习兴趣不高,教学效果不佳。

(三)基础知识不牢固

统计分析方法是建立在概率论和数理统计的基础上,因此学好“统计学”需要有良好的数理统计知识和统计学理论基础。另外,再利用统计学知识分析现实经济问题时,不仅需要掌握经济现象背后的数字资料和具体的分析方法,还需要对经济现象有透彻的理解。因此,学生学习统计学,需要牢固掌握“概率论与数理统计”“线性代数”等课程知识,而大多数学生对基础知识掌握的并不牢固,不仅数理知识基础薄弱,而且对经济现象理解不透彻。

(四)重理论、轻实践和应用

在“统计学”学习中,理论教学课时偏重,实践教学课时偏轻,考核方式也很少涉及实践教学内容。对于经济管理类非统计专业的学生来讲,学习“统计学”主要是为了提供一种学习统计学的思想,即如何从纷繁复杂的信息中去辨别真假信息,如何得出统计结论进而做出决策。在教学过程中,“统计学”应该重思想、重应用,而非大量的公式推导和概念阐述。如很多统计学教材以大量篇幅介绍了统计表的结构、分类,各种各样的统计图,可是对于如何利用统计软件画图和表却没有具体阐述。又如“均值、众数、中位数”,大多数的统计学教材介绍较多的是各种计算公式,较少介绍它们的特点及适用场合,特别是与现实生活相结合的案例。

对“统计学”成绩的考核也通常是重理论、轻应用。大多数高校的统计学都是以最后的期末考试为主,尽管有平时成绩,但比重较低,而且平时成绩也多以考勤和理论知识的考核为主,对于统计学的应用缺乏相应的考核机制。

四、"统计学"教学的几点思考

针对"统计学"教学中存在的问题,考虑主要从教学理念、教学方法和手段、考核方式等方面进行阐述:

(一)教学理念

经济管理类专业"统计学"课程的教学目的是使学生能够熟练分析社会经济现象中的数量关系,并透过数字看现象本质;能够读懂《统计年鉴》等宏观数据及 CFPS、CGSS 等各类微观数据;能够针对相关问题设计问卷、搜集数据并进行整理和分析;学会用统计理论和方法写文章。教学的重点是基本概念的理解、基本原理的掌握、统计思维的建立和数量分析方法的灵活应用。[①]目前,随着计算机技术的发展以及统计软件的日趋完善,统计分析多数依靠计算机和统计软件来完成。只有透彻理解统计学的有关概念、指标,牢固掌握统计分析方法,能够快速收集统计数据,才能做好统计数据的整理和分析工作。在教学过程中,对于统计指标和统计方法要注意其应用场合,不能滥用。

如在讲到平均指标时,引入学生熟悉的案例:"平均数的陷阱"。某大学生小王曾到一家公司求职,被老板告知企业平均工资为 3000 元,她的实习起薪是 800 元。后来她托熟人一打听,发现公司业务员的薪水都是 1000 元,便去找老板理论。老板给她算了一笔账:公司业务员 10 名,薪水 1000 元;业务经理 5 名,薪水 2000 元;部门主管 6 名,薪水 2500 元;副总经理拿 10000 元,总经理拿 24000 元。由于收入差距悬殊,全体人员的平均工资确实是 3000 元。

---

① 刘超、吴喜之:《统计教学面对的挑战》,《统计研究》,2012 年第 2 期。

而对于小王而言,众数是 1000 元,中位数是 2000 元。在这个案例中,众数和中位数可能比平均数更具有参考价值,即在数据差异较大时,众数和中位数更具有代表性。通过熟悉的案例使大家对知识掌握得更加牢固,而且也避免知识的枯燥。

(二)教学方法和手段

"统计学"能否引起学生的兴趣,教学方法和教学手段的多样化也是一个重要的因素。目前随着多媒体教学设备的增加,教师应充分利用现代化教学设备,采用多媒体教学,一方面可以提高教学内容的直观性、动态性和趣味性;另一方面利用多媒体教学的优势,同样的课时可以增添很多的知识点和案例教学内容,使学生更好地理解统计理论和方法,既省时效果又好。

在教学过程中将传统的"填鸭式"教学转变为"启发式"教学。在课堂中应将讲授式教学、启发式教学和讨论式教学相结合,相互取长补短,充分调动学生学习的积极性,更好地挖掘学生的潜力,提高学生的参与度和学习兴趣。

(三)教学内容

首先,教材的选取应以案例应用为主,避免纯数学公式及推导。一本好的教材能够增强学生的学习兴趣,目前大多数统计教材上的数学公式较多,缺乏生动活泼、贴近现实的教学案例,使学生产生畏难情绪。而《统计学——思想、方法与应用》回避了纯数学描述,在保证统计学知识结构比较完整的情况下,加入了大量的案例分析及 EXCEL 操作,尽量精简了比较烦琐的数学推导内容,并引入"案例引子""专栏和扩展阅读""真实的应用案例""挑战性的案例分析"等栏目,可读性强,语言轻松活泼,通俗易懂。①

其次,在教学课件方面,利用多媒体教学的优势,每一章都增加应用案

---

① 袁卫、刘超:《统计学:思想、方法与应用》,中国人民大学出版社,2011 年,第 187~220 页。

例,不仅学生爱听,而且能使学生能够更好地理解理论和方法,既省时效果又好。如在相关和回归分析中,从"回归一词的历史渊源"讲起,Galton 研究发现:子代的身高有向平均值靠拢的趋向,他通过收集 1078 对父子的身高,得到儿子身高 Y 与父亲身高 X 之间的回归方程为:$y=0.516x+33.73$(单位为英寸)。① 这样不仅使学生更清晰地理解回归的含义,又增加了学习的兴趣,比单纯地讲回归的定义使学生印象深刻。

(四)实践教学和灵活的考核方式

"统计学"的教学目标之一就是如何熟练使用专业的统计分析软件。统计学分析软件使用较多的是 Stata、SPSS、SAS 等,选择适合自己的一款统计软件,利用软件可以使教材中的多数内容"还原",使学生真正理解并掌握烦琐统计学公式的计算背后的"简单"软件显示。②因此,实践课程的加入是必不可少的。但是我认为实践教学中并不仅仅介绍统计软件的操作,而是从数据的收集、问卷的设计、数据的整理、数据的图表显示,描述统计分析,回归和相关等一整套内容的考核。

长期以来,统计学的考核主要是平时成绩占 30%,期末考试占 70%,虽然有上机实验,但是由于比重较低,不会引起学生的高度重视。因此,在"统计学"课程教学中应增加实践性项目,培养学生对统计学知识与方法的综合应用能力。但是实践教学需要和灵活的考核方式结合起来,适当提升实践教学的考核分值。实践教学让学生结合实际,开展统计调查,设计调查方案,进行资料的收集,数据的整理、显示,并进行统计分析,既全部运用了统计学知识和统计软件,又锻炼了学生的分析问题能力和科技论文写作能力。但是撰写课程论文可能由于学生课程多,没有足够的时间做统计调查而不会起到明显

① 袁卫:《趣味统计案例(九):"回归"一词的由来》,《北京统计》,1998 年第 9 期。
② 杰拉德·凯勒:《统计学:在经济和管理中的应用》(第八版),李君、冯丽君译,经济科学出版社,2012 年,第 86~154 页。

的效果,建议采取小组形式撰写课程论文,充分发挥学生的能动性和参与意识,又锻炼了分工协作和团队精神。

五、结论

学好"统计学"、灵活运用统计方法对经济管理类本科专业学生非常重要。对于高校统计教师来说,首先要让学生充分理解"统计学"的重要性,彻底打消"统计学"无用论的想法。此外,在教学内容的选择上要紧密联系实际,增加案例教学,避免枯燥的数学公式,授课方式由"填鸭式"教学向"启发式、讨论式"教学转变,加入小组撰写课程论文等实践教学环节,增强"统计学"学习的兴趣,使"统计学"变得不再难学。在考核方式上,理论知识的考核和实践应用相结合,真正做到学以致用,提高学生对经济问题进行分析的科学研究能力和实践应用能力。

项目式教学
在"信用风险度量与管理"课程中的应用

王国栋 *

摘要:以"信用风险度量与管理"课程为例,结合课程教学的设计与组织,课程的教学过程,探讨如何设计和应用项目式教学模式,并对这一教学模式进行总结和思考。

关键词:项目式教学;教学设计;信用管理专业教学

项目式教学可视为一种教学模式,其中包含的教学思想,有利于实现教学目标,能提供具有操作性的教学活动结构或程序,具有与之相配套的基本教学方法。项目式教学是指教师结合所讲授的专业课知识,布置几个实际问题作为项目,在督促学生完成项目的过程中,促使学生完成知识获取和深入理解,培养学生分析问题和解决问题的能力,进一步激发学生想象力和创造性的教学过程。与传统意义上以教师传授知识为主,偏重灌输的教学模式相比,这种教学模式更加注重学生的积极参与,改变了以前学生被动接受知识输入的局面,学生通过主动学习,掌握分析问题的方法,并运用所掌握的方法

---
* 作者简介:

王国栋:天津商业大学经济学院讲师,研究方向为金融工程、信用管理。

去解决实际的问题。学生甚至还有可能通过独立思考,自己提出一些有意义的问题。

信用管理专业是一门理论性与实践性都很强的专业,开设的一些专业课程对培养学生研究探索能力非常有帮助,可以尝试在这些课程中实施项目式教学。下文将以信用管理专业开设的"信用风险度量与管理"课程为例,谈谈如何设计和实施项目式教学。

一、教学设计与组织

在整个教学过程中,教师要起主导作用,控制教学有序进行。主要表现在:(1)项目式教学并不取消教师的课堂讲授,课堂传授知识仍然是必需的重要环节,学生仍需要在课堂上获取基础知识,但教师在传授知识的同时更注重启发学生独立思考,鼓励学生自己分析和解决问题。(2)教师结合课程知识,并根据实际生活或自己的研究工作,提出一些具有研究性质的问题,这些问题可以是理论意义上的,也可以是具有实际意义的问题。(3)将全班学生进行合理分组,每一小组的学生根据各自的特长进行分工,学生之间紧密合作,对教师所提出的问题进行分析研讨,最终找出解决方案。

项目式教学注重在以探索和研究为基础的教学过程中培养学生的研究能力和创新能力,充分体现"以教师为主导,学生为主体"的教学思想,支持学生的自主个性发展,同时也重视教师与学生之间的相互交流。教师是整个教学过程的指导者,学生是学习过程的实施者。教师通过传递信息,启发学生积极思考,营造研究气氛,使学生获得积极评价;学生在活跃的研究氛围中讨论交流,教师适时地组织评价,再将评价结果反馈给学生。

在课程教学中可以落实到"课程讲授、项目安排、论文写作和课程考核"等教学环节。课程讲授是项目式教学模式的一个重要环节。课程讲授重点在于让学生掌握课程的基本理论和基本思想,讲授最根本的知识点和核心原理。讲授内容应精炼,而不是面面俱到。最好与知识发展的前沿相结合。课程讲授应强调学生的积极参与,因为学生的积极参与决定了课程讲授的教学效率可以大幅提高。项目安排就是布置几个实际问题作为研究项目,要求学生利用所学知识给出比较系统的解决方案。论文写作即为围绕项目内容查阅相关研究文献,在掌握课程知识的基础上研读参考文献,理解原理和研究问题的方法,在完成课程论文过程中达到自主研究学习的目的。课程考核是对研究学习过程中获取知识、探索研究、思维创新等多方面能力的综合评价,可以将课堂讨论、论文写作等结合起来进行评价,有利于学生将学习重点放在培养创造性思维习惯上。

二、教学过程的实施

在项目式教学的实施过程中,要始终保持教师与学生之间的互动。从教师讲解重要知识点、教师提出拟解决的问题或引导学生自己提出问题、论文撰写等各个教学环节,都要提倡学生积极参与研讨,鼓励争论和独立思考,教师可以适时参与学生的讨论并给予引导。下面谈谈具体的实施过程。

(1)选择题目。在课程的讲授过程中,每章的内容由教师先做基础知识的讲解,然后布置相关的研究项目。这些项目大多数来源于一些实际问题,也可能是教师自己科研中遇到的问题,这些问题可以借助课程中讲授的信用风险模型进行解决。例如学习了 KMV 模型之后,可以布置一个利用 KMV 模型度量我国上市银行信用风险的项目。学习了判别分析法后,可以让学生对影响中小企业信用的众多因素进行判别分析,从中筛选出重要的因素,布置一个对我国中小企业信用风险进行评估的项目。

(2)小组分工。将全班学生进行分组,各小组进行合理分工。根据学生的特长,可以分别安排工作任务,如搜集资料、上机实验、撰写论文、展示讲演等。

（3）搜集资料。上述研究问题需要学生搜集各商业银行披露的财务数据等资料，学生可以充分利用学校图书馆、资料室和互联网等提供的资源查询资料，培养查阅资料和处理数据的能力，包括外文资料。

（4）上机实验。需要将搜集的数据进行加工处理，变成模型需要的输入数据。然后利用 SPSS、SAS 等软件完成模型参数估计和计算等工作，必要时还需要编写一些计算机程序。

（5）小组讨论。可以穿插在上述环节中进行，学生将各环节中遇到的困难问题在小组内展开讨论，也可以提出进一步想要研究的问题并进行讨论。

（6）撰写论文。通过上机实验，获得模型的输出结果。根据模型的运行结果，对所研究的问题进行分析，得出研究结论，形成小组共同完成的研究论文，并制作成 PPT，以便在课堂上进行展示和讲演。

（7）小组交流。每个小组推荐各自的代表，在课堂上进行发言，介绍自己小组的研究结果。在小组代表介绍过程中，同小组的其他同学还可以进行补充，介绍结束后，其他同学可以进行提问以及讨论。还可以课下交流，包括搜集的资料可以共享。有同学对该研究问题有兴趣，想做进一步研究，可与教师进行沟通，教师在此方面进行引导，鼓励其进行研究。

（8）点评提升。发言及讨论结束后，由教师进行点评，对研究中存在的问题进行分析。点评分析工作颇为重要，要做到点和面结合，知识和能力结合，思维和方法结合，全面系统地进行评价，并及时补充教材涉及不深却又相关的知识点和信息，帮助学生全面掌握专业知识，实现认识上的提升。

（9）成绩考核。论文提交后，教师根据论文的质量及该组学生的综合表现给出成绩，该成绩作为论文的成绩，占期末总成绩一定比重。除此之外，为考查学生对基础知识掌握的情况，还要安排期末闭卷考试，考试成绩也会占到期末总成绩一定比重。

三、项目式教学模式的总结与思考

开展项目式教学,教师应以人为本,突出学生是学习的主体。在师生互动的教学模式中,应该以"问题"作为深入探究的动因和调动学生学习积极性和思维创新性的着力点。项目式教学模式的有效开展和实施,需要注意以下四个方面:

(1)教师是项目式教学模式的主导。在教学过程展开前,教师要研究学生的知识结构,合理组织教学内容,在此前提下,教师要设计出能激发学生学习动机、适合学生现有能力并联系所学知识的问题,这些问题可能来自社会实际,也可能来自教师的研究课题。这些问题能激发学生的兴趣和创新性思维,促使学生将多学科知识进行融合。为达成上述目标,对教师本身就提出较高的要求。教师首先要具有完善的知识结构和知识储备;其次教师还要具有较强的研究能力,能积极进行科学研究并处于学科专业的研究前沿,了解学科发展的动向;最后教师还要将自己科研和教学两方面的工作进行结合,用自己的研究成果帮助提升教学水平和人才培养质量。

(2)学生是项目式教学模式的主体。让学生成为教学的主体,实际上要实现教学理念的转变。如果没有教学理念的变革,教学模式就不可能发生本质上的变化。教师不再以知识的传授作为教学的重点,而是将培养学生获取知识的能力以及传授科学研究方法作为重点。实施这种以探索研究为基础的教学模式,应该注重激发学生的学习和研究兴趣,而非单纯进行知识的传授灌输。鼓励学生积极参与讨论,注意保护学生的求知欲和探索精神。教师要加强对学生进行知识运用能力的训练,引导学生在平时的学习中多记录、多思考、多提问。比如要求学生阅读一定数量的科研论文,并将阅读过程中的疑问和心得体会及时记录下来,及时加以整理,深入思考并及时与老师和同学进行交流。

(3)项目式教学模式不能忽视基础知识的传授。虽然项目式教学模式倡导学生独立思考和探索,但如果没有掌握好基础知识,那么所谓创造性的培养都将是无源之水。专业知识是长期研究工作的精华和积累,任何研究都是在现有知识的基础之上进行的进一步创新。学生的首要任务还是学习和掌握专业知识,引导其从事适合的研究更要强调和突出知识的基础性作用。如果学生忽视对专业知识的学习,不但会影响到他们学习的效果,还会使他们的研究流于形式,影响了学生学习的积极性,达不到基本的教学效果和教学目标。

(4)项目式教学模式应注重多元化人才培养。传统教学模式注重知识的传授和灌输,教师在教学中处于中心地位,学生被动接受知识。这种教学模式的优点是培养的学生基础比较扎实,但学生缺乏积极主动思考问题和解决问题的动力。项目式教学模式的引入,对于改变上述局面是一种有益的尝试。实施项目式教学,可在一定程度上激励学生创新的积极性。同时也要考虑到应用型人才培养的定位目标,注意项目式教学不宜过于拔高。

四、结语

大学的根本任务是培养人才,时代的进步也会对人才培养提出新的要求,当代大学毕业生不仅要扎实地掌握专业知识和思维方法,能够正确地发现问题、分析问题和解决问题,还要具有强烈的创新意识。以往的教学活动,不同程度地存在"重书本轻实践、重课内轻课外、重灌输轻启发、重传授轻方法、重统一轻个性"的倾向。项目式教学创新性地将知识传授、能力培养和素质提高融为一体。这种教学模式以教师为主导,学生为主体,激发学生的学习和研究兴趣,支持学生的创新思维和个性发展,同时也加强了师生之间的相互交流,着实有利于学生创新能力和实践能力的培养和提高。本文以信用管理专业课程教学为实践,探讨如何开展项目式教学,期望为这种教学模式的应用和实施做一次有意义的尝试,同时也应认识到推进项目式教学模式还有较长的路要走,还需要教育理念转变和教育管理体制改革等多方面的工作。

"双循环"背景下"国际贸易"课程教学改革研究

王　昕　陈　惠*

摘要:目前,我国正在大力推动形成以国内大循环为主体,国内国际双循环相互促进的新发展格局。国际经济形势的新变化,对国际贸易相关人才提出了新的发展要求。本文基于教师和学生的双视角,研究并发现在"国际贸易"课程教学中,存在理论与实践有所脱节、人才培养目标定位不够清晰、学生在课堂中缺乏主动参与以及英语综合水平有所欠缺等问题,并针对现存问题从四个方面给出可行性措施。

关键词:国际贸易;双循环;教学改革

一、引言

经过改革开放以来四十多年的飞速发展,我国的经济规模逐渐扩大,国际地位不断提高,国际贸易的比重也不断加大,其中服务贸易更是在近几年发展迅速,开辟了国内新的经济增长点。在 2020 年,习近平总书记提出了"要

---
*作者简介:

王昕:天津商业大学经济学院副教授,研究方向为区域经济发展。

陈惠:硕士研究生,研究方向为国际贸易政策研究。

推动形成以国内大循环为主题、国内国际双循环相互促进的新发展格局"。这一新发展格局在提升我国国际合作地位以及塑造我国产业竞争新优势方面发挥着关键性作用。为了顺应时代潮流,把握这一新发展机遇,更充分有效地利用国内、国际两个市场的资源优势,高校需对国际贸易人才施以更严格的要求,使其与国际接轨。培养现代化综合型人才,推动"国际贸易"课程教学的改革刻不容缓。现阶段我国的"国际贸易"教学大部分仍是"填鸭式"教育,毕业生的能力无法与社会需求相匹配,优质国际贸易人才的缺乏延缓了人才投入使用的时间,严重制约我国国际贸易优势的发挥。因此,本文就"国际贸易"课程教学中存在的部分问题加以讨论,并据此提出有益建议以推进教学改革。

二、当前"国际贸易"教学中存在的问题

在"双循环"新发展格局下,国家需要综合能力强的高精尖国际贸易人才为我国国际贸易提供坚实的后备力量。但当前我国高校的"国际贸易"课程教学设计及教学过程中,还存在一些问题,这些问题严重影响到国际贸易整体教学水平的提升以及综合型人才的培养。

(一)理论与实践脱节

首先,教学内容滞后。"国际贸易"课程是一门与国际接轨的开放性学科,当前教学中使用的经典教材相较于国际形势的新变化比较滞后,并未将国际贸易理论的最新进展——新贸易理论以及新一轮贸易保护主义等相关内容纳入教学过程中。[①]其次,教学内容重理论轻实践。一方面受教学时间限制,教学内容只能有所取舍,大部分教师选择重理论轻实务;另一方面在实操课程

---

① 潘素昆:《"一带一路"背景下留学生国际贸易课程教学改革研究》,《对外经贸》,2018 年第 10 期;刘源:《贸易保护主义抬头背景下的国际贸易课程教学改革研究》,《中国市场》,2017 年第 12 期。

中,学生通常只能借助模拟操作软件进行学习,操作过于理论化。①最后,考核方式单一。以试卷考核为主的单一形式难以展示学生理论联系实际的分析和操作能力,同时不利于激发学生积极性,考试的评价、激励、反馈和导向功能得不到充分发挥。②

(二)人才培养目标定位不清晰

国际贸易是一门集理论性与实用性于一体的综合性学科,针对其特点,在人才培养方面应有理论研究和实践应用两个侧重点。但是目前的高校培养体系大多走"中庸"路线,对学生的培养目标没有清晰准确的定位,并且几乎没有高校对此进行专门的划分。③由于培养目标缺乏针对性,学生在两方面的能力都较为平庸。在理论方面,学生只知基本概念和含义,却不了解理论背后产生的时代背景以及各理论学派承上启下的连贯性,因此没有能力进行深层次研究、发现其局限性并做出创新。在实践方面,学生对课本过度依赖,实际操作机会较少,缺乏真正可应用于企业的实操能力。

(三)学生缺乏主动参与

"国际贸易"课程的讲授多沿用传统的教学模式,即教师通过书本教材和幻灯片结合传授教学内容。该模式弊端之一是教师和学生在课堂上缺少互动,课堂气氛不活跃、学习过程枯燥致使教学效率低下。首先,该模式下学生的学习兴趣得不到充分激发,课堂注意力分散,严重时会产生逃课现象。其次,此类单向灌输模式,难以收到学生对新知识的即时反馈。学生对新知识短时间内难以进行仔细的梳理和思考、运用及评价,导致学习效率较低,对知识

---

① 任甜甜、刘佳俊、高佳欣、张中硕:《跨境电商背景下国际贸易专业人才培养改革路径探索》,《河北农机》,2020 年第 11 期。

② 黄水灵:《国际贸易理论与政策课程考试改革探究——基于"334"考核模式构建》,《对外经贸》,2016 年第 2 期。

③ 傅程华:《新形势下国际贸易教学模式改革探索》,《产业与科技论坛》,2020 年第 17 期。

吸收度不高。[①]

只有充分发挥学生在课堂上的主观能动性,使其自愿参与,自觉融入课堂,才能激励其不断获取新知识和探索新领域,促使教学过程形成良性循环。

(四)学生英语综合水平欠缺

国际贸易实践中,往来函电、无障碍对外沟通、了解国际贸易相关政策与措施、了解国际动态等都对专业英语有极高的要求,掌握好英语已是国际贸易综合性人才的必备素质。双语教学已成为国际贸易新的教学形式,但受教师口语水平、学生英语基础、专业词汇难度等各方面因素的影响,双语教学的成果并不十分显著。[②]

应试教育使得许多学生更注重听力、阅读、写作方面,而忽视了口语能力的重要性。另外,许多学生并未把英语当作一门沟通的语言,而只是考试的得分点、证书的加分项,因此"哑巴英语"屡见不鲜,学生的英语口语普遍较差。学校、教师和学生各方虽早已意识到这个问题,但限于教学时间、锻炼机会、学生自主学习意识等因素,该问题一直得不到妥善解决。

三、"国际贸易"课程教学改革的措施

(一)加强校企合作,促进产学研协同育人

面对人才需求的高标准,学校应积极促成搭建与校外企业的对接平台,开展并加强校企合作,开启线上线下共同培育的模式。[③]首先,建立总体的产学研协同合作关系。校企双方从人才、技术、资金和规模等多方面需求选择产

---

① 石新国:《主动学习视角下"国际贸易"课程教学改革研究》,《教育教学论坛》,2020 年第 44 期。
② 葛秋颖、赵艳莉:《新常态经济形势下国际贸易教学模式的新思考》,《高教学刊》,2016 年第 1 期。
③ 戴莹莹:《跨境电商背景下国际贸易教学改革与创新研究》,《中外企业家》,2018 年第 33 期。

学研合作的对象。同时充分考虑到企业和高校的需求、资源、实力等因素,选择项目式、共建式等合作模式,与企业达成共赢。①例如,校企合作建立实训基地,企业将部分业务引入学校并派遣专员对学生进行培训和监督,审查其完成度并作出评价。其次,探索产学研协同育人的机制路线。产学研合作将高校的理论基础与企业的实践经验有机结合,为学生提供理论与实践相结合、增强实践技能并提高创新能力的平台,校企可开展合作项目研究,依托科研项目合作,提升学生科研能力、实践能力和创新能力,以达到培养创新型人才的最终目标。

(二)因材施教,明晰人才培养定位

针对学术研究和实践应用两个侧重点,学校应因材施教,明晰人才培养定位,对不同培养目标实施不同教学大纲和考核方式。

对于学术研究型学生,学校应侧重对其进行理论教学,培养学生构建自身理论体系和思维框架,鼓励学生阅读专业书籍,关注学科前沿动态,锻炼学术写作能力。对于"实践应用型"学生,学校应积极搭建实践平台,通过校企合作切实锻炼和提高学生的实践操作能力。还应鼓励学生参加实务相关比赛,例如"POCIB"全国外贸从业能力大赛、大学生电子商务三创挑战赛等,提高学生综合素质。除此之外,建议学校扩大交换生制度,增加交换生名额。感受各国文化教育氛围,了解各国企业文化,并锻炼学生口语能力,为日后的国际沟通和谈判工作做准备。②

不同培养定位在考核方式上也应侧重不同。"学术研究型"在考核时应侧重于学术表达方面,除期末考试外,还应运用案例分析、小论文写作等考察学生的学术研究能力;"实践应用型"除卷面考察外,应注重考察实践操作能力,

---

① 宋淑梅、孙珲、辛艳青、王昆仑、杨田林:《产学研合作协同育人探索与实践》,《科技风》,2020年第14期。

② 邱少波:《基于国际教育的国际贸易学教学改革》,《求学》,2019年第40期。

通过项目合作评价、实验操作规范、实习工作完成度、校企合作单位的评价等对学生进行综合考量。

（三）引入主动学习法，提高学生参与度

为实现培养学生观念以及建立自身思考框架的课程目的，学生除被动听讲外，必须通过一些具体的活动对接收到的信息进行处理加工、思考吸收，内化为自己的思维模式和思考框架。因此可引入一种新的教学方法——"主动学习法"。其核心是使学生主动参与学习，进行分析、评价、运用等更高层次的思维活动。[1]包括个人活动、结对活动、团队活动和合作项目四类具体形式。常用形式有小作文、角色扮演、制作概念图、团队合作写作、案例分析、头脑风暴等。

"国际贸易"课程教学在引入主动学习法时，应注意教学内容与活动形式的适应性。例如在讲解国际贸易理论时，由于各理论有其产生背景、前提假设、基本概念、主要内容、积极意义和局限性，且不同理论之间存在继承发展或批判补充的关系，所以可采用作一分钟小作文、制作理论概念图等形式，梳理理论发展史，深化对理论的理解。在讲授国际贸易政策时，可以开展小组主题辩论，在锻炼学生团队协作、辩论表达能力的同时加深对贸易政策背后原因的理解。国际贸易实务涉及对外贸易的基本流程，可以通过角色扮演、情景化教学以更生动的形式帮助学生熟悉整体贸易流程。

（四）引进先进技术，进一步推进双语教学

首先，整合现代信息技术，借助先进的技术手段辅助教学，有效提升国际贸易课程的教学水平与效果。[2]一方面，实务教学属于国际贸易教学中的短板，实践机会匮乏导致学生实践经验不足。因此可以借助现代 3D 虚拟技术为

① 石新国：《主动学习视角下"国际贸易"课程教学改革研究》，《教育教学论坛》，2020 年第 44 期。
② 杨娟：《新形势下〈国际贸易〉课程教学改革研究》，《现代商贸工业》，2012 年第 22 期。

学生模拟实务操作流程,通过直观操作使知识立体化、形象化,更易理解和掌握。学校还可以建立国际贸易实务虚拟实验室,带给学生更多可实践动手操作的机会。另一方面,教材更新速度慢导致教学内容比较单一,应积极引入微课、慕课等教学形式,为学生带来最新理论的解读以及前沿学术动态,丰富教学内容。①

其次,进一步推进双语教学。课堂上尽量与学生使用英语交流,为关照基础薄弱同学,可逐步提高英语使用比例;在课前发布学习任务,通知同学做好预习工作;在课堂上增加英语讨论及发言环节,锻炼学生的口语水平。②同时学校可组织搭建留学生与本科生之间的英语交流平台,互帮互助,共同提升外语水平。

四、总结

总之,随着时代的不断进步,国际形势发生了新变化,对国际贸易人才提出了更高的要求。在国际贸易教学过程中,高校要正视落后于新形势的不足之处,紧密结合当前形势,改革教学手段和教学内容,注重理论与实践的结合,有针对性地培养企业所需优秀综合素质人才,提高我国的国际贸易人才竞争力。

---

① 肖君:《新时代背景下高职院校国际贸易专业教学改革的探析》,《环渤海经济瞭望》,2018年第11期。

② 汤金蕾:《电子商务与国际贸易双语课程教学实践改革策略研究》,《祖国》,2019年第13期。

基于学生视角的国际商务专硕课程设置思考

王中华　李睿静 *

摘要:随着中国经济的不断成熟与发展,国内市场对国际商务专业硕士解决实际问题的能力要求不断提高。目前,高校对国际商务专硕能力的培养相对薄弱,主要表现在缺乏对学生创新思维的训练,以及解决问题能力的培养。本文主要从学生视角出发,探讨国际商务专业硕士课程教学过程中存在的课程设计本科化、学生课堂互动参与感不足,以及对专业英语的重视程度不够等问题,并从作为需求方的学生视角,对设置课程改革提出了差异化、互动化及国际化等建议。

关键词:国际商务专硕;课程设置;课程改革

一、引言

国际商务专业硕士是为了适应经济全球化、一体化趋势,全面建设开放型经济体系,培养具有较强的专业能力和职业素养、能够创造性地从事国际

---

* 作者简介:

王中华:天津商业大学经济学院教授,主要从事国际金融与国际经济研究。

李睿静:天津商业大学 2020 级国际商务硕士研究生,研究方向为国际商务运营与实践。

商务实际工作的高层次应用型专门人才而设立的专业学位。开展国际商务研究生教育,是大力培养国家急需紧缺人才的重要保障。目前,我国的社会经济正在经历百年未有之大变局,世界经济形势发生了巨大的变化,国内国际市场对人才的需求也与以前有很大不同。在这样的背景下,高等学校国际商务专业硕士课程的设置要紧跟时代发展步伐,积极改革,勇于探索,以适应时代和市场发展的需要。目前,一些高校在国际商务专硕人才培养和教学过程中,普遍存在课程设置不合理、教学方式落后、难以培养高层次复合型人才等问题。应该从提升学生能力的视角出发,从课程体系建设与课程设置方面进行调整和优化,以提高教学质量,促进人才综合素质能力的提升。

二、国际商务专硕课程现存的主要问题

(一)课程设置的本科化

课程学习是研究生教育中必不可少的环节,是保证和提高研究生教育质量的重要因素。目前,国内高校国际商务专硕大多为两年制,校内授课基本在第一个学年内完成,课业时间紧,教学任务重。如何在有限的在校时间内,让学生掌握更多的专业知识,是研究生阶段课程设置的重中之重。

然而部分专硕培养单位的课程设置,无论是在内容上还是在教学方法上,都存在着本科化倾向:研究生课程与本科课程设置拉不开档次,没有明显的层次区别,不少课程只是本科学习阶段的简单重复,在深度上缺乏力度。

课程设置本科化表现在诸多方面。首先体现在教学内容上。当今知识更新的速度日新月异,研究生课程凸显内容的研究性、前沿性就显得尤为重要,课程和专业内容都应该不断变化调整、与时俱进。可是高校中的很多课程设置仍旧是老面孔,甚至十几年不变。其次体现在考核模式上,在一些高校中,学校层面对研究生考核模式没有深入研究,研究生考核继续沿用本科生的套

路,考核形式单一,无法真正反映学生的实际能力。最后,国际商务、国际贸易类本科专业的学生与非相关专业的本科学生,在专业相关基础知识的掌握程度上是有区别的,但是大多数高校在对两类学生课程的设置上并未体现出差异,导致学生感觉到很多课程和本科阶段所学并无本质区别。

(二)学生课堂参与感较低

目前,高校国际商务类专业硕士课程仍以传授学生知识为主要教学目标,尽管已经在原有基础上,增加了部分实训内容,但教学过程仍表现出教学总体趋于传统,教学内容相对陈旧,教学形式比较单调等问题。专业课教学仍然以教师的讲解为主,集体讨论、案例研究、模拟实训等授课方式显得相对薄弱,研究生在整个课程的学习中缺乏积极性,仍然处于被动接受状态,对于所学知识缺乏深入的理解,并且未能培养出主动思考和解决问题的能力。墨守成规的教学模式影响了对学生创新性思维和发散性思维能力的培养,从而难以改变学生长期以来形成的以死记硬背书本知识为中心的固有做法。

(三)对专业英语缺乏足够的重视

从事国际商务领域的工作,对毕业生英语水平普遍有较高的要求;然而现在的毕业生外语能力不足,不能很好地满足用人企业对高级国际商务人才的需求。学生外语应用能力的不足,与相关高校在课程设置中忽视外语能力的培养有很大关系。

在目前一些高校国际商务专硕培养的过程中,专业英语教育与专业课程教育之间没有建立起有机的联系,英语学习与专业课的学习难以充分融合。即使在双语教学的课堂上,多数也只是采用英文幻灯片展示,用中文和学生交流,造成了专业英语学习过程让人感觉枯燥乏味。在这样的学习背景下,学生难以在课程学习中掌握好国际商务领域的专业英语知识。

三、国际商务专硕课程改革的必要性

根据我国的《专业学位研究生教育发展方案(2020—2025)》,专业学位具有相对独立的教育模式,以产教融合培养为鲜明特征,是职业性与学术性的高度统一;扩充和发展专业学位,是学位与研究生教育改革发展的战略重点。培养国家急需紧缺的国际商务人才,是高校开设国际商务专业硕士点的主要目的,而国际商务课程设置改革是高校提高学科教学质量、促进人才能力培养的必经之路。

(一)提高学科教学质量

课堂教学是落实课程培养方案,实施教育的主阵地,是提高教育教学质量的主要手段。课程教学仍然是专业硕士培养的重要环节,它能够帮助研究生掌握本学科坚实的理论基础、系统的专业知识,并为今后的科研和职业发展奠定基础。因此,探索适宜的专硕教学模式和教学方法,提升研究生课堂教学效果,是提高国际商务专硕教学质量的重要举措。

(二)促进人才能力的培养

人才培养是高校的根本任务,高等院校专业学位研究生教育肩负着人才培养、服务社会的重担。因此,学校要把育人作为教学的中心,牢固确立人才培养在高校工作中的中心地位。大力推进专业学位研究生课程改革,拓宽学生知识面,增强学生专业兴趣,提升学生创新精神和创新能力,为我国的社会经济发展提供人力储备与保障。

四、基于学生视角的课程设置改革

(一)课程设置差异化

专业学位研究生课程分为专业必修课和专业选修课,在课程设置上要体现出与本科阶段的差异。首先,高校对研究生专业必修课的授课应该更加深入,借助部分授课内容,培养研究生独立思考问题的能力。专业必修课比如"国际商务""西方经济学"等主干核心课程的设置,要体现研究性和前瞻性,鼓励学生探究国际最前沿的理论和应用成果。其次,专业选修课的开设要考虑学生的兴趣方向,比如开设"国际商务谈判""跨文化沟通"等实用性课程,充分拓展学生的人文视野。最后,要切实推行并认真落实研究生阶段双导师制度,在校内教师的选择上,要充分发挥校内教师的专业优势;同时,积极引入校外实体经济部门的导师走进课堂,对专业实践课程进行实践方面的指导。双导师制可以充分利用校内资源和校外资源,有利于全方位培养和发掘学生的综合素质与能力。

(二)课程设置互动化

为了保证教学进度的完成,传统高校课堂一般由老师讲授为主,学生参与度低,逐步习惯和依赖被动式教学,大多不愿意主动思考和自主学习,从而在发现问题和解决问题方面的能力相对不足。

通过设置案例教学、小组讨论、翻转课堂等教学模式,可以充分调动学生学习过程中的积极性和主动性。然而由学生掌握学习的自主权,并非意味着教师可以完全放手。相反,教师恰当的参与和引导是提升学习效果的重要保证。例如,针对"国际商务"这门课程采取案例教学的方式,可以由教师梳理出框架,学生随机分组,由每个小组负责讲解一个单元,讲解过程中要求理论和案例相结合,且案例选取要与单元主题相契合。在小组展示过程中,可以充分锻炼学生发现问题解决问题的能力。展示结束后,教师和其他组的同学要针对展示内容发表点评;其他组同学可以针对内容提问,由展示组的学生答疑;对于不清晰的知识点,再由教师重点讲解。这样,通过案例教学的方式将知识点与实践相结合,对于提高学生的专业素养、逻辑分析能力与表达能力等有重要的促进作用。

(三)课程设置国际化

在国际商务领域中,英语同汉语一起被作为工作语言在使用,而高校开设的课程中,普遍缺少对专业英语的重视,这势必会影响到学生的实际沟通能力和业务水平。为了解决这一问题,需要从多方面着手。首先,在研究生课程中要开设专门的外语学习课程,比如高级商务英语,英语笔译口译等,通过专门的课程学习,努力提高学生的外语应用水平。其次,提高课程的国际化程度,对促进学生掌握外语也有重要作用。在研究生课程设计时,一方面要鼓励专业教师多接触商务或专业外语,专业知识尽量采用英语讲授;另一方面,也要正视学生外语水平差异和主观偏好,采用弹性教学方式,将英语和汉语的比例控制在合理范围之内。

五、结语

作为以职业操作技能为导向的专业培养项目,国际商务专业硕士的理论学习与实践教学应该相结合,以提高学生的综合素质,反映该专业课程培养体系的核心价值。培养本专业研究生的相关高校应该从多维度出发,结合教师和学生的实际情况,通过科学课程体系的合理化建设,有效提高教学质量,从而培养出经济社会紧缺的高层次国际商务专业硕士人才。

数字技术的兴起与"产业组织学"课程理论体系的变化

张玉卓 *

摘要:数字技术是基于数据＋连接＋算法的信息技术和智能技术,建立在数字技术基础之上的数字经济, 正在改变产业组织学的理论结构和体系。本文就数字技术的内含,数字经济的发展以及对"产业组织学"体系的深刻影响进行研究,以此为"产业经济学"的教学提供理论依据,为学生更好地学习"产业经济学"课程提供先行的理论指导。

关键词:数字技术;平台经济;产业;反垄断

一、现代产业组织理论演化历程

产业组织理论的思想渊源可以追溯到古典经济学家亚当·斯密关于市场竞争理论和分工的思想。1776 年斯密在《国富论》一文中提出两种思想,即市场经济与分工理论。两种思想又统一在"劳动分工水平决定于市场容量"的斯密定理中,同时又产生了自由竞争市场与递增报酬无法统一在斯密理论框

---

* 作者简介:

张玉卓:天津商业大学经济学院副教授,硕士生导师,研究方向为产业经济学、产业组织学。

架中的斯密难题。正由于此衍生了产业组织理论。从历史看,1700—1770 年
期间英国商品的海外市场增长远比国内市场快得多,1700—1750 年英国国
内工业产量增长 7%,而出口工业产量增长 76%,这种对英国制造品的海外需
求的迅速增长引发了工业革命,而工业革命引发产业组织的变化。蒸汽机的
发明这一重大事件,开启了工业革命最后的、最具有决定性的阶段。1776 年
斯密在工业革命开始之际写就了《国富论》,完成了第一次工业革命的历史记
载,斯密深刻地观察并分析那个时代的工业组织,提出了后来被施蒂格勒
(1972)称之为"斯密定理"的发现。认识到社会分工(技术进步)与市场容量
(产业组织)的深刻关系,尔后,斯密在《国富论》中进一步发现了企业追求递
增报酬而导致的生产和资本的集中与其倡导的自由市场的矛盾,即垄断的自
然演变趋势与自由竞争的观念无法统一的难题,直到 1890 年,马歇尔用外部
性这一概念来解释其存在的现实困境,结果也无功而返。在 20 世纪 30 年代
欧美的制造业规模越来越大,汽车、钢铁、铝业、化工等制造业规模经济势头
迅猛,反垄断法案越来越多,哈佛大学产业结构研究中心的一批学者开始关
心和研究产业组织相关的问题,张伯伦、梅森及其弟子贝恩等人完成了产业
组织理论的基本框架,即 SCP 分析范式。到 1970 年随着石油危机的爆发,哈
佛产业组织范式受到挑战,以施蒂格勒为主的芝加哥大学学派和一些律师
开始对哈佛大学的产业组织理论进行新发展,尤其在产业组织政策上开始
回归经济学家奈特的自由市场的主张,提倡反垄断政策以效率为先的原则,
大致经过了 10 年的时间,到了 1980 年,又进入新产业组织时期。博弈论等
研究方法提供了产业组织研究的新工具,研究对象也从市场结构过渡到企
业的市场行为研究,让·梯若尔的《产业组织理论》的出版标志新产业组织理
论的完成。

　　回顾近半个世纪西方产业组织理论发展的历程,西方产业组织理论的演
进大致经历两条主线,其一是市场机制和价格信号,基本原则是保障市场运
行的效率;其二是技术进步和分工演进过程,二者既对立又统一。技术进步自

然将分工链条拉长,分工的工序更为复杂多样。满足和适应复杂的分工制度和技术进步的空间,就需要产业组织的改进和进步,市场空间的扩展要适应分工的进步和技术的提升,每次工业革命都带动了产业组织的向前发展。

二、数字技术的兴起与产业组织理论困境

第四次工业革命始于 1970 年的全球石油危机,经济的大萧条催生了新技术革命的发生。1971 年英特尔的微处理器问世,人类进入信息和远程通信时代。我们所讲的信息技术革命经历了三个阶段,第一阶段为 IT 时代,从 1971 年英特尔发明了微处理器到后来的 Wintel,再到 2000 年代,这 30 年主要是一个信息化记录的时代,科学家创造了大型机、小型机、数据库、操作系统等主要解决应用的工具。第二阶段为消费互联网时代,随着移动互联网技术的快速发展与智能手机的普及,消费互联网业务呈现高速发展的态势。第三阶段为数字化转型时代。全球进入新一轮新型基础设施安装期,主要是以工业化联网、大数据技术、5G 技术和智能机器人等为核心的数字技术时代。数字技术以"数据 + 算力 + 算法"为技术基础,构筑了认识世界和改造世界的新模式。数字技术的本质是人类重新构建的一套认识和改造世界的方法论,通过在比特的世界中构建物质世界的运行框架和体系,推动经济社会的发展。未来十年,全球数字经济最重要的主题之一是数字基础设施的重构、切换与迁移,以及基于新型数字基础设施的商业生态。以物联网、云计算、边缘计算、人工智能、数字孪生等为代表的智能技术群落,在不断融合、叠加和迭代升级。未来 10 年将是新型数字基础设施的安装期,新一代信息技术发展将推动人类社会进入一个全面感知、可靠运输、智能处理、精确计算的万物智联时代。

以工业技术为基础的产业组织理论必将受到新技术带来的挑战,数据要素、算法、算力以及连接等新技术特征将深刻影响产业组织理论以及产业组

织政策,这就会改变产业组织学的教材体系和授课内容,如何在数字技术下,适应和改变,将是一个产业经济学界长久讨论和研发的主题。

三、建立在数字技术上的新产业组织理论课程体系构建

产业组织理论是经济学专业重要的课程,是经济学专业高年级的专业课程,主要讲授有关市场势力、市场力量的源泉,定价策略、竞争政策理论、研发与技术创新、网络经济等相关理论。通过产业组织理论学习,让学生了解市场竞争理论以及相关反垄断政策。在工业经济背景下,产业组织学教材整个理论分析是以新古典经济理论为基础,分析市场运行的规律和策略,分析一切围绕资本要素建立市场的运行体系。但是到了数字技术时代,数据代替了资本,"数据+算法"的出现促使我们形成了认识这个世界的新方法。在"数据+算法"背后是数据的自动性,即正确的数据在正确的时间,以正确的方式传递给正确的人和机器。从工业经济到数字经济的转换,必然带来产业组织理论的巨大变化,产业组织理论的课程体系也必然发生巨大调整。

(一)数字技术对新古典定价体系的影响

从 20 世纪 30 年代的哈佛结构主义学派,到中期的芝加哥学派和后期的新产业组织理论,这些理论体系建立在新古典一般均衡定价理论之上,少有改变,即使是新的产业组织理论,也一样遵循新古典定价理论。但到了数字经济时期,定价理论将发生颠覆式改变。数字技术的出现改变了旧有的定价体系,也就是说,长期主宰西方主流经济学的一般均衡定价理论体系将发生颠覆性改变。数字技术以"数据、连接和算法"为核心,尤其平台技术更加强调其交易的双边性、网络外部性和消费者的多归属性等特征,就意味着产业组织学的理论基础——定价理论的研究范式,将从价格总量研究转为价格结构研究,即价格结构非中性。这种转变将对产业组织理论体系产生深刻影响,例

如,在诸多平台企业中流行零定价,负定价的趋势,如果再用成本定价,供需定价等传统定价理论,将无法给出科学解释。

(二)数字技术对产业组织政策的影响

产业组织政策是产业组织学理论的重要组成部分,数字技术对产业组织学教材体系的改变也包括对产业组织政策的影响。首先是勒纳指数的重写,至少是增加其影响因子,其中(P—MC)可能是负数,同时需求价格弹性也要考虑交叉网络外部性,这样对市场势力的测度就要复杂得多,考量的因素也更为复杂。在此基础上的政府规制和反垄断问题都需要重新考量。例如市场界定、市场支配力、市场并购、算法合谋等产业组织政策都将调整。

上述有关数字技术的发展将深刻影响产业组织理论和产业组织学的教学过程,这种影响和变化至少要持续几十年,伴随着第四次产业革命,长久地影响着这个学科的发展,并在实践中发生变革。

从小学数学教材
看新时代大学统计教学改革

赵慧卿 *

摘要:统计学在人们工作、生活中的重要性越来越受到社会各界的广泛关注,普及统计知识迫在眉睫。然而当前大学统计教育中仍存在诸多问题。文章从小学数学教材中统计与概率的安排方式入手,反思大学统计学课堂教学存在的问题。从树立成果导向教育(OBE)理念、打造"共鸣式智慧型"课堂、灌输课堂向辩论课堂转变、封闭课堂向开放课堂转变、重学轻思向学思结合转变几个方面寻求破解之道。

关键词:统计学;成果导向教育;教学改革

统计思维的重要性非同寻常,大到国民经济、小到柴米油盐,有效的分析都离不开它。因此,统计越来越受到社会各界的关注与重视。普及统计知识,形成统计思维,对培养理性健全的思考与分析能力至关重要,必须从娃娃抓

---

* 作者简介:

赵慧卿:经济学博士,天津商业大学经济学院副教授,研究方向为经济统计。

基金项目:

本研究为天津商业大学"统计学""金课"建设阶段性成果。

起。国际上,美国等发达国家注重在整个国民教育序列中循序渐进地开展统计教育,取得了良好的成效,并积累了众多可借鉴的经验。目前,我国教育管理部门也注意到该问题,在小学数学课本开设统计与概率板块,从二年级开始穿插安排初步的描述统计与概率知识。这种安排对培养统计观念大有益处:其一方面有助于让孩子从小养成"用数据说话"的习惯,利用数据分析解决问题;另一方面,还可以在该年龄段孩子固有的确定性思维方式之外,提供一种不确定性思维方式。

针对小学生身心特点,小学数学教材中统计与概率板块弱化概念界定而强化举例说明。其事例选择贴近学生生活,设计也非常巧妙。如北师大版五年级上册的"可能性"部分:小明和小华下棋,你能替他们想个办法,决定谁先走吗?淘气说:"抛硬币,正面朝上,小明先走;反面朝上,小华先走。"笑笑说:"投骰子,点数大于3,小明先走;点数小于3,小华先走。"你认为他们的方法公平吗? 请你再设计一个方案,使它对双方公平。

小学教材中的统计与概率部分,总是先提出一个生活中的有趣问题,然后围绕其将一个个问题抛向学生,引发学生们积极思考。当教师讲到这里时,往往会出现孩子们开动脑筋,争先恐后回答问题的情景。可见,小学课堂从解决实际问题出发,注重知识的趣味性和学生的参与度。反观当前的大学统计教育,虽然教学改革喊了多年,但多数教师仍然偏重于理论讲授,习惯于灌输式教学,重教轻学、重学轻思现象普遍存在。受此影响,多数学生难以体会到统计思维对解决实际问题的重要性,而是把统计误解为枯燥无味的数据计算,几节课下来便失去了学习的兴趣。任凭教师在讲台上如何卖力讲授,部分学生却连头都不抬,对教师的提问更是保持沉默。由此不难总结出:当前我国大学统计课堂教学的主要矛盾,已经转化为学生对课堂趣味性和实用性日益增长的需要与传统教学手段陈旧落后之间的矛盾。

那么,应如何化解新时代大学统计课堂教学的主要矛盾? 如何提高统计教学的趣味性? 大学统计教学改革路在何方? 笔者认为可从如下几个角度思考破解之道。

一、树立成果导向教育(OBE)理念

成果导向教育(Outcomes-Based Education,OBE)最早出现在美国和澳大利亚的基础教育改革中,是一种基于学习成果的教育模式。该模式下,整个课程活动均由学习成果驱动,教育结构和课程仅是手段而非目的。OBE强调以学生为中心,教师应该首先明确学生在学习本门课程后的成果,并以此为导向进行课程设计,最终引导和协助学生取得该成果。当然,学生在学期开始,也应该有明确的学习目标。学习方式上,OBE强调合作式学习,学生可以组建团队,共同完成学习目标。考核方式上,OBE强调课程考核应该以学生的学习成果为根本依据,传统教育中的闭卷考试并非恰当选择。

"统计学"是一门实用性很强的课程。但是许多学过"统计学"的学生,在实际工作中却往往没有统计意识,不能很好地利用这一工具解决实际问题,统计知识的作用无法得到发挥。因此,在"统计学"教学中,应该注重统计学作为工具性学科在社会各个领域的应用,培养学生提出并回答统计学问题的能力。换言之,学生应取得的学习成果就是"会应用",包括各种描述统计和推断统计方法的恰当应用。为协助学生取得这一成果,教师在完成每一知识点或方法的理论教学后,应将现实生活中相关的问题抛给学生,要求他们采用统计学方法去解决。若学生不能独立解决(如需要学生开展统计调查以获取数据),可以组建团队共同完成。这样既解决了问题,又培养了学生的团队合作意识,同时还消除了学生"学习无用论"的思想,可谓一举三得。对学生进行考核时,应增大对平时应用能力考核的权重,期末成绩比重要降低到50%以下。

二、打造"共鸣式智慧型"课堂

"共鸣式智慧型"课堂的两大关键词为"共鸣"和"智慧",有效把握这两点才能吸引当前的学生群体。以互联网为背景成长起来的"00后"已经进入了大学校园,作为互联网的原住民,他们早已养成了从互联网获取最新学习资源的习惯。与无所不包且飞速更新的网络资源相比,教师显然不再是学生心目中的权威,如果仍然用传统手段讲授陈旧知识,势必无法满足学生的学习需求。大学教师必须与时俱进,紧跟时代步伐,紧跟年轻学生的流行趋势,善于利用互联网技术和信息化手段开展"智慧"型教学。同时,通过巧妙的课堂设计方法,寻求与学生的"共鸣点",与学生进行情感交流,提高课堂的趣味性,毕竟兴趣才是最好的教师。

首先,如何能引起学生的"共鸣"?华北电力大学葛玉敏老师认为,恰到好处的表情包和网络流行语、学生微信对话截图、专门录制的实验视频、相关的历史背景介绍、及时的总结归纳、巧用视频做类比、教师的奖励等,都能引起学生的"共鸣"。以上种种均需要教师付出很多时间和精力去准备,与传统意义上的备课有天壤之别。进而,如何走向"智慧"?一是给学生推荐优秀的线上视频资料供他们课外自主学习;二是使用"雨课堂"等课上辅助教学手段,将手机从"对手"变成学习的"助手",成为助力学习的工具。统计知识的学习过程中,难免有很多计算,这时可以利用"雨课堂"让学生作答。同时,通过热烈的弹幕讨论、课上随机点名、学生手机投稿等方式,调动学生对课堂的参与积极性,真正让课堂"活"起来,使学生乐学并学会。

三、从灌输课堂向辩论课堂转变

当前形势下,这种转变势在必行。灌输式课堂上教师属于"自导自演"

型,学生只是被动接受的"观众"。学生不能参与到"表演"当中,逐渐失去了对教师"表演"的兴趣。所以,灌输式课堂不能很好地调动学生的学习积极性,不利于培养学生独立思考及创新的能力。而辩论课堂以师生之间的辩论为主要特征,学生能够积极参与到课堂当中,提高了学习效果。

那么该如何实现这一转变? 一是将教师的"演员"角色交给学生,教师只做"导演",将学生从"观众"变为"演员"。教师引导学生积极在课堂上"表演",同时允许学生对教师的引导提出质疑,并互相讨论。二是将"句号"课堂转变为"问号"课堂。当然,这种转变不能仅仅是由原来的"沉默"式课堂变为简单的"问答"式。如,教师问:计算我国 GDP 的年均增长速度用什么方法? 学生答:用几何平均。仅仅这种形式的问答是不够的,教师要激励学生提前做好预习以形成"问号",课上对教师教授内容积极思考,进一步提出疑问,如:为什么年均增长速度的计算要用几何平均而不用算术平均法呢? 要培养学生敢于对教师提出质疑,进而敢于和教师进行辩论,才能使知识在教师和学生之间传递、互动。为实现上述转变,教师要对课堂、对学生倾注情感,走进学生的心里,了解他们对统计知识的需求,在与学生交流的基础上开展教学设计。

四、从封闭课堂向开放课堂转变

新时代的大学生在学习方式、价值理念等方面均发生了变化。若仍然采用传统封闭式课堂,将学生安排在固定的地方、固定的时间去学习固定教师讲授的固定内容,势必不能满足学生日益增长的对课堂趣味性的需求。而开放式课堂则对地点、时间、教师、内容均进行了延伸和扩展,能够满足学生对多样性的需求。

要实现课堂从封闭向开放的转变,一是要充分利用大数据、互联网时代特征,将优质的线上"统计学"慕课资源推荐给学生进行课外学习,把学生的学习时间向课外延伸,课内要对学生的线上学习效果进行检验,并有针对性地进行巩固与强化。二是将学习地点由教室移向图书馆和机房。鼓励学生到图书馆查阅资料，并到机房借助于电脑完成对统计数据的处理与分析，回到课堂上，要对分析结果进行解释说明。三是要扩宽学习内容，尤其是增加相关资料的课外阅读。有研究表明，美国大学生课外阅读量为500—800页/周，课外阅读量是课内的3—5倍。而相比之下，中国大学生过于轻松，其课外阅读量小于课内阅读量，每周不足100页。因此，教师要引导学生课下阅读大量统计学参考资料，包括社会调研、市场咨询、统计年鉴、国民经济统计、预测与决策等各方面的书籍，从而扩宽学生的知识面。

五、从重学轻思向学思结合转变

"学而不思则罔，思而不学则殆"，是孔子提倡的一种读书及学习方法。其告诫我们，一味读书而不思考，就会因为不能深刻理解书本的意义而不能合理有效地利用书本的知识，甚至会陷入迷茫；而如果一味空想而不去进行实实在在的学习和钻研，则终究一无所得。只有把学习和思考结合起来，才能取得良好的学习效果。现在的大学生，很少在课堂上主动独立思考，其中的好学生也往往止步于把教师讲的知识点学会记住。从重学轻思向学思结合转变任重道远。

如何转变？笔者认为一是要转变教学方式，对教材内容合理取舍。在课堂上推行研讨式教学，对于教材中的重点及难点，在学生预习的基础上，把课堂交给学生，尝试让学生充当"教师"角色。学生若想把知识点给其他同学讲明白，首先自己得弄明白。为了弄明白，学生就必须主动思考。二是要鼓励学生对教师提出质疑。思考从质疑开始，只有经过了质疑，才能达到深信不疑，这样学生才能理解深刻，才能达到学习效果。三是要注重实践教学。鼓励学生参与教师的科研项目或自己申报大学生创新项目、挑战杯项目等，开展实际调研。在实际调查与研究工作中提出问题，以解决问题为目标去真正掌握方法。

六、总结与展望

本文从小学数学教材中统计与概率的安排方式入手,反思大学"统计学"课堂教学存在的问题。针对大学生对课堂趣味性和实用性日益增长的需要与统计学传统教学手段落后之间的主要矛盾,从树立成果导向教育理念、打造"共鸣式智慧型"课堂、灌输课堂向辩论课堂转变、封闭课堂向开放课堂转变、重学轻思向学思结合转变几个方面寻求破解之道。无论哪种方式,都离不开教师心存"教育报国、立德树人"的初心与使命,离不开各级主管部门对教师从事教改工作的支持与激励。只有真正将教学与考核方式的决定权更多下放给一线教师,才能激励教师和学生探索出更适合知识传授与学生发展的教学模式,打造出更多金课,培养出具备更强综合素质的各类专业人才。

新环境下国际商务学科
教学内容和授课形式改革

赵怡虹　焦泓洁 *

摘要:伴随着互联网信息技术的迅猛发展,各国之间的信息交流和贸易往来也不断增多。面对着日益变化的国际环境,我国国内进一步全面深化改革和扩大开放的步伐也从未停止。在国际贸易的新环境下,培养国际商务学科硕士研究生的需求和目标也不断提高。基于此,国际商务专业硕士课程也要随之改革,主要从课程内容优化和授课形式改革两方面入手。

关键词:国际商务;教学内容;授课形式

一、全新环境

我国进入新发展阶段,发展基础更加坚实,发展条件深刻变化,进一步发展面临新的机遇和挑战。"十四五"规划提出我国发展仍然处于重要的战略机遇期,但机遇和挑战都有新的发展变化。我国已转向高质量发展阶段,制度优

---

* 作者简介:
赵怡虹:天津商业大学经济学院讲师。
焦泓洁:天津商业大学 2020 级国际商务专业硕士研究生。

势显著,治理效能提升,经济长期向好,物质基础雄厚,人力资源丰富,市场空间广阔,发展韧性强劲,社会大局稳定,继续发展具有多方面优势和条件。规划中尤其强调要坚持深化改革开放。坚定不移推进改革,坚定不移扩大开放,加强国家治理体系和治理能力现代化建设,破除制约高质量发展、高品质生活的体制机制障碍,强化有利于提高资源配置效率、有利于调动全社会积极性的重大改革开放举措,持续增强发展动力和活力。

（一）国际环境

当今世界正经历百年未有之大变局,新一轮科技革命和产业变革深入发展,国际力量对比深刻调整,和平与发展仍然是时代主题,人类命运共同体理念深入人心。同时,国际环境日趋复杂,不稳定性不确定性明显增加,新冠肺炎疫情影响广泛深远,世界经济陷入低迷期,经济全球化遭遇逆流,全球能源供需版图深刻变革,国际经济政治格局复杂多变,世界进入动荡变革期,单边主义、保护主义、霸权主义对世界和平与发展构成威胁。经济全球化进程虽时常出现波折,但总体趋势是不断深化发展。并且随着信息技术的不断进步,国际贸易的交易模式也在不断创新,伴随而来的还有国际商务过程中不断产生的新问题。各国错综复杂且不断更新的国际贸易法规,随着国际地位变化而不断调整的国际贸易策略,以及中国难以进入发达国家占主导的不断创新的高精尖行业,这些一直都是我国国际贸易发展中面临的日渐严峻考验,也影响着国际商务学科的教学和育人目标。

（二）国内环境

国际环境变幻莫测,我国国内面对国际贸易一直采取积极开放的态度。2013 年以来我国对外贸易额连续三年位列世界第一,2015 年达到了 24.59 万亿元。尤其是 2019 年,面对世界经济增长低迷、国际经贸摩擦加剧、国内经济下行压力加大等诸多困难挑战,在全球经贸整体放缓的背景下,中国对外贸易逆势增长,规模创历史新高,实现稳中提质,高质量发展取得新成效,对国民经济社会发展作出积极贡献,为全球经贸复苏增长注入动力。

面对国际贸易的新环境,针对我国适应经济全球化趋势,全面建设开放型经济体系的需要,培养具有较强的专业能力和职业素养、能够创造性地从事国际商务实际工作的高层次应用型人才,成为国际商务专业硕士人才培养的重要目标。与一般学术型硕士不同,专业硕士在理论研究的同时,更要兼顾实际应用以及职业能力。因此国际商务专业硕士在课程设置和授课形式方面更要突出与学术型硕士的不同,需要进行教学改革研讨。

二、国际商务专硕课程教学现状

目前国际商务专业硕士的课程主要有"宏微观经济学""国际商法""国际贸易实务""国际结算""国际金融""跨国公司管理""国际物流"。课程覆盖面较广,课程设置也比较合理。但是课程内容和授课形式上还存在着改进的空间。

(一)教学内容

1.课程内容与本科大量重复

以 2020 级国际商务专业为例,全班 27 人,有 20 人本科是国际商务或者国际经济与贸易专业。这些同学经过本科期间的学习积累,已经有了一定的专业理论知识基础,而研究生课程的教学内容并没有做较大改变;甚至有的科目和本科教材相同,很多案例在本科阶段都已经多次学习。

2.课本内容更新不及时

例如"国际贸易实务"这一门课,课本中的内容较为陈旧,课程内容中所涉及的贸易术语和贸易条款都是有待更新的知识内容。当下最新的贸易条款和最热门的贸易术语接触不多,需要学生自己去补充学习。关于教材内容过于陈旧的不足,老师作为学生的引路人,要带领学生探索理论和实践前沿。如果课堂时间充裕,就可以在课堂上进行补充;如果时间不充裕,老师也可以告诉学生如何补充这些前沿知识,给出相关网站或者进行检索示范,以供有这方面发展需求的学生自主学习。

(二)授课形式

1.授课形式单一,案例选取重复

案例分析是非常好的教学方式,但容易使学生陷入模式化分析状态,难以对固定的分析思路和分析纲领进行思维的突破。而且研究生课程中选取的案例重复率很高,例如跨国企业研究,选择的都是星巴克、宜家、福特等企业,这些企业经营模式很多都已经不符合当下的贸易趋势。

2.未能实现全英文教学

随着我国对外开放的进一步深化,高校国际商务人才应该是"具备流利的外语沟通能力,过硬的专业知识,宽阔的国际化视野,了解中国和其他国家国情的高层次应用研究型人才"。高校首要的任务就是培养学生的英文沟通能力,所以日常的英文教学必不可少。国际商务专业也开设了相关的双语课,但是真正进行全英文教学的还是少数。

三、课程改革方案

根据国际商务学科设置的目的及人才培养目标,同时也为了适应当下全新的国际商务环境,高校可以从教学内容和授课形式两个方面进行学科教学改革。

(一)优化教学内容

国际商务研究生教材可以选取难度与研究生学习能力相匹配的更高阶教材或者案例进行教学。对于一部分本科阶段并未接触国际贸易相关课程的

同学,可以提供线上国际商务基础知识教学视频,以供学生课下自主学习。线上教学视频具有诸多优势,例如可以自由选择上课时间,可随时暂停回放多次播放,更有利于刚接触这一学科的同学夯实基础,赶上进度。

教材内容更新不及时,教师授课时可以将课程内容与经济社会发展的热、难点问题相结合,例如中美贸易摩擦、北极航道研究、海洋经济等问题。充分利用互联网信息技术和丰富的网络资源,在重大社会经济事件发生时,带领学生利用大数据系统及时了解事件发展的来龙去脉,完整客观,既要深挖事件背后的经济规律,又要培养学生客观看待国际事务的能力。最终将这些信息结合相关理论传授给学生。同时要求学生发挥主观能动性,积极思考,参与到课堂中来。这样才有助于培养积极探索,善于总结,勤于思考,具有分析和归纳总结能力的国际商务新人才,也同样有利于学生毕业后在工作中能够不断学习,独立思考,善于分析,能够应对不同的工作场景。

（二）引入"数据分析"课程

可以在国际商务专业引入"数据分析"课程,数据分析理论课程与SPSS、MAT-LAB、STATA等软件操作课程。国际商务与金融专业不同,接触"数据分析"课程的机会很少。但是数据分析是信息社会必不可少的一个能力,在这个大数据时代,所有的东西都可以用数据表示,更何况国际贸易。国际商务专业学生以后若想从事相关职业,也必须具备一定的数据分析能力。可以考虑加入数据分析课程,如果不具备线下教学的条件,也可以采取网课的形式进行补充。

（三）增加实践教学

目前研究生阶段的教学工作,主要是理论结合案例进行教学,形式较为单一。研究生阶段注重培养逻辑思维能力、创新能力和钻研能力,在研究生阶段增加实践教育的比重,让学生能够在现实中接触新思想、新事物和新企业,开拓学生的思维和眼界。

在案例教学中也需要教师积极引导,提前筛选出与现实结合紧密的案例提供给同学们,提供思路让学生开拓思维,积极创新找出新角度去分析案例。在教学过程中,可以引导学生避开简单的纸上谈兵,鼓励学生走出校门进行实地调研。真正走进企业,去感受企业的氛围和模式。带着实地考察的感受再走回案例分析,才会有更深层次的理解。

(四)落实全英文教学

"国际商务"课程为双语教学,如果可以落实全英文教学,让学生真正感受到英语沟通的氛围,在良好的语言环境中适应英文交流,就能为将来的工作打下基础。落实全英文教学主要从两个方面着手:第一是提高教师的英文水平,主要是用英文进行教学的能力。培养一批有能力愿意挑战的青年教师。第二是提高学生的英文水平和对英文教学的接受度。在日常讨论案例时就鼓励学生进行英文讨论。

(五)注重全过程考核,鼓励课堂参与

研究生阶段可以有多样化的课程考核方式,不只是简单的期末考试,更要注重过程管理。利用随堂测验、案例分析讨论、专题报告等多种形式对学生的学习过程进行管理,有利于提高学生课堂专注度,也可以对每堂课知识点的学习进行及时反馈和提炼总结。还可以在每堂课的案例分析中提高学生参与度,例如在学生进行案例分析时,鼓励没有参与的学生"挑错",采用这种提出问题再解决的方式可以锻炼学生发现问题并解决问题的能力。

四、结语

国际经济政治格局复杂多变,新冠肺炎疫情影响广泛,经济全球化进程在波折中不断深化发展。国际商务学科的授课内容和教学方式也应随之不断改变,充分利用互联网信息技术和资源丰富课程内容,培养学生逻辑思维能力、创新能力;扎根中国改革开放的实际,增加实践教育的比重;开拓学生国际视野,塑造基于马克思主义的世界观,实现人类命运共同体的伟大构想。

教学创新篇

基于心流体验的
VR 技术应用于深度学习的设计与实践

韦颜秋　贾宇洋*

摘要:本文通过对心流体验产生过程和深度学习行为过程的分析,发现在心理层面和行为层面的协同互动可共同助力深层学习,并利用 VR 技术在心理层面和行为层面为学生构建适合的学习模式。通过教学实践,采取问卷调查和访谈方式,发现 VR 技术应用于教学有助于从心理层面提升学生的心流体验,能产生深度学习效果。

关键词:深度学习;心流体验;VR 技术

在互联网技术的推动下,学生学习呈现出碎片化、浅表化、不成体系、缺乏思考等特点。[1]传统教学方式难以适应当今学生获取知识和参与思考的方

---

* 作者简介:

韦颜秋:博士,天津商业大学经济学院教授,研究方向为区域经济。

贾宇洋:硕士研究生,研究方向为证券期货。

基金项目:

2019 年天津商业大学首批"金课"建设项目"大学生创新创业"、2020 年天津商业大学教改项目"金融学专业'大学生创新创业'高阶性教学模式和质量提升研究"、2019 年天津商业大学首批"金课"建设项目"信用管理学"的阶段性成果。

① 康叶钦:《在线教育的"后 MOOC 时代"—SPOC 解析》,《清华大学教育研究》,2014 年第 1 期。

式,在某种程度上,一些不适宜的教学方式是滋生浅层学习的温床。[1]重塑学习方式回归教育本质,是新时代教育改革的方向和旨归。对"深度学习"方式的研究是对上述问题的回应,也是实现教育强国的时代诉求。虚拟现实技术(VR)是借助网络技术创立三维动态环境,使用户产生真实体验,沉浸于环境中的一种新媒。[2]通过 VR 技术搭建一种虚拟的学习情境,能促进学生沉浸于学习环境中,产生有意义的联系,促进知识、技能和经验之间产生连接。心流体验指人因做某件事情处于愉悦且高度集中的状态从而忽略了时间。[3]研究表明,心流产生同时会有高度的兴奋及充实感,心流体验更可能激发个人动机并达成积极结果。[4]借助 VR 技术能有效提升学习者的心流体验,并增强深度学习效果,这也是本文重点研究的议题。

一、心流体验与深度学习的互动机制

(一)心流体验产生过程

下面对心流体验的产生条件和实现逻辑进行探讨,以揭示心流体验与任务完成过程的互动机制,如图 1 所示:

---

[1]　张浩、吴秀娟:《深度学习的内涵及认知理论基础探析》,《中国电化教育》,2012 年第 10 期。

[2]　Burdea G,Coiffet P., *Virtual Reality Technology*,John Wiley& Sons,2003.

[3]　王卫、史锐涵、李晓娜:《基于心流体验的在线学习持续意愿影响因素研究》,《中国远程教育》,2017 年第 5 期。

[4]　Zhang P.,Finneran C.Flow in Computer-Mediated Environments:Promises and Challenges,*Communications of the Association for Information Systems*,2005(4).

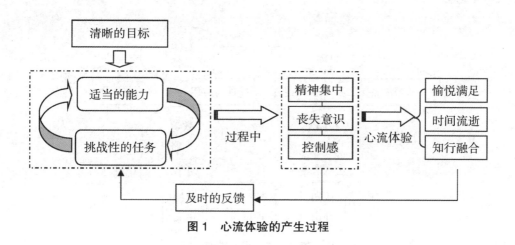

图 1　心流体验的产生过程

心流体验的产生涉及具体环节中的关键点体现在：第一，心流体验的产生取决于任务难度与能力匹配情况，两者达到平衡时就会产生心流体验，当平衡被打破，又会产生更高层次的心流体验。第二，创设产生精神集中和意识丧失的学习情境，在此情景下更易激发自主学习。第三，将学习获得的新知去应用和实践，产生知行融合的效果。第四，保证完成一项任务有清晰目标和适当的反馈方式，心流体验产生后能激发能力增长，通过提高任务的挑战难度，推动心理过程和任务完成进入下一个良性循环。

（二）深度学习模型构建

深度学习能力体现在认知领域、人际领域和个人领域，[①]为了养成深度学习能力，培养深度学习素养，结合认知理论、情境理论和建构主义的核心观点，借鉴前期相关研究成果，构建适宜的深度学习模型具有重要的现实价值。本文参考詹森和尼克森提出的"深度学习路径"，考虑到深度学习的影响因素，依据深度学习发生的机制，提出如下深度学习模型，如图 2 所示。

---

① 　Wikipedia.Deeper Learning Competencies, http://www.Hewlett.org/up-loads/documents/Deeper_Learning_Defined_April_2013.pdf.

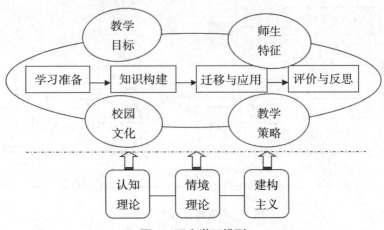

图 2　深度学习模型

学习准备行动体现在心理建设、学习资源、场景设计等方面;知识构建是认知学习过程,熟悉学习资料,形成新的知识联系的过程;迁移与应用是指把原有知识和新知识迁移到新的场景中,面对新问题、新情况时知识的应用;评价与反思是高阶思维形成的关键,涉及自我批评行为过程。

(三)心流体验与深度学习的互动

心流体验与深度学习分别在心理层面与行为层面,存在"双循环"协同互动关系,如图 3 所示。心流体验与深度学习两个循环在学习过程中整体协同推进,各自环节间彼此支撑,促进正反馈效应发生。心理层面和行为层面的协同互动共同助力深度学习,发展高阶思维,解决相关问题。

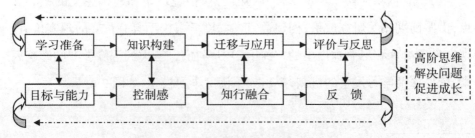

图 3　心流体验与深度学习的互动模型

二、VR 技术对深度学习模型的构建

(一)VR 技术在心理层面的构建

VR 技术能够搭建"以学生为中心"的沉浸式虚拟世界,具有高沉浸性和临场感,令学习者获得最优心流体验。[①]VR 技术基于心流体验在心理层面搭建一个虚拟的学习场域,包含了情境、交互、体验、反思等功能特征。形成交互、体验感,促进反思的发生,与心流体验产生的条件、过程及结果相对应,如图 4 所示。

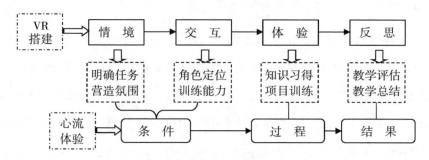

图 4　VR 技术在心理层面的模型构建

第一,依托 VR 技术构建虚拟学习空间,让学习者沉浸于虚拟情境,突破时空界限。VR 技术结合学习者特点、学习内容和学习任务等,确定学习情境的设计思路和策略,进行个性化学习情境设计,营造适合学习者习惯的学习氛围,为心流体验条件做准备。

第二,学习者与 VR 构建的虚拟情境进行交互能带来心理上的变化。借助于 VR 技术形成的教学资源、个性化场景以及问题思考、训练项目等内容,置身于 VR 技术构建出的具有个性化的教学场域,学习者容易明确自身的角

---

① 丁楠、汪亚珉:《虚拟现实在教育中的应用:优势与挑战》,《现代教育技术》,2017 年第 2 期。

色定位,熟悉学习任务和目标,在熟悉且具有挑战性的氛围中,保持跃跃欲试的心理状态,不断在知识学习、任务完成、问题探索等方面与虚拟情境进行交互。

第三,学习者与虚拟情境进行交互的同时伴随着学习体验,这种体验或者内化为新的认知结构,或者变为对原有知识的扬弃。在此过程中,心流体验生发,学生在知识习得、问题思索、项目训练中,感觉不到时间流逝,成为学习过程的控制者。

第四,基于 VR 技术搭建的在线评价与反馈系统,形成师生、生生间的互评机制,在评价中完成对知识建构和问题探讨的反思,引导学生深度挖掘问题并提高元认知能力。

(二)VR 技术在行为层面的构建

VR 技术为学习者提供了自主训练的虚拟学习空间,让其行动起来,用行为去探索知识、提升认知结构,提高创造力和分析问题、解决问题的能力。VR创设的个性化教学空间兼顾每位学习者的特点,通过目标与能力、自主与控制、知行相融合、批评与思考四个行为中介指标,将"情境、交互、体验和反思"功能投射到深度学习过程中,如图 5 所示。

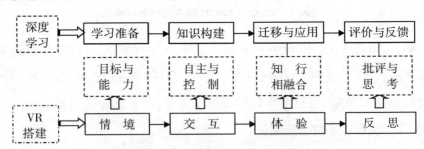

图 5　VR 技术在行为层面的模型构建

第一,VR 搭建的虚拟情境通过学习者在明确学习目标和匹配学习能力的行为协同下,投射到深度学习的"学习准备"环节。学习者在临场感的刺激下,调动包括学习目标设定、评估和调整学习能力、适应虚拟场景、调试各种VR 设备等行为方式,做好学习准备工作。

第二,VR 为学习者与情境间交互提供了虚拟空间,通过训练项目、提示性问题、引发思考设置等,让学习者依照结构性和非结构性学习场景设置,不断调整自己的自主学习和学习控制等行为,进行深度学习的"知识构建"。

第三,在 VR 营造的逼真视听感受场景中,学习者操控专业的 VR 设备,通过手势、眼球、语音、表情及脑电波等行为以增强体验感,随着不断体验和交互,自然产生联想和推理,引发新的构想和感知,促进知识的应用和迁移。

第四,VR 技术在虚拟环境中还原真实世界的学习体验,通过课后作业、教学总结、教学评价等功能进行"反思",引发学习者在批评与自我批评中提升思辨能力,引发对问题的深度挖掘,进行优化调整后,培养高阶思维能力。

三、教学实践与效果

本教学实践活动以天津商业大学 2018 级经济学类一个班作为实验组,依托"大学生创新创业"课程将 VR 技术应用其中,重点选取需要更强现场感的"创业项目融资路演"环节进行设计。教学实践活动结束后通过面向学生的问卷调查和访谈,对 VR 技术应用于深度学习的效果进行分析。

(一)教学实践

本教学实践与软件公司合作,在教学环节引入 VR 技术,还原影响心流体验和深度学习的积极因素,遵循深度学习产生的机制,具体教学实践包括以下几个阶段:

阶段一:通过与 VR 软件开发公司合作,在授课老师与技术人员配合下,充分将授课诉求融合到 VR 情境设计中。学习者穿戴专业 VR 设备进行角色扮演,通过手势、眼球、语音、表情及脑电波等收集与反馈信息。

阶段二:实施融合交互教学。首先,进行学生与 VR 教学系统的交互,掌握学习的目标和任务,评估自身能力;其次,与系统中的良构知识进行交互,让学生沉浸式地掌握应学知识;再次,进行学生和智能应答系统及同学、老师的交互。最后,通过虚拟情境中的团队合作,依托行业、经济形势数据等,就"创业项目融资路演"劣构问题进行交互,对融资需求、商业计划书、风险控制、财务预算等方面进行训练。

阶段三:进行高阶跃升的体验。首先,穿戴虚拟设备,利用人工智能系统,对路演者各方面进行训练;其次,在虚拟世界面对现实生活中投资大咖、业界风云人物,现场呈现商业计划书;再次,在教学系统人工智能系统辅助下,模拟大咖们的语调和仪态进行提问,路演者做出回答;最后,教学系统就路演者的表现进行评价并提出改进意见。

阶段四:完成评价内化的反思。通过 VR 系统提供的反思功能,将知识进行内化,培养高阶思维能力。

(二)效果分析

教学课程结束后,对 40 位同学进行了问卷调查,发放 40 份,回收 40 份,有效问卷 100%。问卷结果显示:95%的学生表示 VR 教学能带来沉浸感;92.5%的学生表示 VR 教学有别于传统的课堂教学;90.6%的学生表示 VR 教学交互方式更加方便;96.2%的学生表示 VR 教学对于新知识新想法新思维产生具有很强的刺激作用;94%的学生表示 VR 反思功能促进深度思考,形成批判性思维。通过随机选取 30 位学生进行访谈,结果显示:第一,VR 教学使学习者不受时域限制进入虚拟情境中,基本实现"以学生为中心"的教学理念;第二,VR 教学中产生的沉浸感和交互体验能最大化地呈现出心流体验效果;第三,VR 教学用最贴近自然和惯习的方式让学习者沉浸其中,通过交互和体验完成学习任务。

四、结语

本文从学习的心理和行为两个层面进行研究,探讨深度学习的影响因素和形成机制。借助 VR 技术一方面构建心理层面的心流体验,另一方面在学习行为上构建深度学习模型。依托"大学生创新创业"课程中最具实践性和挑战性的"创业项目融资路演"环节,开展 VR 教学设计,通过针对教学实践活动的问卷调查和访谈,分析 VR 教学设计的效果,结果显示:VR 技术应用于教学有助于从心理层面提升学生的心流体验并有助于心流体验和深度学习形成互动,在学习行为上能产生深度学习效果并提升教学水平,培养学生解决问题能力。

结构化研讨教学模式课堂教学实践研究

——以"大学生创新创业教育"为例

任永菊 *

摘要：国务院和教育部等部门多次发文，强调高校创新创业教育及其教学改革。在"大学生创新创业教育"教学改革中，结构化研讨具有角色化、渐进化、结构化、科学化等特点，可以进一步提高学生出勤率、大大提高全体学生的参与热情、激发不同类型学生的不同潜力、有效规避一般性讨论中的"一言堂"模式等，但也暴露出一些问题，因此有必要采取有效应对策略。

关键词：结构化研讨；大学生创新创业教育；教学改革实践

自党的十八大对创新创业人才培养作出重要部署之后，国务院办公厅发布《关于深化高等学校创新创业教育改革的实施意见》①，国务院发布《关于推动创新创业高质量发展打造"双创"升级版的意见》②，教育部办公厅发布《关

* 作者简介：

任永菊：天津商业大学经济学院教授，硕士生导师，研究方向为跨国公司与国际直接投资。

① 中华人民共和国中央人民政府.国务院办公厅关于深化高等学校创新创业教育改革的实施意见〔国办发（2015）36 号〕，http：//www.gov.cn/zhengce/content/2015–05/13/content_9740.htm.

② 中华人民共和国中央人民政府.国务院关于推动创新创业高质量发展打造"双创"升级版的意见〔国发（2018）32 号〕，http：//www.gov.cn/zhengce/content/2018–09/26/content_5325472.htm.

于做好深化创新创业教育改革示范高校 2019 年度建设工作的通知》①。基于此，本文以剖析结构化研讨特点为切入点，探究其在"大学生创新创业教育"教学改革实践中的应用，以期在培养学生创造性思维和创新创业灵感的基础上，提供教学示范。

一、结构化研讨的特点

结构化研讨体现"以学员的需求为基础，以学员关注的问题为中心，以学员自身为主体"的现代培训理念；②通过有组织地展开讨论，刺激每个组员的发散型思维，激发其智慧，达成共识，形成最终解决方案，以同时发挥个体优势和团队力量。结构化研讨具有角色化、渐进化、结构化和科学化等特点。

（一）角色化

角色设定是结构化研讨中的关键一环，主要包括组长、催化师、记录人、发言人、点评人等。其中组长职责是负责组织研讨、控制流程和时间。催化师负责引导小组成员提出具体、切实、可行的对策建议；侧重于观察与倾听、提问与追问、提醒与提示、归纳与梳理。记录人负责记录整个团队的发言，做好相关统计工作。发言人负责代表本团队发言，重点交流对策。点评人负责运用"四副眼镜法"对上一团队的讨论结果进行点评。

（二）渐进化

研讨基本分为三个时段，即第一时段，澄清问题（查摆现状）；第二时段，

---

① 中华人民共和国教育部.教育部办公厅关于做好深化创新创业教育改革示范高校 2019 年度建设工作的通知〔教高厅函〔2019〕22 号〕，http://www.moe.gov.cn/srcsite/A08/s5672/201904/t20190408_3377040.html.

② 丁莹、王红霞：《结构化研讨助力党校教学方式创新——铁道党校主体班次开展结构化研讨情况及改进对策》，《理论学习与探索》，2019 年第 6 期。

分析原因;第三时段,找出对策或建议(催化者引导)。层层递进,就像剥洋葱,一层一层地剥下去,直到实现最终目标。渐进化还体现于三个时段内部,比如第一时段,用坐标图法和列名法确定急需要解决问题的过程。

(三)结构化

研讨过程包括团队建设、角色设定、研讨流程、逻辑框架等。团队建设是研讨的第一步,按照"大学生创新创业教育"授课班级人数多少分配团队人数,比如16级信管班60个人,即按照10人一组共分为6组。角色设定包括分配组长、催化师、记录人、发言人、点评人等。研讨流程分为前期准备、组内研讨、研讨成果展示、组间点评等。逻辑框架则是指团队思考并讨论分析问题、分析原因并确定主要原因、解决问题并提出建议。

(四)科学化

研讨的目的是能够实现科学有效的研讨结果,为此,在研讨的不同阶段,均配以科学方法,比如在剖析根本原因时,采用鱼骨图分析法,以期能够发现问题的"根本原因";催化师为实现催化目的,以 SMART 原则为前提,进行有效催化;点评人使用四副眼镜法,即从四种不同角度审视研讨结果,审视对策是否具有价值及可操作性。

二、结构化研讨在"大学生创新创业教育"教学改革实践中的优点

(一)进一步提高学生出勤率

学生们翘课已经成为当下大学校园的时尚之一,当然学生翘课原因是多方面的。但教学方法是其中重要原因之一。以信管 1601—02 班为例,该班出勤

率全院最低,据说至少三分之一学生翘课。但是采用结构化研讨教学方法之后,在整个学期六次线下授课过程中,该班出勤率达到95%以上。因此说结构化研讨有效提高了学生出勤率,有效抑制了翘课现象。

(二)大大提高全体学生的参与热情

在实际教学过程中,学生们对"大学生创新创业教育"的理解出现偏颇,主要体现于:①对教学内容认识不足,形成心理抵触;②没搞清教学目的与意义所在,出现思想抵触;③该课没有高深理论,完全可以自学。基于此,我们确定了一个在各行各业、各种情形下都非常重要的研讨题目,即"如何实现团队组建的有效性"。学生们的讨论非常热烈,甚至达到了白热化。

(三)激发不同类型学生的不同潜力

学生个体差异巨大。对此,结构化研讨从不同程度上激发其各自潜力。针对侃侃而谈型的学生,由组长约束其发言时间,由催化师提醒其发言重点,以帮助其实现提炼内容、精简发言的目的;针对不善言辞相对内向的学生,由课任老师提醒组长,组长统筹安排每个人逐一发言,由催化师对其进行引导,以实现其有效表达自己想法的目的,等等。

(四)有效规避一般性讨论的"一言堂"模式

引入结构化研讨可以有效规避一般讨论中的"一言堂"情形出现。由组长控制每个组员的发言时间,采用头脑风暴法,让所有同学有机会发表自己的观点,不管它们是否有逻辑、是否合理、是否荒唐;这样组长可以最大限度地收集各成员意见,使团队成员能够更充分发表意见。

三、结构化研讨在"大学生创新创业教育"教学改革实践中的问题

（一）"胡子眉毛一把抓"等现象时有出现

1."胡子眉毛一把抓"较为严重

研讨成功与否的关键在于是否能够通过团队讨论确定其中最为紧迫最为重要的问题，并是否能围绕该问题寻找诸多原因和最佳解决方案。但在具体研讨中，一半以上团队都认为不是确定该问题，而是应当尽可能罗列所有想到的问题，继而针对每个问题找出一个原因，再一对一确定解决方案。这种现象属于典型的"眉毛胡子一把抓"，不区分问题的轻重缓急。

2."跑题"现象时而出现

学生团队的最大特点是思维活跃，感知新鲜事物的能力相对较强，但是也很容易偏离原主题，即出现"跑题"现象。比如在课上讨论"如何实现团队组建的有效性"时，其中一个研讨组正在讨论奶茶销售团队建设，却直接"跑题"到了某某奶茶多么好喝，某某奶茶是网红奶茶等话题；有一半以上的讨论组则转到了哪款手机更时尚、功能更全面、代言人更帅气，更有甚者则直接"秀"手机等。

（二）角色职责发挥不到位

1.个别组长没有充分发挥其特定职责

组长职责没有充分发挥出来，主要表现为：①违背结构化研讨流程和规则。结构化研讨有严格的研讨流程和规则，需要由组长负责组织完成。有些组长不遵守研讨流程和规则，直接影响研讨顺利完成。②掌控时间不到位。同班同学参与研讨，组长不愿意"得罪同学"而去打断超时发言的同学，从而造成

某个流程超时,影响后面的流程按要求完成,只能匆匆收场,影响研讨效果。

2.催化师作用发挥出现偏差

结构化研讨过程中,催化师在发挥作用时往往会出现偏差,直接影响研讨效果。主要表现为:①控制研讨,当团队成员观点与催化师相违背时,依然需要催化师静心观察与倾听,但是催化师往往直接打断成员发言,导致团队出现忌惮式发言,影响研讨效果。②讲授观点,当团队成员发言没有说透其观点,需要进一步深挖时,需要催化师提问与追问,但是催化师往往演变成发表自己的长篇大论,讲授其观点。③给出解决方案,当成员发言"跑题"时,需要催化师的提醒与提示,但是催化往往直接给出解决方案。④成为裁判,针对团队成员的发言,催化师负责归纳与梳理,不应当评判成员观点,但是催化师往往对成员观点加以评判。

3.少数团队成员不积极配合

结构化研讨是一个团队行为,需要全体成员齐心协力,共同努力。但是有些成员不积极配合。主要表现为:①抵触组长指挥,组长是研讨顺利进行和完成的指挥长,所有团队成员应当听从组长指挥,但有些成员却是不够合作。②抵触研讨流程,结构化研讨创新之处在于整个过程都要按照既定流程进行,要求每个团队成员都积极参与其中,把自己的观点准确表达出来,但是有些同学感觉这样做太麻烦,找一个同学代劳一下,不必按流程进行。

(三)工具方法使用明显生疏

在研讨中,团队需要使用坐标图示法、团队列名法、鱼骨图原因分析法、四副眼镜法、SMART目标设定法等分析工具,但是学生团队在使用这些分析工具时,明显生疏,主要表现为不能完全理解各个分析工具的具体用途。比如鱼骨图原因分析法是用于确定主要原因的一种方法,但是有些学生团队并没有真正理解该方法的意义所在,按照思维惯性行事或者是对研讨不重视,直接把想到的所有原因罗列出来。

四、有效应对策略

经过试验性结构化研讨教学,在未来可以从以下三个方面进行改进。

(一)进一步明确不同层次问题之间的辩证关系

剖析主要问题,解决主要问题是研讨的目的和意义。为此,授课教师可以采用两步法:①以"探究考研成绩不理想的原因"等学生们比较熟悉的案例进行细致分析,助其理解有关主要问题和次要问题、主要方面和次要方面等的含义及其彼此之间的关系。②逐步理解研讨的目的和意义,规避出现"眉毛胡子一把抓"等现象,助推研讨顺利进行。

(二)进一步明确不同角色职责以及团队合作的力量

结构化研讨是通过设定不同角色,凸显团队智慧合力。为此,授课教师可采用三步法:①角色推选之前,应再三明确各个角色的职责,以期各成员从心理上重视角色的推选。②推选之后,深入各个团队之中,耐心询问成员是否已经清楚各自职责。③研讨中,进行循环式查看,以确保每个角色都能很好地发挥各个职责。

(三)进一步明确各个分析工具的内涵及其使用

为更好地使用分析工具,授课教师可以采用以下方法:①翻转课堂,先行安排完成团队建设以及每个团队的翻转课堂内容。在同学讲解过程中,授课教师要辨别哪些分析工具没有被清楚理解,以有的放矢进行进一步讲解。②提前研讨自学,提前一周将相关课件传给各个团队,由各组长负责组织讨论自学,催化师负责记录,重点记录存在哪些问题,哪些地方不明白等。授课教师区分共性和个性问题,分别讲解。

"国际经济学"本科课程教学
实施过程及效果分析

王炳才 *

摘要:本文对天津商业大学经济学院本科生"国际经济学"课程最近 20 年以来的教学实施进行个案研究,考察并评价其教学效果。

关键词:国际经济学;教学实施过程;教学效果;本科课程

"国际经济学"是教育部高等学校专业目录中规定的财经类专业重要的必修课,也是我校经济学院国际经济与贸易等专业的重要必修课。自 2001 年春季学期以来,我院国际经济学教学在领导和老师们的努力下,得以认真对待和有序实施,教学效果较好。本文将对此进行个案研究,总结出我们的经验和教训,以利于未来更好的教学实施和教学效果的改善。

一、基本情况

2001 年春季学期经济学院国际贸易、财政学和经济学三个专业,共计 8

---

* 作者简介:
王炳才:天津商业大学经济学院教授。

个自然班的"国际经济学"课分两个授课单位(教室)的教学取得了成功。我使用了克鲁格曼和奥普斯菲尔德的国际经济学教科书。2002 年春季学期,下个年级三个专业的同学,改为用金德尔伯格和林德特的国际经济学教科书。再到后来,我们还用过刘辉群主编的北京大学 21 世纪规划教材《国际经济学》和李坤望主编的《国际经济学》。总的来说,李坤望主编的《国际经济学》是我们用过次数最多的教材,主要原因是上级要求固定下来,而大家的意见又最终统一到使用这本书上。最初引入"国际经济学"课,是因为要执行教育部的高等学校专业目录,我们当时用 51 课时完成教学。后来学校教学计划修改,"国际经济学"调整为 48 课时。2001 年春季学期的"国际经济学"课,由我本人完成。2002 年春季学期的课由王炳才、王中华和刘小军三位老师承担。20 年来经济学院国际经济与贸易系先后由王炳才、王中华、刘小军、姜达洋、任永菊、汪小雯、付信明、刘辉群、王威和樊永岗等老师承担过"国际经济学"课程的教学,教师队伍相对稳定。王炳才、王中华、刘小军、姜达洋和付信明曾先后正式或非正式地担任过课程负责人, 我认为这些老师都是负责任的。从 2003 年开始,"国际经济学"的授课专业增加了金融学专业,到后来又增加了信用管理专业。"国际经济学"还在 2001 年被确定为天津商业大学重点建设课程,学校曾给予资金支持。但在 2002 年重点建设课程验收时,被认定不合格,原因是教学实践过程未覆盖三年的建设周期,未覆盖三年建设周期的不允许申请合格验收。2019 年开始,"国际经济学"获准进行校级金课建设。2020 年春开始,进行线上线下混合课程建设。两者目前都未结束。

二、"国际经济学"的教学效果

"国际经济学"包含国际贸易理论、国际贸易政策、国际贸易体制、汇率决定的理论,包含国际收支平衡在内的内外平衡以及汇率制度等项内容。换句话说,"国际经济学"相当于"国际贸易"和"国际金融"两门课的内容。"国际经济学"属于基础理论性课程,是国际贸易专业的主干课和其他四五个专业的重要基础课。20 年来"国际经济学"的教学实施,基本夯实了国际贸易等专业开放经济运行的知识基础,在学生撰写毕业论文、学习后续课程、报考硕士研究生和博士研究生以及报考公务员等方面帮助许多学生实现了奋斗目标。从课程产生的源泉看,"世界经济学"产生于苏联,东欧和中国的学术和经济实践。"国际经济学"产生于欧美资本主义国家的学术和经济实践。学好"国际经济学",有助于拓宽中国与欧美等发达国家的信息和学术沟通渠道,有助于中国与诸发达国家的经济合作和共同发展。从研究生入学考试看,虽然若干专业并不考核国际经济学,但本科阶段学过"国际经济学"的硕士研究生在修涉外类研究生学位课程时障碍较少,课堂教学(含讨论)效果更好。

三、"国际经济学"教学实施中的问题和不足

"国际经济学"在教学实施中还存在一些难以解决的问题,我们的行动也存在种种不足。

(一)选用教材方面

除 2001 年以外,"国际经济学"的教学中每学期由 3~7 位老师承担,在选用教材方面存在两个时期。前期(大约 2016 年以前)各位老师选用的教材可以各不相同,我们累计用过克鲁格曼、金德尔伯格、刘辉群和李坤望的教科书。后期学校要求统一教材、统一考试和统一阅卷,以利于学生在评奖学金和推荐研究生免试上的待遇公平性。我们将教材固定为李坤望的《国际经济学》。前期的个性化做法符合教育和教学的本质特征,有利于发挥任课老师的积极性,有助于比较各教科书的特点和优劣。后期的做法满足了校方类似于政治正确的要求。总之我们远未实现完美。

（二）教学内容侧重点及进度控制

"国际经济学"的这些任课老师应该说都是合格甚至优秀的。一方面我们授课时的侧重点和风格各异，另一方面我们大都认可这种差异性，不喜欢千篇一律的照本宣科。我观察有的老师讲的章节相对较少，但展开得较充分，有的老师介绍的章节较多、较全面，但深入性稍差。在早期还曾经出现过，某老师主要讲完了贸易理论及政策部分，而金融与货币部分涉及的很少。我认为这种做法欠妥，应该顾及知识体系的完整性：国际贸易与国际金融类似于一枚硬币的两个面，如果缺失了一面，它就不能合法流通了。

（三）平时作业和考试

布置平时作业是为了了解学生的学习情况，也是为了使平时成绩有依据。现在大家都强调依法治国和依法治校，我们各位老师也真心同意并贯彻依法施教。如果长期不检查出勤情况和不布置作业，学生的心也许很容易就散了，学生中自治力较差的那些人，可能会既不看书也不听课。从这个意义上说，只要布置平时作业就会有正面的效果。我在讲述"国际经济学"时，曾设想过布置所谓的大作业。即给学生很多材料，提出要求解决的问题，或给学生查得大量数据的途径和思路，要求学生完成既定的任务。实施这种做法时少量学生完成得好，效果也好。有相当比重的学生仍然流于应付，并不可怜老师的良苦用心。最近几年我没有布置过类似的作业，原因是玻璃心之下善于维权的学生，如果对于给定他们的有差别的成绩不断提出异议，我将疲于应付。就期末考试来看，前期（大约 2017 年以前）各位老师都同意并执行各出各题、各判各卷的做法。后期，我们按照学校的要求统一出题并统一判卷，主要是为了避免在学生奖学金评定和推免中造成不公平。我个人认为教师在课程考试中的个性化处理越少越好。如果教师想法很多，应该尽量安排到平时的教学过程中。从考试成绩来看，分数的高低似乎更多取决于学生的入学分数、学习习惯和意志力等方面的高低优劣,而与老师的教学努力似乎关系不大。考试作弊是极其严重的诚信缺陷,学校和教师都应该对之零容忍,但就现实情况看将作弊行为戒绝到什么程度,主要取决于学校的真实行动,毕竟只有校方才具有处分学生的"执法权"。

(四)科学精神与民族主义

"国际经济学"是经济学的分支学科。经济学是研究稀缺前提之下资源合理配置的科学。第二次世界大战之后的经济学家十分自负,他们认为经济学是社会科学中的老大,他们的底气就是源于经济学 100 多年以来所追求的科学研究范式。讲授或学习"国际经济学"必须讲究科学精神,遵守科学原则,否则就不可能取得正确的结论。但是"国际经济学"研究的是不同的主权国家,不同的民族国家之间的经济交往问题,各个主权国家及单独关税区域往往具有相对独立的利益,因而民族主义倾向时有出现。民族主义是一种不管对错都要心系本国利益的非客观的心态和行动,它会干扰我们获得经济难题的真知。在"国际经济学"中,我们应该处理好科学精神与民族主义之间的矛盾。在我们的教学中,因为各位老师毕竟经历过较为充分的专业训练,大家的学历从硕士研究生到博士研究生;职称从讲师到教授,所以我并没有发现有谁出现过较明显的低级错误。而学生中出现简单粗暴的民族主义观点的情况更多一些。这是我们应该加以正确引导的。爱国是好的,但不讲道理就很有可能做不出对国家有利的事情。

"跨境电商综合实验"课程考核评价体系探究

——基于跨境电商虚拟仿真实验

过晓颖　徐月婷 *

摘要:针对"跨境电商综合实验"这门课程的考核评价体系,本文从这一体系改革的必要性、可行性以及改革措施的具体方案进行分析。其中,必要性又分析了考核过程中的不确定性、单一性以及局限性进行分析,深入了解进行跨境电商综合实验课程考核体系改革的原因。

关键词:改革;跨境电商;综合实验;探究

目前,针对教育内容的不断深化,"跨境电商综合实验"课程教学方法改革的不断深入,相应的课程考核体系就显得相对落后。在一流学科的不断建设过程中,"跨境电商综合实验"课程的考核体系也不断改革,目前已由单一的课程考核体系转变为复杂的多形式综合课程考核体系。

---

* 作者简介:

过晓颖:经济学博士,天津商业大学经济学院副教授、硕士生导师,研究方向为服务经济与贸易、区域产业分析。

徐月婷:天津商业大学经济学院硕士研究生,研究方向为国际商务。

基金项目:

本文为天津市虚拟仿真实验项目"跨境电商虚拟仿真实验"的阶段性成果。

一、"跨境电商综合实验"课程评价体系改革的必要性

跨境电商领域所需人才对国际贸易、电子商务、外语、国际商务、国际物流、企业管理、法律、互联网应用等能力都有较高要求,加之实业界对跨境电商人才高素质、复合型、实操性要求迫切,而市场上这方面人才又出现供不应求的状况,这一发展状况极大程度地限制了我国跨境电商行业的发展。因此,高校对"跨境电商综合实验"课程的考评方式应该更加严格。然而部分高校的"跨境电商综合实验"课程的评价考核体系仍存在极大问题,需要加以完善。

许多高校在对学生进行课程考核时,通常会采用平时成绩与期末成绩加权得到总成绩的方法进行评定。这种考核方法大体上可以反映学生的学习效果,在一定程度上,也能反映学生的学习主动性与积极性。但对于"跨境电商综合实验"课程来说,该考核方法存在诸多问题。

(一)"跨境电商综合实验"课程考核评定的不确定性

平时作业与课堂出勤率是教师课堂评分依据的一部分,但这种课堂考核方式并不能完全考察出学生对课堂的学习效果。对于"跨境电商综合实验"课程而言,学生有可能找其他同学帮忙做实验或找人代替出勤以得到更高的课堂成绩,但这样得到的考察效果是不真实的。对于信件和客服回复等操作内容系统无法自动识别,分数差异不能准确地区分,这也导致教师在课程评价体系中很难以合理的标准进行量化。

(二)"跨境电商综合实验"课程考核对象的单一性

在"跨境电商综合实验"课程的考核体系中,教师给同学们的考核内容一致,看似保证了考核的公平性与公正性,教师可以通过这种考核方式很好地掌握分数评判的标准,实际上这种考核方式忽略了个体的差异化需求。虚拟

仿真贸易系统并无太大难度差异,只要操作熟练,分数很难拉开档次。因此,在学生考核内容和考核方法的改进策略方面,各高校还应该根据不同类型的学生进行区分性的考核方式。

（三）"跨境电商综合实验"课程考试内容的局限性

"跨境电商综合实验"课程采用实验与教学相结合的方法,这导致了这门课程在考核时的特殊性——根据教学内容进行实验系统的课程考核,根据大纲内容进行规范化和标准化的命题形式。在考试内容上:占比总成绩70%的期末考试成绩的试卷中,客观题占比其中的70%,主要考查学生对基础知识的掌握程度;占比期末考试成绩30%的主观题,考查学生的主观理解能力以及对知识的拓展能力。这部分题目中,由于考试时间的限制,导致考生不能更好地发散思维去思考主观题所涉及的具体内容。历年来大纲中的知识点没有什么变化,出题内容大体相似,导致考核并不能反映出考生的真实水平。

（四）"跨境电商综合实验"课程考核结果反馈的滞后性

在综合实验课程结课并完成期末考核以后,学生只能通过电脑系统得到自己的分数,不能了解自己的不足,老师也没有渠道向学生反馈如何正确操作以获得分数。因此老师对于学生考核内容的分析只能体现在分数上,这会滞后反映课程的教学效果。

综上所述,目前的"跨境电商综合实验"课程的考核评价体系虽然比较客观,但在考核内容与考核形式上过于单一、考察过程缺乏科学性、考察体系以及反馈机制不完善等缺点仍然存在。这些缺点也持续影响着学生对课程内容的吸收、对课程后续发散性思维的思考,并且不能很好地检验出学生在"跨境电商综合实验"这门课程的知识掌握程度、能力的发展以及创新型的发展。因此,建设一套可行的"跨境电商综合实验"课程的考核评价体系刻不容缓。

二、"跨境电商综合实验"课程评价体系改革的可行性

对于存在的现有考核制度的不足所造成的问题，不仅需要将其分析出来，更要考虑其所提对策是否可行。

(一)教师因素对"跨境电商综合实验"课程改革可行性分析

高校在制定新的课程考核方式时，需要先对国贸系教师全员或大多数成员进行跨境电商项目的培训。教师本人要对课程考核的内容进行认同，才能使用新的考核方式去考查学生。现在高校教师压力非常大，对于课程考核的方式也需要新的适应，这就要求高校派遣教师参加国内各种跨境电商师资培训项目，以便教师能接触到学科前沿知识。教师如果想要利用完善的课程考核机制去考核学生，就要对学生的学习内容进行详细的分模块规划。学生应对不同形式的考核机制更是需要适应，按照新的考核模式让学生做到全景式了解跨境电商的复杂系统构成和相关知识。

(二)学生因素对"跨境电商综合实验"考核方式改革的可行性分析

考虑到跨境电商涉及面之广，专业复杂度和难度之深，B2B 和 B2C、进口和出口跨境电商实务操作都不是整齐划一的，无论是跨境电商平台建设运营，还是跨境电商企业店铺选品促销客服等运营，无论是跨境电商外贸服务平台或企业运营，还是跨境电商的相关法律和贸易规则，都涉及众多的业务、资金(通常是外币交易)、信用担保、保税仓、海外仓、直邮等各个环节、相关服务和交易规则，所以学校需要为学生拓宽可以接触到这些贸易实践平台的渠道。学生在多渠道练习中熟悉 B2B、B2C 的考核流程，以增强学生对跨境电商相关知识操作的熟练度。

（三）考核渠道、费用及场地对跨境电商综合实验考核方式改革的
可行性分析

对于"跨境电商综合实验"这门课程,由于考核的方式是"开放课堂"的在
线模拟实验,这就给予学生更为广阔的课程考核空间。此外,开放式网络化实
验考核系统一是可以缓解学生面对考场考试时的紧张氛围。二是让学生冲破
空间的实验条件束缚,实现远程教学、在线考核,节约教学资源和成本投入,
弥补教学条件不足而无法开设课程的瓶颈。

三、构建"跨境电商综合实验"课程系统化的课程考核评价体系

"跨境电商综合实验"课程采用开放式网络教学方法,要想实现预定的教
学目标,还需要有针对性地建立起一套科学的、规范的、有一定激励弹性的考
核体系,真正检验教与学的效果。目前,我国针对跨境贸易课程方面的改革正
朝向"互动翻转课堂"与"线上线下两向结合"的课程改革模式转变。采取的教
学方法是将问题导向作为课前的引导,老师在课前布置问题,学生在课前进
行思考,课中共同探讨探究,线下组织小组继续商讨。在对"跨境电商综合实
验"课程改革的同时也摸索出一套合理的课程考核评价体系。

（一）增加考核重点模块比例

实验课程成绩包括平时成绩和期末成绩。其中平时成绩包括跨境电商知
识云平台学习,占总成绩的20%;个人实验练习账号成绩,占总成绩的40%;
个人实验报告和心得,占总成绩的20%;期末成绩为随机模拟对抗练习赛成
绩,占总成绩的10%;随机模拟对抗决赛成绩,占总成绩的10%。在对课程考
核评价体系设计时首先要考虑"跨境电商综合实验"这门课程的特点,这门课

程软件会自动考核生成每个人的成绩(实验练习账号和模拟对抗账号),没有老师的主观评定影响。对于能够提出系统操作设计漏洞的同学因其探索钻研给予加分,给分范围占总成绩的 5% 以内,加分在实验心得栏中。对于主动搜集并分享到云平台新知识的同学给予加分,给分范围占总成绩的 5% 以内,加分在跨境电商知识云平台学习栏中。各项总分之和最高为 100 分,加分超出100,按 100 分计。将"跨境电商综合实验"课程的理论知识和对 B2B、B2C 的掌握及应用都细化到整个考核体系中。

(二)利用在线评测,加强对学习过程的考核

本实验项目的课程考核不仅看重学生的最终实验结果,更看重的是学生实验学习过程的考察,激发学生的自我学习和精益求精意识。这样的考核具有方式多、内容广、评分科学、量化方便、易于反馈的优点,在线课程考核作为疫情期间一种常见的考核形式也易于推广和实施。为此,设定三点考核原则:第一,以实验软件的系统评分为基础,参考学生实验报告、实验心得以及云知识学习等综合考核,尽力减少教师人为参与影响,尽量保证实验的公平性。第二,增加成绩中的加分项,体现鼓励学生的创新探索和积极主动学习过程的考核倾向性。对于学习笔记、实验报告和实验心得,教师在规定必要的格式外不去做更多的要求。第三,在学期第一次开课时,将课程考核方式公布,并征求学生意见,每一阶段的系统操作成绩结果均可随时查询,公开公示,以保证考核结果的全面客观公正。这种考核方式对教师和学生有一种双向监督作用,教师不能根据主观意见随意给分,学生也不敢随意复制抄袭他人的实验结果。从长远来看,这种考核方式有助于培养学生自主学习和研究性学习的能力。

(三)采取分层次有针对性的考核

在每学期的"跨境电商综合实验"课程学习过程中都会举办相应的虚拟

贸易平台的实操比赛,教师应积极鼓励所有学生报名参加相应比赛,最终的比赛结果可以按一定比例作为学生总成绩的一部分。教师可以搜集往年的比赛资料或让学生自行寻找参赛过的同学请教参赛经验,这对学生短时间的能力提升会有相当大的帮助。在比赛结束后,教师可以鼓励学生针对比赛项目的内容进行深入思考,引导学生完成一些关于比赛相关项目的论文,对能力高的同学可以指导他们完成一些更难的论文。对于那些知识掌握能力稍差一些的同学,可以让他们写一些课程的总结和思考型的问题,从而达到对学生分批次、有不同针对性的考核。

"证券投资学"课程
教学中存在的问题及教学创新

邵永同　甄博雅 *

摘要：通过教学过程设计瞄准"问题导向"、课堂组织围绕"以学生为中心"开展、灵活运用"任务驱动法"提升学习兴趣和巧妙应用"情景案例"教学法强化课程情感体验等方法，解决学生理论基础薄弱、实践能力不足、学生学习主动性不强和先进教学方法在课程教学中应用不够等证券投资课程教学面临的问题。

关键词：证券投资学；问题导向；以学生为中心；教学创新

"证券投资学"课程是一门应用性较强的金融学专业必修课程，该课程所学知识将直接应用于投资实践。绝大多数高校的金融学专业已开设"证券投

---

* 作者简介：

邵永同：天津商业大学经济学院教授。

甄博雅：天津商业大学经济学院硕士研究生。

项目来源：

本文系天津商业大学金融学天津市一流本科专业建设点、金融学国家级一流本科专业建设点、金融学天津商业大学优势特色专业建设点、天津商业大学"证券投资学"一流课程建设项目和天津商业大学本科教学改革研究项目"金融学专业实践教学课程体系构建研究"的阶段性成果。

资学"课程,并在课程中设置一定比例的实验学时,通过上机实验让学生在实践中更好地理解证券投资理论知识,激发他们学习证券投资的热情,提前感知证券市场发展的内在规律。在讲授"证券投资学"课程的过程中,我们针对课程教学中存在的问题,提出基于 PBL 和 SC 教学模式的教学创新,取得了较好的创新成效。

一、"证券投资学"课程教学中面临的主要问题

在"证券投资学"课程教学中,通常遇到的主要问题体现在以下三个方面:

(一)学生证券投资理论基础薄弱、实践能力不足

学习"证券投资学"课程的大学生,有些尚未适应大学的学习节奏,也未能完全适应大学的学习方法,因此学习该课程时缺乏主动对证券投资实践的观察能力,且投资理论积累不足。如果教师在课堂上不能将证券投资市场运行特点及学习证券投资课程的作用通过必要的案例告诉学生,就很难引起学生的共鸣,结果会导致学生学完该课程知识后不清楚理论内涵,也不明白这个理论学了之后在证券市场上应该如何运用,因而他们也就不愿意主动去感受证券市场行情变化和体验证券投资操作的乐趣,最终造成课堂出勤率不高,课程在学生中失去吸引力,达不到课程预期的教学目标。

(二)学生学习"证券投资学"课程的主动性不强

一般而言,学生应成为课程教学的主体,但实际上,证券投资课程教学中普遍存在学生学习主动性不强,课程对学生的感染力较差。课程教学中学生的主体意识不强,学生也很少能积极主动参与课堂讨论和交流。学生学习"证券投资学"课程主动性不强的原因在于对证券行业发展缺乏应有的认识,也未能充分了解证券投资课程所学知识的理论和实践作用,难以使其内化为自

身的投资认知并形成共鸣。

(三)先进教学方法在课程教学中应用不够

"证券投资学"课程中普遍存在先进教学方法应用不够的问题,比如教师在制作教学课件时,缺乏将图片、声音和影像融合到多媒体课件中的能力,充实和拓展教学内容,实现教学内容的丰富性和生动性,课件展示常常以文字为主。好的教师虽然不用先进的教学手段也可以把课讲好,但充分运用先进的教学方法能更加顺利地达到教学目标,增加课程信息量,扩充课程信息内容,加深学生对课堂的印象,提升他们的学习兴趣。"证券投资学"课程具有基本概念多、应用案例广、分析方法复杂等特点,教师通过先进的教学方法,辅以大量图文和影音资料进行讲解,能更好地提高学生获取行情信息和分析投资案例的能力。

二、基于"问题导向"和"以学生为中心"的课程教学创新

"问题导向"模式(Problem Based Learning,PBL)以解决问题为目标,集中有限的资源研究分析问题并寻找解决方法。对学生而言,要提高证券投资理论和实践能力,就要不断地解决一个又一个问题,通过追问、探索和解决问题提升认知能力与实践能力。因此,如何提升"问题"在教学中的价值就成了"问题导向"教学模式的关键。"证券投资学"课程"问题导向"模式既是一种教学方法,也是一种思维方式,包括发现问题、提出问题、分析问题和解决问题的严密逻辑过程。"以学生为中心"模式(Student-Centered,SC)作为现代教育的基本理念,是主体教育思想在课程教学中的延伸,该理论源于人本主义和建构主义理论。以学生为中心的内涵在于"以学生为本,尊重学生、方便学生、发展学生"。在"证券投资学"课程教学中,应充分运用 PBL 和 SC 模式进行教学创新,并将之贯穿教学创新整个过程。

（一）课程教学设计瞄准"问题导向"

教师作为"问题导向"教学模式的组织者和主导者,在"证券投资学"课程备课中,需精心设计整个"问题导向"教学过程,对证券投资问题本身的提出,后续分析问题的方法、步骤及讲解策略,在解决问题的讨论中对可能会出现的各种状况都应精心准备。认真钻研教学目标,严格选择所要提出的证券投资理论和实务问题,使其具有更好的针对性、代表性和探究性。要对所提出的问题进行全面、精准和到位的分析讲解,既要通过透彻的学理分析引导学生,用准确的理论知识说服学生,讲解的过程也要清晰明确,不能似是而非、模棱两可。最终要以深厚的理论功底、清晰的逻辑和良好的投资效果赢得学生、感召学生。在解决问题的过程中,所得出的结论更要做到不拖泥带水,应直截了当地告诉学生课堂所讲授问题的结论是什么,核心在哪里。

（二）课堂组织围绕"以学生为中心"开展

"以学生为中心"的教学模式,重在使学生由课堂的被动接受者转变为自主学习者。学生在这种教学模式下,很容易实现课堂角色转变,并在很大程度上增强学生课堂参与意识,在课程教学中让学生逐渐从关注证券投资理论学习转变为关注知识的实践运用,从注重听课转变为在课堂上勇于讨论和交流。

在"证券投资学"课程教学的实践过程中,不同学生之间往往存在知识基础和思维方式上的较大差异。因此,在课堂中我们应充分以学生为主体,让学生带着具体的证券投资问题以小组协作的方式共同讨论、协同学习,一起收集课程相关资料,从而加强他们对相关问题的不同思考、归纳和总结。PBL 和 SC 教学模式首先要明确学生的学习目标,根据目标设计课程内容,提高学生的学习兴趣和课程参与热情,激发学生自主学习的欲望,拓宽课程相关知识的视野,达到培养学生自学能力的目的。这种教学模式不仅能高效传授给学生课程理论知识，更能有效锻炼学生对证券投资学实践问题的逻辑分析能力、信息获取能力和协作创新能力。学生分组讨论后，在教师的引导下还应辅以集中讨论与总结环节。建议学生通过课件的形式汇报自主学习和讨论的结果，以流程图的形式展示问题解决的思路。

（三）灵活运用"任务驱动法"提升学习兴趣

"任务驱动"教学方法的核心内容在于教师将需要完成的教学内容设计成一个或多个具体而详细的任务材料，让学生在课程教学中通过完成这些任务掌握相关教学内容，培养他们解决实际问题的能力。在证券投资课程教学中，"任务驱动"教学法是一种行之有效的方法，学生在课程教师和同学们的共同帮助下，紧紧围绕共同的任务目标，在强烈的证券投资问题动机驱动下，通过对相关课程学习资源的积极利用，进行探索性和互动性学习。同时，以先进的信息技术为课程工具开展"任务驱动"教学法，能更好地实现预先制定的教学目标，培养学生自主学习的能力。在具体教学过程中，应针对"证券投资学"课程的每一章节内容给学生布置形式多样的证券投资任务活动，让学生自始至终围绕"任务"进行积极主动学习。

（四）巧妙应用"情景案例"教学法强化课程情感体验

"情景案例"教学法指在教学过程中，教师根据教学目标创设与所讲授课程相关的案例场景或场景模拟，引起学生对课堂产生一定的情感体验，帮助学生理解课程讲授的知识，使其认知能力得到发展的一种教学方法。由于"证券投资学"课程的应用性非常强，所以该课程的情景模拟教学需要与证券业界合作，利用业界的资源创设证券投资业务场景。同时，证券投资课程教学中，有相当比例的内容与具体的证券投资实务操作有关，对此类内容的教学，较好的方式是让学生能够身临其境，真真切切地感受到证券投资实际业务流程和操作过程，而要做到这些，则离不开证券公司和其他相关业界机构的大力支持。因此,涉及实务操作的课程内容,应尽可能带领学生走出课堂,深入证券业界到真实的证券市场中感受证券行情走势,对着实时证券行情进行观察和思考。也可以采取邀请证券公司的从业人员走进校园、走进课堂,借助学校金融实验室的投资硬件和软件,将他们实际证券投资业务操作引入课堂。

此外,有必要在课堂中引入证券模拟竞赛,实现体验式证券投资教学方式。模拟竞赛一方面具有较强的挑战性,另一方面也具有真实的参与性特点,十分符合没有实际证券投资经验但又需要真实体验交易行情的在校大学生。在课堂中组织开展证券投资模拟竞赛,能积极提升学生参与竞赛的积极性,并在学生当中形成竞争投资的氛围。为提高学生参与模拟竞赛的热情,也可尝试在课程考核指标中把学生模拟竞赛的成绩纳入考核权重,比如学生在模拟竞赛中所取得的投资成绩可以按照一定系数折算成课程分值,让学生更加积极主动地参加证券投资模拟竞赛。只有这样,应用场景类的体验式证券投资教学方式才能在课堂中真正施行,也才能让学生真正做到学以致用,体会学有所值。

EXCEL 在"统计学"教学中的应用探讨

池洁如 *

摘要:在多媒体的教学环境下,EXCEL 基础统计分析工具较之于其他统计分析软件来说更具有便利性,可以作为现在统计学理论教学的一种重要的辅助手段。通过对 EXCEL 中函数功能、图表功能、数据分析及数据分析扩充功能的了解,学生们可以更好地掌握现代统计数据的处理方法,从而更好地了解统计方法的可操作性和实用性,将统计学理论更好地运用于实践

关键词:EXCEL 基础分析工具;统计软件;函数功能;数据分析

统计学是一门关于数据的科学,是研究收集数据,分析和解释数据以及呈现数据的科学。在当今社会的大数据背景下,统计学成为一门重要的具有工具意义的学科。华为的董事长任正非在 2018 年 12 月与中科大校长座谈时特别强调了统计学作为数据分析的基本方法在高校学科设置中应有的重要性,他说:"在高校学科设置上,我特别支持你们重视统计学。计算机科学不仅仅是技术,还应该以统计学为基础。大数据需要统计学,信息科学需要统计学,生命科学也需要统计学。国家要搞人工智能,更要重视统计学。统计学不

---

* 作者简介:

池洁如:天津商业大学经济学院副教授,研究方向为应用统计学。

是一个纯粹的学科,而是每一个学科都要以统计学为基础。"①

作为跟数据打交道的学科,数据的处理是其中的重要环节。由于统计数据的繁杂及信息量巨大,数据处理的时候常常需要借助各种统计分析软件来快速高效地进行。现在的统计分析软件比较多,常见的有 SPSS,EVIEWS,SAS,MINITAB,EXCEL 等。而 EXCEL 中的基础统计分析工具由于它的便利性,使它在统计学教学中和一般的使用中具有很大的优势。

一、EXCEL 统计软件在统计学教学中的优势

(一)EXCEL 软件的方便性是它最大的优势

在以上众多的统计学软件中,EXCEL 中的统计分析功能可以在我们的统计学教学中发挥很好的作用。虽然 SPSS、SAS 等统计软件在某些方面可能更具有专业性,但是因为这些软件通常需要购买,需要专业的培训方可使用,因而会给一般的数据使用者带来不小的麻烦。而 EXCEL 中的统计分析工具,因为是 Office 办公软件的一部分,在一般的 Windows 操作系统中都会自带,使用者们不必去寻求、下载便可使用。使用 WPS 系统,也可以进行类似的分析。由于 WPS 有免费的优势,现在在国内有了越来越多的使用者,而在现在这种越来越普遍的 WPS 中也有类似功能。其使用的原理大致与 EXCEL 相仿。

(二)EXCEL 可以满足大部分的统计分析功能

在 EXCEL 软件中,与统计分析有直接关联的主要有以下三个部分:

1.函数功能

函数功能是 EXCEL 基础统计分析工具中一个非常重要的部分。利用函

---

① 任正非与中科大校长座谈:《对科学研究,要大胆地失败!》,https://www.sohu.com/a/283343221_682886。

数 f(x)可以用来求和,求均值、标准差、众数、中位数等的基本统计指标;用函数中的 COUNTIF 函数可以进行分类归总;用各种各样带有 DIST 后缀的函数可以方便地进行各种统计分布的相关值计算。比如用 NORMDIST 可以进行正态分布的概率计算,用 NORMSDIST 可以方便地得到某个标准正态分布 Z 的概率值。可以说,如果我们会使用 EXCEL 里 f(x)中的统计函数,我们就可以不再需要各种统计学教科书中都会附录的诸如正态分布表,二项分布表,T 分布表,F 分布表等概率分布表。使用 f(x)可以更方便快捷,更准确地得到相关的数据。

2.图表功能

一张图胜似千言万语,图表是统计学的曼妙语言。EXCEL 中的图表功能包括了统计学所需要的绝大多数图形,尽管有的时候名称可能不尽相同。这些图表有反映单个总体构成最重要的饼图,有比较各组数据多少的条形图,有反映多个变量之间关系的散点图以及雷达图、气泡图、折线图、曲线图等图形。图表的使用可以使文章鲜活,更具有画面感。

3.数据分析功能

由于这一功能在默认的 EXCEL 统计软件中一般都没有加载,所以需要手动加载使得 EXCEL 的统计分析功能可以得到扩展。利用这一功能可以做出图表功能中所没有的直方图,可以用"描述统计"的功能很方便地进行一般的描述统计量的计算,可以用指数平滑做时间序列的分析和预测,可以快速地做单因子方差分析,二因子方差分析及相关回归分析等。在 EXCEL 软件中加载上这一功能后,可以说统计分析的功能得到了很大的扩展,是原有统计分析功能的一个很好的补充。

(三)数据分析 Plus(Data Analysis Plus)功能可以做更专业的统计分析

如果要进行更专业的统计分析,比如区间估计、假设检验等,那么如果加载一个统计分析的扩充版(Data Analysis Plus),即可涵盖统计教科书中绝大多数统计分析方法。使用这一统计软件的加载功能,可以做一般的图表功能中所没有的茎叶图和箱线图,尤其是其中的区间估计和假设检验功能非常强大。这些功能可以满足一般的数据处理者甚至是专业的统计工作者的数据处理需要。

二、目前的统计学 EXCEL 实验教学存在的问题

传统的统计学教学,教师使用的主要是教科书、黑板、计算器等教学工具。在当今的信息社会,这些传统的教学手段已经远远不能满足统计学教学的需要。因此在后来的统计学教学改革中,开始有了统计软件的应用介绍及实验课程。但是我们目前的教学仍在课堂上进行,实验课时在机房中进行。虽然这种方式较之传统的教学方式已经有了很大改进,但是仍然不能很好地适应统计数据的处理需要。

(一)实验环节与教学环节的分离不利于更系统地掌握统计数据处理的方法

目前的"统计学"教学,在课程的设置上是 3 学分,48 课时。其中 42 课时是课堂教学,6 课时是实验教学。课堂教学在教室进行, 实验教学在机房进行。课堂教学以统计理论的讲述为主。实验教学是对课堂教学涉及的一些统计学数据处理方法在实验室进行的实际操作。这种教学制度安排不利于学生结合上课的内容进行 EXCLE 的应用。教学的内容,学生当时掌握了,但是到了后来的实验室上机的时候很多都会遗忘,这就造成了实验环节和教学环节的脱节。所以,如果条件允许,"统计学"课程教学的很多内容可以在实验室进行,学生可以现学现用,更好更快地掌握教学的内容,这样做可以大大地提高教学的效率。考试的内容应该改变现在完全以统计理论为主的考试方式,可

以将一部分内容放在实验室进行。或者如果没有这个条件,至少在考试内容的安排上更多地结合 EXCEL 实验教学的内容,增加实验教学在统计学成绩考核上的比重安排。

(二)目前的实验课时安排不能满足统计实验的需要

按照目前的统计学教学大纲,除了第一章和第二章是纯理论的讲述外,其他章节的内容:从统计图表和描述统计量开始,到区间估计、假设检验和方差分析,再到相关与回归分析和时间序列分析等,都可以结合 EXCEL 来进行。而且像"统计学"这样的课程,必须和公式打交道,学生光是熟悉公式编辑器的使用就需要半节课的时间,所以现在 6 个课时的实验课时的安排不能满足统计实验教学的需要。

三、在统计学教学中使用 EXCEL 应该注意的问题

(一)应该注重 EXCEL 统计分析案例的积累

统计学主要涉及统计数据的处理和分析,涉及大量的数据分析和计算,看起来是比较枯燥的一门学科。EXCEL 统计分析工具,处理数据高效便捷。如果在统计学教学中能够多积累应用 EXCEL 进行统计分析的教学案例,可以提高学生对课程实用性的了解,也可以更好地激发学生的学习兴趣。

(二)实验教学是理论教学的补充

应该指出的是,"统计学"课程的学习主要还是要以掌握统计学的理论体系为主。EXCEL 基础分析工具等是辅助的手段和工具,可以作为教学的补充。虽然我们强调 EXCEL 等统计分析软件在当今大数据时代下的重要性,但两者之间还是不能本末倒置。任何统计分析工具的使用都必须以熟悉相关的

理论为前提,不然即便可以借助统计软件方便地得到数据处理结果,也有可能看不懂这些处理结果,更谈不上利用这些输出结果进行正确的统计分析。

"中国对外贸易概论"
线上线下混合式教学研究

付信明 *

摘要:"中国对外贸易概论"作为我国高校国际经济与贸易专业的必选课程,主要研究中国对外商品交换过程中的规律性问题、相关的经济关系问题和实践问题,对学生了解我国对外贸易的理论和实践具有重要的作用。过去该课程传统的"教师讲学生听"的教学模式,制约了课程的教学效果。本文试图探讨"中国对外贸易概论"的线上线下授课方式的有机结合,分别对线上授课和线下授课的教学组织进行了分析,以期对《中国对外贸易概论》课程的教学改革进行尝试,争取取得更好的教学效果。

关键词:MOOC;中国对外贸易概论;线上线下混合式教学

一、引言

"中国对外贸易概论"作为我国高校国际经济与贸易专业的必选课程,是

* 作者简介:

付信明:天津商业大学经济学院讲师,主要研究方向为国际贸易。

基金项目:

本文得到天津商业大学课程建设项目(编号:19JKJS01090)的资助。

学生进入大学以来所学的第一门专业课程,过去该课程采用的是传统的"教师讲学生听"的上课模式。教学手段要从传统的纸质备课、教案和笔记,转向多媒体教学和线上教学。采用线上与线下混合教学模式,线上教学不少于总体学时的 20%,为学生提供中国大学 MOOC 的视频、智慧树资源共享课视频,布置学生观看视频、参与线上的讨论与作业。回到课堂后,教师引导,发挥学生的主观能动性,结合线上资源与教材,使学生深入理解课程应该掌握的基本知识与理论,通过课堂展示、案例讨论、提问与思考等方式,积极参与,由浅入深逐步对中国对外贸易的理论与政策有一个完整而深刻的理解。

二、本课程的目标和内容

"中国对外贸易概论"是我国特有的一门经济学科。它是在我国四十多年来对外贸易实践、教学和科研的基础上逐步建立起来的。

"中国对外贸易概论"学科的研究对象是中国对外商品交换过程中的规律性问题、相关的经济关系问题和实践问题。在对外商品交换过程中,既涉及国内的各种经济关系,如组织出口商品的生产、收购和出口;组织进口商品在国内的销售等业务活动,同国民经济各部门发生错综复杂的经济关系,又涉及国外的各种经济关系,如同世界各国、各地区、各有关客户,以及区域经济集团、国际经济组织、国际金融、运输、保险等机构发生错综复杂的关系。"中国对外贸易概论"学科的任务,就是要在这些对外商品交换关系的运动中,研究并找出其规律性,并利用这些规律为我国的社会主义现代化建设服务。因此,这门学科既要研究中国对外贸易的有关理论问题,又要研究方针、政策和实践问题。这门学科的性质是理论与实践相结合的综合性的外贸专业基础课程。

三、"中国对外贸易概论"课程的线上线下混合式教学组织

（一）"中国对外贸易概论"线上教学组织

1.学生课前网络视频学习

学生和老师在中国大学 MOOC 平台注册账号，观看上海对外经贸大学张秋菊教授率领的团队主讲的免费开放的同步本课程的视频课，而且视频课的内容与我校所用教材内容基本一致，主要包括了我国对外贸易的理论基础、格局、战略、管制制度、促进制度、海关管理制度、关税制度以及体制改革等方面的内容。各位教师讲课言简意赅、深入浅出，对我国对外贸易的理论和实践的把握都非常准确，非常有利于学生理解和掌握"中国对外贸易概论"的主要理论和基本知识，适合学生对"中国对外贸易概论"课程学习的需求。在此情况下，笔者采用了张老师的视频，注册了账号，让学生加入了看视频的群。学生课前通过电脑或手机登录中国大学 MOOC 平台，结合教材看视频进行学习，视频可以反复观看，平台还有支持学习的讨论、练习等功能，授课教师也可以自主发起某个对外贸易问题的讨论。任课教师也可以通过微信群向学生发送导学、重点、难点、课件、练习题等，帮助学生更好地理解和掌握"中国对外贸易概论"的基本理论和政策。

2.线上课堂的教学

（1）课前思政教育与考勤。任课教师提前 10 分钟以上的时间进入线上课堂，利用上课前 10 分钟左右的时间进行学生的签到，签到过程中播放一些国内外疫情情况的视频、国内抗疫的宣传片以及近年国内国际贸易中的新现象、新事件和新动态，宣传改革开放后我国对外贸易取得的巨大成就，培养学生的爱国热情和战胜疫情的信心。课前 10 分钟，通过微信群进行考勤签到，并记录出勤情况。课前签到时还让学生上传上次课程作业的答案，并记录完

成作业的学生名单。

（2）课堂讲授与课堂互动。因为学生在课前已经观看了中国大学 MOOC平台里课程各章节的视频，对各章节的内容已经有了初步的认识和理解，因此课堂上教师的直播讲授主要是对课前视频学习内容的总结、知识点的提醒和对各章节重点的把握以及难点的解析等，讲授过程中往往结合习题和案例以及热点问题的分析，并在讲授过程中和学生进行课堂互动，任课教师还要组织学生进行讨论、提问和答疑，甚至进行在线测验和习题讲解，以帮助学生更好地把握相关章节的基本理论和知识，提高学生分析和解决问题的能力。

（3）课后拓展提高与评价反馈。课后的辅导主要是要加深学生对所学知识的认识和理解，既针对成绩较好的同学，同时关注少数基础和学习能力较差的同学。课后教师通过微信群、QQ 群等手段布置课后作业及课后讨论题等，要求学生在教师规定的截止日期前留言反馈，教师要检查学生的完成情况，教师可以及时检查学生的掌握情况，督促学生消化当天学习内容，提示学生将课程内容和社会背景相结合，以及将课程考核贯穿在平时等。

（二）"中国对外贸易概论"线下教学组织

作为大学国贸专业的必选课程，《中国对外贸易》是伴随着中国的对外开放与经济发展而建立并发展起来的，它的研究对象是中国对外商品交换过程中的规律性问题、相关的经济关系问题和实践问题。该课程是一门理论与实践结合的综合性较强的专业基础课程，内容具有极强的时效性，着眼于最新的国际贸易的理论与实践，所以教材内容往往滞后于我国对外贸易的实践。因此，在线下教学过程中既要保持教学内容与时俱进，又要采取多种教学方法，根据教学内容灵活调整教学手段。

1.教学内容与时俱进

随着中国对外贸易的发展和世界贸易新的形态和方式的出现，即使是最新的教材也不能完全涵盖所有变化，而"中国对外贸易概论"又要保证教学内容的新颖性与时代性,这就要求授课教师在内容的设计上,更新教材内容,将中国对外贸易最新的发展实践引入课堂教学,将中国对外贸易的动态变化引入授课内容。要实现这一目标,就需要授课教师每一次授课都要更新教案和课件,掌握中国对外贸易发展的最新情况,让学生掌握该课程最前沿的内容。基于此,联合国统计贸易数据库、WTO 国际贸易数据库、中国对外贸易年鉴以及中国政府商务部网站等都可以给我们提供最新的对外贸易数据,另外,商务部网站也提供中国对外贸易和利用外资的季度和年度发展报告。通过这样的更新方式,不仅让学生了解了我国过去年度外经贸发展的情况,也使学生对中国正在发展的经贸状况有了一个比较清晰的了解。

2.教学方法的变革

(1)课堂引入国际经贸要闻回顾与评论。为让学生了解国际经贸发展的最新情况,每次课上课后先拿出大约 5 分钟的时间介绍过去主要是一周内国际经贸焦点问题,尤其是中国对外贸易的要闻,接着对就国际经贸焦点问题进行评论,评论中可以结合官方、学者、外媒的评述,包括老师和学生的观点。比如美国对我国出口美国商品加征关税问题以及我国的反制措施,并引用政府官员及学者的观点进行点评,让学生就该事件有一个全面的了解。另外,像疫情对国际贸易的影响、欧洲债务危机、英国脱欧、APEC 第 27 次领导人非正式会议、"泛太平洋战略经济伙伴协定"(TPP)及东亚峰会等都是本课程关注的热点。通过这种教学方式,不仅对本课程的教学内容有一个很好的拓展,开阔了学生的视野,提升了学生思考问题的高度,而且培养学生关注新闻、关心国内外大事的习惯,引导学生对国际事件与中国经济贸易发展的关系进行积极主动的思考。

(2)采用"任务驱动"或"问题驱动"式教学。采用任务驱动和问题驱动等方式,让学生对所学内容进行主动的学习,课前教师将教学 PPT 提前一周利用微信群、QQ 群等手段发送给学生,布置学生下载和预习。教师根据学生课前的预习情况确定自己的教学重点和难点,设定学习的任务和主要解决的问题,布置学生动手查找相关的资料和数据,通过自己的整合找出解决任务和问题的方法,并形成文字;课中教师围绕教学重点和难点以及设定的学习任务进行讲解,并结合讨论、案例介绍、作业和小测验对学生知识掌握的情况进行考察;课后通过微信以及 QQ 群等布置课后作业及课后讨论题等,要求学生在教师规定的截止日期前完成,并上交作业,教师下次上课前检查学生的完成情况。通过这种教学方法的调整,以现实经济中的实际问题作为"任务驱动"或"问题驱动"式教学的切入点,既可以帮助学生更好地掌握各章的基础知识,增强学生学习的积极性和主动性,也可以提升学生解决问题、分析问题和创新的能力。

(3)案例教学和专题讨论。"中国对外贸易概论"课程案例教学的资源选择,主要是来自国内外的经贸热点新闻以及外贸企业实践中的案例,并根据与课程内容的相关性划分为理论型与实践型。具体做法是将选择的案例融入相关章节,学生要对案例进行分析、角色扮演、讨论等,通过案例分析加强学生理论与实际相结合的能力。比如在讲到中美贸易摩擦,会使同学们联想到,中国与美国同为贸易大国,为何两个大国之间的贸易摩擦频频发生? 对世界经济尤其是中美两国的经济会有怎样的影响? 两国如何减少贸易摩擦? 中国如何反制美国的贸易制裁等。通过对这些问题组织相关专题的讨论,既可以拓展同学的思维,也可以提高学生分析、解决问题的能力,是课程内容的有益补充。

基于雨课堂+TBL的"金融学"混合式教学设计研究

黎　艳*

摘要：混合式教学是"互联网+教学"时代的产物。本文在阐述雨课堂+TBL的混合式教学理念的基础上，将教学内容细分为理论性、应用性和实践性三类，并匹配相应的授课方式。同时，从课前准备、课堂研讨交流和课后跟踪优化三个维度概述混合式教学设计，辅以新型考评机制，以期为课程建设与改革提供有益借鉴。

关键词：金融学；混合式教学；雨课堂；TBL

---

* 作者简介：

黎艳：天津商业大学经济学院讲师，金融学博士，研究方向为国际金融、货币金融。

基金项目：

本文系天津商业大学金融学国家一流本科专业建设、天津商业大学"金融学"一流课程建设项目、本科教学改革研究项目"金融学专业实践教学课程体系构建研究"和教育部2020年第二批产学合作协同育人项目"信用评级"课程思政建设、2020年天津商业大学"课程思政"改革课建设项目"信用评级"的阶段性成果。

一、引言

自 1999 年高校扩招政策实施以来,中国高等教育实现"井喷式"发展,毛入学率于 2019 年跃升至 51.6%,标志着高等教育迈入普及化阶段。[①]但是大学教育自身软硬件的更迭无法有效匹配规模上的快速发展,凸显了大学教育质量的短板和软肋。[②]与此同时,人工智能、大数据等新一代信息技术的快速发展深化了"互联网 + 教学"模式,[③]慕课、学堂在线等智慧教学平台应运而生,颠覆了传统的教学理念和教育方式。特别是 2020 年初新冠肺炎疫情的暴发,为响应教育部"停课不停学、停课不停教"号召,高校教师充分利用开放MOOC 资源优化本校本课程 SPOC 资源,[④]为大学课堂革命和信息化改革注入新活力。

"金融学"是我校经济学类专业的必修基础课,覆盖金融基础理论、微观金融和宏观金融三大知识体系,具有知识覆盖面广、逻辑线条系统、理论联系实际的特征。[⑤]授课教师虽引入案例教学、课堂展示等教学方法和智慧树、雨课堂等智慧工具,但教学内容繁杂且更新滞后、学生课堂参与度较低、课程考核评价体系不合理等问题依然存在,翻转课堂收效甚微。基于此,本文结合自身教学经验和课后学生反馈,设计嵌入 TBL 理念的"金融学"混合式教学模

---

① 刘保中:《中国高等教育步入普及阶段背景下的阶层差异与教育公平》,《北京工业大学学报》(社会科学版),2021 年第 3 期。

② 屈小博、吕佳宁:《大学教育质量与劳动力市场表现——基于工资回报的分析》,《经济学动态》,2020 年第 2 期。

③ 李丹、张雯涵:《基于智慧课堂的金融学课程教学模式探析》,《贵阳学院学报》(自然科学版),2019 年第 3 期。

④ 方略:《"MOOC+FCM"混合式教学模式的改革深化与瓶颈突破——兼论财会类本科与MPAcc 课程教学设计差异》,《财会通讯》,2021 年第 3 期。

⑤ 邓睿:《基于 SPOC 模式的高校〈金融学〉选修课程翻转课堂教学设计初探》,《时代金融》,2020 年第 6 期。

式,并借助雨课堂全景式阐述具体的教学实施过程,为提升教学质量、深化教学改革提供有益参考。

二、雨课堂+TBL 的混合式教学理念

雨课堂是一款基于 PPT 和微信的智慧教学工具,轻量易用,操作便捷,可实时、客观地反馈学习动态,完成个性化学习引导和情境式教学设计;而 Michaelsen 等(2008)提出的 TBL 教学法(Team-Based Learning)则强调学生为本、团队学习和教师精讲三位一体合作学习模式,[①]注重培养学生自主思维能力和团队协作能力。将雨课堂和 TBL 相融合的混合式教学法既实现了对 TBL 的过程控制,保证了师生之间和学生之间的沟通与交流;也生动化了雨课堂的情景应用,使教学富有趣味性。本文以"金融学"课程为例,从内容设计、实施步骤和评价机制三个维度阐述 TBL 教学理念在雨课堂中的具体应用。

三、混合式教学内容设计

根据"金融学"教学目标将教学内容细分为理论性、应用性和实践性三类,针对不同属性的章节内容和知识点,明确师生分工,合作完成课堂教学(见表 1)。理论性知识优先采取教师为主、学生配合的教学模式,增强学生对抽象知识的理解,为后续学习奠定基础。应用性教学内容则适合教师引导、学生主导的翻转课堂模式,鼓励学生多动手、勤思考,避免"一听都会,一做全不对"。关注宏观金融的实践性教学则选择课堂展示、案例教学和知识竞赛等形式追踪金融热点,强化对理论知识的感性认知,提升实践能力和合作精神。

---

① 张璐、李萌:《TBL 融合 PBL 教学法在外科临床护理教学中的应用》,《护理研究》,2015 年第 8 期。

表1 "金融学"课程体系分类与教学方式

	章节范围	教学目的	授课方式
理论性教学	货币与货币制度、信用与信用工具、利息与利率、货币供求	掌握基本概念等金融理论知识,培养金融思维	教师为主、学生配合的教学模式
应用性教学	货币时间价值、证券估值、货币创造机制	深化理论知识的理解与应用,培养创新能力	教师引导、学生主导的翻转课堂
实践性教学	金融市场、金融运营组织、货币政策、金融监管	强化理论联系实践,培养实践与应用能力	学生课堂展示和案例教学为主

四、混合式教学实施步骤

(一)课前准备阶段

首先,课前开设"雨课堂+TBL混合式教学法"专题讲座,帮助学生快速了解课堂教学的内核和新要求,强化合作意识和参与兴趣。其次,倡导学生基于学习能力、宿舍分布等因素自由组建学习团队,并设组长1名,组员3—4名;以集体绑定模式自主分配学习任务。再者,组建"金融学"微信群,答疑解惑之余推送金融前沿知识或热点话题,提升教学内容时效性。最后,教师根据重、难点制定章节教学目标和教学计划,借助网络视频优化教学资源,并编撰课后习题集。开课一周前,通过雨课堂上传预习资料,督促学生开展线上自主学习、完成小组测试,让学生"带着问题上课",达成"以学促教"。

(二)课堂研讨交流阶段

教师通过预习测评、成果汇报、小组讨论等方式引导学生参与教学过程,辅以"团队赛+个人赛"双重激励机制反馈学习效果,精细化雨课堂+TBL混合式教学模式,营造良好的自主探索式学习生态。

(1)课前预习测评。为减少搭便车行为,教师可在雨课堂发布预习模块的个人测试习题,奖励率先完成者并象征性惩罚预警学生所在小组,倒逼组员互帮互助、团队作战。同时,基于雨课堂的预习反馈,针对性调整授课内容,形成"先学后教、以学定教"互动模式。

(2)团队成果课堂汇报。基于时事热点或经典金融案例的成果汇报旨在拓宽学生视野、增强课程时效性,限时 8 分钟;而基于教材章节内容的展示则需紧扣教学目标,自主选择、搜集和组织教学内容,时长以教学计划为准。期间,作为组织者的教师,可提前将展示内容发布雨课堂以督促学生认真准备,也便于其他学生熟知;在演讲过程中,教师以弹幕形式引导全班同学"并行讨论",活跃课堂氛围;演讲结束后,鼓励学生积极提问、共同探讨,发掘并点评团队中的闪光点,培养学生的质疑精神和科研意识;最后利用打分投票系统推选课堂之星,给予平时成绩奖励。另外,教师对展示中的共性问题进行梳理,引导学生"二次讨论"。

(3)小组讨论。小组讨论式学习适用于应用性教学模块或重、难点内容,增强课堂的挑战性和刺激性。比如"货币的时间价值"一章,教师可借助具体情境和实际问题引导学生理解复利、终值和现值,并以小组讨论形式学习各类年金的界定与计算。随后,由自荐或教师随机挑选的小组进行讲解和答疑解惑,在讨论与探索的过程中增强了团队意识,也培养了综合分析和表达能力。

(4)随堂测试。授课过程中,教师可根据重、难点和易错点、易混点等内容进行课堂测验,奖励答题又快又好者,内化成就感与自信心;并选择性地公布全班同学答题情况,勉励后进者。对出错率较高的题目,优先鼓励答对学生毛遂自荐、教师适当补充,力求达到学有所悟、学中有乐、学无疑惑的"三学"效果。

此外,开启雨课堂授课时,教师可利用课堂二维码或暗号快速完成课堂考勤,节省点名时间;也可利用随机点名制造紧张感,减少学生"坐堂逃课"行为,活跃课堂气氛。同时,课件同步传输方便了学生随时查阅、翻看,减轻做笔记的压力,更专注于听讲、思考。其中,学生通过"不懂"按钮反馈问题,并根据自己的学习进度调整听课节奏,实现"同步"和"异步"双通道教学,提升教与学的效果。

（三）课后跟踪优化阶段

第一,教师通过雨课堂发布以单选题和多选题为主的课后小测试,并设定对应分值和截止答题时间点,实时跟踪学生的学习进度与效果。期间,可借助课程微信群对完成度高的同学给予表扬,变相鞭策未完成者,提高学生对课后习题的重视度。另外,以绘制章节思维导图、重难点手抄报等形式开展团队复习,引入小组同行评议机制择优展示并予以奖励,提高复习的节奏感和趣味性。

第二,基于雨课堂的习题应答系统和学生课下反馈情况,筛选、整理易错习题集。通过录制微课、绘制解答导图和筛选学生优秀范例等方式整合习题解答资源,并以章节为标准定时上传至雨课堂,方便学生随时查看,满足个性化学习诉求,提高复习质量。

第三,雨课堂全景式采集、整合的教学行为数据极大促进教学由"经验驱动"转向"数据驱动"。教师可精准地了解全班学生的学习效果,更好地评估自己的教学过程,并及时调整教学策略,真正做到因材施教、因人施教,提高教学质量。

五、创新考核评价机制

过程性考核和奖励优胜者是新型考核评价体系的核心环节。首先,期末测评打破了"唯考试论",适当增加课程论文、调查报告等形式;调低期末测试权重,凸显过程性考核。其次,平时成绩细化为基础分、作业及测试分和团队分三大模块,辅以个人表现分附加项,强化激励机制,具体评分细则见表2。

其中,基础分实行累进制,迟到或缺勤的惩罚力度随次数倍增;一旦总分低于 20,则取消期末考试资格。作业及测试分和团队分实行等级评分原则,等级差为 3 分;不仅要求学生按时完成相关任务,还利用"鲶鱼效应"激励大家保质保量、力争上游,杜绝"大锅饭"问题。个人表现分既为学生提供晋级或者补救的机会,也是团队得分的量化标准,有利于培养学生的竞争意识和团队精神。

表 2 "金融学"课程个人平时成绩构成及评定细则

平时成绩构成	成绩分值	评定细则
基础分	30	1.迟到按 2n 扣分,例如:第 2 次迟到,扣 2*2=4 分。 2.旷课按 5n 扣分,例如:第 2 次旷课,扣 5*2=10 分。 3.请假且有假条者不扣分。 4.总分低于 20 分,取消考试资格,课程考核不及格。
作业及测试分	30	1.评判标准:主观题要求字迹清晰、过程详细。 2.计算作业总得分,排名前 30%者,记 30 分;排名为 31%~70%者,记 27 分;后 30%者,记 24 分。 3.少交作业 1 次,扣 2 分;作业雷同 1 次,扣 5 分。
团队分	40	1.计算期末所有队员个人表现分的总和,排名前 30%的团队,记 16 分;居间的团队,记 13 分;后 20%的团队,记 10 分。 2.课堂展示、小组讨论等团队赛,以教师和学生等权重评议核定的总成绩为标准划分等级,最高者,记 24 分,其次为 21 分,最少为 18 分。其中,课前预习测评表现不佳者,比例折扣总成绩。
个人表现分（附加项）	10	通过主动回答问题、积极参与习题解答等活动获取个人表现分,参加 1 次得 2 分,两次得 5 分,三次得 7 分,4 次以上得 10 分。

六、结语

基于雨课堂 +TBL 的"金融学"混合式教学设计改革,既能协助教师实时控制课堂,根据学情反馈优化教学策略,提高教学的趣味性;也利于师生之间随时随地交互式交流,激发学习兴趣,建立自主学习、终生学习理念,适应新时代新金融人才的需求。但是混合式教学在具体的实践应用中也存在局限性,譬如,对教师的专业能力、课堂驾驭能力和课程设计能力提出更高要求,团队教学必不可少;而学生课前和课后的积极参与是教学效果最大化的必要条件。因此,在今后的教学实践中,还需要针对具体问题不断调整、优化混合式教学设计,取得最佳教学效果。

发挥学术型硕士研究生
比较优势的几点思考

聂巧平　刘慧丹 *

摘要:习近平在全国研究生教育会议中强调:"研究生教育在培养创新人才、提高创新能力、服务经济社会发展、推进国家治理体系和治理能力现代化方面具有重要作用。"本文依据学术型硕士研究生在人才培养体系中的地位,分析了学术型硕士研究生与专业型硕士研究生的主要区别及比较优势;结合经济发展对研究生人才需求特征,剖析了学术型硕士研究生培养中存在的主要问题;最后提出发挥学术型硕士研究生比较优势的主要对策。

关键词:学术型硕士;专业型硕士;比较优势

一、引言

从 1998 年我国开始探索研究生培养方式到现在经历了三个阶段:外延式扩张阶段——内涵式发展阶段——多元深化阶段。研究生培养注重点逐渐

---

* 作者简介:
聂巧平:天津商业大学副教授,硕士生导师,经济学博士,研究方向为计量经济学理论与应用。
刘慧丹:天津商业大学硕士生,研究方向为产业结构与产业政策。

从学科建设、教育模式、学科制度等方面,向培养研究生内在发展和社会价值转变。不同经济发展阶段对研究生培养规划会存在差异,我国经济发展正处于效率驱动向创新驱动的过渡阶段,应用型人才和学术型人才均是重要培育对象。应用型专业硕士培养目标直接与社会所需企业人才挂钩,为社会输出具有工作技能的应用型人才,在招收规模方面占比略高,2020年专业硕士研究生录取比例为59.8%。学术型硕士在科研能力和理论研究水平占有比较优势,从理论意义上更能发展成为支撑经济转型发展的高层次人才,但目前研究生综合素质培养存在缺少理论引导,研究生社会实践能力不强等问题。本文主要从学术型硕士研究生在人才培养体系中的地位、经济发展对研究生人才需求特征、研究生在培养中的问题三个部分进行剖析,最后提出发挥学术型硕士比较优势的对策。

二、学术型硕士在研究生人才培养体系中的地位

现阶段硕士研究生主要分为学术型硕士研究生和专业型硕士研究生,在人才培养方面,学术型硕士更加注重培养学生的学术和科研能力,可以为科研机构和高等院校输送学术型研究人才;专业型硕士则注重培养学生的工作技能和工作实践能力,旨在向企业输送应用型技术人才。

(一)学术型硕士研究生与专业型硕士研究生的主要区别

学术型硕士研究生和专业型硕士研究生的区别主要体现在培养方向和方式、毕业要求、学制和就业方向几个方面。

1.培养方向和方式

学术型硕士主要培养学生的学术和理论知识,提升学生的学术应用能力,对研究生的主要规划为参加项目创作、发表高水平文章和攻读博士研究生,拓展研究生的科研能力和深化学生写作能力;专业型硕士的主要培养方

向是社会型企业人才,在校主要培养学生的就业技能和社会实践能力,主要规划方向是完成学业目标和参与企业工作实践,在较短的时间内培养出社会发展急需的高素质和高技能企业型人才。

培养方式主要体现在对研究生的课程和实践规划中,学术型硕士课程一般为三个学期,课程和实验研究交叉进行,这种方式不仅提升学生的科研能力水平和自主科研的意识,还为以后学生进入科研结构和高等院校继续研究打下良好基础,实习主要放在研究生三年级的上半学期,实习目标主要了解相关企业和行业的工作环境和工作水平,为以后的科研提供良好的基础环境认知;专业型硕士课程一般为两个学期,课程和社会实践交叉进行,这种方式可以让学生将文化课程与实际工作相结合, 更好地运用所学的工作技能,在实践中深化对技能的理解,实习主要在研究生二年级进行,这样可以更快、更早地融入企业工作环境。

2.毕业要求

硕士研究生培养方向不同,所以毕业要求也会有差异,学术型硕士的毕业要求一般是完成学科和学分要求、发表小论文和完成毕业论文,学术型硕士需要发表 2 篇小论文,不同的学校要求可能会存在差异,水平较高的学校,一般要求研究生在核心及以上期刊发表小论文;专业型硕士研究生的毕业要求一般是完成课程要求、写一篇毕业论文,有的学校只需要完成课程和学分要求,就可以顺利毕业。这种要求的不同源自培养目标的不同,学术型硕士如果需要进一步深造读取博士学位或者进入科研机构工作,需要提供优秀的论文进行考核申请,专业型硕士更多是面向企业,工作技能和实践能力的培育更有利于学生的未来发展。

3.学制

基于不同的培养方式,不同类型的研究生学制会有所差异,一般情况下,学术型硕士研究生学制为 3 年,专业型硕士研究生学制为 2 年,现在研究生学制差异正在逐步缩小,一些院校专业型硕士学制也延长为 3 年。

4.就业方向

根据研究生培养体系的不同,理论上学术型硕士就业方向为科研机构和高等院校,专业型硕士就业方向为企事业单位,但目前,专业型硕士研究生可以申请读博,学术型硕士也可以直接进入企业工作,根据个人不同的兴趣爱好和职业规划,研究生就业方向并不完全贴合实际。

(二)学术型硕士与专业型硕士比较优势分析

从课程学习的角度进行比较分析,学术型硕士研究生有更多的时间投入文化课程中,课程学习和项目写作交叉进行的过程中,更好地帮助学生消化吸收专业课知识,深化对专业课内容的理解;相比较而言,专业型硕士专业课课程较少,社会实践较多,学生较少有时间深化对专业课的学习,更多的是将专业知识和社会实践相结合,灵活应用到工作岗位中。

学术型硕士的培养目标包括科研创新能力和理论分析能力,在以后的科研工作中可以更好地发挥科研创新能力优势,并且由于毕业要求的不同,学术型硕士研究生发表的论文,可以成为继续深造学习申请书的加分项;专业型硕士研究生具有良好的社会工作实践能力,可以更快、更高效地投入工作,但是如果想要考博或者继续深造,需要具备一定的工作年限和工作基础,所需时间较长。

在就业方面,专业型硕士研究生更具有优势,因为其在研究生阶段已经开始投入社会实践中,具备了相关专业的工作技能和工作经验;学术型硕士研究生更加注重理论知识的培养,除了科研机构和高等院校的工作外,学术型硕士研究生需要更长时间去融入工作环境中。

三、经济发展对研究生人才的需求特征分析

2019年我国人均 GDP 约为 10900 美元,经济发展阶段处于由效率驱动

向创新驱动过渡阶段，发展动能由产业结构升级逐步转向提升创新水平，人才需求类型从中高层次人才向高层次人才过渡。研究生作为我国高层次人才输出的主力军，其招生规模和培养模式直接影响了我国经济发展的人才体系，其中专业硕士研究生为企业输出实践性高层次人才，学术型硕士更大概率会读取博士学位，向社会和科研机构输送科研创新人才。

习近平在全国研究生教育会议中强调："研究生教育在培养创新人才、提高创新能力、服务经济社会发展、推进国家治理体系和治理能力现代化方面具有重要作用。"目前我国高层次人才要求不仅要体现在学历水平上，更加体现在人才综合素质上，主要特征包括高水平创新能力、社会实践能力和高素质人格素养。研究生创新能力的主要落脚点为项目论文观点创新、科研角度新颖和逻辑思维灵活；社会实践能力主要是将专业知识和社会实际相结合，将理论回归现实，让逻辑思维在社会实际中有迹可循；高素质人格素养主要是全面发展研究生心理素养，养成积极乐观、认真负责的良好精神面貌。

四、学术型硕士培养中存在的问题

学术型硕士研究生旨在培养具有科研创新能力和理论基础扎实的学术型研究人才，但是目前并没有很好地实现这一目标。

从研究生本身而言，首先学生缺乏科研兴趣和主观科研能动性，课程的学分和分数仍然是衡量研究生学习能力的重要指标，对于不打算继续深造学习的学术型硕士研究生而言，完成学校的毕业要求即是在校期间的最大目标；其次学生缺乏科研创新和实践能力，思维固化是现在很多研究生的主要能力痛点，不能站在更高角度了解相关专业知识，不善于发现和思考项目创新点。

从教学体系方面而言，第一，学术型硕士研究生培养的目标更加广泛化，研究生培养缺乏参照目标，与专业型硕士研究生相比，学术型硕士培养与实际工作岗位脱节,不能很好地与社会实际相融合;第二,培养体系逐渐"本科化",课程设置和绩效标准承接了本科的教学模式,不利于拓展研究生思维模式和深化专业知识素养;第三,学术型硕士研究生考核标准单一,奖励标准一般看课程成绩和论文发表成果,这种考核方式容易忽视研究生科研能力培养的过程。

五、发挥学术型硕士研究生比较优势的主要对策

学术型硕士研究生综合素养的提升是推进我国经济发展的重要人才发展战略。为提升研究生学术和创新能力水平,更好地发挥学术型硕士研究生的比较优势,提出以下建议:

首先,提升研究生教育质量,夯实专业基础知识。完善研究生专业知识教学体系,全面深化专业课知识理论基础,让学生可以在知识架构搭建的过程中,实现对专业知识的整体感知以及专业技能提升,为专业理论学习思维和专业理论创新发展奠定基础。

其次,搭建学术型硕士研究生实践平台,激发学生自主学习的能动性。学术实践是研究生检验理论知识的重要途径,也是专业知识与社会实际相结合的重要渠道,"产学研"相结合的学习方式,更能让研究生体会到专业知识在实际工作中的运用价值,在实践过程中可以更加清晰地认识到自身专业知识的薄弱点,主动完善和思考专业知识的内容,可以更加具有针对性地在课程学习中与导师讨论学科问题。

最后,完善研究生评价体系,关注学生科研创新能力。在课程绩效考核和发表成果的基础上,加入项目实践考核,分阶段评价学生实践能力水平,从不同角度进行考核评价,注重研究生科研素质培养。

基于互联网金融模式下的金融教学思考

曲婷婷　姜　宏*

摘要:现如今,金融与互联网相联系形成了互联网金融,逐渐开始了新型金融业的发展,传统金融业不再满足人们的需求,金融创新产品层出不穷,受到了大众的热烈追捧,人们的生活已经离不开互联网,已经形成当前互联网金融蓬勃发展的局面。在当前的时代背景下,传统金融教学也需要跟上社会的脚步,互联网金融背景下的高校金融专业教学改革也显得尤为重要,应以提高学生的兴趣为目的,能够让同学们更好地掌握金融知识、强化专业技能。本文首先分析互联网金融教学中存在的问题,针对其所发现的问题提出相关意见与建议。

---

*作者简介:

曲婷婷:天津商业大学经济学院讲师。

姜宏:天津商业大学经济学院,金融专硕硕士研究生。

基金项目:

2021年天津商业大学课程思政示范课建设项目"金融前沿系列讲座"(TJCUKCSZ202127)的阶段性成果。

一、引言

互联网金融是传统金融机构与互联网企业基于互联网技术和信息通信技术相结合以实现资金投资、融通、支付和信息中介服务的新型业务模式。互联网与金融深度融合是社会发展的必然结果，对金融行业产生了深刻的影响。互联网金融对推动企业发展和解决社会就业问题具有举足轻重的作用，同时为创业者们提供了一个非常广阔的空间。促进互联网健康发展，提高金融服务质量和效率，推动金融改革，促进金融创新发展，形成多层次金融体系，驱动互联网金融市场发展，刺激创新，既需要政策支持，也需要金融专业型人才作为支柱。我国金融业的改革作为全球关注的焦点，特别在利率市场化、汇率市场化和金融管制的放松。全球经济体的每一个重要体制变革，通常都正是一个金融创新的浪潮。互联网金融的兴起正是中国金融改革的结果，同时整个金融架构也在发生重大变化。

互联网金融发展改变了传统金融行业的发展，也促进了社会发展的步伐，同时也为高校金融学科发展提供了新思路。在互联网这个大环境下，各大高校陆续开设了关于互联网金融、金融科技等相关课程，但需要引起注意的是传统的教学模式也需要进行改变，需要充分考虑学术与实践的需求因素，创新课程教学模式，以提高学生的学习兴趣。

二、互联网金融教学中的问题

(一)教学模式传统、内容滞后

现如今，各大高校传统的教学模式是使用电子课件进行授课，大多数都是仅仅教授知识点与相关基础理论，所涉及的内容往往是互联网金融中新型领域的第三方支付、P2P 网贷、金融创新产品的定义、分类、特征、业务模式、所存在的风险、金融监管等,金融专业自身就是一项难以把握的专业,其具有很强的实践性,这种机械的教学模式,得到的是学生被动的听课。同时高校所使用的课本也存在一定的滞后性,随着金融行业飞速发展,课本作为学习的基础必然要紧跟行业发展的脚步, 而高校的课程也没有实现应有的变革,往复使用也形成了教学内容的滞后性。这种滞后性通常会导致学生无法很好地将理论与金融市场进行关联,更不能利用自身的条件适应时代发展的学习。

高校金融专业在教学课程设置上存在着课程安排重复的问题,在本科四年的学习中, 通常会存在课程名称不同但部分实际内容重复程度很高的问题,通常反复学习能够增加同学们的记忆点,但是实际上应该指导学生建立一个系统性的知识结构和逻辑性思考,而不是重复的模块训练,难以让学生对专业实现整体全面的理解,大大影响了课程的效果,同时也会让学生失去学习的兴趣。

(二)实践能力不足

"互联网金融"课程自身综合性、实践性较强,因此对互联网金融从业人员的能力要求相对较高,其中产品设计能力、信息收集能力、互联网运营能力、风险管理能力、网络技术能力等都作为必备条件,传统教学模式所培养出金融专业的学生往往都局限于课本,其教学设备与实验室设备往往由于各种经费的限制而比较落后,很多最后仅仅成为摆设,这样日复一日的教学方式会让学生们形成思维定式, 对于金融专业学生的实践能力会产生限制性,往复循环会导致金融专业人才培养无法满足社会对于金融人才的需求,互联网背景下的金融行业会受到很大影响。同时高校对于互联网金融专业的学生都缺乏专业的培养目标,培养形成仅停留在表面,学习过后仍然无法深入掌握互联网金融理论创新知识,不了解互联网金融业新兴业态的运作模式,互联网金融相应的行业能力无法得到培养,最终学生在工作岗位中无法胜任新型的互联网金融企业工作。

(三)缺乏监管思维

金融监管往往滞后于金融创新,金融监管与金融创新之间的关系也较为微妙,两者并不是猫与老鼠之间的关系,而是相辅相成的,因此互联网金融的诞生,对中央银行的监管与货币政策实施都带来极大的挑战与层层阻碍。中央银行的监管受到互联网金融的极大挑战。中央银行的金融监管在互联网金融的诞生与发展中扮演着非常重要的角色。互联网金融在具备传统金融的风险上,又具备科技的性质,互联网金融的风险也衍生出了新的特性。一是传统的金融监管意识始终处于大而不倒的状态中,然而互联网金融的发展中,为更多中小创业企业提供机会,此类互联网金融企业具有分散、规模小等特点,对于其名声也并不是很重视,因此他们更加容易加入过度冒险的金融交易行为中,也比较容易受到外部的冲击与影响,在很大程度会引发系统性风险。二是互联网金融改变了传统的交易模式,提升了金融交易的效率,不断增加金融产品的复杂性,传统的监管模式已经无法跟上金融创新的脚步。特别是区块链技术的发展,让客户能够直接完成支付,摆脱中央清算机制,让金融监管出现了真空区域。三是传统金融是以银行为核心实现间接融资和以证券市场为核心的直接融资,互联网金融不仅改变了传统的融资模式,直接降低了金融业务的基础设施门槛,增加了金融风险的主体范围,互联网技术与金融业务的结合对传统金融机构的市场进行很大的冲击。

并且互联网金融产品的层出不穷,特别是第三方支付产品的出现,不断扩大在市场规模,对我国的货币政策造成很大影响,第三方支付产品模糊了传统的货币层次划分,传统的 M0、M1 与 M2 的划分界限无法进行清晰的划分,同时在货币的发行、铸币税、货币的流动速度方面都受到了不同程度的冲击。互联网与第三方支付的诞生与发展,使得现金漏损率、商业银行的准备金持有都出现了变化,导致货币乘数的稳定性也受到非常大的影响,货币政策的传导机制与货币供给都受到了冲击。上述现象都与中央银行货币政策实施紧密相关。

综上所述,互联网金融的出现为金融监管当局带了极大的挑战,各个国家的中央银行与监管当局都在不断探索新的监管方法,所以在培养学生互联网金融创新能力的同时,务必要保证同学具备充足的风险意识与监管意识。让监管与市场创新同步发展,金融监管机构也需要高质量的互联网金融型人才来监督互联网金融的发展以促进社会经济稳定发展。

三、互联网金融高校金融专业教学改革途径

(一)丰富教学内容,理论与实践相结合

在互联网金融时代下,金融创新产品与软件也在持续推出。各种金融软件立足大数据的支撑为金融行业提供服务,在很大程度上给用户提供便利,同时也能够帮助金融专业学生学习专业知识。所以,高校在课堂中应该引用各种金融软件,让同学能够更好地了解金融专业。学生在学习过程中能够使用软件实现数据分析,同时也提高了他们的学习效率。并且可以应用各种模拟软件让学生参与到金融交易的过程中,将自身所学的知识应用到实践中。同时,在具体教学实践中可以引入一定的互联网知识,让互联网知识与金融知识相融合,实现互联网知识与金融知识融会贯通。

将金融软件引入课堂,既能够丰富教学模式,又能够帮助学生进行专业学习,在很大程度上提高了教学效率,也提高了学生的学习兴趣。金融软件帮助教师引导学生深入金融实例进行分析,通过学习与实践掌握理论知识。教师在使用教学软件的过程中也需要注意软件使用会引发的问题,并注意正确引导同学进行理性思考,避免出现不必要的问题。合理使用软件,让其成为一个学习的辅助工具,而不能沉迷其中。虽然将互联网知识和金融知识融合会

增加课程难度,但是让学生投入更多的时间与精力进行学习,会帮助他们提高专业能力,更多的学习时间能够让学生们更好地在专业领域发挥自己的学识,更适应时代发展的新趋势。

(二)明确培养目标,建设实习基地

互联网金融行业所需要的是实践型人才,学校为社会提供人才培养应该立足社会需求,而不仅仅是传统金融专业人才培养方案的补充,基于互联网金融人才市场需求结构来建立一个清晰的培养目标。分析各大企业人才需求中,互联网金融复合型人才缺口占有极大比例,高校应该立足市场需求来准确定位培养目标,复合型人才培养机制,这种符合人才需要了解互联网金融主要运作模式、发展趋势、存在的问题,掌握互联网金融行业中层出不穷的产品经营模式、风险以及监管要求,同时也应该具备一定的技术基础以应用在具体的实践中,作为金融行业人才必须要具备充分的风险意识与监管意识。高校在制定人才培养目标过程中要建立一个完整的课程知识体系与人才能力结构培养,通过优化互联网金融课程体系与多样化教学模式让学生成为一个符合互联网金融行业发展需求的人才。

在"互联网金融"的教学过程中,培养市场需求型人才必然要以实践性为核心。高校可以加大投资建立金融科技实验室或者进行设备更新与维护。教学改革经费的投入与互联网金融相关课程与专业课可以表现出可持续发展,互联网金融发展不断推出金融创新产品,这对金融教学提出更高的要求,老师需要获得相关特色配置与教学资源、实践教学,让同学们融入真正的情景教学中,以真实案例、真实对象、真实数据为基础实现真实实践操作。同时,学校应该与互联网行业中先进企业建立实习基地,让同学们脱离课堂的模拟实践投入真实的实践中去,帮助同学们突破思维定式发现自身能力与行业对人才需求的标准之间的差距,继而同学可以有针对性地提高自身能力。建立校外导师机制,丰富的企业工作经验能够更加了解学生的能力与工作要求的差距,让校外导师也参与到课程当中,根据自身丰富的经历与案例来充实课堂内容,学生也能够更好地建立一个清晰的职业规划,这种校外＋校内的结合机制,才能够真正实现学校与企业的深入融合,以促进学校能够为社会输出高质量型人才。

(三)重视金融监管与金融风险课程设置

互联网金融的发展,要求从业人员具备良好的风险控制管理能力,从而教师在教学过程中要重视培养学生发展、分析、解决问题的能力,强化他们应对风险的能力。在进行"互联网金融"的教学过程中,增加金融监管与金融风险的内容设置,应该加入一些真实互联网金融行业"暴雷"案例,可以培养学生对金融政策的解读能力,以及对经济形式的分析能力,应该探究互联网金融的出现对中央银行货币政策的效果所产生的冲击以及对金融监管当局所带来的挑战,让学生立足监管当局角度与企业发展角度对金融风险与金融监管角度发出新的思考,同时也让学生具有高度的风险意识与监管意识,熟练与适应金融监管规则,能够有效地应用金融政策的调整来合理地调整企业的经营管理方法,提高企业经济效益,因此增加金融监管与金融风险的课程,能够在教学过程中强化学生综合能力的提高。

四、结束语

互联网金融的发展需要从业人员掌握非常强的专业实践技能,利用上述翻转课堂形式来让学生有更加深入的参与感,以学生为核心来开展教学工作。

互联网金融复合型人才,是我国经济发展的趋势。高校金融教育专业需要紧紧跟随时代发展的新趋势。综上所述,在互联网金融的背景下,传统的教学模式已经无法满足现实的需要,所以高校应该从教学内容、教学方法、教学模式等方面出发,明确金融人才培养目标,完善金融人才培养体系,让教学能够更好地融合目前互联网金融发展现状，帮助学生更好地提高金融专业能力，符合互联网金融行业市场所需要的人才标准。同时，也帮助学生培养正确的金融意识，培养理性的投资态度，树立正确的风险意识，为促进社会经济稳定做出应有的贡献，成为一个高质量互联网金融行业人才。

数字金融视角下的金融学教学模式思考

孙云鹏　李　瑞*

摘要: 近年来,我国金融业飞速发展,同时正值国家逐步放开金融管制的时间窗口,"数字金融"作为传统金融学与新兴技术的融合成果,也随着我国金融业而迅速发展。诸如大数据分析、云计算、AI、区块链技术、数字货币等技术的应用使得金融业的发展呈现出前所未有的变化。一方面,我国高校作为培养金融从业人员的主要场所,为我国培养了最多的金融从业人才。另一方面,我国数字金融发展面临金融人才结构整体失衡、数字金融人才供给不足的突出问题。为适应数字金融带来的新变化,高校金融类专业的培养方式需要做出一定的改革。改革重点即为如何将数字金融的新技术与传统金融学课程有机融合。数字金融泛指利用数字技术实现传统金融包括融资、支付、投资的业务。目前,在世界范围内我国数字金融的发展处于领先地位。网商银行、微众银行等互联网银行以及央行近期发行的数字人民币都在不断引领数字

---

* 作者简介:

孙云鹏:天津商业大学经济学院,副教授。

李瑞:天津商业大学经济学院,金融学硕士研究生。

基金项目:

2021 年天津商业大学课程思政示范课建设项目"金融前沿系列讲座"(TJCUKCSZ202127)的阶段性成果。

金融发展。传统金融学理论与前沿技术的紧密结合以及近些年的快速发展，加之我国逐步放开的金融管制力度，要求我国金融从业者不仅要具有扎实的理论基础，同时还要紧跟新技术的发展。然而在金融业迅速发展的今天，高校传统的金融学教学体系已经显露出弊端。如何将数字金融的最新发展与我国传统金融学有机融合，培养出紧跟时代发展的金融学学生是每个高校教师都应该思考的问题。以下结合数字金融生态的应用现状和前景与我国金融专业教学存在的问题给出观点和建议。

关键词：数字金融；金融学；教学改革

一、数字金融生态应用现状和前景

数字金融应用目前已经成为金融机构提升科技竞争力的关键因素，移动支付、智能客服、智能投资顾问成了新业态下常见的数字金融业务。数字金融的发展，可以从根本上为相关企业降低成本，构建出新的业务模式。总的来说，云计算将成为我国金融创新的基础平台，人工智能和大数据将会使金融行业的整体效率提高，同时区块链的应用将重构原有的数据框架基础。大数据技术将会大幅提高相关企业的数据收集和分析能力，有助于金融企业实现精准营销，强化风险识别与控制，并仍具有扩宽其应用范围的潜力。商业银行通过分析客户的职业、性别、年龄、收入、消费和互联网行为数据，获得准确的用户画像，识别顾客分类，针对不同群体提供个性化服务，从而提高银行效率，并且可以防止客户流失。此外，长期大量的数据积累可以帮助银行优化风控系统，提高银行风险识别和控制能力。保险业可以依托大数据技术，在保险产品研发、营销、理赔、反欺诈等环节不断实现推陈出新，促进保险产业链的升级。对于证券行业来说，其市场本身就可以看作一个大数据池。海量的数据资源配合大数据分析的应用可以帮助证券公司分析用户行为和市场波动，进行资产管理，客户群体细化，开发定制化服务，稳步提升客户体验。云计算在消除信息孤岛,实现信息集约处理,提高行业信息化水平方面具有应用潜力。金融业务持续互联网化,在线业务的规模和类型的不断增加,加快了金融产品的更新迭代。此外,在用户集中的情况下,很难预测交易的峰值,这对支撑金融业务的相关系统提出了更高的要求。为了优化金融业务系统的运行,可以利用云计算技术建立"数据仓库",提高信息化水平。云计算技术还可以与各类金融应用场景紧密结合。人工智能有助于快速处理、转换信息,并在一定的规则下寻找最优策略。金融行业可以为人工智能机器学习提供大量数据资源,提高机器认知能力,从而消除决策过程中的感性因素。其中,机器学习在贷款审核、风险评估和控制以及资产管理中发挥着关键作用。"人脸识别""指纹识别"等生物识别技术广泛应用于金融行业用户身份验证、无卡取款、刷脸支付、远程开户、网上借贷等领域。不仅有效保证了交易安全,还有助于提高效率和用户体验。

伴随着新技术的兴起,人机交互在各大银行、证券公司得到了广泛的应用。区块链技术有如下优点:数据处理的去中心化和不可篡改,因而可以帮助金融机构重构其底层数据结构,提升数据安全性和公信力。区块链技术主要应用在跨境支付和供应链金融两个方面。在跨境支付方面,区块链技术的应用可以有效缩短交易延迟,降低成本,提高交易安全性。供应链金融则可以显著提升企业的融资效率,帮助中小企业提升融资能力。

此外,证券行业中,世界各地的部分交易所在加快投资研发区块链技术,如芝加哥商品交易所、纳斯达克等。鉴于证券业监管的复杂性,区块链的应用还处于探索阶段,预计将应用于 IPO、注册存管、资本清算、资产证券化等领域。综上所述,数字金融带动了金融创新,改变了传统金融业务赖以生存的底层技术、业务模式和基础设施。毋庸置疑我们应当积极推动数字金融的发展,那么高校作为金融业发展极其重要的一环,应当首当其冲对金融学教学进行改革。

二、数字金融视角下金融学教学中存在的问题

（一）教材跟不上现有金融环境，与市场需求脱节

我国高校金融学选用教材中的理论已经在很大程度上落后于当代金融业的发展。实践出真知，金融市场的高度繁荣是金融学体系不断向前发展的前提条件。然而我国尚处于社会主义初级阶段，金融市场尚未全面开放，与西方资本主义国家在经济发展过程中存在诸多不同。这导致学生学到的很多源自西方发达国家的金融理论无法与实际契合，同时本土缺乏国际知名的金融学家和金融教材，从国外引进的教材一方面存在良莠不齐的问题，另一方面又与中国金融市场脱节。与此同时伴随着我国经济飞速发展，反过来要求金融学理论做出更新。反观当前高校的培养计划，课程体系相对陈旧，专业分类不够明确，课程中依然存在大量宏观经济理论，诸如风险管理、金融工程，"衍生品定价法"和"金融学"等课程设置相对较少。同时，缺乏与其他交叉学科如计算机编程、数学、经济法、心理学等的教学，

（二）教学方式单一

目前我国高校金融学学生大部分专业理论知识还有赖于课堂教学。要培养出高水平金融人才，推动我国数字金融产业向好发展，高效的课堂教学模式是必不可少的。数字金融时代金融学课堂更应该成为学生接触新思想、新技术的首要窗口。而我国高校金融学授课基本采用传统的老师讲学生听的教学方法。传统的填鸭式教学一方面导致大量的理论知识消耗了最多的课堂时间和教师精力；另一方面，学生在课堂中参与少、提问少、气氛差、学生课堂吸收效率低。学生普遍只能掌握主要的理论体系，相关细节内容以及所必需的实操技能都有所欠缺。

（三）缺乏实践教学

金融理论无法脱离现实中市场的需要。结合实践才能让学生更好地理解。课程体系中诸如"金融工程""资产定价"等课程与计算机、数学知识结合较紧密的学科尤其应该注重教学中实践的重要性，单纯依靠老师课堂上手口相授，会导致学生不擅长利用计算机进行金融问题分析，同时也不熟悉实践中公司财务指标。将来学生走上工作岗位，面对陌生的软件画面，各类层出不穷的新式分析方法难免不知所措。

（四）师资队伍整体素质有待提高

培养数字金融专业人才，不仅要让学生掌握牢固的金融学理论，还必须具备计算机、统计学、心理学等交叉学科的知识。因而要求教师有相应的跨学科能力。据相关学者研究，银行、证券、保险、基金等较高校对金融人才更具吸引力，高学历金融专业毕业者往往进入金融企业而不是进入高校。造成高校金融学专业老师一定程度的短缺。同时，高校现存的金融学教师也存在一定程度的结构性问题，多数高校老师没有金融从业经历，往往是博士毕业就进入高校，容易与自己所掌握的专业理论形成闭环，即只将自己的理论传授给学生，没有动力或能力将新兴技术与理论带入课堂教学中。

三、数字金融视角下金融学教学改革思考

（一）改革金融学课程体系设置

进入数字金融时代，对金融专业毕业者的要求就不仅仅局限于金融学理论。高校应未雨绸缪，主动探索新时代下金融学教学模式，首先就是对"金融学"课程体系进行改革。课程结构从宏观经济向微观分析转变，增加公司金

融,风险管理等具有较强实用性科目的课时。注重近些年与金融发展相契合的新课程如"金融工程""行为金融"的教学。构建与计算机技术、数理分析相结合的课程体系,探索开设"云计算+金融""大数据分析+金融"和"区块链+金融"的多样化有机课程体系。

(二)引入新式教学方式——数字化教学方式

新技术的迅猛发展不仅是对传统课堂教学模式的挑战,也可以被引入授课过程中。高校应积极在课堂中引入新式教学方式,运用新技术形成开放式的教学课堂,为学生建立大数据课程档案,对不同的学生因材施教。课堂上可以模拟金融各产业部门的具体业务流程。建立金融实训实验室,前端可以进行证券投资模拟、外汇交易模拟,后端为学生提供金融机构各业务部门如资产管理,风险控制的实训平台。同时教师应紧跟行业和时代的发展,积极地拥抱基于新技术的开放式多元化的教学理念。

(三)深化校企合作

金融专业的实操性很强,相应的企业和实习单位是学生运用金融理论知识的重要平台。学生在真实的企业环境中能够将自己所学的理论与企业实际需求更好地结合起来,也可以快速提升自己的实操能力。所以深化校区合作就成为高校进行金融学教学改革的重要方向。高校应当积极主动寻找当地有金融人才需求的企业,如当地的银行、保险公司、证券公司等,建立共同培养方针,共建实训实验室,从而为本校学生提供充足的实训平台。

四、结语

数字金融引领着金融产业的不断发展,同时逐渐扩大了对数字金融人才的需求。高校作为我国金融业人才的主产地,在新时代担负着培养数字金融人才的重任。未来的金融人才不仅要掌握牢固的金融学理论知识，更要具备互联网创新思维和实践能力。与此同时，高校面向数字金融的教育布局尚处于初步探索阶段，课程体系、培养方案、教学方法、师资队伍等还没有实现更新和转化。为此，高校必须加快步伐，与时俱进，以市场化的方式重构课程体系和人才培养方案，引入新式教学方式，深化校企合作，搭建金融实训平台，为我国数字金融人才培养贡献力量。

"证券投资学"实践教学方法探索与建议

王常柏　王昱泽 *

摘要:"证券投资学"实践教学既有利于强化学生对金融证券投资基础理论的理解和把握,也能切实提高学生实践动手操作进行证券交易的能力。本文分析了"证券投资学"实践教学的必要性,对"证券投资学"课程实践教学方法进行了有益探索,最后提出了构建"证券投资学"课程实践教学体系的对策建议。

关键词:"证券投资学";模拟实训教学法;实践案例教学法;现场观摩教学法

一、"证券投资学"实践教学的必要性

"证券投资学"是一门应用性和操作性都很强的金融学专业课程,针对该课程采取实践教学将对提升学生证券投资的实践技能具有显著效果,这已被

* 作者简介:

王常柏:天津商业大学经济学院教授。

王昱泽:天津商业大学经济学院硕士研究生。

基金项目:

本文系天津商业大学金融学天津市一流本科专业建设点、金融学国家级一流本科专业建设点、金融学天津商业大学优势特色专业建设点、天津商业大学证券投资学一流课程建设项目和天津商业大学本科教学改革研究项目"金融学专业实践教学课程体系构建研究"的阶段性成果。

我国众多高校"证券投资学"课程教学所证实。具体而言,"证券投资学"实践教学是指在该课程教学过程中通过建立金融证券模拟交易实验室,利用网络平台和系统,借助证券交易实时行情信息进行证券交易模拟操作演练和教学。也是指那种在课堂上采用真实的证券投资实践案例或者到证券公司等行业实地去进行考察交流,接受现场讲解和培训等活动,将这些活动嵌入证券投资课程教学。实践教学能够将真实的证券交易实训操作的内容带入课堂,尤其是将证券投资的理论知识、分析方法和市场实践有机结合起来,从而有效提高学生证券实盘操作能力,达到培养理论与实践相结合的复合型金融人才的目的。

对高等学校经济金融甚至经济管理类的学生而言,在这些专业的必修或选修课程"证券投资学"中引入实践教学的内容和模块,既有利于强化学生对金融证券投资基础理论的理解和把握,也能切实提高学生实践动手操作进行证券交易的能力,而且这也是培养金融投资型人才和创新创业型金融人才的必经环节,让所培养的学生能更加快速地适应时代的发展对当代大学生提出的要求,尤其在科技的进步和经济全球化快速发展的今天,金融证券行业发生了日新月异的变化,金融证券行业需要不断创新的交易模式和交易策略来提升市场的效率和竞争力,确保行业能长期持续稳定地得到发展,这就对金融证券人才的能力提出了更加明确的要求,特别是对人才实践能力提出了更高的要求。因此,高校在培养证券投资人才的过程中,必须将更多的实践培养环节和实务操作元素融入课堂教学,提高人才培养的质量,满足社会对金融证券人才的迫切需求。

二、"证券投资学"课程实践教学方法的探索

探索"证券投资学"课程实践教学方法主要包括三个方面的内容,即模拟实训教学法、证券投资实践案例教学法和现场观摩教学法,并通过有效的机

制将这三个方面的内容有机融合,取得明显的实践教学效果。

(1)模拟实训教学法。证券投资模拟实训教学主要采取建设金融证券投资实验室,在课程教学大纲中专门设置一定比例的课时用作证券投资实验,在实验过程中教会学生掌握投资实践技能。而实训的过程则是利用实验室的虚拟交易所平台,由课程主讲教师给学生分配资金和操作权限,学生在教师的指导下,按照教师的要求和任务去完成交易操作训练,达到提升实践操作能力的训练效果。一般来讲,这种实训的课时不多,无法满足学生实践操作的大量需求,因此可辅以各类证券投资的模拟交易大赛。模拟交易大赛一般期限相对较长,而且交易的内容也相对复杂,学生通过参与模拟大赛能切实感受到证券市场的各种投资过程,并从投资实践中体会市场的收益和风险,有助于对证券投资理论知识的进一步深入理解。

(2)实践案例教学法。证券投资实践案例教学主要是由课程主讲教师和学生共同采取的课堂互动式教学活动。由于主体的参与积极性和主动性增强,互动课堂组织起来比传统讲授式课堂要相对复杂。尤其是课程主讲教师要根据课程的教学计划和教学目的,精心策划和设计课堂案例教学的每个环节,包括案例的选取、组织的形式、讨论的程度和教师反馈的速度等都需要进行全面的布置和安排,从而更好地调动课堂的讨论气氛,达到预期的实践案例教学效果。

(3)现场观摩教学法。证券投资现场观摩教学法的主要目的是增加学生对课程的感性认知。对大多数大学生而言,他们还没有步入社会参加工作,也缺乏丰富的证券投资实践经历,所以对课程知识的理解和掌握没有切身体会。在具体讲课过程中,主讲教师可以邀请证券投资业界的从业人员来课堂给学生讲解实务方面的交易流程,也可以带领学生到校外证券公司进行现场观摩和见习,让学生们真实感受证券公司在现场如何为投资者客户开立证券账户、办理交易和结算服务等。这种真实的现场观摩教学,比课堂的枯燥讲解有更好的学习效果。

三、构建"证券投资学"课程实践教学体系的对策建议

加强"证券投资学"课程实践教学在很大程度上将有利于提升学生的证券投资实践能力,在今后的"证券投资学"教学过程中应适当加大实践教学的力度,为此我们提出以下几点构建证券投资课程实践教学体系的对策建议。

(一)加强课程实践教学的师资队伍建设

"证券投资学"课程因具有较强的实践性特点,对讲授该课程的教师也有一定实践要求,作为该课程的主讲教师亦应有较强的实践能力和丰富的证券投资操作经历,才能更好地教学生。我们可以采取聘请业界实务部门的从业人员作为课堂实践教学的讲师,将他们工作中的真实案例带到课堂,培养学生的实践技能。或者可以将该课程主讲教师定期或不定期派到业界实务部门培训锻炼,让教师先提升自身的实践能力,再通过课堂教学传授给学生。

(二)建立证券投资模拟仿真实验室

证券投资实践操作离不开相关设备,高校金融投资实验室可以向学校申请经费购置相应的证券投资课程设备,并配以操作软件,让学生们通过这些设备能够有更多的机会上机实践操作,不断激发他们对证券投资的兴趣和热情。这种模拟仿真操作与实际的投资环境差不多,在课程教学中学生接触的机会越多,将来进入真实的证券投资环境中对证券市场的盘感和判断力就会无形地增强,从而提升学生们的投资能力和投资水平,实现人才培养的目标。

通过这种证券投资模拟仿真实训操作,还可以检验和巩固学生在课堂上所学的证券投资理论知识和分析方法,让学生们真正做到理论与实践相结合,既提升了学生对理论知识的理解深度,也强化了学生运用理论解决证券投资实践问题的能力。

（三）编写与课程教学大纲相匹配的实验实训指导手册

为让该课程的学生更加系统全面地接受证券投资知识体系的教育，并做到学以致用，同时也进一步增加课程主讲教师进行实践教学的可操作性，规范操作流程和操作标准，可将证券投资实践课程内容按照不同的特点分成几个教学模块，比如理论知识的实践验证模块、证券投资工具的认知模块、证券投资分析方法实践模块和证券投资组合的策略实施模块。并根据这四个不同模块的特点和要求编制实验实训操作手册，将每一个实践操作模块对应的课后实践报告和作业任务编制到操作手册里，作为对课堂实践操作的补充。

（四）在课程教学中加入社会实践教学内容

为证券投资实践教学的多元渠道，可建立与业界证券公司的广泛合作，将合作单位建成课程实践基地，根据课程教学需要，由主讲教师带领学生到合作单位进行实地考察，让学生了解证券公司的组织架构以及该行业对人才的需求状况。

同时，邀请业界行业专家来学校作为实践教学外聘教师为学生开展讲座或短期授课，给学生提供具有针对性的实践技能培训，从而缩短学生进入工作岗位的适应时间，增强学生的就业竞争力。

提升硕士研究生教学质量的几点思考

吴爱东　蒋　琳*

摘要:培养高水平应用人才和建设人才的重要途径和重要基础,是我国人才培养体系的中枢。本文依据硕士研究生教育在我国人才培养体系中的地位,分析目前硕士研究生教学中存在的主要问题,并从研究生、教师和管理视角提出了关于提升硕士研究生教学质量的几点思考。

关键词:研究生教育;教学改革;提质增效

一、引言及文献综述

在 2020 年 7 月 29 日召开的全国研究生教育会议上,习近平总书记指出了研究生教育在培养创新人才、提高创新能力、服务经济社会发展、推进国家治理体系和治理能力现代化方面具有重要作用,对研究生的培养提出了更高要求。我国经济进入新常态,国家经济社会发展转型升级,新时代对硕士研究

* 作者简介:

吴爱东:天津商业大学经济学院副教授,研究生导师,经济学博士,研究方向为产业结构和产业政策,现代服务业研究。

蒋琳:天津商业大学硕士研究生,研究方向为产业结构和产业政策。

生人才有了新的需求,尤其是在积极推进供给侧结构性改革和"双创"社会建设的现状下,需要硕士研究生能更好地服务于综合国力的持续提升和创新型国家建设。自 1978 年我国恢复研究生教育以来,研究生教育的发展已有四十余年。梁传杰[①]回顾了 1986 年以来研究生的教育方针,认为研究生教育要以人才为根本,以创新为关键。祁占勇[②]结合重大疫情背景,认为通过教育手段缓解特殊时期的就业压力在短期能够保证社会稳定,在长期有利于国家长足发展。研究生教学领域中也存在一些问题和不足,并针对这些问题和不足提出了相关建议。阳荣威[③]、汪霞[④]等学者认为研究生的教育过程中存在"本科化"现象而导致学生的创新能力不足。针对研究生教育中存在的问题,兰珍莉[⑤]认为优异的教学质量需要监控手段作为保障。苏俊宏[⑥]等以光电类研究生为对象,实践形成了项目牵引、科研赋能、课程改革"三位一体"的人才培养模式。胡军华[⑦]针对提高学术型研究生科研能力提出了强化导师行为制度管理、改革课程和完善科研支持体系的可行性措施。本文将依据硕士研究生教育在我国人才培养体系中的地位, 分析目前硕士研究生教学中存在的主要问题,并从研究生、教师和管理视角提出相应的解决对策。

---

① 梁传杰:《深刻领会发展思路内涵 引领研究生教育高质量发展》,《学位与研究生教育》,2020年第 11 期。

② 祁占勇、陈鹏:《重大疫情背景下我国研究生规模扩张的迫切需求与路径选择》,《河北师范大学学报》(教育科学版),2020 年第 2 期。

③ 阳荣威、胡陆英:《我国硕士研究生教育"本科化"倾向及其应对措施》,《研究生教育研究》,2014 年第 1 期。

④ 汪霞:《研究生课程层次性设计的改革:分性、分层、分类》,《苏州大学学报》(教育科学版),2019 年第 4 期。

⑤ 兰珍莉:《研究生教育教学质量监控:内涵、功能及实现条件》,《学位与研究生教育》,2017 年第 4 期。

⑥ 苏俊宏、徐均琪、吴慎将、万文博、时凯:《科研赋能教学模式下研究生创新能力培养的探索与实践》,《学位与研究生教育》,2021 年第 2 期。

⑦ 胡军华、郑瑞强:《学术型研究生科研能力结构、约束性因素与促进机制》,《教育学术月刊》,2020 年第 12 期。

二、硕士研究生教育在我国人才培养体系中的地位

(一)硕士研究生教育是培养高水平应用人才的重要途径

综观世界高等教育发展史,硕士研究生的培育偏向满足社会经济发展需求的政治哲学论特性愈加凸显。与其他国家的不同之处在于,我国的硕士研究生教育还满足了人民对接受高层次教育的需求。专业学位硕士研究生能够很好地兼顾高质量学术标准和劳动力市场的需求,为社会输送了一批具有较高素质的劳动力。专业学位硕士研究生的根本属性为实践性,有着专业性、应用性、真实性和职业化、市场化、社会化特征,在教学过程中,学生通过学习如何将知识和技能转化为生产力,最终在实践中推动国家经济的发展。

(二)硕士研究生教育是培养高水平建设人才的重要基础

处于培育成长期的硕士研究生群体,在浓厚学术氛围熏陶下,逐步成为突破重大社会科学问题的主力军,转变为高层次、高水平的人才资源,是国家核心竞争力的关键组成部分。其中,学术型硕士研究生有着进一步深造的学术动机,其培养目标是"以培养教学和科研人才为主",具有其他教育层次所不具备的培养创新型人才和推进科技创新的优势。

(三)硕士研究生教育是我国人才培养体系的中枢

硕士研究生是科教强国、人才强国的重要载体,高素质的复合型人才、具有自主创新能力的杰出人物、青年高级专家成为社会的中坚力量离不开人才培养体系的支撑。2021年政府工作报告中指出,要"建设高质量教育体系,建设高素质专业化教师队伍,深化教育改革,实施教育提质扩容工程",研究生教育是教育系统的顶层,硕士研究生的教学工作起到衔接本科与博士研究生

的过渡作用,在本科阶段通识性教学的基础上进一步培养高级专门人才。面对社会发展的多样化需求,硕士研究生的教学工作坚持内涵式发展,为人才培养体系的高质量发展打下了夯实的基础。

根据已有研究成果,结合自己的理解,本文构建了我国硕士研究生教育高质量发展的结构,如图 1 所示。

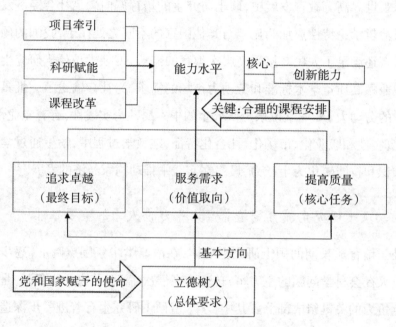

图 1　我国硕士研究生教育高质量发展的结构

三、目前硕士研究生教学中存在的重要问题

2002 年开始,我国的高等教育进入了大众化阶段,越来越多的本科毕业生投身于考研行列,2021 年硕士研究生报考人数更是达到 377 万人。出于国家宏观政策驱动、经济转向高质量发展和高等教育系统内部的需要,研究生扩招一直保持着一个较快的速度,且在学位层次上以硕士研究生为主要扩招方向,在 1949 年研究生在读人数仅为 629 人,而 2020 年全年研究生在读人

数增至 314.0 万人。当前,由于新冠肺炎疫情、新旧动能转换和经济增长速度放缓等一系列客观因素,在就业难和国家对高素质人才急迫需要的双重动力的作用下,研究生扩招成为针对重大社会突发事件所采取的应对措施,以一种不可逆的方式扩大了硕士研究生的招生数量,2020 年全国研究生招生人数达到 110.7 万人,同比增长 20.7%。在这一大背景下,硕士研究生的教学工作中出现了一些问题,主要体现在研究生本身、教师和教学管理方面。

（一）硕士研究生自身能力方面

高等教育大众化、普及化进程不断推进,人们对于接受高等教育的需求不断增加,但许多硕士研究生尚未从本科生的角色中转变过来,习惯于知识的灌输,而自主性和积极性不足。在校期间,学生被动地接受学院相对教条的管理制度,机械地完成导师布置的科研任务,缺乏独立思考和创新的能力。质疑精神和批判性思维的匮乏,使得在校硕士研究生很难发展为创新型人才。加之硕士研究生的扩招与导师队伍建设规模不匹配,一方面,导师精力有限,学生科研水平参差不齐,师生之间缺乏有效的交流,导师无法密切结合学生的素质情况因材施教;另一方面,高校科研活动和设备有限,学生提出问题和解决问题的能力得不到锻炼,这也必然导致硕士研究生的创新水平提高空间有限。

（二）教师的教学方式方面

研究生的教学与本科生的教学有着很大的区别,而目前高校中却普遍存在着本科与硕士研究生课程界限不清的现象。究其根本,原因在于科教融合的理念尚未真正用于硕士研究生的教学中。传统的教学模式主要存在三点弊端。第一,传统教学强调导师直接对学生进行知识的传授,缺乏师生之间的互动和学生之间的互动,教师无法掌握学生的领会情况,无法判断学生是否有自己的见解。第二,教学内容主要围绕着课本,而出版物有较长的审核和印刷周期,导致授课内容相对滞后,课堂内容远远落后于学科的最新发展动态。第三,教学课堂上缺乏学生质疑的声音,对于有争议的论点,学生往往会下意识地从众,导致教学质量效果大打折扣。

(三)高校的教学管理方面

一方面,大多数高校的教务处与研究生处是相互独立、分开管理的,硕士研究生的课程安排在高等教育系统中整体性和关联性较弱,而研究生课程安排是研究生培养的核心环节,对硕士研究生的科研水平和创新能力尤为重要。许多高校设计的课程体系较为扁平,对课堂的扩展不足,理论与实践课程分离,导致硕士研究生对专业概念的理解仅仅停留在表面,缺乏自身的深刻理解,学习成果很难快速转化为研究成果。另一方面,硕士研究生教学质量的监控行为与高校教育行政管理行为往往界限不清晰,二者的直接作用对象都是教师和学生,而前者的直接目的在于教学质量的改进和提高,后者则是为了整个学校日常教学的有序进行。当硕士研究生的教学质量监控与学校的行政管理混为一谈时,会挫伤教师和学生的创新积极性,妨碍硕士研究生的求学热情。

四、提升硕士研究生教学质量的途径

长期以来,提高教学质量一直是我国研究生教育所坚守的发展思路。硕士研究生的教学质量是检验研究生教育改革成效的试金石,提高硕士研究生的教学质量,才能进一步适应党和国家事业发展的需要,为社会输送大批德才兼备的高层次人才。

(一)从研究生视角

要以习近平总书记重要指示精神为指引,锐意进取,提高自主创新意识,有意识地培养自己的多元化思维,完成硕士研究生培养阶段的计划。面对自身科研能力不足时,不惧困难,积极与导师沟通,不断寻找能够提高自己的机会,进而缩小自己与高层次人才标准之间的差距。在不断增强学习积极主动性的同时,也要充分发挥师门关系的作用,一方面,来自同门前辈对后辈的帮助可以大大提高教学效率,避免导师相同内容的重复教学,减轻导师不必要的负荷,将精力更多地放在钻研学术问题上;另一方面,同一师门的研究方向一致,同门之间探讨研究方法,交流研究经验,由此产生思想碰撞,有利于加快研究成果的产生。

(二)从教师视角

第一,立足现实原因,硕士研究生的本科学习阶段学习质量不尽相同,同时也有非本专业的跨考现象存在,因此不可"一刀切"地取消基础课程的学习。但为了预防和避免硕士研究生"本科化",硕士研究生教学要以导师讲授为辅,学生探讨为主,实现互动式教学,维持良好的师生关系。

第二,增加前沿性课程,培养学生创新思维,增加对学科内重点、难点和存在争议的论点的讨论。基础性课程可以以考试的形式为主,专业课程以考察形式为主,不拘泥于形式,不设立标准答案,教师规定基本方向,答卷有理有据即可。

第三,开展多元化教学活动,切实贯彻科教融合理念。导师应将科研成果转化为教学内容,培养硕士研究生的质疑精神,提高学生科研能力和创新水平,培养学生的科研角色认同感。

(三)从教学管理视角

首先,从整体思维出发,加强顶层设计,避免死板教条的规章制度抑制硕士研究生的创新思维,必须明确研究生教学的首要目的在于培育科研能力和创新能力。设计更为立体的实践式课程体系,为师生提供不同的教学场景和硬件支持,提高硕士研究生碎片时间的利用率,更好地整合高校内部的资源。

其次,制定与学生整体素质密切相关的培养目标和毕业标准,避免管理功能漂移。聆听硕士研究生群体内部的诉求,硕士研究生的教学本身是一项以人为本的活动,只有正确理解硕士研究生的教学质量观,才能避免奖惩与目标的错位,激发学生的创新激情,实现目标正确性和过程规范性相统一。

最后,借鉴国外先进教学经验的同时要结合我国实际,实现全过程的硕士研究生培养优化。包括优化考试招生制度、导师队伍建设、课程设置、科教融合或产教融合以及毕业生去向等,实现硕士研究生教学全生命周期的提质增效,满足国家、社会、市场对高层次人才的需要。

浅析《资本论》教学过程中
如何提高学生学习的兴趣

杨　云*

摘要:本文在文献回顾的基础上,探讨《资本论》教学过程中存在的问题,分析存在问题的缘由, 随后在此基础上提出增强学生学习兴趣的对策建议。结果表明,学生学习兴趣不高的一个重要原因是缺乏对当时背景的了解以及对被批判理论内容的熟悉。为此,本文认为在《资本论》教学过程中,需要结合当时的历史背景和被批判的理论内容进行讲授,提高学生的兴趣和思辨能力。

关键词:资本论;教学;学习兴趣;历史背景;批判对象

一、引言及文献

马克思的著作《资本论》是人类历史上不朽的光辉著作,凝结着人类智慧的结晶和永远闪耀着真理的光芒。正如 2018 年 5 月 4 日习近平总书记在纪念马克思诞辰 200 周年上讲话指出:"1867 年问世的《资本论》是马克思主义

* 作者简介:
杨云:经济学博士、博士后,天津商业大学经济学院讲师。
基金项目:
本文系 2020 年天津商业大学"课程思政"改革课程建设项目"'政治经济学'课程建设项目"阶段性成果。

最厚重、最丰富的著作。马克思是近代以来最伟大的思想家,马克思的学说依然闪烁着真理的光芒。"《资本论》阐述资本的生产、分配和再生产,从而揭示资本社会条件下资本家是如何剥削工人的,这对我们认识资本主义及其当代发展提供了基本遵循。同时,也是经济专业学生的必修课,如何提高学生学习的积极性,增强学生的学习兴趣,是一个非常重要的主题。

关于如何提高学生学习《资本论》理论的兴趣和效果,不同学者提出了不一样的看法。李建建和黎元生[1]认为要增强"资本论"课程教学的有效性,需要坚持精和管用原则,处理好总体和重点讲授的关系,实现历史与现实、原理与方法的结合。具体到整体与部分内容而言,周晓梅[2]认为"资本论"教学,需要处理好内容节选与全书的关系、理论与实际的关系,注意讨论与讲授的相结合、原著导读与课堂总结相结合,提高教学效果和学生学习主动性。李繁荣[3]也提出,加强"资本论"教学改革,需要总体把握内容,引导各部分内容讲授,加强教师自身科研能力,处理好"资本论"与"政治经济学"之间的关系。从方法和同现实的联系来看,段学慧[4]、王恩才[5]认为,在教学过程中,应该注意"资本论"课程理论体系的完整性,方法要突出辩证法,处理好理论与现实之间的关系。

从现有文献来看,主要考察了"资本论"课程教学整体与部分之间的关系,教学方法和现实之间的关系,但是较少提及学生的学习状态和教师在教学过程中存在的一些比较常见的问题。本文将围绕以上问题展开讨论,与现有文献不同的是,本文的所做工作及贡献如下:首先,从学生的视角考察了其学习状态,表现为内容枯燥乏味、与现实存在距离、内容庞大;其次,从老师的教学的角度考察了教学中存在的问题,即内容抽象、结合历史背景有所欠缺和被批判理论的介绍匮乏;最后,从将抽象理论与具体情形相结合、呈现被批

① 李建建、黎元生:《〈资本论〉教学改革探讨》,《教学与研究》,2004 年第 7 期。
② 周晓梅:《〈资本论〉教学改革初探》,《当代经济研究》,2007 年第 11 期。
③ 李繁荣:《〈资本论〉教学研究及改革尝试》,《当代经济研究》,2011 年第 12 期。
④ 段学慧:《论恢复和巩固〈资本论〉教学地位》,《当代经济研究》,2013 年第 7 期。
⑤ 王恩才:《高校经济学院系〈资本论〉教学困境与改进思路》,《改革与开放》,2015 年第 8 期。

判的理论与《资本论》对此的批判有机结合等方面提出了在教学过程中提高学生学习"资本论"课程兴趣的对策。

本文的结构安排如下:第二部分为学生学习《资本论》的兴趣状况,第三部分为"资本论"课程教学过程中存在的问题,第四部分为在教学过程中提高学生学习《资本论》的对策建议。

二、学生学习《资本论》的兴趣状况

(一)枯燥乏味

通常情况下,"资本论"课程讲授的过程中,会发现一个特点,那就是老师讲得天花乱坠、学生听得纷纷入睡,觉得实在枯燥无味、缺乏兴趣。《资本论》理论的很多内容,都是高度抽象和概括,再加上该理论产生的时代久远,与现实具体经济运行的情况结合不是很紧密,该门课程学习的吸引力就下降了。

(二)与现实存在距离

任何理论的诞生都具有鲜明的时代烙印,《资本论》理论也不例外,与现实也存在差异。从所产生的时代来看,《资本论》理论产生的背景是一百多年前资本主义大工厂生产,跟现实资本主义社会的经济运行情况存在巨大差异,这样就跟现实情况存在一定程度的距离。尤其我国是社会主义国家,《资本论》理论批判的是资本主义社会独有的情形,因而也缺乏对资本主义社会的直接体验和感受。

(三)内容庞大

《资本论》原著厚厚的三卷内容,给人的第一印象是高深、晦涩和难懂。但是对于教授过《资本论》理论的老师而言,感受是其内容体系相对比较简单完善,该理论却是围绕资本的生产、资本的流通和资本再生产展开,若不能较好地围绕这条主线展开讲授,学生就可能会产生畏难的心理情绪。

三、资本论教学过程中存在的问题

(一)原理抽象

理论通常都是对现象的高度概括和凝练,《资本论》也不例外,这样学生学习起来可能就不是特别容易。特别是,若老师在教学过程中没有很好地将原理和应用结合起来,可能出现的情况是,学生不能很好地理解学习该理论的价值和现实意义,就不可避免地感受到枯燥。

(二)结合历史背景有所欠缺

在"资本论"教学过程中,阐述资本家靠延长绝对剩余劳动时间来获取更多的剩余价值,将其归为一种较为野蛮和残酷的剥削方式,造成劳资关系紧张的局面。若仅仅以此来给学生授课,则可能使得学生不容易理解资本家和工人之间的关系是如何对立的,并且以资本主义现实的经济运行情况来看,并没有赤裸裸地呈现出一百多年来资本家和雇佣工人之间的尖锐对立关系。这样,学生就会觉得,该理论脱离现实,缺乏吸引力。

但是实际情况是,通过查询资料,可以发现在一百多年前,特别是资本家通过榨取绝对剩余价值的方式来剥削工人,那个时候雇佣工人的命运是悲惨的,也就是马克思所说:"资本来到世间,从头到脚,每个毛孔都滴着血和肮脏的东西。"一项资料显示,在 19 世纪 50 年代左右,英国伦敦的棉纺织业,经历了三代人,却吞没了九代纺织工人。①平均工作时长达 15 小时,曼彻斯特地区工人的平

① 中共中央马克思恩格斯列宁斯大林著作编译局:《资本论》(第一卷),人民出版社,2004 年,第 308 页。

均寿命不到 20 岁,高强度劳动且没有休息时间,导致了当时很多工人过劳死。

(三)被批判理论的介绍匮乏

在教学过程中,若对《资本论》理论中所批判的一些庸俗经济理论简略介绍甚至没有介绍,而更多地是对被批判者的观点进行批判,这导致的结果是,初学者不是很清晰地知道被批判者阐述了什么的观点,此时会出现该批判理论的知识框架不完整,不利于培养辩证客观的思维方式和思辨能力。

四、教学过程中提高学生学习资本论的对策建议

在前面分析的基础上,我们从以下四个方面来提出相应的对策建议,以期提高学生学习《资本论》理论的积极性、主动性,以期增强学生在《资本论》方面的理论修养和内在修为,引导学生正确、客观、理性看待资本的作用。

(一)将抽象理论与具体情形相结合

在讲授《资本论》理论的过程中,若要使得学生能够理解和掌握抽象的理论及其在具体情形下的应用,则需要将抽象理论和具体事例相结合。例如,在讲授剩余价值分配的过程中,首先要理解劳动创造价值,即商品的价值是由必要劳动时间决定的,剩余劳动创造的剩余价值,工人的工资是劳动力的价值,而不是劳动的价值。资本家将资本和劳动力结合进行生产,尽管资本在这个过程中发挥重要作用,但是这部分价值只是价值的转移,但价值是由劳动创造的;资本所有者获得的利息只是瓜分剩余价值的部分。

也就是说资本家在获得剩余价值后,将一部分剩余价值作为利息支付给资本所有者,剩余的部分即为利润,这是由劳动创造的,资本的本身并不创造价值。因而,这样我们就能够更深刻地认识资本的作用,而不是"三位一体"公式中所说的,提供劳动获得工资、提供资本获得利息、提供土地获得地租。

（二）理论与历史背景紧密结合

经典理论只有与当时的时代背景紧密结合，才能够获得超然的生命力和吸引力。以资本原始积累的秘密为例，若我们仅仅介绍资本家通过暴力方式掠夺农民土地，诸如英国历史上"羊吃人"的圈地运动，就不能够很好地激发学生的兴趣和想象空间。

我们知道，自 15 世纪开始，随着西欧资本主义国家的新航路开辟和新大陆发现，世界贸易的兴起，这就出现了世界市场，商品的需求对象是全世界，毛纺织业有利可图，这客观自然地推动了第一次科技革命，蒸汽纺织机的出现，一方面需要大量的工人，另一方面需要大量的羊毛，这显然是小农经济不能适应的。为解决此问题，资本家大肆侵占农民土地，圈起来进行养羊。这样，农民被迫失去了土地，成为一无所有的人。

与此同时，资本主义国家的政府血腥立法，规定农民若不在规定时间内找到工作，一律法办，若流浪被抓住，则要遭受鞭笞，且送回原籍；若再次被发现流浪，则要割掉半个耳朵；第三次被发现流浪，就要被处死。①在这样严刑峻法的条件下，失地农民不得不进入资本主义工厂进行劳动，此时资本家就能够获得充足廉价的劳动力，促进资本主义原始积累，从这里可以发现，资本主义的原始积累是一部血泪史。将理论还原到特定的历史背景中去，我们就能够深刻理解为什么会发生这样的事情，资本家采取了哪些极其不光彩的手段进行资本原始积累，进而诱导学生进行思考。

（三）呈现被批判的理论与《资本论》对此的批判有机结合

我们在对庸俗经济学家的理论进行批评时，首先是要解释马克思关于相关理论的阐述，随后提供被批判对象提出的理论，最后运用资本论的相关理

---

① 中共中央马克思恩格斯列宁斯大林著作编译局：《资本论》（第一卷），人民出版社，2004 年，第 843 页。

论对被批判理论的问题进行剖析,指出被批判理论哪里存在问题,需要改进的地方在哪里,进而提高学生的思辨能力和批判能力,这样也有助于拓展学生的视野和增强思辨的规则性。

以批判英国经济学家西尼尔关于资本积累的"节欲论"为例,西尼尔认为:"资本积累是资本家节制欲望的结果,资本家将所积累的资本用于能够在未来生产更多消费品的生产,而不是直接用于当前消费"[①];实际上,节欲本身并不能够使得资本价值增值,若没有工人剩余劳动创造的剩余价值,资本积累就不可能实现。通过这种方式,来全面展示被批判的庸俗经济学家的观点,然后对此进行逐点批判,将大大增强《资本论》理论学习的思辨性和思辨思维,同时也增强学习《资本论》理论的趣味性。

(四)诱导学习兴趣与激发内在学习动力相结合

提高学生学习积极性和主动性的一个重要措施,就是增强学生的兴趣,引发学生的思考。在《资本论》理论教学的过程中,通常发现他们的积极性不高,对该门课程精彩纷呈的内容不是特别了解,以为那些理论已经在历史的云烟里了。

在《资本论》理论教学过程中,可以发现该理论的内在逻辑是非常严谨的,对庸俗经济学家观点的批判理论也是深刻的,特别有助于培养学生良好的思辨思维和科学的态度。以批判美国经济学家凯里的工资和谐理论为例,凯里基于宇宙和谐的规律来论述分配规律的和谐性,指出:"资本积累是社会和谐的首要因素,存在资本积累的情况下,伴随着产出增加,工人和资本家的收入都会增加。因此,资本主义社会中的资本家和工人之间的关系是和谐美妙的,不存在矛盾和冲突。"[②]但在当时条件下的事实情况是,虽然工人名义工

---

① 陈孟熙、郭建青编:《经济学说史教程》(第四版),中国人民大学出版社,2019年,第137页。

② Carey, Henry Charles, *Principles of Social Science*, History of Economic Thought Books, University of Michigan Library, 2005, pp.51–156.

资更高,但是相对劳动价格更低,工人遭受更严重的剥削,资本主义的工资分配制度导致资本家巨大财富积累和工人阶级难以忍受的贫困积累。从宇宙和谐的视角论述,特别容易引发学生的兴趣,这样能够激发学生学习内在的动力,然后在此基础上展开思考和讨论。

人才培养篇

经管类专业教学线上线下跨时空领域融合的探索

王玉婧　李茂林 *

摘要:随着互联网信息技术的不断发展,信息技术渐渐融入课堂教学中,形成一种新型教学模式,这种模式整合了线上线下两种教学方式的优点,摒弃了两种教学方式的缺点。线上线下跨时空领域融合教学模式符合新时代的要求,也符合经管类专业的教学要求,本文分别从高质量线上资源建设,线下教学过程设计以及学生高参与度的混合式教学分析实施线上线下跨时空领域融合的路径。

关键词:线上线下;经管类;教学模式

---

* 作者简介:

王玉婧:天津商业大学经济学院,教授,研究方向为国际贸易理论与政策。

李茂林:天津商业大学经济学院,国际贸易学硕士研究生,研究方向为国际贸易理论与政策。

基金项目:

本文为天津市高等学校本科教学质量与教学改革研究计划项目 B201006903 和天津商业大学本科教育教学改革项目 TJCUJG202030 阶段性研究成果。

一、线上线下跨时空领域教学的特点

随着互联网及信息技术的不断发展突破,人们的学习和生活方式发生了改变。线上线下跨时空领域教学把信息技术手段融入课堂教学,将传统的课堂教学方式和数字化教学方式紧密结合,课堂教学应用于拓展延伸,而数字化教学主要应用于学生的课前预习以及课后的检测。这种新型教学模式贯彻以学生为中心的教学理念,以学生发展为中心,以学生学习成效为中心,现代信息技术同教育教学深度融合,旨在培养学生的综合能力,适应新时代发展要求。

线上线下跨时空领域教学也被称为混合式教学,这种教学模式使得学生充分运用现代信息技术获取知识,提高学生学习的主动性和积极性,改变了传统教学理念和教学模式,弥补线下课堂教学中的不足,并且为传统课堂教学起到了辅助和支撑作用。相较于传统课堂单一的教学模式,这种授课方式在时间和空间上具有更大的灵活性,突破了传统教学的时空限制,实现远程教学、答疑、测试等基本教学需求。

二、线上线下教学模式融合的必要性

从新时代背景来看,线上线下教学模式是符合时代要求的,紧跟着科技进步的步伐,也是教育改革的必然结果。"互联网+"时代的到来,人们的生活、消费、出行都与互联网有着很大的联系,互联网也渐渐融入教学领域,"互联网+教育"的教学模式因此渐渐被大众熟知。"互联网+教育"的混合式教学以思维方式促进教学改革,以"互联网+"的思维,促使教学探究与反思,以期形成一种新的教学模式。线上教学利用现代信息技术突破了线下教学的弊端,线下教学则通过面对面课堂教学填补了线上教学的缺口,线上线下混合式教学综合了两种教学模式的优势,实现两种教学模式的优势互补。

从经管类专业特点来看,线上线下教学模式符合教学要求,也是开展教学工作的必然要求。经济管理类专业具有理论性与实践性并重的特点,是知识与技能并重的专业,因此要求这一类学生应该具备扎实的理论基础和娴熟的专业技能。简单灌输式地线下课堂教学方法已不再适用,并不能提升学生的学科思维,所培养的人才并不能适应新时代发展要求,而需要适当引入案例,通过线上线下相融合的教学模式实现"理论 + 案例"的学习,将理论知识运用于实际案例,培养学生的实践能力。线上线下教学的有效融合即通过线上预习—线下解惑—线上复习检测并插入经典案例教学,刺激学生对理论知识进行深入探究,明确所学原理的具体应用策略。

从新文科背景来看,线上线下教学模式是培养新时代经管类创新人才的教学需求,也是行业特色院校经管类人才培养传承和发展的培养方式。新文科是在新技术的推动、新需求的产生以及新国情的需要等时代背景下提出的,它源于新国情,也适应新国情;在人才培养方面,注重创新、适应与卓越,课程设置及教学手段等适应时代发展特征。线上线下教学模式通过合理利用现代信息技术手段,将现代信息技术融入教学,使得学生快速准确地掌握理论知识的同时学会运用知识,促使学生自主探究与反思,有助于学生创造能力和创造性思维的形成,以满足新时代对经管类人才的要求。

三、线上线下教学跨时空融合的实施模式分析

线上线下混合教学从线上线下两种途径开展教学活动,通过面对面教学和网络在线教学深度融合,以寻求两者优势互补,从而实现最佳的教学效率和效果。线上教学是整个教学工作中的起步阶段,亦是基础环节,而线下教学是基于基础教学上开展有针对性的,更深入的教学工作,因此要充分发挥二者的优势,在教学时间和地点上进一步扩展与延伸,同时教学过程中也要突

出实践性和应用性。在课程设计上,线上教学以基础教学为主,激发学生学习兴趣,目的在于将学生吸引到教学活动中,线下教学则以深入探讨为主,学生进一步研究,旨在发散学生思维。在学习方式上,将现代信息技术融入课堂教学中,通过线上学习与线下学习相结合,旨在培养学生自学能力、小组学习能力、自主探索能力,这种学习方式使得学生自学与老师指导相融合,学生自主学习与小组合作学习相融合。

(一)建设高质量线上资源

高质量的线上资源使得线上教学得到了资源保障,同时也丰富了学生的资料库。线上资源可以是教学课件、拓展资料、习题案例等,其中教学课件是对书本中重点知识的提炼,通过幻灯片或是视频的形式向学生展示,以此进行有针对性的教学,可以是引进的优秀教师团队的教学课件及教学视频,也可根据教学内容自行制作;拓展资源是在基础教学上进一步拓展与延伸,旨在扩展学习深度与广度,其内容可以是该行业领域的新闻实事也可以是学术领域的最新动态等;习题和案例则是对课上教学的补充,帮助学生巩固知识、拓展知识和知识迁移。

建设高质量的线上资源,需要资源类型多样、资源形态多样、知识导入趣味、资源内容精练。多样的资源类型能够整合各个资源的优势,使其更好地发挥作用,使用不同类型的资源能在一定程度上刺激学生的多种感官,从而激发学生的思维;资源形态上要形象多样,形象多样的呈现方式,便于学生理解抽象复杂的概念,如制作动画或视频等;制定教学计划上,带有目的性地引入与教学内容有关的带有趣味性的话题,以此激发学生的好奇心,有继续探索的欲望;资源内容要求精练,线上资源应当提炼出最重要最核心最精华的部分,帮助学生花最少的时间学到最多最有价值的知识。

建设高质量的线上资源,需要分类整理资源,便于学生能快速准确地找到所需要的资源。根据内容分,可以有任务型、知识型、检测型和拓展型等;根据形态特点分,可以有静态型资源和动态型资源,其中静态型资源包括文档图表等,动态型资源包括教学视频动画等。按照各自不同的特点及内容,对线上资源进行分类整理后,可根据教学要求,将以上部分资源混合起来教学,例如就基本理论知识的学习而言,首先看指导型资源,再完成相应的课后任务,最后检测所学结果,这样一个自主学习检测的过程便完成了,再配合线下课程解答。

(二)设计线下教学过程

混合式教学通过线上线下两种教学模式相配合展开教学活动,线上为线下做铺垫,线下为线上做补充,二者有机结合,缺一不可。在线下课堂教学中,充分发挥学生作为学习主体的能动性,引导学生参与到课堂中,鼓励学生自主成立学习小组,将重难点知识结合实践案例展开讨论,积极发表意见与看法。线上基础知识的学习,为学生的理论知识奠定了基础,线下拓展知识的学习,提升了学生的知识储备,使得学生对经管类专业所学知识有更深入的了解,在面对问题时,能够做到具体问题具体分析。

线下课堂教学承接线上课程教学,是对线上教学的拓展延伸,因此在课程设计上要紧密联系线上教学。首先,教学内容设计上,衔接线上教学内容,重点是对线上所学知识进行扩充与延展,引导学生用所学知识解决实际问题,并以此作为检测学生学习效果的手段。其次,教学方法上,以任务推动型教学方法为主单纯知识传授为辅的原则,任务推动型教学方法的教学理念是以学生作为学习主体,在老师的指引下,自主完成相关学习任务,其主要的教学手段有小组教学、案例教学和角色扮演等。再次,探究问题程度上,要更深入,线下课堂教学尽量避免表面化,引导学生就某一问题上做进一步探讨,找到问题的根源,给出解决办法。最后,学生参与度上,要更为广泛,线下课堂教学要尽可能使每一位学生参与其中,避免小组学习中部分学生"浑水摸鱼"。

（三）实行学生参与度高的混合式教学

混合式教学是一种课前课中课后相连贯、师生多重交互的教学模式，其过程大致可以分为三个阶段。第一阶段为预习阶段，该阶段需要在线上完成；第二阶段为知识内化阶段，依托于线下课堂教学实现转化过程；第三阶段为知识巩固阶段，这个阶段将通过完成课后学习任务来实现。

第一阶段，教师在线上推送新的学习资料，学生利用线上发布的资料完成学习，由于线上教学无法与教师面对面沟通，因此教师需安排学习任务，检测学生学习情况，并做好记录。

第二阶段在整个教学过程中有着非常重要的地位，是知识内化的过程，帮助学生实现知识迁移。在这一阶段，主要是小组合作学习形式，首先，教师发布小组任务，其次，学生自主组成学习小组，学习小组进入学习情境，教师有目的性地引导学生分析解释问题，寻找问题的根源，最后学生设计出解决方案，展示并评价解决方案。教师根据各组展示提出的问题结合学生课前线上学习的检测结果，尤其是学生学习过程中多次出现的问题，进行知识梳理及经验总结，帮助学生实现知识迁移。在第二阶段教学过程中，小组合作学习起着主导作用，在学习方式上，使得学生由被动学习转为主动学习，在学习行为上，也使得学生由个体行为转为小组合作行为。

第三阶段为知识巩固阶段，进一步巩固应用知识，学习行为由小组合作学习转为个体学习，学生个体完成线上学习任务。在第二阶段教学结束后，教师发布线上学习任务，学生根据要求完成相应的学习任务，以进一步巩固知识。学生完成课后任务后，教师在线上平台发布单元测试，测试合格的学生，本单元学习完成，对测试不合格的学生，则会有额外的学习任务，任务完成以后将再进行一次检测，直至检测结果合格，结束本单元的学习。教师需要记录学生线上学习的完成情况，总结学习过程中的障碍，同时做好下个学习单元的准备工作。线上线下跨时空领域融合的教学模式实现了课前个体、课中小组和课后个体的连贯学习,整个教学过程中非常强调学生自主探索学习,尤其是线下面授阶段,强调自我组织、自我负责,教师在其中起引导和促进作用。

关于高校党的建设与业务工作融合的思考

张　捷*

摘要：高校内存在党建和业务工作融合不紧密的现象，文章通过阐释党的建设和业务工作之间的辩证关系，找出党的建设和业务工作融合存在的主要问题，从而探索出党的建设与业务工作深度融合的实现路径，持续推动加强党在高校的全面领导，促进高校中心工作稳步向前，保障社会主义高等教育事业的发展方向，落实立德树人根本任务。

关键词：党的建设；业务工作；融合

中国共产党的领导是中国特色社会主义最本质的特征，是中国特色社会主义制度的最大优势，是推进经济社会发展不能脱离的最大现实。办好中国的事情，关键在党。中国的教育是社会主义教育，这是由国家性质决定的，发展社会主义的教育事业，关系到党的事业后继有人，关乎国家的前途命运。习近平总书记对于高校党的建设工作尤为重视，他在全国高校思想政治工作会议上强调指出："办好我国高等教育，必须坚持党的领导，牢牢掌握党对高校工作的领导权，使高校成为坚持党的领导的坚强阵地。"进一步加强和改进党

*作者简介：
张捷：天津商业大学巡察办主任，高级政工师。

对高校的全面领导,是推动学校事业发展的根本保障,也是办好中国特色社会主义大学的基本要求。

一、党的建设与业务工作的辩证关系

(一)党的建设是业务工作的方向

习近平总书记在全国高校思想政治工作会议上明确指出,"我国高等教育的发展方向要同我国发展的现实目标和未来方向紧密联系在一起,为人民服务,为中国共产党治国理政服务,为巩固和发展中国特色社会主义制度服务,为改革开放和社会主义现代化建设服务"。党的十九大报告明确提出,要努力培养担当民族复兴大任的时代新人。这为高校培养什么人、如何培养人以及为谁培养人指明了方向。习近平总书记强调:"高校党委对学校工作实行全面领导,承担管党治党、办学治校主体责任,把方向、管大局、作决策、保落实。"中国共产党领导下的高校,必须坚持以马克思主义为指导,全面贯彻党的教育方针,发展党的教育思想,把高校建设成为学习、研究、宣传马克思主义的坚强阵地,使大学始终保持社会主义的正确方向,肩负起培养德智体美劳全面发展的社会主义事业合格建设者和可靠接班人的历史重任。因此,坚持正确的社会主义办学方向,客观上就要求必须加强党对高校的全面领导,切实发挥党在高校各项事业中的领导核心作用。

(二)业务工作是党的建设的基础

立德树人是教育的根本任务。习近平总书记指出:"只有大力发展教育事业,培养德智体美劳全面发展的社会主义建设者和接班人,才能确保党和国家事业兴旺发达、后继有人。"而作为高等院校,更是肩负着培养人才、科学研究、服务社会的重要任务,这些功能无一不是为党和国家的事业发展提供人才保障、智力支持和创新驱动，总书记强调："发展是第一要务，人才是第一资源，创新是第一动力。"因此，高校教学、科研、管理、服务、育人的各项工作，必须围绕推进"五位一体"总体布局，以及"四个全面"战略布局而科学谋划、统筹开展，为实现中华民族的伟大复兴这一党的奋斗目标打下坚实的基础。

（三）党的建设与业务工作相互作用，相融相通

党的建设与业务工作是你中有我，我中有你。如果党建工作不能围绕中心工作开展，就会脱离实际，就会空洞无物，缺乏吸引力。2019年7月9日习近平总书记在中央和国家机关党的建设工作会议上的讲话中指出"只有围绕中心、建设队伍、服务群众，推动党建和业务深度融合，机关党建工作才能找准定位"；同样，如果业务工作没有党建做指引、做保障，就容易出现方向不清晰、目标不明确的问题，就不能最大限度地汇聚起干事创业的强大力量。因此，党建工作必须同谋划、同部署、同推进。党建工作与业务工作融合的具体表现，可概括为各项工作时时处处体现"党的声音，党员身影"，所谓党的声音是指，学校党委要充分发挥领导核心作用，学院党委要充分发挥政治核心作用，落实好党委把方向、管大局、做决策的责任；所谓党员身影是指，在各项工作中，特别是在急难险重的工作中，党组织要发挥战斗堡垒作用，党员领导干部要率先垂范，党员要发挥先锋模范作用，落实好党委抓班子、带队伍、保落实的功能。

二、党的建设与业务工作融合存在的主要问题

近年来，各级党组织进一步加强党的建设，认真落实全面从严治党主体责任，特别是党的十八大以来，通过一系列重大举措，扭转了一些单位和部门工作中存在的党的领导弱化、党的建设缺失的现象，使党的领导得到了全面加强。各单位各部门深入开展调查研究，不断创新工作思路，扎实有效地推进

党建工作与业务工作相融合,做了大量的实践和探索,取得许多好经验好做法,产生了很好的示范效应。在肯定成绩的同时,我们发现在实际工作中仍然存在一些问题和不足。

(一)党的建设与业务工作相融合认识上有偏差

个别基层党组织"一把手"对于党的全面领导在认识上还不够清晰,定位不够准确,对于党建工作的责任和任务落实的还不全面不到位,日常党建工作仍然停留在集中学习文件、开会传达上级会议精神、发展党员等常规工作,主题党日活动也大多以理论学习的方式组织开展。一些党员领导干部,仍然存在着重业务轻党建的思想,分管领域的业务工作指导安排督促检查多,党建工作过问少,"一岗双责"落实不到位。

(二)党的建设和业务工作相融合行动上不坚决

有些党务干部对于加强党的全面领导有清醒的认识,对于新时期党建工作的目标要求也非常清楚,但是在工作中仍然不能把党的建设和业务工作相融合贯彻始终,其中原因一方面是有的同志实际水平不高、工作能力不强,对于新时期新要求党建工作的节奏难以跟上;另一方面有的同志对于所在部门的业务工作不熟悉不了解,不敢将党建工作与业务工作结合起来,既怕安排不好,也怕做多了会影响业务工作,求稳怕乱的思想时时作祟,只能在工作中就党建论党建,不求效果,只求过关。

(三)党的建设与业务工作相融合缺乏途径和平台

有些党务干部理论学习非常用功,工作也很勤奋,很想把党建工作做好,很想把党建与业务工作融合好,但是对于业务工作的重点难点掌握得不够准确,调查研究不充分,群众发动不足,缺乏创新思维,缺少统筹规划,凭热情靠经验开展工作,往往虎头蛇尾,效果不好。

三、党的建设与业务工作深度融合的方法路径

（一）加强理论学习，增强工作本领

新时期无论是对党的建设工作还是高校的事业发展，都提出了新课题新挑战，都对党员干部提出了新要求，理论学习始终是我们伴随终身的必修课。习近平总书记说："政治上的坚定，党性的坚定都离不开理论上的坚定。""好学才能上进。中国共产党人依靠学习走到今天，也必然要依靠学习走向未来。"抓紧抓实理论学习，不仅能让我们不断夯实自己的理论基础，不断坚定理想信念，始终坚持正确的政治方向不偏差不动摇，同时还可以帮助我们丰富头脑，不断拓宽工作思路，创新工作方法，消除面对新形势新要求的本领恐慌。要充分利用好党委中心组学习、支部学习、三会一课、主题党日等制度抓好日常学习，同时要采取多种形式，自学与集中学习相结合，理论学习与业务研讨相结合，并充分利用学习强国、学院、支部自建公众号等新媒体，提高学习效率，增强学习效果。

（二）健全工作机制，创新工作载体

2021年是"十四五"开局之年，也是中国共产党成立100周年，开启了我国进入新发展阶段。党的十九届五中全会明确提出了"十四五"时期我国经济社会发展的指导方针、主要目标、重点任务、重大举措，对加强党的全面领导和建设高质量教育体系都有清晰的表述和明确的要求，作为高校各级党组织要在优化工作机制，搭建工作平台上动脑筋想办法，确保各项工作任务落地落实。一是在实施教师党支部书记"双带头人"培育工程的基础上，推进系（所、室、中心等）主任、党支部书记"一肩挑"，争取在2—3年的时间内实现全覆盖，充分发挥好党支部书记在党建与业务工作中的"头雁作用"，为党建与

业务融合打造过硬的干部队伍。二是进一步加强党员的教育、管理和监督,特别是加强党员的思想建设,解决好个别党员身份感不强的问题,教育引导广大党员在各项工作中勇担当敢作为,切实发挥好党员的先锋模范作用。三是进一步加强基层党组织建设,切实解决好个别支部存在感不强的问题,特别要弘扬"支部建在连上"的光荣传统,在重点难点的业务工作中建设功能型党支部,充分发挥战斗堡垒作用,带领广大党员、群众团结一致,攻坚克难。

(三)坚持效果导向,完善考核机制

党建与业务工作深度融合,既是对急难险重任务的短期攻坚,又是实现长期建设目标的强有力武器。当前,国家发展正在朝着第二个百年奋力前进,高质量发展教育也迎来了新的机遇与挑战,把不断提高的思想认识转化为广大教职员工日常工作的行为自觉,是迫在眉睫的现实要求。除了加强思想建设,完善工作机制外,还要以效果为导向,不断完善考核机制,切实推动党建与业务同研究、同部署、同推进、同考核。要考察教学、科研、学科、专业、管理、服务、队伍建设等各项工作中是否体现了党委的政治把关作用,党委是否定期研究部署、组织推动,是否积极搭建平台,帮助破解难题,是否教育引导党员发挥模范带头作用,党员领导干部是否率先垂范,冲锋在前,各项工作任务是否如期完成,取得实效,并有所突破等,把党建工作体现在业务工作的时时刻刻、方方面面,在各项业务工作水平的提升中体现出党建工作的政治优势和组织优势。

新发展格局背景下
高校教学模式改革与创新人才培养

蔡志强　朱紫娟 *

摘要：我国已经进入中高收入的新发展阶段，面临欧美国家再工业化的挑战，在双循环背景下，本文认为，通过改革高等教育教学模式提高创新人才培养能力以促进我国经济创新驱动发展成为必然选择。从互联网时代学习理论的变化出发改变传统教学模式，结合互联网时代接收信息的特征，提出创新人才的新培养模式。

关键词：新发展格局；教学改革；创新人才

一、引言

在我国进入由中高收入向高收入迈进的新发展阶段，欧美国家实行"再工业化"和"逆全球化"思潮导致更加不确定的外部环境以及我国已积累比较雄厚的物质基础条件的背景下，中央明确提出加快构建"以国内大循环为主

* 作者简介：
蔡志强：天津商业大学经济学院副教授，博士，主要从事产业经济、区域经济研究。
朱紫娟：天津商业大学经济学院硕士研究生，主要从事产业经济、区域经济研究。

体、国内国际双循环相互促进"的新发展格局这一指导我国"十四五"规划发展以至今后一段时期国家经济发展的战略思想。"双循环"中"国内大循环"是主体和重点,一方面要坚持扩大内需这个战略基点,进一步发掘消费潜力和提高消费层次;另一方面要坚持以供给侧结构性改革为主线,满足国内消费升级同时创造新需求,推动供需在更高水平实现平衡,其中贯彻创新驱动发展提高我国自主创新能力是关键。根据国际经验,从中高收入向高收入阶段迈进的过程中,高等教育发挥的作用很大,高等教育是扩大中等收入群体、以收入增长促消费升级和引领供给创新的重要支撑,是推进科技创新和建设科技强国的关键环节。①

从现实因素来看,"十三五"规划以来,我国高等教育毛入学率达到51.6%,高等教育实现从大众化向普及化的历史性跨越,未来高等教育的普及率将进一步提高,这时再叠加提高高等教育质量将推动我国创新性人才的乘数级甚至指数级增长。党的十九届五中全会提出要提高高等教育质量,分类建设一流大学和一流学科,加快培养理工农医类专业紧缺人才,加强创新型、应用型、技能型人才培养,支持发展高水平研究型大学,加强基础研究人才培养。在构建新发展格局过程中,主要承担高等教育职责的中国高校在人才培养中将发挥重要作用,通过进行教学模式的变革与创新,大大提高高校教育资源的利用效率,从而更好地为经济社会发展服务。互联网时代的到来使得信息互联互通,信息技术的进步使得对电子设备的使用更加简便,这对传统高等教育教学方式造成冲击,适应于工业社会的教学理念和模式方法亟须改进。本文通过分析认知理论与高等教育教学模式的发展进程及相互影响,从发挥大学和教育的本质作用的角度出发,最终提出在互联网时代提高教学活动的效果,以适应新发展格局下对劳动力素质不断提高和加快我国创新型人才培养的新要求建议。

---

① 李立国:《新发展格局中高等教育何为》,2021 年 3 月 1 日,https://baijiahao.baidu.com/s?id=16929
88858782040123&wfr=spider&for=pc。

二、工业社会的传统学习理论与高等教育教学模式

莫雷提出，学习是指有机体在后天生活中获得经验的过程，实质上就是其心理的形成、变化与发展的过程。[①]学习理论则是研究经验获取过程中心理变化的内在机理。综合观察学习理论的发展历程以及一定时期社会生产的主要模式，可以发现两者都在不断变化发展并且在特定社会生产模式下，基于学习理论，形成了相应的高等教育的教学模式。

从早期学习理论的发展来看，西方主要形成了联结派和认知派两大流派。联结派认为经验的获得是个体在与外界联结时受到外界刺激，从而做出反应，遵循刺激—反应这一轨迹，并指出可以通过强化刺激来促进知识的获取与吸收。联结理论解释了在一定的情境中直接经验的获取，但认为个体的认识具有被动的特性，忽略了意识的主观能动性。结合社会生产模式来看，刘振天、杨雅文提出，经济发展水平、产业结构状况以及社会发展阶段需要大量具有一定理论知识，掌握生产、经营、管理、服务等生产领域实际技能的应用型职业型专门人才。[②]在工业化时代，伴随着大规模工厂的建立以及对雇佣工人的极大需求，为了保证社会的工业生产能力的供应，教育服务于提高劳动生产率。池建新指出教育工业化的特征就是教学的合理化、简单化、形式化、标准化、格式化，与商品的工业化生产十分相似。[③]在这种情况下，教学模式往往是集中大班统一培训，教学效果是所有的学习者都具备统一标准的知识结构，教学方式也是单一的教师讲授与演示，教育体现了高效率的特点。对经济社会来说，大规模训练有素的就业者为工业生产值迅速增加提供了充足的动力来源，高等教育的数量优势得到充分体现。

① 莫雷：《西方两大派别学习理论发展过程的系统分析》，《华南师范大学学报》（社会科学版），2003年第4期。
② 刘振天、杨雅文：《大学定位：观念的反思与秩序的重建》，《清华大学教育研究》，2003年第6期。
③ 池建新：《论信息化时代的大学教学效率与教学效果》，《江苏高教》，2016年第4期。

随着社会的经济和文化发展,认知派在 20 世纪初开始萌芽,与联结派不同,认知派的学习理论强调学习过程是主体积极主动地对信息做内部加工,注重学习者在学习过程中的主动性和积极性以及学习者的内部动机,从而开启了对学习活动内部性以及学习主体主动性的重视,也为后来的构建主义打下了基础。

三、互联网时代学习理论的变化及对高等教育教学的冲击

伴随着 20 世纪 90 年代末的信息技术革命,互联网普及率不断提高,智能手机成为当代人特别是年轻人必不可少的随身携带产品,改变了教学中学生和教师的行为方式。在学习理论方面,诞生了两种互联网时代的学习理论。其一是"关联主义"学习理论,提出互联网时代的知识具有信息超载和碎片化的特点,认为互联网时代的学习是建立知识网络的过程,强调通过信息联通来获得知识。其二是对认知学派理论中的"传统构建主义"观点进行改造和创新的"新构建主义"。"传统构建主义"认为知识的获取是主体基于自身的需要在与外界联系的过程中主动选择自己需要的内容来与之前已有的经验构建联系,从而达到验证已有经验的认知过程。从这可以看出,个体的认知与学习是基于自己的经历、认知储备而进行发展的,人们在学习中都有自己的个性化特点。在此基础上,针对信息超载的特点,"新构建主义"强调注重选择,以学习者的爱好和解决实际问题的需要为中心来选择信息进行知识的深度构建。针对碎片化问题,王竹立等指出,"新构建主义"提出了包容性思维,学习者可以将看上去复杂的知识碎片整合在一起,构建出完整的个性化知识体系,从而实现创新。①

在互联网时代,学生们可以不受时间和空间的限制便捷地获得自己感兴

---

① 王竹立、李小玉、林津:《智能手机与"互联网 +"课堂——信息技术与教学整合的新思维、新路径》,《远程教育杂志》,2015 年第 4 期。

趣的知识,在学习过程中的主观选择性从而不断增强。但另一方面,互联网时代的信息内容具有冗杂、难以保证质量和碎片化的特点,不利于学生知识系统的构架。对于教师来说,信息技术的发展为教师提供了更便捷的教学辅助工具,能将教师从重复的劳动中解放出来,但是教师也面临着优质网络教学资源对线下授课教学内容的替代性以及对学生吸引力的抢夺。

四、高等教育的本质以及互联网时代教学模式改革

综合考虑互联网对教学的冲击以及认知理论的发展,这时思考学校在教育中的地位和作用就很重要了。一是与线上课堂相比,学校可以提供大家共同研讨知识的学习氛围,正如怀特海所说,大学生存的理由是把年轻人和老年人联合在一起,对学术展开充满想象力的探索,从而在知识和生命热情之间架起桥梁。[1]二是大学之大在于有大师,授课教师往往掌握自己所授内容专业系统的知识理论,可以针对学生的学习困惑提供及时的指导,从而帮助学生构建更加科学、完整的知识框架。三是采取学校的形式能将大学掌握的教育这一稀缺资源更好地服务于人才的培养,达到学校的教学基础设施等资源使用效率的最大化。

新发展格局背景下,为了增强我国研究能力和创新能力,培养具有系统的专业知识体系的学生是关键环节。曹培杰提出,技术介入教育绝不是要塑造一个统一的、标准化的教学流程,而是通过优化教育资源配置,让教育变得更有智慧。[2]因此信息技术与高等教育结合的关键应是以"教育"为本质和重点,信息技术发挥辅助功能。学生创新能力的培养需要高校和教师的共同努力。

---

① 怀特海:《教育的目的》,庄莲平译,文汇出版社,2012年。
② 曹培杰:《未来学校的变革路径——"互联网 + 教育"的定位与持续发展》,《教育研究》,2016年第10期。

从高校角度来看,首先,可以根据学校情况进一步布局完善智慧教室、智慧校园的建设,为教师和学生使用网络资源和智能设备提供便利。其次,可以积极倡导并鼓励教师进行教学模式变革与创新,建立与之相适应的教师评价与考核规则。最后,可以完善教学制度体系,如开设培养学生在互联网时代学习能力的课程,试行"助教制度"来保证对学生自由个性发挥遇到困难时提供及时和有效的帮助。

从教师角度来看,一是需要转变教学理念。构建主义提出以"学"为中心,伴随着学生自主选择以及个性化发展需求的增强,教师需要及时了解学生需求,挖掘每一个学生的潜质。在教学内容方面,毕新等提出在互联网时代应强调培养学生的应用能力、思辨能力和信息整合能力。[①]二是教师应充分发挥信息技术的便捷作用,探索多样化和有活力的教学方式,如采取线上教学与线下教学的混合式教学等方式来调动学生参与课堂活动的积极性,如刘献君提出"大班授课 + 小班研讨"的教学模式改革,以兼顾教学效率与效果,重点是小班研讨,在研讨教学中学生的自由个性可以得到充分的尊重和发挥,创新思维能够得到锻炼和提高。[②]三是教师也需要不断增强专业知识储备和更新能力,从而更好地发挥在学生知识构建过程中的引导者的作用,培养出适应社会发展以及职业岗位需要的人才。韩筠提出,教师的学识、素质和能力将直接影响课程建设与教学的成败,教师应该向教育研究者和终身学习者转变,对在线课程建设与应用的教学理念、教学设计、模式方法、信息化教学等问题进行深入研究,才能全面推动课堂教学革命。[③]

① 毕新、杨智钦、吴铁钧:《互联网时代下的"学与教"》,《江苏高教》,2017 年第 5 期。
② 刘献君:《"大班授课 + 小班研讨"教学模式改革》,《中国大学教学》,2017 年第 2 期。
③ 韩筠:《"互联网 +"时代教与学的新发展》,《中国大学教学》,2019 年第 12 期。

大数据背景下"统计学"教学课程改革与人才培养路径探索

张 圆*

摘要:大数据时代背景下,已有"统计学"教学已无法满足未来数据科学发展需要,针对当前我国统计学教育发展现状,本文参考美国统计协会发布的《统计科学本科课程设置指南》要求,从能力培养、课程设置、实践应用等几方面对统计学教育进行了讨论,并结合教学实践提出若干建设性建议,以期为推进我国统计学教学课程改革与人才培养提供有益思路。

关键词:大数据;统计学;课程改革

一、引言

随着信息技术的飞速发展,互联网、人工智能等现代信息技术的出现标志着大数据时代已然到来,其正以前所未有的力度改变着社会劳动生产与人们的生活方式,在国民经济、科学研发等诸多领域均有广泛应用。作为搜索、

---

* 作者简介:

张圆:天津商业大学经济学院财政系讲师,经济学博士,中国准精算师,研究方向为宏观经济统计分析。

整理、分析、描述数据的综合性学科,统计学无疑是大数据应用的关键载体,两者相互依存相互联系。一方面,统计学中描述性统计、统计推断、假设检验等经典方法可直接用于海量数据研究,为大数据分析奠定坚实的工具基础;另一方面,大数据技术的兴起衍生新的统计方法与手段,为统计学科深入发展注入了新的活力。大数据的蓬勃发展,为我国应用统计教育与统计从业者带来了新的机遇,同时也给统计学教育提出了更高要求与挑战,高等院校承载着统计专业人才培养的重任,必须及时把握时代需要,因地制宜地进行教学改革,调整并制定新的人才培养方案。在此背景下,促进传统统计学教学与大数据的有效融合,深度拓展统计相关课程教学改革与人才培养路径具有重要的现实意义。

二、大数据时代统计人才应具备的技能

从目前我国就业情况上看,多数统计学毕业生主要到企业、事业单位和经济、管理部门从事统计调查、统计信息管理、数量分析等开发、应用与管理工作,或在科研、教育部门从事研究和教学工作,这需要学生具备前沿的统计思维与过硬的数据分析处理能力。正如英国作家威尔斯预言:"统计思维总有一天会像读写一样,成为一个有效率公民的必备能力。"统计思维是一种通过数据理解世界的方法,其背后涉及从问题提出到结论确定的完整过程,学生应理解数据分析、数据收集、统计建模和统计推理的基本统计概念,根据实际问题应用统计工具方法,规划数据搜集方案与收集现有相关数据,进而为所研究问题提供有效的数据参考和决策依据。大数据时代背景下,统计人才应具备以下方面的基本能力。

(一)统计能力

学生应具备扎实的理论基础,能够独立设计研究项目,通过统计图表进

行初步探索性数据分析,构建统计模型,利用所学统计知识评估模型的输出结果,从数据分析中获得正确的结论。

(二)编程能力

学生应理解编程语言的基本思想与思维逻辑,以及应用算法思考、处理编程脚本任务、设计和进行模拟研究的能力,如访问与组织数据库中的数据,从网站上爬取数据,将文本处理成可分析的数据,确保安全机密的数据存储等诸多方面,并熟练使用至少一款统计软件进行统计建模与数据分析。

(三)数学能力

学生应具有足够的数学知识来理解统计和机器学习中常用模型的基本结构、相关算法优化和收敛问题,选择、拟合和使用数学模型迁移至统计研究,所需的数学知识包括微积分、线性代数、概率论与数理统计、离散数学等,也可根据需要自行修读泛函分析、实变函数等课程。

(四)沟通能力

学生经过长期有意识的锻炼,应具备良好的沟通交流技巧,在学习中培养团队协作与组织管理能力,统筹规划合理分工,借助多媒体技术,学生可清晰地陈述个人观点,深入浅出地描述研究问题的核心思想,使得表达具有感染力与说服力。

(五)应用能力

学生应根据自身职业发展规划,将统计学理论方法与其他领域知识相结合,利用统计特有思维分析解决专业问题,并可独立撰写数据翔实、结构严谨、论证合理的统计专项调研报告。

三、大数据时代"统计学"课程设置与教学内容

理解统计方法的理论基础,是大数据时代下统计课程实践的关键内容与核心环节,"统计学"课程应强调处理复杂数据的概念和工具,结合具体背景利用数据分析提供研究问题的解决方案。在教学过程中,教师应以研究问题为导向,以数据为驱动因素,鼓励统计理论与方法的综合应用,运用多媒体技术对课本中的已有知识进行适当延展,突出所教授的主题、概念和应用之间的联系,在此过程中激发学生的创新能力。参考美国统计协会(American Statistical Association,ASA)发布的《统计科学本科课程设置指南》(*Curriculum Guidelines for Undergraduate Programs in Statistical Science*,CGUPSS),结合大数据背景下我国统计学课程需求,本文建议选择性地设置以下教学课程。

(一)统计理论及方法类课程

1.统计理论

学生应了解统计随机变量的分布、点估计与区间估计、假设检验、决策理论、贝叶斯方法等相关理论知识,并掌握线性回归、分类数据、非参数估计、生存分析、因果推断等统计建模方法,可通过方差分析等统计手段进行简单的研究设计,学会统计模拟和 bootstrap 重抽样方法。

2.数据可视化

借助图形化手段,学生可以清晰有效地传达统计数据信息,洞悉蕴含在数据中潜在的现象与规律,可熟练画出散点图、折线图、饼图、频率分布直方图、核密度曲线等常见统计图表。

3.统计模型

学生应掌握各类回归模型,如广义线性模型、Lasso 回归、广义可加模型等,结合具体实际问题选择恰当的计量方法,能够使用非参数统计方法解决

统计总体分布形式未知问题,学会双重差分、断点回归、合成控制等主流因果推断方法进行政策效应评估。除此之外,学生也需掌握交叉验证、方差分析、固定和随机效应、模型选择诊断等统计研究设计方法。

4.机器学习与数据挖掘

伴随着人工智能的不断兴起,机器学习已成为未来统计人才必不可少的重要工具,学生在使用统计学相关理论方法的同时,也应注重机器学习与数据挖掘知识的融会贯通。在概念上,厘清监督学习与非监督学习的分类标准,在理论中,学会决策树、随机森林、神经网络、支持向量机等经典算法。

(二)统计计算及软件应用课程

1.基本数据分析

通过"统计学"基础课程学习,学生应掌握统计数据分析的基本操作,对数据进行简单的描述性统计分析(均值、方差、中位数、四分位数等),熟练使用 Excel 中常见函数,并可使用 VBA 宏功能进行基本编程,提升计算速度与工作效率。

2.统计专业软件

学生在毕业时应至少学会操作一种统计应用软件。计量建模中,Stata、Eviews 为首选软件,在统计分析中,SAS 与 R 软件应用较为广泛,数值计算与模拟中,Matlab 发挥着关键作用。此外,在数据爬虫与机器学习分析方面,Python 软件具有得天独厚的技术优势,近年来也备受广大统计分析工作者青睐。

3.数据库信息管理

学生应学会建立、使用和维护数据库,能够对各类型格式数据进行检索、重组以及合并,使用插补技术对缺失值进行处理,了解数据库系统及其与统计工具的接口,掌握 MySQL 或 Oracle 的基础知识、体系结构及日常维护操作,熟悉其计算及存储过程调优。

四、统计教学课程改革与人才培养建议

（一）紧跟前沿热点，更新教学内容

大数据时代发展日新月异，作为核心课程，"统计学"教学必须与时俱进，根据前沿热点问题及时调整不断更新。然而当前我国"统计学"无论是从课程设置还是教学内容上远不能达到这一要求，除数据科学专业外，多数高校统计学基础课程尚未引入机器学习与数据挖掘等相关概念知识，对大数据中Volume（大量性）、Velocity（高速性）、Variety（多样性）、Value（价值性）4V属性也没有明确认识，这使得学生在统计理论方法学习与现实关注问题存在一定程度的脱节，因此在今后教学过程中应予以强化补充。目前，我国本科生阶段主要以线性回归分析为主，时间序列与多元统计分析为辅的教学方式，远不能满足实际问题的分析需要，因此有必要在原有教学内容基础上加入非参数统计、广义线性、生存分析、因果推断等更为高级复杂的统计计量模型。

（二）注重思维培养，加强软件操作

统计学中，统计思维是在获取数据、从数据中提取信息、论证结论可靠性等过程中表现出来的一种思维模式，拥有良好的统计思维，对于运用科学研究结论辅助现实决策具有重要价值。在课程教学中，教师应有意识地培养学生统计思维能力，利用生动具体的案例，启发学生运用统计思维对其进行思考，使其逐步成为学生的内在素养潜质。在统计软件的教学上，提高上机实验课时量，让学生在计算机操作中掌握编程语言。杂学无数，不如精通一艺，软件使用上应少而精，推荐使用R或Python等免费开源软件，对所学理论知识进行模块化教学。

(三)理论联系实际,重视统计应用

受学时所限,我国本科多数统计课程仅停留在理论层面,缺乏必要的统计实践环节。未来统计教学中,应结合学生学科背景,强调统计学与其他学科的交叉应用,形式上可采用案例分析、入户调查、企业调研等多种方式。鼓励学生参加各类学科竞赛,提倡应用统计模型进行实证研究,让学生在比赛过程中体会数据收集、整理及分析的全过程。此外,高校应加强与企业之间的交流合作,为学生提供与数据分析相关的实习机会,充分挖掘企业数据价值信息,实现互利双赢。

五、结语

哈佛大学著名教授 Gary King 曾说:"大数据时代掀起了一场革命,无论是学界、商界还是政府,海量庞大的数据资源,促使各领域开启了量化新进程。"在大数据浪潮之下,伴随我国"双一流"工程建设的启动,推进统计学课程改革,加强我国统计人才培养力度,是时代赋予高校统计教师的使命与任务。同发达国家相比,我国统计专业在课程设置、教学体系与实践应用方面尚存在一定差距,但随着我国教学改革的不断深化,我国统计学科发展势必将有着更加广阔的应用前景。

产教融合提升学生就业力人才培养模式

——以"融资租赁"课程为例

李亭亭　覃子箐*

摘要：本课程依托天津商业大学融资租赁平台，以"融资租赁"课程为例，在传统课程中，通过产教融合的方式，在课堂中引入融资租赁实务和行业前沿内容，以提升学生就业力和就业满意度，为我国产业升级输送应用型人才。

关键词：产教融合；融资租赁；就业力；就业满意度

* 作者简介：

李亭亭：天津商业大学金融系讲师，金融学博士，执教天津商业大学经济学院"大学生创新创业教育"课程；

覃子箐：天津商业大学经济学院本科生，专业为金融学融资租赁方向。

基金项目：

2019 年天津商业大学首批"金课"建设项目"大学生创新创业"阶段性成果；2020 年天津商业大学教改项目"金融学专业"大学生创新创业"高阶性教学模式和质量提升研究"阶段性成果；天津商业大学金融学天津市一流本科专业建设点、金融学国家级一流本科专业建设点和金融学天津商业大学优势特色专业建设点的阶段性成果；大学生创新创业市级项目(项目编号：202110069125)阶段性成果。

一、引言

（一）外部环境对就业力培养新要求

信息化技术和产业的迅速发展，革新了很多行业的运行模式，催生了诸多新兴产业，也加速了某些行业的消亡。2020年暴发的新冠肺炎疫情，又进一步增加了宏观经济的不确定性。伴随着远程办公和智能办公工具等新兴模式的发展，传统行业就业的吸纳能力降低。而文科专业就业受到其他专业的挤占，根据大学生就业率数据显示，以往就业率表现突出的经济类专业，近年来就业率也出现下滑。此外行业跨界发展迅速，一些行业可能会消失。经济社会的巨大变革，对高等教育提出更高要求，在本科教学中，帮助学生确定职业生涯方向，切实提升学生职业力，成为现阶段的迫切责任。

就业力是大学生应该具备的基本素养。以往本科教育中，存在过度重视学科知识和技能，轻视基本素养培养的问题。重视学术能力积淀和培养，缺少对实践能力的培养。很多大学生本科学习阶段对于自身的就业优势、未来职业方向都缺少认识。大学教育对于就业力培养的缺失，是造成目前大学生就业率不高、就业满意度不高的主要原因。在本科教学中渗入就业力培养刻不容缓。

就业力包含两个维度，第一是学生对自我的认识，第二是对就业市场的衔接能力。学生对自我的认识，包含识别自身职业类型、学习能力和兴趣三方面。根据不同人群的性格特质，每个人可对应不同职业类型。但职业气质不是一成不变的，可以经过学习和锻炼提升并改变。学习能力指学生学习知识和提升技能的意愿和能力。如果在本科学习中，学生能发现自己的兴趣所在，并将自身的职业类型和学习能力协调，是就业力培养的重要内容。但仅仅有对自我的认识还不够，就业力培养还需衔接就业市场的需求。天津作为融资租赁业务的试点城市,融资租赁行业发展成熟,为本课程提供了绝佳的实践能力培养入手点。

(二)"融资租赁"课程与相关产业发展

2019 年习近平总书记在天津视察,指出实现动能转换和高质量发展的方向。天津市聚焦布局增长新赛道,制定《2020 年引育新动能工作方案》和《关于强化串链补链强链进一步壮大新动能的工作方案》等。天津市作为全国战略性新兴产业发展基地,发展经验具有政策指引意义。引育新动能离不开金融支持。2019 年以来,天津市金融业发展势头稳中向好,金融"活水"对产业升级和高质量发展的作用日益凸显。但传统的"一刀切"金融政策难以实现精准调节,导致资金在实体经济外循环,资金量过度供给,催生企业金融化现象,增加了系统性金融风险。

如何实现金融资源的精准调节,是金融支持经济高质量发展中亟待解决的根本问题。融资租赁作为连接金融与实体经济的纽带,兼有融资和融物双重职能。微观层面,融资租赁以企业设备为核心,掌握更多供应链信息,可最大程度解决信息不对称问题,实现金融资源精准调节。"十三五"期间,天津市融资租赁产业正在向产业链、价值链高端迈进,国家融资租赁创新由"试点区"迈向"示范区"。以融资租赁和保理业务为核心的供应链金融,已推动形成新的商业模式,引领推动中国产业链创新发展。

天津自贸区租赁企业达到 3000 多家,创新租赁模式 40 余项,租赁资产超万亿元,成为全球第二大飞机租赁聚集地,加速推动了天津市经济高质量发展。而实践中,融资租赁公司面临资金来源不足的问题,无法满足服务实体经济发展的需求。如何更好地发挥其积极作用,激发金融链活性,是目前产业发展中亟须解决的问题。融资租赁公司的应收租金的商业保理业务,可有效盘活融资租赁公司资金来源。融资租赁业务与保理组合的供应链金融工具,有助于收集更多服务企业信息,控制其违约风险,盘活金融资源。

2020 年暴发的新冠肺炎疫情对不同地区和产业的影响后果差异极大，引发了学术界和政策界对产业链抗冲击能力的关注。供应链金融工具发展可降低中小企业间信息不对称程度，密切上下游企业间联系，增强产业链韧性。然而大多数供应链金融工具动产所有权与使用权在物理世界分离的特性，导致其业务风险不可控。区块链技术在租赁物登记、交易、设备管理、数据采集和风险管理等方面的广泛应用，有助于区块链技术在农村供应链金融中的使用，可赋予供应链上非核心的中小企业更多话语权，提高其金融可得性。可以实现供应链上企业信息的完整传递，保证信息安全性和隐私性的同时，提高信息透明度，实现企业物流、资金流等信息共享，提高风险管理效率。

二、产教结合人才培养模式构建

（一）梯度化课程设置

经济学院金融学专业和信用专业本科人才培养，遵循梯度化课程设置原则。对于融资租赁方向人才，按照学科基础课—专业主干课—实务前沿课的主线，分阶段、分重点，逐步深入教学。在学科基础课中，对于融资租赁方向设置"经济学""金融学""会计学"等学科基础课程，构建底层知识框架和经济类专业学科思维。在学科基础教学中，渗透经济学研究思路和金融学就业能力培养。通过学科基础课的学习，学生基本掌握融资租赁交易的经济学基础。完成学科基础课的学习后，进入专业主干课学习，在此阶段学习融资租赁发展、原理、业务模式。通过案例学习，掌握我国金融市场融资租赁常见的业务模式，分析其盈利模式、操作风险和法律风险。经过专业主干课学习，进入融资租赁前沿学习，围绕融资租赁发展趋势，以融资租赁创新模式为主线，对行业监管和法律法规变化跟踪学习，引导学生进行自主性探索。

（二）实务型课程改革

针对以往学习中，课堂理论学习与实践脱节、重视知识性学习轻能力培养、缺乏批判性思维能力培养等问题，本课程加入实务类内容，扩充学习资源，在融资租赁实践中，培养学生解决复杂性问题的能力。"融资租赁"课程实务内容由三部分构成。

第一，融资租赁监管和法律政策分析。通过行业数据、咨询检索和分析能力培养，锻炼学生对于行业监管逻辑的理解和分析能力。结合宏观经济数据、行业监管规则，分析融资租赁经营环境变化。例如，在课堂分组分析《融资租赁公司监督管理暂行办法》《民法典（征集意见稿）》对于融资租赁公司经营的影响，并分析各地配套的地方金融监督管理条例等。

第二，融资租赁会计和计税处理。通过剖析一般租赁、经营性租赁和售后回租等不同类型的融资租赁业务的会计和计税处理，帮助学生建立企业对融资租赁业务的处理思维。从承租人和出租人两个角度，分析会计和计税处理方式，培养学生基于不同利益方分析问题，判断事件走向的能力。

第三，融资租赁企业操作前沿。通过分析天津市自贸区融资租赁企业业务创新案例和相关的法律处理，学习业务创新的切入点和法律风险的控制方法。以各地融资租赁法律案件实例作为基础，分析案件中融资租赁业务的类型、风险爆发点的归属、各地法院判定沿袭的思路。通过现实法律案件学习，推动法律风险控制意识的建立。

（三）前沿性教学方法

为解决以往学习中，学习内容没有挑战性、学习方式单一、学生学习意愿不强等问题，课程改革使用前沿教学方法，革新课堂教学模式。在课程思政方面，将课堂思政要求，融合课程学习中，通过体验式课堂实践，将课程思政部分内化于心，落实于行。在课堂形式上，采取线上线下混合式教学，选用我国融资租赁行业在线教育的优秀资源，与线下课堂学习相结合。可实现对于融资租赁知识多次巩固深入消化，在课后和期末可以随时积极反馈。在课程设置方面，使用项目制学习模式，设置高挑战度的学习目标，以结果为导向，要求学生通过项目模拟，达到金融行业工作现实要求。在课堂互动方向，开展分组教学，鼓励团队合作与分组竞争，通过设置多个环节，激发学生学习积极性。在知识传授方面，综合使用多种智慧学习工具，开展伙伴式教学，通过伙伴间互相讲述，提升知识吸收率。

三、产教结合人才培养模式应用

（一）产教结合课堂构建

构建翻转课堂：基于课前知识性自主探究、课中创造性问题启发、课后个性化动态评价三阶段学习的不同定位，以提升学生批判性思维能力和解决现实复杂问题能力为主线，重构翻转课程教学流程。

设计教学支架：以翻转课堂教学流程为基础、以同伴协作和师生互动为主线，设计教学支架，实现金融知识与职业素养互通、创新过程与创业方法互融、家国情怀与核心价值观共赢的三维目标。

（二）教学效果交互验证

分组对照研究：随机抽取 1 个班级作为实验组，其余班级作为对照组，通过能力测评和调查访谈开展教改效果研究。

评测教改质量：从课程准备、过程控制、课后反馈等环节设计课程改革的实施策略，基于 SOLO 方法构建教学质量评价体系。

（三）教学模式复盘推广

依托中国融资租赁高校智库平台，将融资租赁操作实践，复盘翻转课堂、教学支架和评价体系，将本课程课堂改革、环境支撑和质量测评全过程进行分析，总结经验，进一步扩充课程资源，进行课程推广。

四、结论

我国金融创新发展亟须具有社会主义核心价值观、自我反思与自我驱动、创造性解决复杂问题、批判性思维的高阶认知型人才。金融专业作为天津市一流学科，在以往人才培养中以专业知识学习为重心，忽视了高阶思维和解决实际问题能力的培养，存在知识学习碎片化和浅表化、思维与核心价值观培养欠缺、学习效果和教学质量难以精准评价等问题。

本课程通过在教学中融入个性化学习与协作能力培养元素，增加创造性解决问题和批判性思维等高阶思维训练比重。翻转课堂可充分发挥学习者主体地位，实现个性化学习与协作能力培养。"教学支架"对促进翻转课堂教学和提高学生高阶思维能力起到显著效果。结构化教学质量测评模型是翻转课堂教学实施的保证。本课程通过过程设计、课堂组织和课程检测三方配合，提升了教学质量。

本课程在教学中融入思政元素，对培养有家国情怀具备高阶思维、创业进取精神的人才具有重要的作用。以融资租赁课程为切入点，研究培养高阶思维能力，培养出符合中华民族伟大复兴和金融创新发展需要的高端人才。

高效网络课堂中教师的角色定位与能力培养

汪小雯 *

摘要： 网络教学的开展对以传统授课形式为主的教师提出了更高的挑战和要求。本文在分析高效网络课堂基本原则的基础上，描述了新型的网络课堂教师角色的转变，并提出了与之相匹配的教师应具备的能力。

关键词： 网络课堂；教师角色；教师能力

2020 年初，随着新冠肺炎疫情的暴发，各大高等院校关闭校园和推迟开学的决定迫使中国高等教育机构大面积地开展网络教学。在疫情暴发之前，虽然我国高等教育机构也不断寻求网络教学方面的改革，但是疫情的暴发直接促成了网络教学的爆炸式增长。这种网络教学爆发式的增长为高校教师在教学方面提出了新的挑战和要求。产生效果和影响力的网络课堂教学要求在线课堂设计更为精细，要有更强的参与感，实现学生和老师、学生和学生之间的有效沟通。此外，高效的网络教学课堂还必须适应学生多样化的学习方式。这些都要求高校老师要从传统的教师角色中转变出来，并具备相应的能力。

---

*作者简介：

汪小雯：博士，任教于天津商业大学经济学院国贸系，讲师，研究方向为国际贸易理论与政策。

一、组织高效网络课堂的基本原则

我们应该看到高效的网络课堂设计必须能够提供给学生高质量的学习体验，而且能够补偿时间和空间的距离。同时高效的网络课堂还必须要鼓励学生与老师、学生与学生、学生与课堂授课内容之间充分的参与和交流。高效的网络课堂构建还必须是基于学生和老师相互信任和沟通的基础上，这样才能够使学生有更强的参与感。此外，高效的网络课堂还鼓励学生组成一个个小的团体去探索和参与课堂内以及课堂外的内容。

高效的网络课堂和活动设置必须遵循以下六个原则：一是学生和老师之间要有充分和无障碍的沟通和合作：学生和老师可以通过邮件和互动式的网络平台共同营造学习社区的氛围；二是学生和学生之间有充分的沟通和合作：为学生提供平台和资源使他们可以充分交流想法、资源和学习经验，这个网络平台的创建能够让学生摆脱学习过程中的疏离感和孤独感；三是对学生表现出高期待：高期待对所有的学生来说都很重要，不管是对积极学习的学生还是消极被动的学生来说，都是如此。有一项针对网络学生的调查显示，如果学生们在网络课堂中被明确寄予了高标准的表现预期，他们随后也展示出了学习知识方面更高的应对挑战能力；四是网络课堂需要适应多样化的学习方式，网络课堂不应该仅仅是聚集各种授课信息、资料以供学生使用，网络课堂还必须有足够的技术条件能够兼顾到不同的学习习惯；五是高效的网络课堂同时要鼓励积极的课堂学习而不是消极被动的学习，通过互动式的多媒体手段，用"干中学"的方式来取代被动的倾听和记忆；六是高效的网络课堂必须能够提供一定的任务，并且进行及时反馈，学生们带着任务学习才能够更好地参与到课堂中来，学习效果才能显现。

高效的网络课堂对老师提出了更高的要求，老师要做好网络课堂教学，提高网络课堂的质量就必须从传统的教师角色范式向新型的网络教师角色转变。传统的课堂是以教师为中心的,而高效的网络课堂必须要以学生为中心,传统课堂的互动性较低,而高效的网络课堂需要更高的互动性。此外,网络课堂还需要教师成为网络课堂的管理者,教师必须能够熟悉使用各种虚拟技术使得学生积极参与到网络课堂的活动中来。下面我们就来讨论一下教师在网络课堂中的角色和必须具备的能力。

二、网络课堂中教师的新型角色

网络课堂中教师的一个最为重要的角色是网络课堂活动的推进者和辅助者。在网络课堂中,教师的一个重要责任是必须让学生感到"老师的存在",当学生在网络中遇到任何困难和问题,都能感觉到自己是被支持的。教师可以通过网络课程开始录制"欢迎视频",带领学生熟悉网络课堂工具,定期检查学生的学习进度,激励学生积极参与课堂活动,帮助学生制定网络课堂学习计划,并与他们建立个人联系,对学生的问题要及时地做出解答和回应,对学生的作业要及时给予反馈等。总之,要让学生感到老师的存在,老师可以及时帮助和鼓励他们完成网络课堂学习。网络课堂教师的第二个重要的角色是课程的设计者。课程的设计在网络课堂尤为重要,课程的设计包括设计课程的目标、课程的评估方法(是以过程为主的评估还是以结果为主的评估),设计鼓励积极学习的策略,课程的直观演示设计必须要符合课程的内容和课程的传授方法等。课程设计必须要能够引起学生对课程进展的兴趣。同时课程设计的内容还需要进行不断的修改和调整,教师必须不断地评估"起作用"和"不起作用"的课程环节,并随着学生的实际情况而进行不断调整。第三个重要角色是课程的管理者。教师必须提供课程学习所需要的内容,包括录制视频、在线录屏、整理上传学习需要的各种学习材料、批改学生作业、反思课程设计等。第四个角色是专业领域专家。教师必须具备专业课程相应的知识背景和技能,应该深谙本专业的前沿动态和技术,并且能够做到不断的学习和进步。第五个角色是学生的导师。作为导师,不仅需要关心学生的课程学习和学术的发展,而且还必须能够提供专业发展方面的建议,指导其职业生涯规划,帮助学生进行职业定位。

三、网络课堂教师应该具备的能力

不论是在线还是传统的课堂,教师的主要责任都应该是为学生创造一种富有成效的学习体验,通过一切可以动用的手段,使得课程更有意义、更能吸引学生,更能使学生互动,在课程的所有领域做出积极的回应,确保学生进行有效学习。另外,在网络课堂中,还必须要让学生感觉到教师的存在,教师和学生需要有某种"个人联系",这样的联系可以弥补在线教育中普遍存在的"孤独感"和"无助感"。这些对网络课堂在线教育教师新的角色要求,使得教师必须具备一定的能力才能胜任。

首先,教师必须要具备一定的网络操作技术技能。这些技术技能包括熟悉各个网络教学平台的操作,视频、音频制作、课件录屏以及屏幕播放、网页设计等。这些都需要教师花费一定的时间进行学习,同时也增加了教师的备课负担。

其次,教师必须具备不断学习的意愿和能力。传统课堂向在线课堂的转变,需要教师能够把自己看成一个在线学习者,从而不断地成长。教师愿意从专家的角色中走出来,愿意花费一定时间进行学习,这是网络课堂教师成功必须具备的能力。除了新技术之外,教师还应该关注最新的在线学习研究,要设计有效的网络课堂活动必须理解学生是如何学习的,或者说人是如何学习的。这些基本的学习理论可以更好地帮助组织在线课堂活动。

再次,作为某内容方面的专家,教师必须熟悉本领域的知识模块,构建适合网络学习的知识体系,为学生提供相应的内容,帮助他们进行高效网络学习。

还有,教师必须具备网络课堂设计的能力,课程必须要设置合适的目标,课程模块体系要适合网络教学,学生在网络课堂的学习是不断推进的而且是可以评估考核的。

最后,教师还必须具备良好的沟通能力。网络课堂在一定程度上会使得教授这个过程变得疏离,学生在学习过程中会产生"无助感"和"孤独感",因此网络课堂教师还必须能够应用多种方式和学生沟通,为学生的活动和问题提供及时的反馈和帮助,和学生建立情感链接,来降低网络课堂的疏离感。

实现高效的网络课堂,教师从传统角色中的转变,这几方面的能力都是必须具备的且应不断加强。

四、结束语

我们可以看到的是,新冠肺炎疫情的暴发使得许多高校在并没有完全准备好的情况下被迫开展网络授课,老师们对此准备不够充分,网络课堂质量的效果差强人意。然而这也是推动网络课堂发展难得的契机。网络课堂存在许多传统课堂无法比拟的优势,可以突破空间和时间限制的瓶颈,网络课堂是未来高等教育课堂的重要组成部分,网上教学也是未来教学的发展趋势。利用这次契机,许多高校教师已经开始意识到网络课堂的优势,也更有意愿积极开展网络课堂教学。高效的网络课堂需要教师角色的转变,具备更多的技能和能力,同时也需要学校和教育管理各个部门给予教师更多的支持和时间,引导他们完成角色的转换,提升其作为网络教师的各方面能力。

新时代高校兼职教师队伍建设存在问题及对策研究

倪　沙*

摘要:兼职教师在高校学科发展、学生培养等方面发挥了重要作用,是高校教师队伍的重要组成部分。近年来兼职教师总体规模不断壮大、占比持续提升,职称和学历结构较专任教师存在差距,授课内容以专业课为主。兼职教师队伍建设存在选拔标准不透明、工作目标不明确、考核机制不完善、缺乏必要激励手段等问题,建议采取完善规章制度、严格选拔标准,加强日常管理、健全考核机制,增加激励措施,形成长效激励等措施。

关键词:兼职教师;高等教育;队伍建设

一、引言

新时代经济社会发展对高层次人才有着更加多样化的需求,产教融合的

* 作者简介:
倪沙:天津商业大学经济学院讲师。
基金项目:
天津市哲学社会科学规划青年项目(TJYJQN18-002)。

教育理念持续深化,实践型人才的培养力度不断加大。兼职教师队伍日益壮大,在高校学科发展、学生培养等方面发挥了重要作用。2018 年 1 月,中共中央、国务院印发的《关于全面深化新时代教师队伍建设改革的意见》中指出:"深化高等学校教师人事制度改革,优化高等学校教师结构,鼓励高等学校加大聘用具有其他学校学习工作和行业企业工作经历教师的力度。"高校教师队伍建设,向着科学化、多元化方向迈进。2021 年 1 月,教育部等六部门印发《关于加强新时代高校教师队伍建设改革的指导意见》,明确"鼓励高校聘请校外专家学者等担任兼职教师,完善兼职教师管理办法,规范遴选聘用程序,明确兼职教师的标准、责任、权利和工作要求,确保兼职教师具有较高的师德素养、业务能力和育人水平"。高校兼职教师,通常为本学科研究领域科研带头人或者学科相关行业的业界翘楚,拥有一定社会影响力,对推动高校学科发展、优化研究生培养机制起到重要作用。但高校兼职教师相关政策安排和管理制度存在一定滞后性,导致兼职教师队伍建设在实际工作中暴露出诸多问题。加强兼职教师队伍建设是高校教师队伍建设的关键环节。

二、高校兼职教师队伍发展现状

(一)总体规模

近年来,随着我国普通高等学校兼职教师聘用制度的不断完善,兼职教师总体规模日益壮大。根据教育部教育统计数据显示,2010 年我国兼职教师人数为 34.8 万,2019 年该指标增长至 51.1 万,涨幅达到 46.8%。与此相比,专任教师人数从 134.3 万增长至 174 万,涨幅不到 30%。兼职教师在教师总数中的比重不断增加。根据图 1 所示,2010—2019 年兼职教师占高校教师总数的比例由 20.6%增长至 23.4%,增长近 3%。由此可见,尽管我国高校教师总体规模呈不断扩张态势,专任教师和兼职教师队伍都在持续壮大,但兼职教师人数增长速度要高于专任教师。

表1 2010—2019年普通高校教师人数　　　　　　　万人

年份	专任教师	兼职教师	教师总数
2010	134.3	34.8	169.1
2011	139.3	37.3	176.5
2012	144.0	38.8	182.8
2013	149.7	40.3	190.0
2014	153.5	42.4	195.9
2015	157.3	44.6	201.8
2016	160.2	46.5	206.7
2017	163.3	48.7	212.1
2018	167.3	50.5	217.8
2019	174.0	53.1	227.1

资料来源：教育部教育统计数据

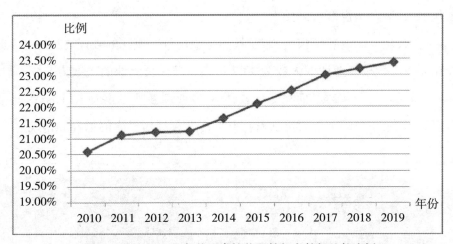

图1 2010—2019年普通高校兼职教师占教师总数比例

（二）内部结构

首先，从职称结构来看，2019年普通高校的兼职教师中，正高级职称占比19%、副高级职称占比19%、中级职称占比34%、初级职称占比9%、未定职称占比19%。总体来看兼职教师职称结构较为合理，中级职称占比最大，但需要关注的是,未评定职称的人员占比较高,与高级和副高级职称规模相当。而同期专任教师的职称结构更接近正态分布,从高级职称至未定职称的占比依次为 13%、30%、39%、10% 和 8%。产生该现象的主要原因为,兼职教师中有许多在企业任职的人员,尽管其工作能力及取得成就较高,但对职称评定诉求较低。

其次,从学历结构看,兼职教师平均学历水平低于专任教师。2019 年高校兼职教师中有 16% 的博士学历、32% 的硕士学历、5% 的专科及以下学历,其余近半数学历为本科。与此相比,专任教师中硕士及以上学历的人占比 65%,远高于兼职教师。近年来随着大学教师聘用标准的不断提高,大部分高校对专任教师的学历要求为博士,部分专业可放宽至硕士,因此高校专任教师队伍的平均学历水平有了大幅提升。而高校对于兼职教师聘用,更看重其工作能力,对学历没有过高要求。

再次,从授课内容结构看,兼职教师主要进行专业课的教授。2019 年,高校兼职教师教授专业课的人数为 44.7 万人,教授公共课的人数为 8.4 万人,专业课教师占比 84.2%。而在专任教师中,专业课教师占比为 76.4%。由此也可以看出,兼职教师聘用时更加看重其在专业领域对学生的指导和帮助。

图 2 专任教师职称结构

图 3 兼职教师职称结构

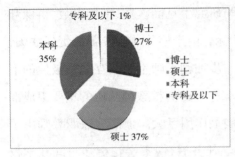

图4 专任教师学历结构

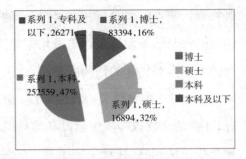

图5 兼职教师学历结构

三、高校兼职教师队伍建设存在的问题

(一)选拔标准不透明

目前高校兼职教师主要来源于与高校有密切关系的群体：高校优秀校友、与高校有项目合作的单位或其他长期维持的社会关系。这使得兼职教师的选拔标准,更多是建立在信任的基础上。在此前提下,兼职教师选拔容易出现两个问题：其一,高校在兼职教师选拔中权重过大。部分高校之间,或高校与企业之间存在利益关系,高校通过聘请兼职教师的方式,达成相互之间的利益交换。其二,高校过分重视"名人效应",忽视自身学科建设。高校聘请名人当兼职教师的案例屡见报端,引起社会广泛评议。"名人效应"固然能提升学校的关注度,有利于学校招生和开展校企合作。但过度依赖名人,甚至引进与自身学科构成不匹配的名人导师,反而不利于学校长期发展。

(二)工作目标不明确

兼职教师一般都有各自的本职工作,用于兼职工作的时间和精力有限,对于兼职工作的具体要求不甚了解。此外,部分高校对兼职教师的要求较为宏观,缺乏可操作性,也造成了兼职教师工作目标不明确。兼职教师工作目标不明确主要体现在：一是兼职研究生导师与研究生互动积极性不高。部分导师在履行职责时大打折扣,学校规定的与研究生见面次数、指导次数、讲课和讲座的课时数等硬性工作要求均未能达标。由于校外兼职导师的责任缺失,导致研究生对导师的认同度不高,这进一步加剧了师生之间互动积极性的下降。二是对学校发展关心程度不高。兼职教师是高校教师队伍的重要组成部分,在推动高校教师队伍建设和学科发展上作用巨大。但部分兼职教师由于缺乏职位认同感,往往完成了规定的教学任务后,便不会花更多时间在学校发展上。

(三)考核机制不完善

大部分高校校内教师和校外兼职教师的考核标准差异巨大,部分高校对兼职教师管理疏松、考核流于形式,对兼职教师的工作成果没有客观、公正的评价。一般情况下,高校的教学、科研考核办法,只适用于本校全职教师,对于兼职教师则是达到最低标准即可,兼职教师即使在工作中有优异表现,往往也不会得到应有的评价。这种弹性极大的考核机制,导致兼职教师工作缺乏积极性、主动性,不愿花费更多时间精力提升教学水平,只求达标即可。有些学校对待兼职教师,甚至遵照"只能进,不能出"的原则,即使该教师未能取得学校要求的工作业绩,也尽量为其保留职位。

(四)缺乏必要激励手段

兼职教师的特殊性决定了对其工作激励的多面性。兼职教师一般是在各自本职工作领域取得一定建树、有一定经济实力和社会声望的人,工作动力更多来源于社会认同和自我价值实现。因此,对于兼职教师工作的激励手段,不仅包含物质激励,更应包含精神激励。但现实是,大部分高校在物质和精神激励上都存在严重不足。高校缺乏对兼职教师物质激励,主要原因是:第一,高校的物质奖励来源于高校建设发展经费,向兼职教师倾斜必然会影响全职教师的利益,因此反对声较大;第二,由于兼职教师不是受聘人赖以谋生的工具,因此物质惩罚也无从谈起;第三,高校考评机制的欠缺也导致兼职教师实际工作业绩难以客观评价。从精神激励方面看,尽管高校聘书本身是对兼职教师社会价值和工作能力的认同,但在聘任环节结束后,高校缺乏持续的精神激励措施,导致受聘者的心理成就感逐渐丧失。

四、对策建议

(一)完善规章制度,严格选拔标准

政府应从政策层面,完善各项规章制度,保障兼职教师权利,明确兼职教师义务。具体说来,首先,从法律上认定兼职教师身份,明确聘任资格,对兼职教师聘任管理工作出台进一步指导意见。其次,建立兼职教师信息库,通过市场手段约束兼职教师行为,形成高校间信息共享。再次,制定兼职教师培训制度,兼职教师需定期在政府指定的培训部门完成培训学时并考核通过,从而提升兼职教师整体素质。最后,增加财政支持,鼓励高校扩大兼职教师队伍规模。此外,应拓宽兼职教师选拔渠道,严格选拔标准。高校在相关政策指导下,应通过公开招聘选拔兼职教师,做到选拔标准、过程全面公开,避免暗箱操作。配合学校整体发展布局和学科建设要求,坚持超前性和互补互利原则,从年龄、学历、工作经历等多方面考察应聘人整体情况。

(二)加强日常管理,健全考核机制

通过规章制度明确兼职教师工作职责,对兼职教师在授课、讲座、指导学生、提供实习、学科发展等方面细化工作要求。建立兼职教师管理台账,对兼职教师各项工作进行详细记录。健全考核机制,细化评价指标。从学校、同事、学生、社会四个维度对兼职教师工作进行考核,制定科学、完善的考核办法。将兼职教师考核机制与全职教师考核机制对接,全面、客观评价兼职教师的

工作业绩。打破兼职教师退出壁垒,使高校兼职教师维持动态均衡。

(三)增加激励措施,形成长效激励

从物质和精神两方面,对兼职教师形成长效激励。制定兼职教师奖励津贴制度,对工作成绩突出的兼职教师予以一定物质奖励。通过鼓励兼职教师参与学校活动、建言学科发展、举行"优秀兼职教师评选"等,对受聘兼职教师形成后续精神激励。

OBE 理念对金融专硕人才培养的启示

田 菁 吴雪莹*

摘要:面对市场对应用型人才的需求,高校应改变传统的教育模式,培养出更具核心竞争力的金融人才。成果导向的教育理念(OBE)关注教育投入的回报与实际产出的现实需要,为现阶段金融专硕的人才培养模式提供了新的借鉴。本文运用了比较分析的方法,分析了 OBE 理念相对于传统教育模式的优势,并结合当前的现状提出了案例分析、模拟交易以及转教为研等多元化的教学新模式,这对金融专硕的人才培养具有重要意义。

关键词:OBE 理念;金融专硕;成果导向;多元化教学模式

一、引言

随着金融市场的迅速发展,市场对金融专业的人才需求日益增多,各高

* 作者简介:

田菁:天津商业大学经济学院副教授,主要从事金融发展、公司金融与资本市场方面的研究。

吴雪莹:天津商业大学经济学院研究生,主要从事公司金融方面的研究。

基金项目:

本文系天津商业大学金融学天津市一流本科专业建设点、金融学国家级一流本科专业建设点和金融学天津商业大学优势特色专业建设点的阶段性成果。

校金融专硕的学生招收人数逐年增长,但培养出来的金融人才与企业需求有所出入。尤其是随着信息技术的迅速更新,市场需要更多的应用型人才,高校也应改变传统的教育模式,培养出具有核心竞争力的金融人才。

OBE 理念,即成果导向理念,是一种先进的教育理念,由 Spady 等人在1981 年提出,后来受到各国的广泛认可。此理论强调将学生的学习成果作为导向,这个成果是学生通过学习最终得到的结果,不仅仅是了解、知道所学习的内容,而且将知识转化为实际应用的能力,强调实用性,通常按照反向的方法进行课程设计,注重最终结果,并及时评价阶段成果,这一理念为现阶段金融专硕的人才培养模式提供了新的借鉴。

二、OBE 理念概述

(一)OBE 理念原则

OBE 理念围绕预期的成果来设计课程以及培养方案,力求每个学生的能力都能得到最大限度的提升,成果导向理念的原则有:

(1)清晰聚焦:老师首先要清楚学生通过学习这门课程能够掌握何种能力,在实际应用中可以处理什么样的问题,也就是达到怎样的预期效果,以此作为出发点设计课程,分阶段对学生进行评价,评价的依据是学生展示的学习成果,这个过程中老师更多的是引导。

(2)提供机会:基于学生的个体差异来设计课程以及教学方案,保障每一名学生都能拥有机会实现学习成果,因材施教,针对每个学生的学习节奏提供适当的学习方案,力求每个学生都能够达到最佳的学习效果,关注个体的变化,在学生学习过程中提供更多展示学习成果的机会,鼓励学生进步。

(3)增加期待:OBE 理念不仅仅是要求学生完成书本学习、通过期末测试,而且做到足够的知识沉淀,将知识内化于心,外化为能力。教师应当提高对学生的期待,以更高的标准要求学生,不再是简单重复对书本知识的学习,而是促使学生不断努力,达到更高境界的知识水平。

(4)反向设计:OBE 理念的重点是反向设计,教师以想要学生达到的最终水平为出发点,反过来设计学习方案,通过增加课程难度来不断提高学生的能力,剔除不必要的课程,以目标作为导向,帮助学生精力集中于提升自我,以免学生分散精力,无法达到最佳学习效果。

(二)OBE 理念教育和传统教育的比较

基于成果导向的 OBE 理念教育是在传统教育之上发展出来的, 是对传统教育的改善及提升, 相对于传统教育而言,OBE 理念教育更加符合现阶段高校硕士研究生的培养,有助于学生不断突破自我,为今后走上职场奠定基础,OBE 理念教育和传统教育的不同之处具体表现在:

传统教育以课程计划、课程展开以及课程评价的顺序来开展,而 OBE 理念的教育以教育成果为导向反向进行教学设计。以想要达到的结果为准来安排教学进程,为学生提供更多的机会,最大限度地发掘学生的潜力,更加鼓励学生将所学知识内化于心。

传统课堂往往把老师和书本作为中心,OBE 理念的课堂则是以学生及其发展为中心,教师从课堂的主宰者变为指导人,引导学生循序渐进获得顶峰成果。在这个过程中老师从单调的讲授书本知识变为学生的朋友,和学生一同解决问题,共同面对困难,分享成功的喜悦,这个转变改变了教师的角色。

OBE 理念的教育打破了传统教育证书或者以成绩为准的评价方式,强调学习成果和个人能力的提升,这一成果并不是课上积累的成果,而是螺旋上升所能达到的最大成果。不需要将学生的成果划分为三六九等,而是非常具有包容性,以学生个人能力的提高为主要目标。

三、我国金融专硕人才培养困境

金融的目的是跨期优化资源配置,目前我国金融专业人才的就业方向是证券、银行、保险等,金融专硕主要培养的是金融专业的应用型人才,现阶段市场对金融人才需求庞大,但金融专硕学生毕业求职之路却并非一帆风顺,我国金融专硕人才培养面临的困境有许多。

(一)课程安排广泛缺乏重点

高校的课程安排以学分制为主,金融专硕学生的课程涉及较广泛且重点不突出,学生的精力在学习各科课程,应对众多考试中被分散。这些课程并未内化于学生心中,所以经常出现尽管学生考试成绩优异,但对这个课程却并未进行深入思考的现象。金融涉及面广,虽进行分科教学,也无法更好地激发学生的最大潜力。研究生教学更应注重"研究"二字,课程安排不在于多而在于精。

(二)教材内容并未及时更新

在互联网的带动下金融领域的发展日新月异,而教材内容往往滞后于最新的理论与实践。学生花费众多时间了解金融发展,而当今金融领域的现状却在教材中极少提及。金融案例每天都在发生,在梳理金融发展历史的同时更应关注当下中国乃至全球金融市场的现状,因此课程选用的教材也应当及时更新,让学生身在校园,也能深切体会到金融领域的变化。

(三)教师教授方法单一

教师的教学方法需要丰富,作为讲台的主角讲授课件以及书本已无法满足金融专硕研究生的学习,学生无法很好地加入课堂,容易注意力不集中。教师应充当领路人的角色,提出问题,与学生多多互动进行讨论,活跃了气氛,同时给予学生更多的机会成为讲台的主角。课堂学习对研究生来说十分重要,教师应结合当下金融的发展,及时转变讲授方法,力求学生学到更多的知识。

(四)过于侧重理论知识的考评

学分制的传统教学评价模式依旧是以学生考试成绩为主,而金融专硕设置的目的是培养出应用型人才,考试的内容通常是一些基本的理论知识。理论知识的学习只是一部分,转化为学生自身的能力才是重中之重,过于侧重理论知识的考评筛选出来的金融人才,与金融市场所需要的金融人才并不一致,考评方式需要改变,降低理论知识考评在学生评价中的占比。

(五)缺乏对学生实践能力培养

理论知识只有应用于实践才能够发挥出更大的价值,工作中更加需要的是实践的能力,不注重学生实践能力的传统教育培养的学生已无法满足未来社会对金融专业人才的需求。在学生适应传统教学以及考核方式后,在进入社会时往往感到力不从心,现阶段研究生培养局限于课堂和书本,缺乏对学生实践能力的培养,造成学习生涯和职业生涯脱节的现象。

由此可见,传统的教育模式已无法令学生迅速进入职场找到适合自己的岗位,基于 OBE 理论的金融专硕人才培养或许更加符合现状。

四、基于 OBE 理念的金融专硕人才培养模式改革建议

传统教育模式下高校对金融专硕人才培养出现了越来越多的问题,培养出来的金融专硕毕业生已经无法满足现阶段市场对金融人才的需求。OBE 理念的推出促进了金融专硕人才培养模式的改变,综合考虑当下金融各领域需要的人才特征,基于以往阶段性的教学研究改革,结合传统教学的经验,本文

提出以下改革建议。

(一)以成果为导向设定目标

根据金融市场现阶段对金融人才的需求，将金融专硕学生培养进行细分，学生可以自行选择想要学习的方面，以成果导向为标准对学生进行培养，设置课程，列出学生在学习过程中需要掌握的技能，进而开展教学。以成果为导向需要学校对金融市场的人才缺口十分了解，学校可以充分发挥校内和校外的各种资源来设计课程方案，对学生进行引导，有利于学生形成清晰的职业规划。

传统的教学内容涉及面广但不精，所教授的知识无法内化为学生的核心竞争力，OBE 理念下的教学方法可以规避这一缺点，设立清晰的目标，激发学生学习热情，如证券方向的学生，可以设置"证券投资""财务分析"以及"公司理财"等课程，大量阅读公司研报，学会从基本面分析和技术分析来判断股票走势，利用同花顺等炒股软件模拟投资，自行设计投资策略，假期时间可以到券商进行实习。

(二)增加必要的教学实践

金融学硕士研究生注重的是学术性，而金融专硕研究生偏向应用型，主要为了培养有强大实操能力的金融人才。基于成果的教学理念要求教师注重培养学生的实践能力。随着信息技术的发展，计算机技术已变为服务于金融行业的工具，除了讲授课堂内容外，可以安排部分课时进行教学实践，学习 Python 编程语言，设计策略进行量化投资，学习 SQL 语句，应用于互联网金融公司进行风险控制，利用利率风险的管理以及蒙特卡洛方法来为资产定价。同时抽出时间引导学生模拟股票、期货的交易，如金融专硕学生学习"证券投资"这门课程之后，可以运用同花顺软件进行股票模拟交易，感受瞬息万变的股票市场。

校企应当加强联系,进行合作了解当前金融市场人才缺口,为学生提供广泛的实习机会,重点培养学生今后工作所需要的能力,引导学生主动关注行业发展动态,利用互联网紧跟市场发展形势,将所学知识转化为生产力。

(三)改变原有的教学方法

教学方法是为了实现教学目标设定的一系列方法,成果导向理念下的教学改变了以教师为中心的传统,课堂主角变为学生,老师承担更多的则是引导和管理的作用。在这个过程中老师通过课程设计,尽可能激发学生的潜能,转教为研,以学习成果作为导向,最大限度提高学生研究以及解决问题的能力。教师的教学方法不仅要关注理论,更应该关注实践,引导学生应用所学习的知识,用探究的方法解决实际问题。在这个过程中,教师不断开启新的问题,启发学生进行创新,提出自己的观点,同时教师应时刻关注行业发展的状况,将行业发展的情况融入日常的教学中,使学生与行业发展相联系。

在教学过程中应兼顾国内国外的情况,培养学生的大局意识,引入最新的参考文献,促进学生全方面了解金融创新的发展,让学生以团队形式进行案例分析,从金融案例中引发思考,激发学生学习热情,加强学生间的团队合作。与此同时,将在线教育引入教学过程中,雨课堂、慕课的使用将提高学生学习的效率。

(四)全方位多层次进行评价

OBE 理念下的教学评价是多个方面的,并非传统教育对课程内容掌握的程度进行评价,更要注重学生通过课程学习所获得的能力、素质,包括上课发言的积极程度、团队合作的贡献度、课后作业是否有创新性观点的提出以及在模拟实验中表现如何,这些都能作为学生学习成果的评价标准。同时在各个阶段及时进行评价,判断学生学习过程中能力的提升情况,针对学生的不同情况设置不同的评价标准,评价的依据可以是多维度的,旨在为学生职业生涯做好铺垫。

OBE 理念的教学不强调学生之间的比较,强调个人的发展与进步,依据所要达成的预期目标对学生进行评价。通过多角度进行评价,如学生自己进行评价、指导教师进行评价以及实习企业的评价等,频繁的评价反馈鼓励学生的学习不断达到新高度,避免传统教育分数为王的学生考核方法,提高评价的实用性。

五、结论

OBE 理念下的教育更适合培养出金融市场所需要的复合型人才。本文通过传统教育模式与 OBE 理念下教育模式的比较,通过分析现阶段金融专硕培养所面临的困境,提出了建立基于 OBE 理念的金融专硕人才培养模式的对策建议。随着金融市场的迅速发展,市场对金融专业复合型人才的需求也越来越大,OBE 理念下的成果导向教育通过反向设计的方法,根据市场所需要的人才制定培养目标,把目标作为出发点设计培养方案,以职业所需要的能力为标准对学生进行评价,因此 OBE 理念下的教育模式更加适合金融专硕人才的培养。鉴于众多高校对金融专硕的培养仍旧偏向理论知识的学习,而目前学科导向的传统教育方法已经无法满足对金融专硕研究生的培养,在 OBE 理念指导下进行教学改革,以提高职业实践能力为目的,利用自身的优势进行特色教学,促使学生获得最佳学习成果。

"四史""三爱"教育活动背景下 高校辅导员思想政治教育亲和力提升研究

张文文 *

摘要:"四史""三爱"教育是一场精神上的长征,准确把握教育内涵,提升辅导员思想政治教育亲和力是增强高校思想政治工作有效性的关键。本文首先阐释基于高校辅导员视角的思想政治教育亲和力的内涵、特征;其次,通过问卷调查、专家访谈等研究方法获取关于"四史""三爱"教育活动背景下高校辅导员思想政治教育亲和力现状的一手调研数据;再次,综合分析、全面总结出高校辅导员思想政治教育亲和力的本质;最后,基于上述分析结果,概括出"四史""三爱"教育活动背景下高校辅导员思想政治教育亲和力提升的路径方法。

关键词:"四史""三爱"教育活动;辅导员思想政治教育亲和力;本质;路径

---

* 作者简介:

张文文:硕士研究生,2018 年 1 月至今任天津商业大学经济学院辅导员,主要研究方向为思想政治教育、团学工作。

　　"四史"是我国发展史的缩影,"三爱"是中国特色社会主义国家永恒不变的主旋律,结合高校思想政治教育工作实际,高校辅导员思想政治教育工作要把"四史""三爱"教育摆在重要位置,与贯彻落实党的十九届五中全会精神相结合、与习近平新时代中国特色社会主义思想宣传教育相结合、与培育和践行社会主义核心价值观相结合,引领带动广大青年学子从中汲取行动的力量,听党话跟党走,矢志拼搏奋斗,走好新时代的长征路。"四史""三爱"教育活动背景下高校辅导员思想政治教育亲和力提升研究一方面可以应用于新时代高校日常思想政治教育,有利于掌握大学生思想状态,引导学生树立中国特色社会主义的共同理想和实现中华民族伟大复兴的坚定信念,提高高校思想政治教育的针对性和实效性;另一方面,"四史""三爱"教育活动背景下高校辅导员思想政治教育亲和力提升研究可以应用于新时代高校辅导员队伍建设,有利于提升高校辅导员在大学生中的话语权,增强辅导员在学生中的地位和作用,还可以丰富高校思想政治教育工作的研究内容和形式,同时采用师生对高校辅导员亲和力的调查数据,考察它对高校思想政治教育工作的作用,为借助亲和力提升高校思想政治教育工作提供实证依据,促进思想政治教育的有效实施。

一、高校辅导员思想政治教育亲和力内涵、特征

　　"亲和力"一词最早起源于生物学、化学领域的研究,后来被广泛运用于社会学、教育学、心理学等领域。2019 年 3 月,习近平总书记在学校思想政治理论课教师座谈会上提出:"推动思想政治理论课改革创新,要不断增强思政课的思想性、理论性和亲和力、针对性。"习近平总书记首次提出"思想政治教育亲和力"的论断并之后在多个场合进行强调,这一重要论断从一定程度上表明了提升思想政治教育亲和力,具有重要的理论价值和现实意义,这也在很大程度上直接关系到高校辅导员思想政治教育的工作效果。"思想政治教

育亲和力"是一股重要力量,高校辅导员思想政治教育亲和力,即高校辅导员在工作中所产生的一种平易近人的力量,一种感染、凝聚的力量,影响着高校人才培养的目标与质量。

结合教育学和社会学等相关学科知识,本文初步概括出新时代高校辅导员思想政治教育亲和力的内涵,提出高校辅导员思政教育亲和力的内涵在于三重关系,"主体与对象""要素与整体""过程与结果"。高校辅导员思想政治教育亲和力的"主体与对象"分别为辅导员和大学生,辅导员作为教育者、大学生作为受教育者,教育者与受教育者需要建立起坚实的情感基础,如此才能彰显出高校学生工作者亲和力人格化符号化的特性,让"有事找辅导员、无事也可以找辅导员"逐渐凝聚为青年大学生的情感共识;高校辅导员思想政治教育亲和力的"要素与整体"则是指高校辅导员要能够做到敏锐感知大学生的学习、生活、工作等方面的具体需要,全面准确把握高校思想政治教育质量的内涵、要素及其存在的问题,有效推进高校思想政治教育这一整体工作;高校辅导员思想政治教育亲和力的"过程与结果"是指亲和力的产生不是辅导员作为教育者或大学生作为受教育者单独一方产生的结果,而是教育者与受教育者共同协作、通力配合的结果,如果高校辅导员开展的校园文化主题活动能够与大学生的实际需要与兴趣所在相吻合,多数学生会表现出亲近感,并乐于参加、欣然接受教育内容,反之则会表现出排斥感,抵触、抗拒教育活动,因此这也是本文所倡导的"亲其师、信其道、践其行"。

二、"四史""三爱"教育活动背景下高校辅导员思想政治教育亲和力现状剖析

随着社会发展进入新时代,改革持续深入、社会环境深刻变化,新时代大学生所处的社会环境复杂而多变,再加上信息化时代对于高校思想政治教育的影响,在正确认识与遵循思想政治教育本身发展规律的前提下,亟须对高

校辅导员思想政治教育亲和力现状进行剖析,以期能够提升高校辅导员思想政治教育亲和力。通过在学校范围内开展问卷调查,结合文献研究法等研究方法,本文获取和初步分析了关于"四史""三爱"教育活动背景下,高校辅导员思想政治教育亲和力的现状主要包含的三方面。

一是网络文化通过智能手机对"四史""三爱"教育活动的冲击。随时移动互联网及新媒体的快速发展,对高校学生的思维习惯和交往方式产生全方位影响,它为高校思想政治教育的拓宽提供了一个优秀的平台,但如何发挥辅导员亲和力在新时代高校思政教育中的优势与作用是需要重点探索的问题。

二是部分高校辅导员未厘清亲和力的认知误区。常见亲和力的认知误区有,误区一:亲和力等于"称兄道弟",误区二:亲和力等于"一味迎合",误区三:亲和力等于"有求必应"。[1]倘若高校辅导员为了彰显亲和力而营造亲和力,就会面临本末倒置的风险,不仅做不好大学生的知心朋友与人生导师,也不利于发挥学生"自我教育,自我管理,自我服务,自我监督"的功能,因此高校辅导员在思想政治教育亲和力彰显的过程中有必要充分厘清亲和力的认知误区。

三是高校辅导员亲和力观念意识强却践行能力较差。调查中显示,绝大多数辅导员均能准确理解思想政治教育亲和力是一种"整体合力"的过程,它既体现在高校辅导员与大学生的情感互动中,也间接蕴藏于高校思想政治教育内容、教育途径、教育环境等诸多要素中,但在日常学生管理工作中却因事务繁多或者辅导员的理论水平有限、工作能力有限等原因,高校辅导员的亲和力践行情况有待提升。

---

① 李济沅、蔡文觚:《高校辅导员思想政治教育亲和力彰显的省思》,《高校辅导员学刊》,2019 年第 8 期。

三、"四史""三爱"教育活动背景下高校辅导员思想政治教育亲和力本质

结合辅导员工作生涯中的典型案例进行分析,基于实现以辅导员为主导的高校思想政治教育教学工作有效内容的实施,可以从关系定位、理念遵循、方法实践三个维度初步总结出新时代高校辅导员思想政治教育亲和力的本质。关系定位主要在于辅导员是如何同时做好新时代大学生的"人生导师"和"知心朋友"。少数高校辅导员对自身定位模糊,为了与学生打成一片,与学生"称兄道弟",仅仅与学生做朋友则会大大弱化辅导员工作的教育性质,弱化辅导员的思想领路人的功能。实践证明这种表面的亲和力不是新时代大学生真正需要的亲和力,不能真正为党育人、为国育才。正确的定位应为高校辅导员深刻理解把握党和国家对新时代高校辅导员工作的要求是"灵魂工程师""成长陪伴者""价值引领者"。

理念遵循在于辅导员工作要坚持因事而化、因时而进、因势而新,要遵循思想政治工作规律、遵循教书育人规律、遵循学生成长成才规律,这是从思政工作技术层面所定义的"理念遵循";旗帜鲜明讲政治是辅导员工作的"灵魂",新时代高校思想政治教育要求凸显辅导员的政治性,彰显时代感,这是从管理层面所定义的"理念遵循"。引导广大青年坚定跟党走的政治选择,是高校辅导员的首要任务,引导广大青年学生在大是大非面前绝不含糊,该亮剑时亮剑、该发声时发声。

方法实践本质在于高校辅导员要注重掌握并学会灵活运用合理、科学、高效的工作方式方法。对辅导员亲和力本质的前两个维度——关系定位、理念遵循的精准把握,这是重要的理论研究目标,同时也为亲和力方法实践、本质认识和进一步提升对策的提出提供了理论依据。

四、"四史""三爱"教育活动背景下高校辅导员思想政治教育亲和力提升路径方法

根据新时代高校辅导员思想政治教育亲和力现状和本质规律探寻,从亲和力提升"软实力"和"硬实力"两方面提出高校辅导员思想政治教育亲和力提升的路径方法,包括两个方面。一是提升亲和力"软实力",主要着眼于"四力",包括知识说理的透彻力、话语表达的吸引力、教师人格的感染力、危机事件的洞察力;二是提升亲和力"硬实力",包括主体融合、语言融合、情感融合、视域融合,提升思想政治教育的针对性和实效性。

亲和力"软实力"中知识说理的透彻力具体体现为辅导员自身知识储备要把握时代特征,顺应时代潮流,新时代思想政治教育内容不再是"冷冰冰"的理论,而是丰富、多样的知识说理内容,要求内容合乎学生思想认识接受特点,获得学生的情感共鸣与情绪感染,以亲和力为底色,动之以情,晓之以理;话语表达的吸引力,具体体现为话语的解释力、生命力和感召力,增强话语表达的吸引力有助于提升大学生思政教育感知度,有助于提高大学生思政教育的亲切感、获得感和认同感;教师人格的感染力具体体现为辅导员能够以自身的高尚情操、人格魅力、榜样力量影响学生、感染学生、塑造学生,引导学生实现自我成长;危机事件的洞察力具体体现为前期能够掌握学生心理变化,辅导员遇事不变、不慌不乱,把危机事件处理的各项程序把握在心中,事件过后能够归纳总结。

亲和力"硬实力"主体融合体现为要努力搭建平台助力辅导员教书育人与学生成长成才融合发展;语言融合体现为高校辅导员思想政治教育语言、理论文件语言,要与学生所认可的语言相融合,辅导员是"说者",学生是"听者",政治观点、思想品德、行为规范通过"说"与"听"的过程产生出来;情感融合体现为辅导员在履行自己的工作职责时既要以理服人,对学生进行全方位

的思想政治教育,同时也需要关注学生的现实需要和情感表现,体现人文主义精神;视域融合体现为职业化视域下辅导员能力提升与探索,适应大数据时代、"00后"学生群体等特点,新时代辅导员要不断更新自己的知识储备,转变思维方式,沿用好办法、改进老办法和探索新办法,实现互联网与辅导员工作的跨界与融合。

"四史"教育融入大学生志愿服务的三重维度

鲁成祥 *

摘要：大学生志愿服务是高校思政教育的重要组成部分，是打通高校思政教育立德树人的"最后一公里"，强化大学生志愿服务有利于大学生增强"四个自信"，坚定理想信念，提升政治担当。"四史"教育是大学生将历史知识和历史精神入脑入心的有效途径，是激发大学生勇于承担和坚定信仰的内在驱动力。将"四史"教育融入大学生志愿服务，能将理论与实践相结合，创新"四史"活动内容和载体，丰富大学生志愿活动的精神内涵，进而巩固所取得的经验成效，不断引导大学生学史明理，初心不忘，学史明责，敢于担当。

关键词："四史"教育；大学生志愿服务；思想政治教育

2020 年 1 月，习近平总书记在"不忘初心、牢记使命"主题教育总结大会中指出："要把学习贯彻党的创新理论作为思想武装的重中之重，同学习党史、新中国史、改革开放史、社会主义发展史（简称"四史"）结合起来。"至此，全国掀起了感悟"四史"教育的热潮。大学生志愿服务不仅是一项沉浸式社会实践活动，更是一种渗入式思想教育活动，正在逐步成为高校思想政治教育、

---

* 作者简介：

鲁成祥：天津商业大学经济学院学团办公室副主任。

社会教育和自我教育有机结合的载体以及大学生践行社会主义核心价值观的重要途径。因此，将"四史"教育融入大学生志愿服务，不仅符合思政教育从历史中汲取精神力量和经验智慧的优良传统，而且有效延伸了大学生志愿服务的触角。"四史"中蕴含着丰富的思想政治教育内涵，在大学生志愿服务过程中融入"四史"主要可以从三个维度展开。

一、从理论维度创新服务理念，让志愿服务有理可依

"四史"不是单纯的历史学习，而是要站在历史发展的高度，用辩证的、理性的思维把握历史，进而系统地阐释中国共产党为什么"能"、马克思主义为什么"行"、中国特色社会主义为什么"好"的重要理论问题。思想意识是行动的指南针，因此思想意识能够在一定程度上决定行动的方向。只有不断提升自身的思想认识水平，才能将"四史"学习教育落到实处。从理论维度创新服务理念，体现在面向课堂的内涵体系引领，面向校园的综合体系引领，面向社会的实践体系引领。

一是以大学生志愿服务作为"四史"教育的基点，引入"四史"教育理论。历史是大学生志愿服务最好的教科书，而"四史"学习就是不断坚定理想信念的过程。大学生志愿服务的理论基础就是历史，对党史、新中国史、改革开放史、社会主义发展史的学习更是重中之重。一方面，不仅要深入学习"四史"的相关知识，还要深化对"四史"的理解和认识；另一方面，要坚持将历史与现实、理论与实践相结合，在回顾历史中把握当下、明确方向，从而坚定理想信念，提升大学生志愿服务的积极性和主动性，培养大学生甘于奉献、锐意进取的志愿精神。二是在"四史"的学习基础上，剖析大学生志愿服务所呈现的时代特征，即多元、共赢和育人。学习"四史"，了解历史发展的脉络，创新服务理念。三是强化"四史"对大学生志愿服务的思想引领。将"四史"逐渐融入"马克思主义基本原理概论""毛泽东思想和中国特色社会主义理论体系概论"等课

程的教学过程中,使二者相辅相成、相得益彰,帮助大学生树立远大的理想目标。因此,从理论维度融入"四史"可使高校志愿服务铸就的思想大厦愈发稳定,经得起荆棘困苦的风雨,镇得住残忍暴戾的豺狼,守得住理想信念的阵地。

二、从实践维度提炼"四史"价值,保持志愿服务热忱

"历史、现实、未来是相通的。历史是过去的现实,现实是未来的历史。"学习历史的目的不仅仅是了解历史,更是为以史为鉴、展望未来提供取之不竭的精神动力和经验借鉴。因此,将"四史"融入大学生志愿服务应充分关注实践层面的深层价值。大学生志愿服务要在内容和形式上做到与时俱进,才能够保持志愿服务的热忱。

一是构建大学生志愿服务长效机制。一方面,从组织机构来讲,高校大学生志愿服务的管理部门要制定出差异化、具体化的管理办法和实施办法,使得志愿服务在实施过程中有"法"可依、有"章"可循,从而保证志愿服务的规范性和长效性。另一方面,随着信息时代的到来,"互联网+"如雨后春笋般应运而生,因而如何积极推广"互联网+大学生志愿服务"新模式成为亟待解决的问题。高校要充分利用新模式,将"四史"融入其中,在网站、微博、微信公众号、手机客户端等平台定期发布与"四史"相关的大学生志愿服务项目,主要包括推广志愿服务的优秀项目、宣传志愿服务的典型人物等,不断增强广大群众特别是大学生对大学生志愿服务的认知度和美誉度,形成"处处需服务、时时可服务"的良好服务环境。

二是创新"四史"志愿服务活动,扩展"四史"学习广度。一方面,通过整合线下红色资源,打造"四史"学习教育平台,实现"四史"教育强信仰,志愿服务展风采的目标。充分利用爱国主义教育基地,将"四史"的学习课堂转移到历史场景中,打造浸入情景式教育基地,从多层面、多维度呈现中国共产党团结

和带领人民波澜壮阔、壮丽辉煌的发展历程。另一方面,组织环保、博物馆讲解、社区服务等一系列大学生志愿服务,通过丰富多彩的志愿服务活动,践行"奉献、团结、互助、友爱"的志愿者精神,以新时代志愿服务行动结合新中国史学习宣讲,带动更多的人加入"四史"的学习行动。

三是设立志愿服务的相关实践课程。目前大学生志愿服务并未形成一个将课程、实践相结合的综合体系,系统地综观大学生思想政治教育,大学生志愿服务是一项高校社会实践活动,但并未被纳入思政课的实践课程体系之中,大学生志愿服务虽然对大学生思想政治教育来说具有一定的实践教育意义,但还缺乏一定的理论教育。因此第一,融入"四史"教育,将利用暑期、节假日等开展的大学生志愿服务活动适当地转化为第一课堂学分,借此鼓励大学生在规定时间内完成相关课程的志愿服务。第二,采用线上课程与线下课程相结合的方式,设置成果分享、理论学习、经验分享等课程内容,高校大学生可以结合自身情况自主考虑志愿服务线上线下的课程内容。

三、从育人维度把握鲜活精神,提升志愿服务温度

思政教育的落脚点在于育人,高校思政教师应从"四史"生动的历史素材中凝练精神内涵,讲好历史故事,补足大学生思想之"钙"。从育人维度把握"四史"鲜活的革命精神,提升志愿服务的"温度"主要从以下三个方面着手:

首先,利用大学生志愿服务,深入社团、社区等积极开展各类宣讲活动,讲好"四史"。"四史"中的历史故事可以为大学生志愿服务提供生动形象的宣讲素材,为宣讲活动提供鲜活的历史事迹,为阐述单纯枯燥的理论注入新鲜的血液和有趣的灵魂,这不仅仅提升了大学生志愿服务的趣味性,而且可以引起广大听众的情感认同,提高宣讲活动的时效性。

其次,利用大学生志愿服务,积极开展情景再现、短视频等各类活动,再现历史精神故事。时代铸就英雄,"四史"中凝聚的革命先烈的历史精神和民

族血脉,成为党领导社会各界仁人志士在探索救国救民的道路上不懈奋斗的精神根基。"四史"中饱含着丰富的历史精神,包括开天辟地、身先士卒的"红船精神",甘于奉献、艰苦奋斗的"长征精神",吃苦在前、享受在后的"西柏坡精神",顽强拼搏、追求卓越的"航天精神",众志成城、舍生忘死的"抗疫精神"等。将"四史"中的历史故事和历史精神融入大学生志愿服务,就是将历史的精神血脉根植于学生的思想之魂中,使大学生在历史精神的熏陶下培育爱国主义精神、建设祖国的志向及坚定不移的信仰。

最后,利用大学生志愿服务,积极开展实地参观等活动,讲好历史文物故事。文物作为历史与文化的重要载体,为我们提供了生动的学习历史的标本。在大学生志愿服务活动中,通过参观博物馆、纪念馆等,感受马克思主义的发展、红军长征、抗日战争、解放战争、改革开放和社会主义建设等相关的历史,更能引发共鸣。

强化比较制度教育，推进财经类高校爱国主义教育

闫　寒*

摘要：财经类高校为我国高校体系的重要部分，其培养的学生往往深受西方经济理论的影响，而受到更多的西方自由主义思想的冲击。因此，本文倡导通过推进比较制度教育，引导学生从制度演进的视角，分析资本主义制度的产生与消亡的合理性与科学性，从而强化学生的爱国主义精神，进而成为高校课程思政的重要组成部分。

关键词：比较制度教育；财经类高校；动态演进；制度互补

高等教育是推进大学生思想政治教育的前沿阵地，高校课堂更是强化大学生思想政治教育最为关键的环节。推进高校课程思政建设，将课程思政成果融入专业教育之中，以一种春风化雨、潜移默化的方式，实现对大学生思想的改造与引领。提升大学生的思想觉悟和政治素质，也是当前高校课程建设

---

* 作者简介：

闫寒：天津商业大学经济学院辅导员，研究方向为大学生思想政治教育。

基金项目：

天津教委社科重大项目"五个现代化天津目标引领下的现代服务经济体系建设研究"（项目编号：2019JWZD56）。

的重要工作。

当前我国国内的众多财经类高校承担为我国现代化建设事业培养关键接班人和建设者的重任,其培养的人才广泛应用于我国现代经济建设的各个环节,因此加强经济学课程的爱国主义教育,筑牢财经类大学生思想教育的前沿阵地,更是我国高校课程思想建设不可忽略的重要一环。

在财经类高校的经管类专业的课程思政建设中,强调比较制度研究,凸显社会主义的制度优势,深化大学生对中国特色社会主义理论的学习与认识,更将具有特殊的意义。

一、财经类专业推进课程思政建设的重要意义

在我国当前的高等教育体系下,财经类高校占据着重要地位,经济管理学科也成为当前各学校人才培养最为重要的学科门类,我国每年毕业的大学生中,财经类高校经济管理类专业毕业生占据着相当大比重,他们广泛活跃于我国经济建设的各个重要岗位。

与理工类学科相比,财经类专业的就业面更为广阔,不会被局限于少数狭窄的部门领域,而与中文、历史等脱离现实需要的人文类学科相比,经管类专业的应用性和实践意义则更强,因此也受到了国内众多高校及大学生的青睐,而成为专业选择的热门。

然而现代经济学是一门伴随着资本主义经济的崛起逐渐成长起来的一门学科,与之前的社会制度相比,资本主义制度有效地鼓励个体的创新行为,推进了生产力的飞速增长,因此在主流的西方经济学框架中,制度因素恰恰是推进社会经济增长的核心因素,而资本主义政治经济制度则作为一项有利于生产发展的积极因素而受到更多的推崇,这在很大程度上,也弱化了马克思主义政治经济学对资本主义经济制度的批判,以至于对财经类大学生的政治思想产生了剧烈的冲击。

更为重要的是,在现代西方经济学框架中,分工与合作扮演着极为重要的角色,这也促成了以 WTO(世界贸易组织)为代表的国际性经济组织的产生与发展。正是在 WTO,以及占据全球产业价值链高端的欧美国家的主导下,战后全球贸易和国际分工获得了极大的发展,每个国家,乃至全世界人民都在开放的国际环境中,通过各自的经济行为,与全球人民产生经济、社会交互。全球化的国际分工与信息传播,极大地推动了占据经济主导地位的欧美人文文化在全球的扩散与传播,欧美生活方式与思想意识也被全球民众所接受。这种意识上的霸权主义与文化侵略极大地伤害了更多国家的传统文化和思想遗产,特别是在全球经济生活最前沿的财经类大学生中,这样的冲击尤为严重。为了避免空谈开放与合作,默认民族文化传承,盲目学习与引进所造成的政治站位错误,对于财经类高校大学生进行爱国主义教育自然具有特殊意义了。

二、比较制度研究的兴起

财经类高校的大学生往往接受了较为完整的经济学教育,构建起相对全面的经济学的思维模式和分析框架,具有独立的思维体系,从而能够以经济学分析方法研究现实问题。纯粹的说理式的道德教育对于拥有独立的金钱观与世界观的财经类高校大学生的效果并不明显,他们更加愿意在自己所熟悉的经济学思维体系下,进行独立的经济分析和逻辑判断,这就需要财经类高校更多地从专业出发,利用大学生所熟悉的经济分析方法和分析思路,引导大学生自发得出积极的判断,从而引导大学生的人生观、世界观的成长,而比较制度研究在这其中具有更为明显的作用。

其实,在现代西方经济学理论体系中,马克思政治经济学就是制度分析的典范,通过运用抽象的逻辑分析方法,对资本主义制度的产生与发展进行了深入的研究,特别是对于交换、分工、货币等资本主义经济核心因素做出了系统的逻辑分析和理论抽象,并通过比较制度分析的方式,分析了资本主义与之前的封建经济,以及与未来理想状态的共产主义所存在的巨大差异。

然而早期的制度研究更多采取历史分析的方法,从制度的视角,对某一特定历史时期的制度框架,展开深入研究。比如在被视为现代经济学诞生标志的《国富论》中,亚当·斯密就对英国的贸易保护制度、地租制度与劳工制度展开了深入的剖析。随着制度学派的兴起,特别是 20 世纪末新制度学的发展,博弈论,委托代理,不完全信息等现代经济因素被广泛引入制度研究,特别是苏联解体与东欧剧变后,运用新制度经济学的分析方法,对于资本主义与社会主义,市场经济与计划经济的比较分析促成了现代比较制度研究的诞生,它们开始着眼于不同政治经济体制的国家的制度变迁与演化。

新的比较制度分析不仅继承了传统制度研究与历史研究对于制度的关注,从组织的视角,分析不同的政治经济体制对于经济主体行为选择的影响,更为重要的是,它把资本主义制度与社会主义制度纳入统一的研究框架下,分析彼此之间的制度关联性和互补性,从而运用动态的分析思路,研究经济社会体制改革,以及由此所促成的制度演进,这样的思维范式对于理解从资本主义到社会主义的制度演进具有特别重要的作用,因此也应该在财经类高校的课程体系中扮演更为重要的角色。

三、比较制度研究在财经类大学生爱国主义教育中的应用

对于财经类高校而言,通过爱国主义教育,增强同学们的民族自豪感,树立起中国特色社会主义道路自信、理论自信、文化自信、制度自信,以避免经济全球化所带来的欧美文化思潮对于大学生思想意识的冲击已经迫在眉睫,财经类高校正可以发挥自身的专业优势,进一步发挥比较制度研究在大学生爱国主义教育中的作用,以大学生愿意接受的经济分析的专业方法和研究思路,帮助大学生充分认识到中国特色社会主义制度相较于欧美等发达国家的

资本主义经济政治制度的内在优势,以及从资本主义向社会主义转变的历史必然性。

(1)运用动态演进的思维,分析从资本主义向社会主义演进的内在必然性。在比较制度研究理论体系中,不同的制度模式是受国家的发展阶段与经济状况所制约的,制度形成也是社会经济发展的自然选择,其演进固然表现出明显的偶然性,更呈现出一定的规律性,而表现出明显的路径依赖。财经类高校的经济学教育完全可以通过比较制度研究,告诉学生,为什么在封建经济的土壤中会演化出资本主义的萌芽,又是哪些制度性难题激化了资本主义的阶段矛盾,从而实现自身的创新性毁灭,将制度引向社会主义。传统的教育往往从历史,或者政治经济学的视角展开,而缺乏不同经济社会制度内在特征的深入研究,只有从比较制度分析的视角,深入各种不同的制度本身,去探究不同历史时期制度演进的不同特征和主要历史任务,才能让学生们真正理解社会主义取代资本主义的历史必然性。

(2)客观、科学地评价资本主义在不同历史阶段的作用与价值。马克思主义政治经济学固然承认资本主义创造了前所未有的生产力发展,但是更多地从批判的视角分析其存在的问题。然而对于财经类高校大学生而言,他们一方面见证了众多资本主义发达国家的存在,另一方面,又从经济学教材学习资本主义的腐朽,这种理论与现实的偏差,也容易影响大学生对于资本主义制度的客观评价。因此,财经类高校更应该利用比较制度分析的方法,从制度创新、制度竞争与制度互补的视角,理解资本主义制度在其产生初期,在推进生产力发展方面所具有的制度性优势,特别是相较于封建制度在鼓励创新方面所具有的内在优势,以及其发展给自身所带来的无法根治的内在矛盾,从而导致制度演进陷入深层困境,必须通过打破资本主义制度,跃进社会主义才可以从根本上消除制度上先天不足的历史必然性。

(3)通过多样性和复杂性来理解社会主义取代资本主义的曲折过程。尽管马克思的理论,早就已经揭示了社会主义取代资本主义的历史必然性,然而苏联解体和东欧剧变使得马克思主义政治经济理论受到更多的质疑。而在现代比较制度研究中,通过引入不完全信息和复杂博弈,我们会发现,制度变迁会受到众多小概率事件的影响,而呈现出多元化、复杂性的变化轨迹,我们很难通过西方经济学的单一维度,线性理论分析或计量数据建模,来实现最优的动态均衡。只有在更长的历史周期之内,引入更为复杂的经济因素,在多元化的目标中,抽象出核心经济指标,才能够利用制度比较与制度演进,观测出社会主义制度取代资本主义的历史必然性和艰难曲折性。

四、结论

当代大学生爱国主义教育已经成为大学生思想政治教学的重要组成部分。财经类大学生面临更多样化的国际信息、经济因素和文化思想的冲击,更容易受欧美政治经济思想影响,而动摇自身的民族自信心,因此财经类大学更有必要通过引入比较制度研究,在经济学教育的框架内,应用大学生所喜闻乐见的经济研究思维和理论思想,帮助大学生进一步理解当前中国特色社会主义经济思想的巨大价值,以及社会主义取代资本主义的历史必然性和艰难曲折性,从而提升大学生的思想素质,为我国培养具有全球视野和爱国情操的高质量人才。

新时代大学生爱国主义教育路径探析

张　欢*

摘要:爱国是民族精神的核心,更是影响国家发展的关键。党的十八大以来,习近平总书记多次表达了对当代中国青年大学生寄予的殷切期望。因此扎实做好新时代大学生工作,深入开展爱国主义教育越来越受到人们的重视。

关键词:新时代;大学生;爱国主义教育

一、新时代爱国主义的内涵

(一)新时代的内涵

党的十九大上就"中国特色社会主义新时代"这一理论和概念进行了全面解读,可以大致归纳出它们分成两个重要的方面,一个是从经济发展的纵向角度来看,至 2020 年,两个"一百年"奋斗目标已实现一半,我国解决了绝对贫困的问题,实现了全面小康,向着共同富裕和中国梦的实现迈出了一大步。新时代是建设社会主义现代化国家的时代,国内主要矛盾也发生了变化,

*作者简介:
张欢:天津商业大学经济学院辅导员,研究方向为思想政治教育。

国民物质水平得到提高,更加追求精神层面的各项需求。新时代是各族人民共同努力建成现代化国家的时代。另外,从横向角度审视新时代,新时代是我国逐渐走向国际舞台,提升国际地位的时代,也是我国影响力不断扩大,为中国与世界之间的和平与发展做出更多贡献的历史性时代。

(二)爱国主义的定义

爱国主义的本质就是泛指任何一个中国人或者社会群体对于我们祖国的一种积极和主动给予极大支持的生活态度,爱国主义不只是口号,而是具体到我们个人。爱国主义展现出个体与集体的互存关系,体现的是一种个人之于国家的精神归属和心理认可,爱国是人人生而就当有的精神品质,这种品质需要在后天学习过程中不断深化提高,才能培养个人对国家的正确认识。爱国主义作为民族精神的核心,集中地表现和突出我们中华民族的伟大自尊心、我们中华民族的伟大自信心,爱国主义与集体主义相融合,与中华传统美德相衔接,与优秀的思想道德品质相通。爱国主义广泛体现在政治、法律各个层面,渗透到居民生活的方方面面,潜移默化地影响居民的思想品质,而此类思想品质的养成,又会使得人们在日常经济生活和各项工作中以此为指导,遵循正确的价值观,推动国民经济发展,改善人民生活,为现代化进程和富国进程多做贡献。

(三)新时代爱国主义的特点

新时代的爱国主义有着不同的释义。党、国、社会主义本质上是一体的,人们爱国便是爱党,新中国的成立有赖于中国共产党的不懈努力,新中国的富强也是中国共产党率领人民取得的成果。我国是社会主义国家,中国共产党是社会主义政党,我国也是中国共产党领导的社会主义国家。因此,爱国主义与爱党、爱社会主义相契合,属于新时代中国特色社会主义体系。新时代的爱国主义,自党的十八以来,以习近平新时代中国特色社会主义思想为特色的爱国主义,赋予了属于这一新时期新的内涵。

二、新时代大学生的特征

2018 年开始,"00 后"成为新时代的主力军和社会的新鲜血液,受教育程度普遍提高,有着更大的发展潜力。出生在 2000—2009 年之间的人,与中国现代化建设齐步并进、共同成长,是新时代的宠儿,肩上的责任也更重。"00后"与"90 后""80 后"有着明显不同的特征。他们成长的时期,正是我国经济高速发展的时期,因此他们拥有更好的物质基础。他们生于互联网时代,电子信息技术高速发展的时代,与网络的联系更加密切。互联网的基因融入了他们的行为与思想,他们更具有自由精神和开放的思想。"00 后"拒绝被随便定义,他们接触新鲜事物更多,有着自己独立的审美体系和价值判断能力,以自己的是非判断标准为人处世,而非处于被动接受地位。经济文化全球化时代,他们对于外国文化了解更多,明晰自身的长处和缺陷,对传统文化也有着更深的认知,有着文化包容能力,更关注自我需求。

三、新时代大学生开展爱国主义教育的意义

新时代青年作为将来社会的主力军,对于他们价值观和认知能力的引导培养显得十分重要。大学阶段是新青年成长成才的阶段,是青年逐渐养成认知体系的时期,因此必须加强对大学生的爱国主义教育。互联网时代背景下,大学思想教育也具有了多样性和便利性,需要针对学生具体需求和判断能力,开展授课、讲座等多样化的教育培养方案,多方位提升大学生思想素养,这对于个人精神品质的提高和国家长远规划来讲,意义重大。

青年大学生担负当今中国实现中华民族伟大复兴中国梦的历史使命,在校学习阶段是他们树立远大理想,增长自身本领,提升实践能力,培养他们自

觉承担起肩负"中国梦"的使命感的关键时期。新时代对大学生的爱国主义思想教育就是要指导大学生严格地贯彻执行党和国家的理论指导方针,坚持以人为本,紧密结合新时代我国大学生的个性品质以及他们与前辈们的成长环境差异。针对当下大学生的精神需求和成长空间,制定合理的爱国主义教学方案,区别性地展开爱国主义教育。当代大学生学习和了解新知识的机会增多,风险随之增多,因此需要做合理的引导,培养学生的独立判断能力,合理评判是非,同时加强大学生对国家和党的认识,了解国家发展史和党史,增强民族认同感和国家归属感,意识到自身责任的重要性,意识到复兴中国、实现中国梦的重要性。

四、新时代大学生爱国主义教育存在的问题

(一)网络文化对大学生爱国价值观的冲击

QuestMobile 数据显示,截至 2020 年 11 月,"95"后、"00"后活跃用户规模已经达到 3.2 亿,占全体移动网民 28.1%。"00"后同时也是移动互联网的重度用户,无论是使用深度还是使用广度上均高于全网的平均水平。因此,互联网是当代大学生获取信息的主要渠道。

网络是把双刃剑,互联网技术给大学生带来了学习和生活上的便利,同时也带来了一些风险。大学生通过网络可以掌握更多信息,而网络信息鱼龙混杂,大学生在认知体系尚未完全建立时,容易受到网络错误信息的引导。同时,网络是信息分享交流的平台,给大学生提供了发表观点的空间,而又没有太多成本,这使得大学生容易在未了解事情真相时发表错误偏激言论,误信谣言,扭曲价值体系。甚至有少数大学生出现了爱国行为失范的现象。

（二）传统课堂爱国主义教育模式影响力薄弱

各大高校在大学学习阶段会开设思政课程，这种方法最简单有效，能通过教师与学生的双向交流沟通，引导学生树立正确的价值观，培养人文素质。而现实课堂中，大部分思政课教师以单向理论灌输为主，与实践结合度不高，教学缺乏真实性和趣味性，爱国主义教育吸引力不足。从而导致学生对课堂评价不高，爱国主义教育质量不高。

爱国主义精神不仅存在于人们的思想和观念中，更体现在深刻而广泛的社会实践活动中。因此，课堂教育和实践活动有利于培养大学生形成积极正确的爱国主义观念。然而当前我国高校爱国主义教育的社会实践活动还较为匮乏，当前的爱国主义教育大多停留在校园内，学生多通过书面知识进行学习，缺乏相应的实践活动以增强自身对传统文化和党、国历史的认同了解，这是当下爱国主义教育的短板，也是需要努力改进的地方。

五、新时代加强大学生爱国主义教育路径

（一）丰富爱国主义教育实践形式

开展特色实践活动，在书本知识教学的基础上向外延展，引导学生走出校园，通过社会实践切身体验，培养奉献精神和爱国意识，有助于增强对新时代大学生爱国主义教育的效果。

开展红色主题教育实践活动，暑假期间深入革命老区，将红色旅游资源与爱国主义教育结合开展。例如带领学生前往井冈山、延安、白公馆、渣滓洞等名地，体验当初爱国英豪舍生取义的胆魄，回溯历史，体味中国共产党成长壮大的艰难历程，增强民族认同感和心理归属感。

通过公益活动、支教、志愿者等活动，使得学生走出校园，在社会实践中

树立自我认知,增强对社会和人民的了解,体味生活的不易,切实感受人生百态。

(二)营造爱国主义教育浓厚氛围

在校园内开展多元化的教育活动,如红色主题征文、团日活动、党日活动、红色主题演讲、舞台剧、音乐剧。组织集体性的红色电影观看活动,培养向心力和凝聚力,定期进行升旗仪式,培养学生的自律性。

学校可以将爱国主义教育遍及校园各处,通过电子投屏、宣传栏等方式使学生受到熏陶和教导,将生活与教育紧密结合起来,将爱国主题宣传深入学生宿舍、食堂等生活区域,让更多的同学们不知不觉地参与其中,在思想上与情感上形成共鸣。

(三)创新爱国主义教育网络载体

在信息化时代和传媒技术不断发展的时代,人们了解信息的渠道增多,及时性加强,因此可以通过传统纸媒和新型自媒体展开爱国主义教育。通过《人民日报》等官方媒体公众号、相关网站认证账号进行知识普及和价值观传输,规正学生的思想动态,民间媒体也要跟随国家的步伐,通过各种信息普及爱国主义教育,培养学生的思想道德品质。学校可与民间媒体展开信息共享合作,同时在校园内部通过各类媒体渠道加强教育。

相对传统媒体来说,新兴的媒体是一种信息的海量、网络交互性大、自我选择性高的传播方式。因此要立足当代社会传播科学技术的新进步并遵循媒介的融合传播这一创新理念,打造一个全媒体意识形态引领的平台,拓展学生参与爱国主义政治教育的途径。

第一,合理运营学校官方网站。官网是学生获取信息的重要渠道,各个学院网站、招生信息网、党团网站都是良好的信息传递平台,学校可凭借网站展开综合性的爱国主题教育和知识普及,响应国家政策号召,培养学生的理想信念。第二,构建学习氛围良好的学习网站。在相关网课学习方面,将知识教育与思想品德教育联系在一起,使得爱国主题教育渗透到日常学习过程中。第三,爱国主义教育平台入驻 B 站、抖音、快手等视频平台,利用好短视频、Vlog 等颇受大学生喜爱的网络载体,提升自身教育内容的丰富性和趣味性,从而吸引更多的大学生学习相关内容。

六、结论

在中国共产党成立百年之际,新的历史背景下,大学生成为新时代的主力军,是将来社会发展的中坚力量。中国梦的实现,需要新一代青年人的共同努力,培养新青年,也是在培养社会主义接班人。爱国主义思想教育工作开展与否将直接影响社会主义现代化建设进程,影响到共同富裕和中国梦的实现。因此,深入研究新时代大学生爱国主义教育路径,是高等学校完成"立德树人"任务的必然需要。

参考文献

一、中文著作

1.《习近平谈治国理政》(第二卷),外文出版社,2017年。

2.《习近平谈治国理政》(第三卷),外文出版社,2020年。

3.《习近平总书记教育重要论述讲义》,高等教育出版社,2020年。

4.中共中央宣传部:《习近平总书记重要讲话文章选编》,学习出版社、人民出版社,2016年。

5.中共中央马克思恩格斯列宁斯大林著作编译局:《资本论》(第一卷),人民出版社,2004年。

6.中共中央马克思恩格斯列宁斯大林著作编译局:《资本论》(第二卷),人民出版社,2004年。

7.中共中央马克思恩格斯列宁斯大林著作编译局:《资本论》(第三卷),人民出版社,2004年。

8.陈宏民、胥莉:《双边市场:企业竞争环境的新视角》,上海人民出版社,2007年。

9.陈孟熙、郭建青编:《经济学说史教程》(第四版),中国人民大学出版社,2019年。

10.蒋殿春:《高级微观经济学》,北京大学出版社,2006年。

11.教育部高等学校教学指导委员会:《普通高等学校本科专业类教学质量国家标准》(上),高等教育出版社,2019年。

12.廖理、李鹏飞、王正位:《金融科技研究:前沿与探索》,中国经济出版社,2020年。

13.卢现祥、朱巧玲:《新制度经济学》(第二版),北京大学出版社,2014年。

14.苏东水:《产业经济学》,高等教育出版社,2010年。

15.魏丽、满博宁:《信用风险度量》,高等教育出版社,2015年。

16.袁卫、刘超:《统计学:思想、方法与应用》,中国人民大学出版社,2011年。

二、中译文著作

1.[美]戴维·S.埃文斯:《平台经济学:多边平台产业论文集》,周勤、赵驰、侯赟慧译,经济科学出版社,2016年。

2.[英]怀特海:《教育的目的》,庄莲平译,文汇出版社,2012年。

3.[加]杰拉德·凯勒:《统计学:在经济和管理中的应用》(第八版),李君、冯丽君译,经济科学出版社,2012年。

4.[美]乔治·J.施蒂格勒:《施蒂格勒自传——一个自由主义经济学家的自白》,李君伟译,机械工业出版社,2016年。

5.[美]沃尔特·尼克尔森:《微观经济学理论》,宁向东译,北京大学出版社,2008年。

6.[澳]约翰·比格斯、[澳]凯瑟琳·唐:《卓越的大学教学:建构教与学的一致性》,王颖、丁妍、高洁译,复旦大学出版社,2015年。

三、期刊论文

1.习近平:《不断开拓当代中国马克思主义政治经济学新境界》,《求是》,2020 年第 16 期。

2.艾明晔、潘娟:《基于创新型人才培养的金融学专业建设改革研究》,《黑龙江高教研究》,2017 年第 8 期。

3.安德烈·索伦森、金盼盼、张怀予、傅舒兰:《城市化、制度变迁和制度化:复合关键节点的城市转型》,《国际城市规划》,2020 年第 4 期。

4.白延虎、罗建利、徐正、林俐:《跨境电商教学研究的热点分析——基于共词矩阵的知识图谱》,《实验室研究与探索》,2020 年第 10 期。

5.白逸仙:《高水平工科类行业特色高校实施 STEM 教育改革面临的问题与对策》,《高等教育研究》,2020 年第 10 期。

6.毕新、杨智钦、吴铁钧:《互联网时代下的"学与教"》,《江苏高教》,2017 年第 5 期。

7.曹龙虎:《作为国家治理机制的"项目制":一个文献评述》,《探索》,2016 年第 1 期。

8.曹培杰:《未来学校的变革路径——"互联网 + 教育"的定位与持续发展》,《教育研究》,2016 年第 10 期。

9.曾梦玲:《高校专业课教师课程思政能力的现状与提升》,《湖北经济学院学报》(人文社会科学版),2021 年第 3 期。

10.查贵勇:《国际商务管理课程开展课程思政教育的思考和实践》,《对外经贸》,2020 年第 9 期。

11.陈洪捷、沈文钦、吴彬、赵世奎、王顶明、张立迁、高耀:《全国研究生教育大会专家谈》,《研究生教育研究》,2020 年第 5 期。

12.陈佳:《论国际商务专业人才实践能力的培养》,《老字号品牌营销》,

2021 年第 3 期。

13.陈建军、胡春龙、王琦、江登表、朱文正:《"一流专业"建设视角下的本科生人才培养的学业导师机制构建》,《高教学刊》,2021 年第 7 期。

14.陈进:《〈微观经济学〉教学中课程思政的探索和实践》,《当代教育实践与教学研究》,2020 年第 5 期。

15.成尚荣:《教学改革绝不能止于"有效教学"》,《人民教育》,2010 年第 23 期。

16.程雪:《基于 OBE 理论的英语课堂教学设计》,《鸭绿江(下半月)》,2019 年第 12 期。

17.池建新:《论信息化时代的大学教学效率与教学效果》,《江苏高教》,2016 年第 4 期。

18.储丽琴、孟飞:《〈微观经济学〉课程思政改革路径研究》,《时代经贸》,2019 年第 34 期。

19.褚宏启:《教育现代化的本质与评价——我们需要什么样的教育现代化》,《教育研究》,2013 年第 11 期。

20.戴维·S.埃文斯:《在线平台的动态竞争》,《比较》,2018 年第 5 期。

21.戴莹莹:《跨境电商背景下国际贸易教学改革与创新研究》,《中外企业家》,2018 年第 33 期。

22.旦勇刚:《论大学的文化职能》,《河南科技学院学报》,2013 年第 2 期。

23.邓睿:《基于 SPOC 模式的高校〈金融学〉选修课程翻转课堂教学设计初探》,《时代金融》,2020 年第 6 期。

24.丁楠、汪亚珉:《虚拟现实在教育中的应用:优势与挑战》,《现代教育技术》,2017 年第 2 期。

25.丁莹、王红霞:《结构化研讨助力党校教学方式创新——铁道党校主体班次开展结构化研讨情况及改进对策》,《理论学习与探索》,2019 年第 6 期。

26.杜静、张抗抗:《我国研究生教育研究的分布特征与主题变迁——基于 CSSCI(1998—2019)来源期刊文献的知识图谱分析》,《河南大学学报》(社会科学版),2021 年第 2 期。

27.杜伟、杜江山、李亭:《导师在促进研究生就业中的作用及机制探析》,《中国西部科技》,2014 年第 12 期。

28.段学慧:《论恢复和巩固〈资本论〉教学地位》,《当代经济研究》,2013 年第 7 期。

29.樊丽明:《财政学类专业课程思政建设的四个重点问题》,《中国高教研究》,2000 年第 9 期。

30.方略:《"MOOC+FCM"混合式教学模式的改革深化与瓶颈突破——兼论财会类本科与 MPAcc 课程教学设计差异》,《财会通讯》,2021 年第 3 期。

31.冯颂妹:《构建〈国际经济学〉新型教学模式的思路与对策》,《高等财经教育研究》,2017 年第 4 期。

32.冯晓玲、孙建平:《应用经济学研究生课程体系改进途径》,《高等财经教育研究》,2019 年第 1 期。

33.冯亚娟、施茉祺:《基于项目驱动的混合式教学实践与效果研究》,《高教学刊》,2021 年第 8 期。

34.付怡:《新时代大学生职业生涯规划课教学改革的路径探析》,《湖北开放职业学院学报》,2020 年第 24 期。

35.傅程华:《新形势下国际贸易教学模式改革探索》,《产业与科技论坛》,2020 年第 17 期。

36.高德毅、宗爱东:《从思政课程到课程思政:从战略高度构建高校思想政治教育课程体系》,《中国高等教育》,2017 年第 1 期。

37.高丽敏:《"基础案例 + 扩展案例"国际商务本科教学模式研究》,《高教学刊》,2021 年第 10 期。

38.高筱卉:《美国"以学生为中心"的大学教学设计模式和教学方法研

究》，华中科技大学 2019 年博士论文。

39.高燕：《课程思政建设的关键问题与解决路径》，《中国高等教育》，2017年第 Z3 期。

40.葛秋颖、赵艳莉：《新常态经济形势下国际贸易教学模式的新思考》，《高教学刊》，2016 年第 1 期。

41.葛卫华：《厘定与贯连：论学科德育与课程思政的关系》，《中国高等教育》，2017 年第 8 期。

42.宫晓霞、高凤勤、马恩涛、郭健、刘蕾：《财政学教学改革和理论前沿问题研究——"第十九次全国高校财政学教学研讨会"观点综述》，《山东经济》，2008 年第 6 期。

43.龚凤乾：《关于美国三份统计学评估和教育指导纲要的简介与思考》，《统计研究》，2017 年第 6 期。

44.龚旗煌：《新文科建设的四个"新"维度》，《中国高等教育》，2021 年第1 期。

45.郭金录：《新文科背景下经管类教材建设的探索与展望》，《新闻研究导刊》，2020 年第 17 期。

46.郭小凡：《基于 STEM 教育理念的应用型本科教学探究——以电子商务本科教学为例》，《高教学刊》，2019 年第 11 期。

47.韩筠：《"互联网 +"时代教与学的新发展》，《中国大学教学》，2019 年第 12 期。

48.韩喜艳、刘伟：《国际经济学课程本科教学改革的探讨——基于中美比较的视角》，《潍坊学院学报》，2018 年第 5 期。

49.何静：《"中级会计学"课程项目式教学改革设计分析》，《中国乡镇企业会计》，2021 年第 4 期。

50.何胜红、刘海兰：《混合式学习背景下统计教学改革初探》，《科技资讯》，2018 年第 26 期。

51.何世军：《高校证券投资课程实践教学探讨》，《知识经济》，2016年第10期。

52.何晓丽：《高职大学语文实施课程思政教育的探析》，《知识文库》，2021年第6期。

53.洪化清：《信息技术赋能 实现教与学的翻转——新加坡南洋理工大学的教与学变革》，《中国大学教学》，2019年第12期。

54.洪煜娴：《基于OBE理念的互联网金融专业人才培养模式研究》，《农家参谋》，2020年第6期。

55.侯方淼、李浩爽：《国际商务硕士研究生专业全英文教学的探索——以"国际结算与贸易融资"课程为例》，《中国林业教育》，2017年第5期。

56.侯秋香：《当前高校国防教育的突出问题及对策建议》，《知识文库》，2020年第24期。

57.胡海清、常杰：《跨境电商快递虚拟仿真实训体系构建研究》，《实验技术与管理》，2017年第3期。

58.胡军华、郑瑞强：《学术型研究生科研能力结构、约束性因素与促进机制》，《教育学术月刊》，2020年第12期。

59.胡欣哲：《教师在慕课教学中的角色转变》，《江苏建筑职业技术学院学报》，2020年第4期。

60.黄浩：《数字金融生态系统的形成与挑战——来自中国的经验》，《经济学家》，2018年第4期。

61.黄璐、倪兴兴、薛松超、韩忠奇：《数字金融背景下的金融工程专业实验教学探索与实践》，《实验技术与管理》，2020年第12期。

62.黄启兵、田晓明：《"新文科"的来源、特性及建设路径》，《苏州大学学报》（教育科学版），2020年第2期。

63.黄锐：《信息化环境下世界经济概论本科课程教学改革思考》，《对外经贸》，2017年第8期。

64.黄水灵:《国际贸易理论与政策课程考试改革探究——基于"334"考核模式构建》,《对外经贸》,2016 年第 2 期。

65.黄益平、黄卓:《中国的数字金融发展:现在与未来》,《经济学》(季刊),2018 年第 4 期。

66.黄英:《"互联网 +"时代管理类课程线上线下混合式教学模式改革探索》,《商业文化》,2020 年第 35 期。

67.惠琦娜:《从统计思维能力培养看统计教学改革》,《统计与决策》,2010 年第 3 期。

68.吉久阳、王济奎、阳辉:《一流本科建设下通识教育课程高质量建设的困境与出路》,《黑龙江高教研究》,2020 年第 4 期。

69.纪汉霖:《双边市场定价策略研究》,复旦大学 2006 年博士论文。

70.纪汉霖:《双边市场定价方式的模型研究》,《产业经济研究》,2006 年第 7 期。

71.姜达洋:《京津冀高校智库聚集发展的策略思考》,《智库理论与实践》,2018 年第 5 期。

72.蒋立兵、朱文晓、付从荣:《学术型硕士研究生学术素养的要素结构与发展机制研究》,《黑龙江高教研究》,2021 年第 3 期。

73.蒋婉莹、吴秀云:《新时代高校开展通识教育的着力点研究》,《锦州医科大学学报》(社会科学版),2021 年第 1 期。

74.蒋英州:《研究生学位论文质量提升方法探讨》,《西华师范大学学报》(哲学社会科学版),2021 年第 3 期。

75.金小璞、徐芳、毕新:《知识付费平台用户满意度调查与提升策略》,《情报理论与实践》,2021 年第 5 期。

76.景瑞琴、还羽茜:《国际商务环境分析课程 360 度分析框架构建及应用》,《对外经贸》,2016 年第 11 期。

77.景瑞琴、雷平:《国际商务环境分析课程融入思政元素的探索》,《对外经贸》,2020 年第 2 期。

78.景瑞琴:《"国际商务环境分析"课程改革与探索》,《黑龙江教育》(高教研究与评估),2017 年第 4 期。

79.康阳阳:《研究生导师对研究生的影响力研究》,石河子大学 2015 年硕士论文。

80.康叶钦:《在线教育的"后 MOOC 时代"—SPOC 解析》,《清华大学教育研究》,2014 年第 1 期。

81.兰珍莉,《研究生教育教学质量监控:内涵、功能及实现条件》,《学位与研究生教育》,2017 年第 4 期。

82.冷松:《高职院校"证券投资"课程实践性环节教学创新模式探讨》,《镇江高专学报》,2014 年第 4 期。

83.李碧虹、陈剑光:《论导师在研究生就业中的职责——基于外部性理论的分析》,《学位与研究生教育》,2009 年第 12 期。

84.李大东:《金融数学本科证券投资学实践教学探讨》,《内江科技》,2015 年第 11 期。

85.李丹、张雯涵:《基于智慧课堂的金融学课程教学模式探析》,《贵阳学院学报》(自然科学版),2019 年第 3 期。

86.李繁荣:《〈资本论〉教学研究及改革尝试》,《当代经济研究》,2011 年第 12 期。

87.李济沅、蔡文舢:《高校辅导员思想政治教育亲和力彰显的省思》,《高校辅导员学刊》,2019 年第 8 期。

88.李佳珂:《高校金融学课程教学理论改革与教学方法研究——评〈金融学教程〉》,《教育发展研究》,2019 年第 17 期。

89.李建建、黎元生:《〈资本论〉教学改革探讨》,《教学与研究》,2004 年第 7 期。

90.李建军:《金融科技学科的形成与专业人才培养》,《中国大学教学》,2020

年第 1 期。

91.李琳、姚宇华、陈想平:《高校基层教学组织建设的困境与突破》,《中国高校科技》,2018 年第 9 期。

92.李淑:《思政元素融入西方经济学教学探索》,《高教论坛》,2021 年第 3 期。

93.李伟元:《研究生就业中发挥导师作用小议》,《学理论》,2009 年第 10 期。

94.李艳丽:《互联网技术在金融教学中的应用分析》,《领导科学论坛》,2017 年第 3 期。

95.李永刚:《我国研究生教育规模扩张的动力、影响与发展方略》,《中国高教研究》,2021 年第 2 期。

96.李志锋、欧阳丹:《一流本科、一流专业、一流课程:内在关系与建设策略》,《大学》(研究版),2019 年第 6 期。

97.李志义:《"水课"与"金课"之我见》,《中国大学教学》,2018 年第 12 期。

98.梁传杰:《深刻领会发展思路内涵 引领研究生教育高质量发展》,《学位与研究生教育》,2020 年第 11 期。

99.梁会君:《基于 OBE 理念的〈世界经济概论〉课程教学改革》,《知识经济》,2020 年第 12 期。

100.林海、李虹、袁建美、何勇:《大学研究型教学的理论与实践探索》,《北京科技大学学报》(社会科学版),2013 年第 1 期。

101.林健:《一流本科教育:认识问题、基本特征和建设路径》,《清华大学教育研究》,2019 年第 1 期。

102.刘保中:《中国高等教育步入普及化阶段背景下的阶层差异与教育公平》,《北京工业大学学报》(社会科学版),2021 年第 3 期。

103.刘超、吴喜之:《统计教学面对的挑战》,《统计研究》,2012 年第 2 期。

104.刘会政、张鹏杨、刘维刚:《基于科研能力提升的研究生课程建设实践探讨——国际贸易为例》,《教育现代化》,2020 年第 45 期。

105.刘建宏:《基于军事理论课程的高校爱国主义情感教育研究》,《新西部》,2018 年第 7 期。

106.刘娜娜:《高校国际商务类课程教学方法改革探索》,《纳税》,2017 年第 11 期。

107.刘全权:《"课程思政"建设中存在的问题及其改进建议》,《品位经典》,2020 年第 1 期。

108.刘伟群:《以硕士研究生就业情况为依托的高校教改探索》,《知识文库》,2019 年第 16 期。

109.刘献君:《"大班授课 + 小班研讨"教学模式改革》,《中国大学教学》,2017 年第 2 期。

110.刘勇、曹婷婷:《金融科技行业发展趋势及人才培养》,《中国大学教学》,2020 年第 1 期。

111.刘宇文、范乐佳:《"双一流"背景下课程思政的价值意蕴与实施策略研究》,《当代教育理论与实践》,2020 年第 3 期。

112.刘源:《贸易保护主义抬头背景下的国际贸易课程教学改革研究》,《中国市场》,2017 年第 12 期。

113.刘振天、杨雅文:《大学定位:观念的反思与秩序的重建》,《清华大学教育研究》,2003 年第 6 期。

114.龙宝新:《论中国特色一流学科建设》,《高校教育管理》,2020 年第 3 期。

115.龙玫、赵中建:《美国国家竞争力:STEM 教育的贡献》,《现代大学教育》,2015 年第 2 期。

116.卢强:《翻转课堂的冷思考:实证与反思》,《电化教育研究》,2013 年第 8 期。

117.鲁春义、高月:《数字金融发展对〈金融学〉课程教学的影响与应对》,《金融理论与教学》,2020 年第 4 期。

118.陆国栋、张存如:《基层教学组织建设的路径、策略与思考——基于浙江大学的实践与探索》,《高等工程教育研究》,2018 年第 3 期。

119.陆国栋:《我国高等教育的特点分析与发展路径探索》,《中国高教研究》,2015 年第 12 期。

120.陆一:《"通识教育"在教育实践中的名实互动》,《清华大学教育研究》,2018 年第 2 期。

121.路苹、辛国军、宋壮壮:《大数据背景下全日制研究生教育存在的问题及其对策研究》,《经济研究导刊》,2021 年第 8 期。

122.路越:《混合教学模式下金融投资类课程设计的 OBE 式探索》,《白城师范学院学报》,2020 年第 1 期。

123.罗光晔:《新时代高校思想政治教育与国防教育融合发展研究》,《江苏建筑职业技术学院学报》,2020 年第 4 期。

124.罗萍、吕霞付、李敏:《"翻转课堂"教学模式的探究》,《教育教学论坛》,2017 年第 33 期。

125.罗映红:《高校混合式教学模式构建与实践探索》,《高教探索》,2019 年第 12 期。

126.马海涯:《〈证券投资学〉课程实践教学体系的构建》,《中国国际财经》(中英文),2018 年第 1 期。

127.马蓉:《中西政治制度比较课堂中融入大学生爱国主义教育探索与思考》,《才智》,2020 年第 11 期。

128.马淑君:《浅析军事理论学习对大学生爱国热情的培养》,《浙江工业职业技术学院学报》,2016 年第 3 期。

129.马骁、李雪、孙晓东:《新文科建设:瓶颈问题与破解之策》,《中国大学教学》,2021 年第 Z1 期。

130.茆晓颖:《新文科背景下"财政学"课程融合思政元素的改革探索》,《教育教学论坛》,2021 年第 1 期。

131.梅红、宋晓平:《中国通识教育实践回顾:目标分析与改革策略研究》,《研究生教育研究》,2012 年第 4 期。

132.孟生旺、袁卫：《大数据时代的统计教育》,《统计研究》,2015 年第 4 期。

133.莫雷：《西方两大派别学习理论发展过程的系统分析》,《华南师范大学学报》(社会科学版),2003 年第 4 期。

134.欧阳峣、汤凌霄：《构建中国风格的世界经济学理论体系》,《管理世界》,2020 年第 4 期。

135.潘素昆：《"一带一路"背景下留学生国际贸易课程教学改革研究》,《对外经贸》,2018 年第 10 期。

136.庞海芍：《通识教育课程建设的困境与出路》,《江苏高教》,2010 年第 2 期。

137.裴光术、刘清才、许红浪、冯佳文、罗敏：《加强导师与辅导员的引导作用 提高研究生就业质量水平》,《教育教学论坛》,2014 年第 16 期。

138.齐军：《美国"翻转课堂"的兴起、发展、模块设计及对我国的启示》,《比较教育研究》,2015 年第 1 期。

139.齐文浩、王艳华、杨兴龙：《翻转课堂在应用型高校产业经济学课程中的教学设计探讨》,《职业技术教育》,2018 年第 39 期。

140.祁占勇、陈鹏：《重大疫情背景下我国研究生规模扩张的迫切需求与路径选择》,《河北师范大学学报》(教育科学版),2020 年第 2 期。

141.邱少波：《基于国际教育的国际贸易学教学改革》,《求学》,2019 年第 40 期。

142.屈小博、吕佳宁：《大学教育质量与劳动力市场表现——基于工资回报的分析》,《经济学动态》,2020 年第 2 期。

143.全国金融职业教育教学指导委员会：《互联网金融行业人才需求与职业院校专业设置匹配分析》,《中国职业技术教育》,2020 年第 17 期。

144.任甜甜、刘佳俊、高佳欣、张中硕：《跨境电商背景下国际贸易专业人才培养改革路径探索》,《河北农机》,2020 年第 11 期。

145.任希丽：《〈国际经济学〉课程在信息化时代背景下的教学改革研究》,

《高教学刊》，2020 年第 33 期。

146.任晓珠：《数字经济时代新金融人才培养的研究与实践》，《品牌研究》，2020 年第 1 期。

147.石新国：《主动学习视角下"国际贸易"课程教学改革研究》，《教育教学论坛》，2020 年第 44 期。

148.宋丽萍：《人工智能时代金融学专业教学改革探析——以〈公司金融〉课程为例》，《科技创业月刊》，2020 年第 8 期。

149.宋淑梅、孙珲、辛艳青、王昆仑、杨田林：《产学研合作协同育人探索与实践》，《科技风》，2020 年第 14 期。

150.苏冰琴、张瑞、李红艳、岳秀萍：《OBE 理念下基层教学组织的建设与实践》，《给水排水》，2020 年第 11 期。

151.苏俊宏、徐均琪、吴慎将、万文博、时凯：《科研赋能教学模式下研究生创新能力培养的探索与实践》，《学位与研究生教育》，2021 年第 2 期。

152.孙国宾、李梦陆、陆开宏：《国内综合性大学通识教育的实践及其问题》，《当代教育科学》，2012 年第 1 期。

153.孙晓宁、赵宇翔、朱庆华：《社会化搜索平台中信息价值感知差异研究——基于用户满意度与任务复杂性视角》，《情报学报》，2018 年第 1 期。

154.谭祥花、刘德华：《校外兼职导师问题与对策思考——以湖南师范大学小学教育专业为例》，《教育与教学研究》，2017 年第 7 期。

155.谭永平：《混合式教学模式的基本特征及实施策略》，《中国职业技术教育》，2018 年第 32 期。

156.汤金蕾：《电子商务与国际贸易双语课程教学实践改革策略研究》，《祖国》，2019 年第 13 期。

157.唐恩林、华小全：《科技金融背景下应用型高校金融教学改革》，《安庆师范学院学报》（社会科学版），2016 年第 3 期。

158.唐晓凤：《基于新时代的大学生通识教育课程改革》，《食品研究与开发》，2021 年第 4 期。

159.田原：《关于"微观经济学"课堂教学法的实践与思考》，《现代经济信息》，2019 年第 13 期。

160.童藤：《"慕课"视域下的金融学教学改革路径选择》，《湖北经济学院学报》（人文社会科学版），2017 年第 11 期。

161.汪霞：《研究生课程层次性设计的改革：分性、分层、分类》，《苏州大学学报》（教育科学版），2019 年第 4 期。

162.王道峰：《高校国防教育类社团对大学生就业能力培养的作用探究》，《创新创业理论研究与实践》，2020 年第 24 期。

163.王恩才：《高校经济学院系〈资本论〉教学困境与改进思路》，《改革与开放》，2015 年第 8 期。

164.王冠：《供给侧改革视域下应用型金融人才培养的困境与突破》，《辽宁高职学报》，2017 年第 7 期。

165.王建华：《关于一流本科专业建设的思考：兼评"双万计划"》，《重庆高教研究》，2019 年第 4 期。

166.王健、黄敏：《"兴趣导向—任务驱动—能力提升"模式的统计教学改革与实践》，《教育教学论坛》，2016 年第 15 期。

167.王捷：《金融科技背景下应用型大学金融教学转型研究》，《科教文汇》（上旬刊），2020 年第 11 期。

168.王黎、李琳：《高校翻转课堂教学效果解析》，《黑龙江高教研究》，2019 年第 9 期。

169.王诺斯、彭绪梅、徐晗：《高校兼职教师教学能力提升路径研究》，《高教发展与评估》，2019 年第 4 期。

170.王璞玉、姜南、王昊森：《基于一流专业建设的产业经济学课程改革探究——以信阳师范学院为例》，《知识经济》，2020 年第 12 期。

171.王卫、史锐涵、李晓娜：《基于心流体验的在线学习持续意愿影响因素研究》，《中国远程教育》，2017 年第 5 期。

172.王晰巍：《迎合新文科建设要求　培养复合型学科人才》，《图书与情报》，2020 年第 6 期。

173.王小红、张弘、张勇：《经济学课程思政教学设计与实践》，《教育与教学研究》，2021 年第 2 期。

174.王秀梅、韩靖然、马海杰：《新时期高校基层教学组织的改革与发展》，《中国大学教学》，2020 年第 10 期。

175.王旭、胥建卫：《将研究生就业引入导师考核体系之初探》，《科教导刊》（上旬刊），2015 年第 10 期。

176.王瑶、郭冠清：《政党制度对经济政策影响的政治经济学分析—— 一个中西方比较的视角》，《上海经济研究》，2020 年第 12 期。

177.王竹立、李小玉、林津：《智能手机与"互联网 +"课堂——信息技术与教学整合的新思维、新路径》，《远程教育杂志》，2015 年第 4 期。

178.韦顺国、胡耀南：《基于问题导向的思政课微教学创新模式探析——以培育社会主义核心价值观微教学为例》，《广西教育》，2016 年第 23 期。

179.尉迟文珠：《普通高校兼职教师队伍建设与管理策略研究》，《天津电大学报》，2018 年第 2 期。

180.魏瑾瑞、蒋萍：《数据科学的统计学内涵》，《统计研究》，2014 年第 5 期。

181.魏青、李红：《大学生就业中的几个悖论及应对策略》，《教育与职业》，2014 年第 3 期。

182.文昕：《新课改视域下高校职业生涯规划课教学改革的探究》，《教育教学论坛》，2016 年第 22 期。

183.吴汉洪：《双边市场理论与应用述评》，《中国人民大学学报》，2014 年第 2 期。

184.吴洪汉：《平台经济与政策》，《比较》，2018 年第 5 期。

185.吴晶、胡浩：《习近平总书记在全国高校思想政治工作会议上强调：

把思想政治工作贯穿教学全过程，开创我国高等教育事业发展新局面》，《人民日报》，2016 年 12 月 9 日。

186.吴敬琏：《平台经济与公共政策》，《比较》，2018 年第 5 期。

187.吴丽娟：《新时代背景下工商管理类专业课程思政建设路径》，《管理工程师》，2021 年第 1 期。

188.吴双：《以培养学生能力为主的证券投资学实践教学模式研究》，《当代教育实践与教学研究》，2015 年第 10 期。

189.吴晓莉：《新商科背景下财经应用型人才培养模式探索与优化研究》，《经济研究导刊》，2020 年第 31 期。

190.吴岩：《建设中国"金课"》，《中国大学教学》，2018 年第 12 期。

191.吴叶林、崔延强：《建设高等教育学一流学科的逻辑与路径选择》，《大学教育科学》，2020 年第 5 期。

192.夏菲：《大学生职业生涯规划课实施中的问题与思考》，《现代交际》，2016 年第 9 期。

193.肖方娅：《〈财政学〉课程思政实施路径探讨——以西南财经大学天府学院金融学专业为例》，《辽宁省交通高等专科学校学报》，2021 年第 2 期。

194.肖君：《新时代背景下高职院校国际贸易专业教学改革的探析》，《环渤海经济瞭望》，2018 年第 11 期。

195.肖倩、吴云辉、李雅倩：《基于西方经济学中成本与会计学成本之比较分析》，《现代经济信息》，2018 年第 13 期。

196.熊启皓：《高校经济管理类专业实践教学体系建设》，《智库时代》，2019 年第 38 期。

197.徐秉国：《没有教育现代化就没有国家现代化》，《中国教育报》，2017 年 3 月 10 日。

198.徐惠忠：《论导师在研究生就业中的责任及作用》，《科技资讯》，2008 年第 16 期。

199.徐梁、喻淑兰:《基于 MOOC 的金融人才培养探究》,《经济研究导刊》,2019 年第 13 期。

200.徐思贤:《课程思政与专业课程融合的路径探索——以〈人力资源管理〉为例》,《公关世界》,2021 年第 4 期。

201.徐喜春:《体验式教学法:高校职业生涯规划课的创新向度》,《四川职业技术学院学报》,2020 年第 4 期。

202.徐玉特:《高校内涵式发展:项目制治理的科层化及其超越》,《黑龙江高教研究》,2020 年第 8 期。

203.许文玉:《高等教育"项目制"发展运行过程中的问题及其对策研究》,吉林财经大学 2019 年硕士论文。

204.闫晶怡、房红:《OBE 理念下以案例教学法培养应用型金融人才的探讨》,《经济研究导刊》,2018 年第 23 期。

205.阳荣威、胡陆英:《我国硕士研究生教育"本科化"倾向及其应对措施》,《研究生教育研究》,2014 年第 1 期。

206.杨春梅、章娴、孙孟思、陶金悦:《基于雨课堂的研究生大班翻转课堂案例研究》,《学位与研究生教育》,2020 年第 7 期。

207.杨娟:《新形势下〈国际贸易〉课程教学改革研究》,《现代商贸工业》,2012 年第 22 期。

208.杨双会、白铭坡:《CDIO 视域下应用创新型金融人才培养模式研究》,《金融理论与教学》,2017 年第 5 期。

209.杨廷干:《论统计学学科建设、人才培养与教学改革》,《统计研究》,2005 年第 2 期。

210.杨文杰、张珏:《以教育现代化支撑与驱动国家现代化——兼论我国教育现代化的发展愿景》,《教育发展研究》,2021 年第 3 期。

211.杨忠:《改革开放 40 年来我国大学通识教育发展的困境与出路》,《现代教育科学》,2019 年第 4 期。

212.姚寿福:《经济管理类本科专业统计学课程教学改革思考》,《高等教育研究》,2012 年第 3 期。

213.叶成香:《浅谈大学生个人职业生涯规划课的重要性》,《企业改革与管理》,2015 年第 8 期。

214.仪明东:《关于高校一流本科专业建设中基层教学组织的思考》,《科技视界》,2019 年第 36 期。

215.于菁:《大数据背景下应用型大学金融科技人才培养模式研究》,《经济研究导刊》,2020 年第 26 期。

216.余函:《金融科技背景下应用型本科"金融学"多元化教学模式的研究》,《中国管理信息化》,2020 年第 17 期。

217.余伟健:《基于提高研究生科研创新能力的科教融合培养实施途径》,《大学教育》,2021 年第 4 期。

218.袁德承:《浅析"慕课"在经济金融教学中的应用》,《时代金融》,2017 年第 30 期。

219.袁卫:《趣味统计案例(九):"回归"一词的由来》,《北京统计》,1998 年第 9 期。

220.袁媛:《新文科建设呼之欲出令人期待》,《新华日报》,2021 年 3 月 16 日。

221.张安富:《改革教学方法,探索研究型教学》,《中国大学教学》,2012 年第 1 期。

222.张璨:《普通高校通识教育的实践反思与路径重构》,《学术探索》,2017 年第 9 期。

223.张春海、叶海燕:《融合与共生:我国 STEM 教育研究进展及展望》,《当代教育与文化》,2019 年第 3 期。

224.张娥:《实践教学在〈证券投资学〉教学中的应用》,《知识经济》,2019 年第 12 期。

225.张涵:《〈国际商务〉"课程思政"建设探究》,《营销界》,2020 年第 31 期。

226.张浩、吴秀娟:《深度学习的内涵及认知理论基础探析》,《中国电化教育》,2012 年第 10 期。

227.张嘉威、李艳红、王莹:《线上线下教学的有机融合——以管理学为例》,《环渤海经济瞭望》,2019 年第 8 期。

228.张锦华、郑春荣:《我国财政学类本科专业建设状况分析报告——基于 56 个专业点的问卷调查》,《中国大学教学》,2014 年第 7 期。

229.张戡、刘怡:《建构主义视角下的金融专业实验教学创新研究——以证券投资学课程为例》,《科教文汇》(上旬刊),2013 年第 2 期。

230.张璐、李萌:《TBL 融合 PBL 教学法在外科临床护理教学中的应用》,《护理研究》,2015 年第 8 期。

231.张梦婷:《金融科技时代应用型大学金融学教改初探》,《科技经济导刊》,2019 年第 23 期。

232.张倩男、陈姿颖:《粤港澳大湾区背景下国际经济与贸易一流专业建设思考——以广东财经大学为例》,《科技经济导刊》,2021 年第 2 期。

233.张庆:《我国高校慕课教学现状及问题分析》,《学理论》,2016 年第 7 期。

234.张淑艳、李翠霞、朱晓燕、刘成明:《高校兼职教师队伍建设:动因、现状与对策》,《科教导刊》(下旬),2018 年第 9 期。

235.张小利、薛振华、梁小英:《翻转课堂教学模式下课程考核方式改革与实践——以"路基路面试验与检测"课程为例》,《科教文汇》(上旬刊),2019 年第 7 期。

236.张雪平:《人力资源管理课程思政建设探讨》,《江苏经贸职业技术学院学报》,2020 年第 31 期。

237.张引沁:《以学生为中心的实践教学创新》,《新乡学院学报》(自然科学版),2013 年第 6 期。

238.张云、杨凌霄、李秀珍:《Fintech 时代金融人才培养实验实训体系重构》,《中国大学教学》,2020 年第 1 期。

239.张忠生:《浅谈导师在研究生就业中的作用》,《云南民族大学学报》(哲学社会科学版),2006 年第 4 期。

240.赵福才、王永亮、邓正普:《国防军事训练与大学生爱国主义教育》,《新西部》,2011 年第 21 期。

241.赵珂、贾杰、方芳:《研究生实践与创新能力培养模式研究与实践》,《武汉大学学报》(理学版),2012 年第 S2 期。

242.赵丽芳:《应用型人才培养视角下"国际贸易实务"课程的教学改革研究——以山西为例》,《教育理论与实践》,2020 年第 24 期。

243.赵宇、刘金东:《积极开展专业课程思政建设,培养德才兼备的财税人才》,《山东教育》(高教),2020 年第 12 期。

244.郑静:《国内高校混合式教学现状调查与分析》,《黑龙江高教研究》,2018 年第 12 期。

245.郑庆全、杨慷慨:《中国共产党发展高等教育的百年历程、成就与展望》,《大学教育科学》,2021 年第 2 期。

246.郑瑞强、卢宇:《高校翻转课堂教学模式优化设计与实践反思》,《高校教育管理》,2017 年第 1 期。

247.郑秀英、费红艳、郭广生:《完善教学基层组织建设 优化高校教学管理水平》,《中国大学教学》,2003 年第 4 期。

248.郑秀英、费红艳、郭广生:《完善教学基层组织建设 优化高校教学管理水平》,《中国大学教学》,2003 年第 4 期。

249.钟秉林、王新凤:《通识教育的内涵及其本土化实践路径探析》,《国家教育行政学院学报》,2017 年第 5 期。

250.钟嘉毅:《数字金融时代应用型本科院校金融学类专业教学改革探讨——以广州工商学院为例》,《太原城市职业技术学院学报》,2019 年第 8 期。

251.周方召、付辉、贺志芳、赵汝为:《金融科技背景下金融学人才培养模式的挑战与优化》,《金融理论与教学》,2021 年第 1 期。

252.周芳文:《以差异化教学提升国际商务国际化课程教学效果》,《湖北经济学院学报》(人文社会科学版),2019 年第 4 期。

253.周莎莎、赵磊磊、王钰、程玉、周欢怡:《大学生批判性思维能力培养研究》,《江苏理工学院学报》,2018 年第 10 期。

254.周维莉、蔡文伯:《质疑与反思:大学通识教育发展的再思考》,《教育探索》,2018 年第 2 期。

255.周晓梅:《〈资本论〉教学改革初探》,《当代经济研究》,2007 年第 11 期。

256.邹靖:《基于高质量人才培养的国际商务专业教学质量提升路径研究》,《黑龙江教育学院学报》,2019 年第 10 期。

四、外文文献

1.Barkley,E. F.,Major,C. H.,*Learning Assessment Techniques:A Handbook for College Faculty*,Jossey Bass,2016.

2.Biggs,J. B. & Collis,K. F.,The Psychological Structure of Creative Writing,*Australian Journal of Education*,1982,26(1).

3.Biggs,J.,Tang,C.,*Teaching for Quality Learning at University(3rd ed.)*,Open University Press,2007.

4.Burdea G,Coiffet P,*Virtual Reality Technology*,John Wiley& Sons,2003.

5.Carey,Henry Charles,*Principles of Social Science*,University of Michigan Library,2005.

6.David Colander,*Economics*,McGraw-Hill,2007.

7.Paul J Ferraro,Laura O Taylor,Do Economists Recognize an Opportunity Cost When They See One? A Dismal Performance from the Dismal Science,*Contributions in Economic Analysis & Policy*,2011,4(1).